English-Nepali
Nepali-English

Word to Word® Bilingual Dictionary

Compiled by:
C. Sesma, M.A.

Translated by:
Dulkumar Ghalan Tamang

BilingualDictionaries.com
WordtoWord.com

Nepali Word to Word® Bilingual Dictionary
1st Edition © Copyright 2012

All rights reserved. No part of this book may be reproduced or transmitted in any form or by any means.

Published in the USA by:

Bilingual Dictionaries, Inc.
PO Box 1154
Murrieta, CA 92564
T: (951) 296-2445 • F: (951) 296-9911
E: support@bilingualdictionaries.com

BilingualDictionaries.com
WordtoWord.com

ISBN13: 978-0-933146-61-7

Publisher

Bilingual Dictionaries, Inc. was established in 1994. We are committed to providing schools, libraries and educators with a great selection of bilingual materials for students. Along with bilingual dictionaries we also publish ESL workbooks and children's bilingual picture dictionaries.

The first Word to Word® bilingual dictionary was published in 2008. The Word to Word® series now has over 40 editions with languages from around the world. For more information regarding any of our publications please visit us online.

Our series provides ELL students from different native language backgrounds a standardized selection of bilingual dictionaries. The Word to Word® series is designed to create an approved resource that adheres to the guidelines set by school districts and states.

Sesma's Nepali Word to Word® Bilingual Dictionary was created specifically with students in mind to be used for reference and testing. This dictionary contains approximately 20,000 entries targeting common words used in the English language.

List of Irregular Verbs

present - past - past participle

arise - arose - arisen
awake - awoke - awoken, awaked
be - was - been
bear - bore - borne
beat - beat - beaten
become - became - become
begin - began - begun
behold - beheld - beheld
bend - bent - bent
beseech - besought - besought
bet - bet - betted
bid - bade (bid) - bidden (bid)
bind - bound - bound
bite - bit - bitten
bleed - bled - bled
blow - blew - blown
break - broke - broken
breed - bred - bred
bring - brought - brought
build - built - built
burn - burnt - burnt *
burst - burst - burst
buy - bought - bought
cast - cast - cast
catch - caught - caught
choose - chose - chosen
cling - clung - clung
come - came - come
cost - cost - cost
creep - crept - crept
cut - cut - cut

deal - dealt - dealt
dig - dug - dug
do - did - done
draw - drew - drawn
dream - dreamt - dreamed
drink - drank - drunk
drive - drove - driven
dwell - dwelt - dwelt
eat - ate - eaten
fall - fell - fallen
feed - fed - fed
feel - felt - felt
fight - fought - fought
find - found - found
flee - fled - fled
fling - flung - flung
fly - flew - flown
forebear - forbore - forborne
forbid - forbade - forbidden
forecast - forecast - forecast
forget - forgot - forgotten
forgive - forgave - forgiven
forego - forewent - foregone
foresee - foresaw - foreseen
foretell - foretold - foretold
forget - forgot - forgotten
forsake - forsook - forsaken
freeze - froze - frozen
get - got - gotten
give - gave - given
go - went - gone
grind - ground - ground
grow - grew - grown

List of Irregular Verbs

hang - hung * - hung *
have - had - had
hear - heard - heard
hide - hid - hidden
hit - hit - hit
hold - held - held
hurt - hurt - hurt
hit - hit - hit
hold - held - held
keep - kept - kept
kneel - knelt * - knelt *
know - knew - known
lay - laid - laid
lead - led - led
lean - leant * - leant *
leap - lept * - lept *
learn - learnt * - learnt *
leave - left - left
lend - lent - lent
let - let - let
lie - lay - lain
light - lit * - lit *
lose - lost - lost
make - made - made
mean - meant - meant
meet - met - met
mistake - mistook - mistaken
must - had to - had to
pay - paid - paid
plead - pleaded - pled
prove - proved - proven
put - put - put
quit - quit * - quit *

read - read - read
rid - rid - rid
ride - rode - ridden
ring - rang - rung
rise - rose - risen
run - ran - run
saw - sawed - sawn
say - said - said
see - saw - seen
seek - sought - sought
sell - sold - sold
send - sent - sent
set - set - set
sew - sewed - sewn
shake - shook - shaken
shear - sheared - shorn
shed - shed - shed
shine - shone - shone
shoot - shot - shot
show - showed - shown
shrink - shrank - shrunk
shut - shut - shut
sing - sang - sung
sink - sank - sunk
sit - sat - sat
slay - slew - slain
sleep - sleep - slept
slide - slid - slid
sling - slung - slung
smell - smelt * - smelt *
sow - sowed - sown *
speak - spoke - spoken
speed - sped * - sped *

List of Irregular Verbs

spell - spelt * - spelt *
spend - spent - spent
spill - spilt * - spilt *
spin - spun - spun
spit - spat - spat
split - split - split
spread - spread - spread
spring - sprang - sprung
stand - stood - stood
steal - stole - stolen
stick - stuck - stuck
sting - stung - stung
stink - stank - stunk
stride - strode - stridden
strike - struck - struck (stricken)
strive - strove - striven
swear - swore - sworn
sweep - swept - swept
swell - swelled - swollen *
swim - swam - swum

take - took - taken
teach - taught - taught
tear - tore - torn
tell - told - told
think - thought - thought
throw - threw - thrown
thrust - thrust - thrust
tread - trod - trodden
wake - woke - woken
wear - wore - worn
weave - wove * - woven *
wed - wed * - wed *
weep - wept - wept
win - won - won
wind - wound - wound
wring - wrung - wrung
write - wrote - written

Those tenses with an * also have regular forms.

English-Nepali

Abbreviations

a - article
n - noun
e - exclamation
pro - pronoun
adj - adjective
adv - adverb
v - verb
iv - irregular verb
pre - preposition
c - conjunction

A

a *a* अंग्रेजी वर्णमालाको पहिलो अक्षर
abandon *v* त्याग्नु
abandonment *n* परित्याग
abbey *n* मठ
abbot *n* मठाध्यक्ष
abbreviate *v* सङ्क्षिप्त पार्नु
abbreviation *n* सङ्क्षिप्तरुप
abdicate *v* गद्दी छोड्नु
abdication *n* गद्दी परित्याग
abdomen *n* पेट
abduct *v* अपहरण गर्नु
abduction *n* अपहरण
aberration *n* विचलन
abhor *v* घृणा गर्नु
abide by *v* पालना गर्नु
ability *n* दक्षता
ablaze *adj* प्रज्ज्वलित
able *adj* सक्षम
abnormal *adj* अस्वाभाविक, असाधारण
abnormality *n* अस्वाभाविकता, असाधारणता
aboard *adv* सवार
abolish *v* खारिज गर्नु
abort *v* गर्भपतन गराउनु
abortion *n* गर्भपतन
abound *v* प्रशस्त हुनु
about *pre* लगभग; यत्रतत्र
about *adv* लगभग; अन्दाजी
above *pre* माथि
abreast *adv* एकैतिर फर्केर
abridge *v* छोट्याउनु
abroad *adv* विदेशमा
abrogate *v* रद्द गर्नु
abruptly *adv* अप्रत्याशित रुपले
absence *n* गायल
absent *adj* गायल भएको
absolute *adj* पूर्ण
absolution *n* क्षमादान
absolve *v* निर्दोष ठहर्याउनु
absorb *v* सोस्नु
absorbent *adj* सोस्ने
abstain *v* मत नदिनु
abstinence *n* संयम
abstract *adj* भाववाचक
absurd *adj* हाँस्यास्पद
abundance *n* प्रचुरता
abundant *adj* प्रचुर
abuse *v* दुर्व्यवहार गर्नु
abuse *n* दुर्व्यवहार
abusive *adj* अपमानजनक
abysmal *adj* धेरै खराब
abyss *n* गहिरो खाडल
academic *adj* शैक्षिक
academy *n* प्रतिष्ठान
accelerate *v* गति बढाउनु
accelerator *n* गति बढाउने यन्त्र
accent *n* उच्चारण
accept *v* स्वीकार्नु
acceptable *adj* स्वीकार्य
acceptance *n* स्वीकार
access *n* पहुँच

accessible *adj* सजिलैसँग प्राप्त गर्न सकिने
accident *n* दुर्घटना
accidental *adj* आकस्मिक
acclaim *v* प्रशंसा गर्नु
acclimatize *v* जलवायु अनुकूल हुनु
accommodate *v* अनुकूल बनाउनु
accompany *v* साथ दिनु
accomplice *n* दुष्कर्म गर्न साथ दिने व्यक्ति
accomplish *v* सम्पन्न गर्नु
accomplishment *n* सम्पन्न
accord *n* सम्झौता
according to *pre* अनुसार
accordion *n* खलाँती बाजा
account *n* विवरण; बैंक खाता
account for *v* जिम्मेवार हुनु
accountable *adj* उत्तरदायी
accountant *n* लेखापाल
accumulate *v* सञ्चय गर्नु
accuracy *n* यर्थाथता
accurate *adj* यर्थाथ हुनु
accusation *n* आरोप
accuse *v* आरोप लगाउनु
accustom *v* बानी पर्नु वा लगाउनु
ace *n* एक्का
ache *n* दुखाई; पीडा
achieve *v* सफलता हासिल गर्नु
achievement *n* सफलता
acid *n* अम्ल
acidity *n* अम्लीय
acknowledge *v* आभार व्यक्त गर्नु
acorn *n* बाँजफल
acoustic *adj* ध्वनि सम्बन्धी
acquaint *v* अवगत गराउनु
acquaintance *n* परिचित
acquire *v* प्राप्त गर्नु
acquisition *n* प्राप्ति
acquit *v* छुटकारा दिनु
acquittal *n* छुटकारा
acre *n* ८४० वर्ग गज भूमि
acrobat *n* कला प्रदर्शन
across *pre* वारपार
act *n* कार्य; ऐन; अभिनय; अध्यादेश; परिच्छेद; साहसिक कार्य; कृति; व्यवस्था
act *v* व्यवहार गर्नु
action *n* गतिविधि
activate *v* सक्रिय पार्नु
activation *n* सक्रियता
active *adj* सक्रिय
activity *n* गतिविधि
actor *n* अभिनेता
actress *n* अभिनेत्री
actual *adj* वास्तविक
actually *adv* वास्तविकतामा
acute *adj* तीक्ष्ण
adamant *adj* जिद्दी
adapt *v* अनुकूल पार्नु
adaptable *adj* अनुकूल बनाउन योग्य
adaptation *n* अनुकूल
adapter *n* अनुकूलक
add *v* जोड्नु, मिलाउनु
addicted *adj* ग्रस्त
addiction *n* लत
addictive *adj* लत लाग्ने खालको
addition *n* जोड

additional *adj* थप
address *n* ठेगाना
address *v* ठेगाना लेख्नु; सम्बोधन गर्नु
addressee *n* प्रापक
adequate *adj* प्रशस्त
adhere *v* पालना गर्नु
adhesive *adj* च्यापच्याप लाग्ने
adjacent *adj* निकट
adjective *n* विशेषण
adjoin *v* जोडिनु
adjoining *adj* जोडिएको
adjourn *v* स्थगित गर्नु
adjust *v* व्यवस्थित गर्नु
adjustable *adj* व्यवस्थित गर्न योग्य
adjustment *n* प्रबन्ध
administer *v* प्रबन्ध गर्नु; प्रशासक भएर काम गर्नु
admirable *adj* प्रशंसा गर्न योग्य
admiral *n* नौसेना अधिकारी
admiration *n* प्रशंसा
admire *v* प्रशंसा गर्नु
admirer *n* प्रशंसक
admissible *adj* स्वीकार योग्य
admission *n* भर्ना
admit *v* भर्ना गर्नु
admittance *n* प्रवेशाज्ञा
admonish *v* सल्लाह वा चेतावनी दिनु
admonition *n* सल्लाह वा चेतावनी
adolescence *n* किशोरावस्था
adolescent *n* किशोर
adopt *v* ग्रहण गर्नु
adoption *n* ग्रहण, स्वीकृति
adoptive *adj* अंगिकृत
adorable *adj* एकदमै आकर्षक
adoration *n* आरधना
adore *v* आरधना गर्नु
adorn *v* श्रृंगार गर्नु
adrift *adv* तैरिने
adulation *n* चापलुसीपन
adult *n* वस्यक
adulterate *v* बिगार्नु, भ्रष्ट पार्नु
adultery *n* परस्त्रीगमन
advance *v* अग्रसर हुनु
advance *n* अग्रगति, प्रगति
advantage *n* फाइदा
Advent *n* आगमन, उपस्थिति
adventure *n* साहसको काम
adverb *n* क्रियाविशेषण
adversary *n* प्रतिद्वन्द्वी
adverse *adj* विपरीत
adversity *n* दुर्भाग्य
advertise *v* विज्ञापन गर्नु
advertising *n* विज्ञापन
advice *n* सल्लाह
advisable *adj* सल्लाह तथा परामर्श गर्न योग्य
advise *v* परामर्श दिनु
adviser *n* सल्लाहकार
advocate *v* वकालत गर्नु
aesthetic *adj* सूरुचिपूर्ण
afar *adv* टाढा सम्म
affable *adj* नम्र, शिष्ट, मृदुभाषी
affair *n* प्रेम सम्बन्ध
affect *v* प्रभावित पार्नु
affection *n* प्रेम, प्रीति, अनुराग

affectionate *adj* प्रेममय, अनुरागी, दयपूर्ण, प्रीतिपूर्ण
affiliate *v* सम्बद्ध गर्नु, अपनाउनु, सम्बन्धन दिनु
affiliation *n* सम्बन्धस्थापना
affinity *n* वैवाहिक सम्बन्ध
affirm *v* दृढताले भन्नु
affirmative *adj* सकारात्मक
affix *v* जोड्नु, मिलाउनु
afflict *v* हैरान गर्नु, सताउनु
affliction *n* दुःख, विपत्ति
affluence *n* धनको समृद्धि
affluent *adj* मालामाल, पर्याप्त
afford *v* खर्च गर्नु
affordable *adj* खर्च गर्न सकिने
affront *v* अपमानित गर्नु
affront *n* अपमान
afloat *adv* तैरिने
afraid *adj* डराएको, तर्सेको
afresh *adv* नयाँ सुरुवात
after *pre* पछि
afternoon *n* दिउँसो
afterwards *adv* पश्चात्
again *adv* फेरि
against *pre* विरुद्ध
age *n* उमेर
agency *n* निकाय, संस्था
agenda *n* कार्यसूची
agent *n* अर्काको लागि काम गर्ने मान्छे
agglomerate *v* थुपार्नु
aggravate *v* उत्तेजित गर्नु
aggravation *n* उत्तेजितना
aggregate *v* संचित गर्नु, जम्मा गर्नु
aggression *n* शान्तिभंग
aggression *adj* आक्रमण
aggressive *adj* आक्रमक
aggressor *n* आक्रमणकारी
aghast *adj* भयभीत
agitator *n* आन्दोलनकारी
agnostic *n* जडवादी
agonize *v* कष्ट दिनु
agonizing *adj* कष्टदायक
agony *n* वेदना, सन्ताप, कष्ट, पीडा
agree *v* सहमत हुनु
agreeable *adj* सहमत गर्न योग्य
agreement *n* सम्झौता, सहमति
agricultural *adj* कृषिसम्बन्धी
agriculture *n* कृषि
ahead *pre* अगिल्तिर
aid *n* अनुदान, सहायता
aid *v* अनुदान दिनु, सहायता दिनु
aide *n* सहायक
ailing *adj* अस्वस्थ, बिमार
ailment *n* अस्वस्थता
aim *v* उद्देश्य राख्नु, लक्ष्य हुनु
aimless *adj* लक्ष्यरहित
air *n* हावा
air *v* खुल्ला हावामा राख्नु
aircraft *n* वायुयान
airfare *n* हवाईजहाजको टिकट
airfield *n* विमानस्थल
airline *n* वायुसेवा
airliner *n* वायुयान
airmail *n* हवाईचिठ्ठी
airplane *n* हवाईजहाज

airport *n* विमानस्थल
airspace *n* हवाई उडान क्षेत्र
airstrip *n* हवाईजहाज धावन मार्ग
airtight *adj* वायुप्रतिरोधक
aisle *n* गिर्जाघर भित्र पस्ने बाटो
ajar *adj* अलिकति खोलिएको
akin *adj* नातेदार
alarm *n* चेतावनी
alarm clock *n* चेतावनी घण्टी दिने घडी
alarming *adj* खतरानाक
alcoholic *adj* मादक
alcoholism *n* मादक पद्धार्थको लत
alert *n* सजग, चनाखो, होसियार
algebra *n* बीजगण्ति
alien *n* विदेशी
alight *adv* प्रज्वलीत
align *v* पङ्क्ति मिलाउनु
alignment *n* पङ्क्तिबद्ध
alike *adj* उस्तै
alive *adj* जीवित
all *adj* सबै
allegation *n* अभियोग
allege *v* अभियोग लगाउनु
allegedly *adv* कथित रुपले
allegiance *n* बफादारी
allegory *n* नीतिकथा
allergic *adj* एलर्जीक, प्रतिकूल प्रतिक्रया पार्ने
allergy *n* एलर्जी, प्रतिकूल प्रतिक्रया
alleviate *v* निवारण गर्र्नु
alley *n* सहरमा भवनहरु बीचको बाटो
alliance *n* गठबन्धन
allied *adj* सम्बद्ध
alligator *n* घडियाल गोही
allocate *v* ठाउँ तोक्नु; बजेट विनियोजन गर्नु
allot *v* निर्धारित गर्नु
allotment *n* विभाजन, वितरण
allow *v* अनुमति दिनु
allowance *n* अनुदान
alloy *n* मिश्रित धातु
allure *n* प्रलोभन
alluring *adj* प्रलोभन पार्ने काम
allusion *n* सांकेतिक, उल्लेखनीय
ally *n* सहयोगी, मित्र, साथी
ally *v* सम्बन्ध गाँस्नु
almanac *n* पञ्चाङ्ग पात्रो
almighty *adj* सर्वशक्तिमान
almond *n* बदामको रुख
almost *adv* लगभग, करिब
alms *n* दान, भिक्षा
alone *adj* एक्लो
along *pre* साथसाथै
alongside *pre* छेउमा, हाराहारी
aloof *adj* अलग्ग, टाढा
aloud *adv* चर्को वा ठूलो स्वरले
alphabet *n* वर्णमाला
already *adv* अघि नै, समयभन्दा अगावै
alright *adv* ठीक, सही; त्रुटिरहित; विशुद्ध
also *adv* पनि; थप; समेत
altar *n* मण्डप
alter *v* बदल्नु
alteration *n* हेरफेर, परिवर्तन
altercation *n* लगाउनु होहल्ला; विवाद
alternate *v* पालैपालो गर्नु
alternate *adj* पालैपाला

A alternative 14

alternative *n* वैकल्पिक; विकल्प
although *c* यद्यापि, तापनि
altitude *n* अग्लोपन
altogether *adj* सम्पूर्णतया
aluminum *n* आल्मोनियम धातु
always *adv* सधैँ
amass *v* सञ्चय गर्नु, जम्मा गर्नु
amateur *adj* अव्यवसायी वा सौखिन
amaze *v* छक्क पर्नु वा पार्नु; चकित पर्नु वा पार्नु
amazement *n* चकित; छक्क; जिल्ल
amazing *adj* चकित वा जिल्ल पार्ने
ambassador *n* राजदूत
ambiguous *adj* अस्पष्ट, बझ्न गाह्रो
ambition *n* उद्देश्य, आकांक्षा
ambitious *adj* महत्वाकाङ्क्षी
ambivalent *adj* परस्परविरोधी भाव भएको
ambulance *n* बिरामी बोक्ने बहान
ambush *v* लुकेर आक्रमण गर्नु
amenable *adj* उत्तरदायी
amend *v* संशोधन गर्नु
amendment *n* संशोधन
amenities *n* सुविधाहरु
American *adj* अमेरिकी नागरिक
amiable *adj* मिलनसार
amicable *adj* मैत्रीपूर्ण
amid *pre* बीचमा, माझमा
ammonia *n* कडा पिरो हुने गन्ध हुने रंगहीन ग्याँस
ammunition *n* गोलाबारुद्ध
amnesia *n* बिर्सने रोग
amnesty *n* आममाफी
among *pre* धेरै जनाको बीचमा
amoral *adj* अनैतिक
amorphous *adj* कामुक
amortize *v* ऋण चुक्ता गर्नु
amount *n* योगफल; परिणाम
amount to *v* जम्मा पाउनु
amphibious *adj* स्थलजलचर, उभयचर
amphitheater *n* वृत्तकार रंगमञ्च
ample *adj* बृहत, विस्तृत, पर्याप्त
amplifier *n* ध्वनि बढाउने उपकरण
amplify *v* विस्तार गर्नु
amputate *v* अंग विच्छेद गर्नु
amputation *n* जसले विस्तार गर्छ
amuse *v* मनोरञ्जन गराउनु
amusement *n* मनोरञ्जन
amusing *adj* मनोरञ्जन दिने
an *a* स्वर वर्णबाट सुरुहुने अनिश्चित नाममा प्रयोग गर्ने शब्द
analogy *n* अनुरुपता
analysis *n* विश्लेषण, परिक्षण
analyze *v* विश्लेषण वा परिक्षण गर्नु
anarchist *n* अराजक
anarchy *n* अराजकता
anatomy *n* अंग चिर्ने विद्या
ancestor *n* पूर्खज
ancestry *n* कुल, वंश, खानदान
anchor *n* पानी जहाज अड्याउने वस्तु
anchovy *n* लघुमत्स्य
ancient *adj* प्राचीन
and *c* र
anecdote *n* चुट्किला
anemia *n* रगत कम भएको
anemic *adj* रगत कम भएको अवस्था

anesthesia n बेहोशीपन
anew adv नयाँ रुपमा वा नयाँ तरिकाले
angel n देवदूत, स्वर्गदूत
angelic adj दैविक
anger v रिसाउनु
anger n रिस
angina n घाँटी दुखेका
angle n कोण
angle v ढल्काउनु
Anglican adj बेलायती
angry adj रीस, क्रोध
anguish n मनोव्यथा, मानसिक पीडा, वेदना
animal n जनावर
animate v सजीव बनाउनु
animation n सजीवता; चेतना
animosity n दुष्मनी, वैरभाव, शत्रुता
ankle n गोलीगाँठो
annex n जोडेको घर, उपगृह
annexation n उपयोजन
annihilate v निर्मूल गर्नु, विनाश गर्नु
annihilation n निर्मूल, विनाश, नष्ट
anniversary n वार्षिकी
annotate v टीकाटिप्पणी गर्नु वा लेख्नु
annotation n टीकाटिप्पणी
announce v घोषणा गर्नु
announcement n घोषणा
announcer n उद्घोषक
annoy v रिस उठाउनु, चिढाउनु
annoying adj रिस उठाउदो, चिढाउदो
annual adj वार्षिक, मासिक
annul v रद्द गर्नु, खारेज गर्नु
annulment n लोप, अन्त, नाश, खारेज

anoint v तेलले मालिश गर्नु
anonymity n नामविहीनता
anonymous adj नाम थाहा नभएको, नाम विहीन
another adj अर्को
answer v उत्तर दिनु
answer n उत्तर, जवाफ
ant n कमिला
antagonize v शत्रु बनाउनु, विरोध गर्नु वा शत्रुतालाई उक्साउनु
antecedent n पहिलेको वा पूर्ववर्ती घटना
antecedents n पहिलेको वा पूर्ववर्ती घटनाहरु
antelope n हरिण वा मृगको एक जात वा छाला
antenna n स्पर्श इन्द्रिय वा अंग
anthem n देशभक्तिको गीत वा गाथा
antibiotic n सूक्ष्म जीवाणुलाई नाश गर्ने वस्तु, जीवाणुनाशक
anticipate v आशा गर्नु वा राख्नु; सम्भावना बोक्नु
anticipation n पूर्वज्ञान, आशा
antidote n विषमार्ने औषधि
antipathy n घृणा
antiquated adj प्राचीन, पुरानो
antiquity n प्राचीनकालिक मानव, आदिमानव
anvil n फलामको अचानो
anxiety n व्याकुलता, चिन्ता, मानसिक व्यग्रता
anxious adj व्याकुल, चिन्तग्रस्त
any adj कुनै पनि; जुन सुकै; केही पनि
anybody pro कुनै व्यक्ति, कोही
anyhow pro जसरी पनि

anyone *pro* जो सुकै
anything *pro* जेसुकै; कुनै कुरा
apart *adv* बेग्लै; अलग; छुट्टै
apartment *n* आवासी कोठाहरुको सेट
apathy *n* रुचिहीन; उत्साहको कमी
ape *n* ढेडु, बाँदर जस्तो जन्तु
aperitif *n* भोक लाग्ने पेय पदार्थ
apex *n* शीर्ष, शिखर, टुप्पो
aphrodisiac *adj* यौन इच्छा बढाउने औषधि
apiece *adv* प्रत्येकका लागि; एकएक गरी; बेग्लाबेग्लै
apocalypse *n* संसारिक अन्त्य
apologize *v* क्षमा माग्नु, माफी माग्नु
apology *n* क्षमा, माफी
apostle *n* धर्म प्रचारक
apostolic *adj* धर्म प्रचारक सम्बन्धी
apostrophe *n* सम्बन्ध कारक चिन्ह
appall *v* भयभीत पार्नु, तर्साउनु
appalling *adj* भयानक, भयजनक
apparel *n* वस्त्र, पोशाक
apparent *adj* प्रष्ट, प्रत्यक्ष; स्पष्ट; झ्वाट्ट देखिने वा बुझिने
apparently *adv* प्रष्ट वा प्रत्यक्ष वा स्पष्ट रुपले; झ्वाट्ट देखिने वा बुझिने गरी
apparition *n* भूत, प्रेत वा छाया मूर्ति
appeal *n* विनम्र अनुरोध, आग्रह
appeal *v* विनम्र अनुरोध वा आग्रह गर्नु
appealing *adj* सुन्दर, पुन विचारशील, प्रार्थी
appear *v* देखा पर्नु, देखिनु
appearance *n* आगमन, उद्भव
appease *v* मनाउनु, फुल्याउनु; झगडा वा रिस शान्त पार्नु
appeasement *v* मनाउने, झगडा वा रिस शान्त पार्ने
appendicitis *n* आन्द्रामा भएको एक किसिमको बिरामी
appendix *n* परिशिष्ट (किताबको)
appetite *n* भोक
appetizer *n* भोक वा रुचि जगाउने कुरा
applaud *v* ताली बजाएर प्रशंसा गर्नु
applause *n* ताली बजाएर गरिएको प्रशंसा
apple *n* स्याउ
appliance *n* उपकरण, औजार
applicable *adj* प्रयोग गर्न सकिने वा लागू हुने
applicant *n* आवेदक, निवेदक
application *n* आवेदन, निवेदन
apply *v* आवेदन वा निवेदन दिनु
apply for *v* लागू गर्नु
appoint *v* नियुक्ति गर्नु
appointment *n* नियुक्ति, भेट्नको लागि छुट्एकाृ समय
appraisal *n* मूल्यांकन, मूल्यानिर्धारण
appraise *v* मूल्यांकन गर्नु, मूल्यानिर्धारण गर्नु
appreciate *v* प्रशंसा गर्नु; कदर गर्नु
appreciation *n* प्रशंसा; कदर
apprehend *v* गिरफ्तार गर्नु, आत्तिनु वा डराउनु
apprehensive *adj* चिन्तित, भयभीत भएको, डराएको
apprentice *n* सिकारु, प्रशिक्षार्थी
approach *v* नजिक पुग्नु वा आउनु
approach *n* पहुँच, आगमन, सम्पर्क
approachable *adj* प्रवेश योग्य; पहुँच योग्य
approbation *n* अनुमोदन, सम्मोदन, प्रशंसा

appropriate *adj* सुहाउँदो, उपयोगी
approval *n* अनुमोदन, स्वीकृति, मंजूरी
approve *v* अनुमोदन गर्नु
approximate *adj* नजिकको
apricot *n* खुर्पानी
April *n* एप्रिल महिना (अंग्रेजीको)
apron *n* काम गर्दा लगाउने कपडा
aptitude *n* स्वाभाविक क्षमता वा सीप
aquarium *n* माछा वा अन्य जलजन्तु पाल्ने काँचको भाँडो
aquatic *adj* जलचर वा जीव
aqueduct *n* कुलो; नहर
Arabic *adj* अरबी भाषा
arable *adj* कृषियोग्य जमीन
arbiter *n* मध्यस्थता गर्ने व्यक्ति
arbitrary *adj* निरङ्कुश
arbitrate *v* विवाद सुल्झाउनु, फैसला गर्नु
arbitration *n* फैसला, निर्णय
arc *n* चाप, वृत्तखण्ड
arch *n* सर्वश्रेष्ठ
archaeology *n* पुरातत्वविज्ञान वा शास्त्र
archaic *adj* प्राचीन, पुरातन
archbishop *n* कुनै प्रान्तको सर्वोच्च पादरी
architect *n* घरको नक्सा बनाउने व्यक्ति
architecture *n* भवन निर्माण कला वा विद्या
archive *n* अभिलेख
arctic *adj* उत्तरधुरवीय क्षेत्रको
ardent *adj* जोसिलो, उत्साही
ardor *n* जोस, उत्साह; बैंस
arduous *adj* धेरै प्रयास वा शक्ति चाहिने; मुस्किल
area *n* क्षेत्रफल
arena *n* खेलक्षेत्र
argue *v* तर्क–वितर्क गर्नु
argument *n* तर्क–वितर्क; विवाद
arid *adj* सुक्खा, पानी नपर्ने
arise *iv* उदाउनु
aristocracy *n* शासक वर्ग
aristocrat *n* खानदानी
arithmetic *n* गणित
ark *n* डुङ्गा
arm *n* पाखुरा
arm *v* हातहतियार आपूर्ति गर्नु
armaments *n* यद्ध उपकरणहरु
armchair *n* हल्लिन मिल्ने कुर्सी
armed *adj* हातहतियारकले सुसज्जित
armistice *n* युद्धविराम
armor *n* कवाज
armpit *n* काखी
army *n* सैनिक
aromatic *adj* सुगन्धित बास्ना
around *pro* यताउता, वरिपरि
arouse *v* निद्राबाट बिउँझाउनु
arrange *v* मिलाउनु; व्यवस्थित गर्नु
arrangement *n* सजावट; व्यवस्था; बन्दोबस्त
array *n* पंक्ति; फौज; वस्त्र
arrest *v* गिरफ्तार गर्नु
arrest *n* गिरफ्तार
arrival *n* आगमन
arrive *v* आइपुग्नु
arrogance *n* अहम्कारी
arrogant *adj* घमण्ड
arrow *n* तीर

arsenal *n* गोलीगट्ठा बनाउने ठाउँ
arsenic *n* आर्सेनिक ग्यास, विषालु ग्यास
arson *n* आगलागी
arsonist *n* आगो लगाउने व्यक्ति
art *n* कला
artery *n* धमनी
arthritis *n* बाथरोग
artichoke *n* चुकन्दार, एक किसिमको खाने बिरुवा
article *n* लेख; धारा; वस्तु; पद; वाक्यांश
articulate *v* बुझिने गरी बोल्नु
articulation *n* सुस्पष्ट
artificial *adj* कृत्रिम
artillery *n* तोप
artisan *n* शिल्पकार
artist *n* कलाकार
artistic *adj* कलात्मक
artwork *n* कलाको समावेश
as *c* जब; जस्तो; किनभने
as *adv* जत्तिको; बराबर
ascend *v* माथि तिर जानु
ascendancy *n* उत्थान; प्रभुता
ascertain *v* निश्चित गर्नु
ascetic *adj* अतिकठोर
ash *n* खरानी
ashamed *adj* लजमर्दो
ashore *adv* किनारमा
ashtray *n* चुरोटको खरानी राख्ने भाँडो
aside *adv* एकातिर, एक छेउमा
aside from *adv* बाहेक
ask *v* सोध्नु
asleep *adj* मस्तनिद्रा
asparagus *n* कुरिलो, टुसा
aspect *n* पक्ष
asphalt *n* कलकत्र
asphyxiate *v* उकुसमुकुस हुनु
asphyxiation *n* उकुसमुकुस
aspiration *n* उत्सुकता, आकांक्षा
aspire *v* उत्सुक हुनु, आकांक्षा राख्नु
aspirin *n* दुखेको शान्त गर्ने औषधि
assail *v* आक्रमण गर्नु
assailant *n* आक्रान्त
assassin *n* गुप्त रुपमा हत्या
assassinate *v* गुप्त रुपमा हत्या गर्नु
assassination *n* मार्नु, हत्या गर्नु
assault *n* आक्रमण
assault *v* आक्रमण गर्नु
assemble *v* भेला हुनु
assembly *n* भेला, सभा
assent *v* माथि जानु
assert *v* पुष्टि गर्नु
assertion *n* पुष्टि
assess *v* मुल्यांकन गर्नु
assessment *n* मुल्यांकन
asset *n* मूल्यावान्
assets *n* धनसम्पत्ति
assign *v* निर्दिष्ट गर्नु
assignment *n* निर्दिष्ट
assimilate *v* पचाउनु; सिक्नु; राम्ररी बुझ्नु
assimilation *n* ग्रहण, उपलब्धि
assist *v* सहायता दिनु
assistance *n* सहायता
associate *v* संलग्न हुनु
association *n* मेल; संस्था; सम्मेलन; समाज

assorted *adj* विभिन्न वस्तुलाई एकैठाउँमा राखिएको
assortment *n* श्रणीविभाजन
assume *v* भनिठान्नु
assumption *n* अनुमान
assurance *n* विश्वास दिलाउने काम
assure *v* विश्वास दिलाउनु
asterisk *n* तारा चिन्ह
asteroid *n* उपग्रह
asthma *n* दम रोग
asthmatic *adj* दम रोग सम्बन्धी
astonish *v* आश्चर्य पार्नु
astonishing *adj* आश्चर्य
astound *v* छक्क पर्नु, विस्मित गर्नु
astounding *adj* छक्क पार्ने, विस्मित हुने
astray *v* पथभ्रष्ट हुनु
astrologer *n* ज्योतिषी
astrology *n* ज्योतिष विज्ञान
astronaut *n* अन्तरिक्ष यात्री
astronomer *n* खगोल शास्त्री
astronomic *adj* खगोल विज्ञान सम्बन्धी
astronomy *n* खगोल विज्ञान
astute *adj* धूर्त, चलाख
asunder *adv* अलग
asylum *n* मानसिक चिकित्सालय
at *pre* मा; तिर; तर्फ; नेर
atheism *n* नास्तिकता
atheist *n* नास्तिकतावादी
athlete *n* खेलकुद(दौडिने र गफ्रिने खेल)
athletic *adj* खेलाडी वा खेलकूद सम्बन्धी
atmosphere *n* वातावरण; परिस्थिति; वायुमण्डल
atmospheric *adj* वातावरणीय; वायुमण्डलीय
atom *n* परमाणु
atomic *adj* पारमाणविक; आणाविक
atone *v* प्रायश्चित हुनु; सन्तुष्ट हुनु
atonement *n* प्रायश्चित, क्षतिपूर्ति
atrocious *adj* अति क्रूर
atrocity *n* क्रूरता, निर्दयी
atrophy *v* कमजोर हुनु
attach *v* संलग्न गर्नु
attached *adj* संलग्न गरेको
attachment *n* संलग्न गर्ने काम
attack *n* आक्रमण
attack *v* आक्रमण गर्नु
attacker *n* आक्रमणकारी
attain *v* हासिल गर्नु
attainable *adj* हासिल गर्न लायक
attainment *n* प्राप्ति, उपार्जन
attempt *v* कोसिस गर्नु
attempt *n* कोसिस
attend *v* उपस्थिति हुनु
attendance *n* उपस्थिति
attendant *n* उपस्थिति भएको व्यक्ति
attention *n* ध्यानाकर्षण
attentive *adj* ध्यान केन्द्रित
attenuate *v* पातलो बनाउनु, सरल गर्नु
attenuating *adj* पातलो बनाउने, सरल गर्ने
attest *v* प्रमाणित गर्नु
attic *n* बुइँगल
attitude *n* व्यवहार गर्ने तरिका
attorney *n* अधिवक्ता
attract *v* आकर्षण गर्नु

attraction *n* आकर्षण
attractive *adj* आकर्षक
attribute *v* कारण देखाइ व्याख्या गर्नु; दोषारोपन गर्नु
auction *n* लीलाम
auction *v* लीलाम गर्नु
auctioneer *n* लीलाम गर्ने व्यक्ति
audacious *adj* साहसी, निडर, बहादुर
audacity *n* साहस
audible *adj* स्पष्ट सुन्न सकिने
audience *n* दर्शक
audit *v* लेखा परीक्षा गर्नु
auditorium *n* सभा मण्डल
augment *v* वृद्धि गर्नु
August *n* अगस्त महिना
aunt *n* काकी; माइजु; सानीआमा
auspicious *adj* शुभ, सौभाग्यशाली
austere *n* कठोर, कडा, निष्ठुर, कर्कश
austerity *n* कठोरता
authentic *adj* सत्य, विश्वासनीय
authenticate *v* सत्य स्थापित गर्नु
authenticity *n* वास्तविकता, सत्यता
author *n* लेखक
authoritarian *adj* अधिकार दिन
authority *n* अधिकार दिने काम
authorization *n* अधिकार प्राप्त
authorize *v* अधिकार दिनु
auto *n* स्वतः
autograph *n* विशिष्ट व्यक्तिको हस्ताक्षर
automatic *adj* स्वचालित
automobile *n* मोटरकार, मोटरगाडी
autonomous *adj* स्वायत्त शासन सम्बन्धी
autonomy *n* स्वायत्त
autopsy *n* स्वपरिक्षण, स्वनिरीक्षण
autumn *n* शरद् ऋतु
auxiliary *adj* सहायक
avail *v* लाभ उठाउनु
availability *n* सुलभता
available *adj* सुलभ
avalanche *n* हिउँ पहिरो
avarice *n* लालसा, लिप्सा, लालच, लोभ
avaricious *adj* लोभी, लालची
avenge *v* बदला लिनु
avenue *n* दुवै किनारमा रुख वा अग्ला घरहरु भएको फराकिलो बाटो
average *n* औसत
averse *adj* अनिच्छुक
aversion *n* अनिच्छा
avert *v* हटाउनु, पन्छिनु; निवारण गर्नु
aviation *n* उड्डयन
aviator *n* वायुयान चालक
avid *adj* उत्सुकत
avoid *v* हटाउनु, अलग राख्नु
avoidable *adj* हटाउन सकिने
avoidance *n* त्याग, हटाई, छोडाई
avowed *adj* घोषित; स्वीकृत
await *v* पर्खनु, प्रतिक्षा गर्नु
awake *iv* निद्रा भंग गर्नु, जगाउनु
awake *adj* जाग्रत; चनाखो; जागरुक; ननिदाएको
awakening *n* जागृति, जागरण
award *v* पुरस्कृत गर्नु; प्रदान गर्नु
award *n* पुरस्कार
aware *adj* सचेत; जागरुक; सुसूचित

awareness *n* जनचेतना, सर्तकता
away *adv* टाढा
awe *n* आश्चर्य; भय, डर
awesome *adj* डरलाग्दो
awful *adj* भयनाक, डरलाग्दो, खराब वा नराम्रो
awkward *adj* ढंग नभएको; भद्दा; जुम्सो; कठिन; अत्तिएको
awning *n* त्रिपाल
ax *n* बन्चरो
axiom *n* स्थापित वा सर्वमान्य सिद्धान्त
axis *n* अक्ष; मेरुदण्ड
axle *n* पाङ्ग्रा घुम्ने तर्कु वा धुर; अक्षदण्ड

B

babble *v* बर्बराउनु; फतफताउनु
baby *n* शिशु
babysitter *n* शिशु हेरचाह गर्ने व्यक्ति
bachelor *n* अविवाहित पुरुष
back *n* पछाडि
back *adv* पछाडिपट्टि
back *v* पछाडि सर्नु; समर्थन दिनु
back down *v* पहिले गरिएको दाबी फिर्ता लिनु
back up *v* समर्थन दिनु
backbone *n* मेरुदण्ड
backdoor *n* गुप्त
backfire *v* आफैंलाई बेफाइदा हुनु
background *n* पृष्ठभूमि
backing *n* आधार; मद्दत
backlash *n* विरोध
backlog *n* पछाडि परेका कामहरु
backpack *n* पछाडि बोक्ने झोला
backup *n* जगेडा
backward *adj* पिछाडिएको; उल्टो वा पछाडि वा विगततिर फर्किएको
backwards *adv* पछाडिपट्टि; पछिल्तिर
backyard *n* करेसो, घर पछाडिको भाग
bacon *n* सुँगुरको मासु
bacteria *n* जीवाणु
bad *adj* खराब, नराम्रो
badge *n* चिन्ह, प्रतिक, ब्याज
badly *adv* नराम्रोसँग
baffle *v* बुझ्न धेरै गाह्रो पार्नु; अलमल्ल पार्नु
bag *n* झोला
bag *v* पाउनु; झोलामा हाल्नु
baggage *n* यात्राका लागि बोकिने सामानहरु
baggy *adj* खुकुलो; झुन्डिने, धोक्रे
baguette *n* गहनामा प्रयोग गरिने आयातकार हिरा
bail *n* जमानत
bail out *v* जमानतमा छोड्नु वा छुटाउनु
bailiff *n* रिट जारी गर्न वा पक्राउ गर्न वा सजाय दिलाउन प्रशासनलाई मद्दत गर्ने व्यक्ति
bait *n* चारा वा आहारा
bake *v* रोटी तताउनु; सेक्नु
baker *n* रोटी भान्से; पकाउने व्यक्ति
bakery *n* रोटी पसल
balance *v* सन्तुलित पार्नु
balance *n* सन्तुलन
balcony *n* बरन्डा
bald *adj* तालु खुइलेको

B

bale *n* गाँठ; पोको; बन्डल; कुम्लो
ball *n* भकुन्डो; सामूहिक नाच; नृत्यशाला
balloon *n* बेलुन
ballot *n* मतदान पत्र
ballroom *n* नाचघर
balm *n* दुखाइ कम गर्ने मलहम
balmy *adj* सुखकर
bamboo *n* बाँस
ban *n* प्रतिबन्ध लगाउनु
ban *v* प्रतिबन्ध
banality *n* तुच्छता; भद्दापन
banana *n* केरा
band *n* दल; समूह
bandage *n* बाँध्न वा छोप्न प्रयोग गरिने पट्टि
bandage *v* बाँध्नु वा छोप्नु
bandit *n* लुटेरा, डाँकु
bang *v* ठूलो आवाज निस्किने गरी हिर्काउनु वा बन्द गर्नु
bangs *n* ठोकाइ वा प्रहार वा धक्का वा पड्कँदा निस्कने आवाज
banish *v* देश निकाला गर्नु
banishment *n* देश निकाला
bank *n* बैंक; खोलाको किनार
bankrupt *v* टाट पल्टिनु
bankrupt *adj* टाट पल्टेको
bankruptcy *n* टाट पल्टिसकेको अवस्था
banner *n* तोरण, ब्यानर
banquet *n* प्रतिभोज
baptism *n* नवरन
baptize *v* नवरन गर्नु
bar *n* छेकबार
bar *v* बाधा पार्नु
barbarian *n* असभ्य
barbaric *adj* अशिष्ट
barbarism *n* असभ्यता
barbecue *n* सेकुवा
barber *n* हजाम
bare *adj* नाङ्गो
barefoot *adj* खाली खुट्टा
barely *adv* विरलै
bargain *n* मोलतोल
bargain *v* मोलतोल गर्नु
bargaining *n* मोलतोल गराई
barge *n* मालबाहक पानी जहाज
bark *v* भुक्नु; बोक्रा निकाल्नु
bark *n* बोक्रा; कुकुर भुकाई
barley *n* जौ
barmaid *n* बारमा काम गर्ने महिला
barman *n* बारमा काम गर्ने पूरुष व्यक्ति
barn *n* अन्नको ढुकुटी
barometer *n* वायुचापमापन यन्त्र
barracks *n* सैनिक अड्डा, छाउनी
barrage *n* बाँध
barrel *n* बन्दुकको नाल
barren *adj* रुखो
barricade *n* अवरोध
barrier *n* अवरोध, रोकावट
barring *pre* बाहेक
bartender *n* बारमा पेय पदार्थ दिने मान्छे
barter *v* साटासाट गर्नु
base *n* आधार
base *v* आधार दिनु
baseball *n* एक प्रकारको भकुण्डो खेल
baseless *adj* आधारहिन

basement *n* छिडी
bashful *adj* विनम्रता पूर्ण
basic *adj* आधारभूत
basics *n* आधारभूत कुराहरु
basin *n* भाँडा तथा हात मुख धुने ठाउँ
basis *n* जग, आधार
bask *v* घाम वा आगो ताप्नु
basket *n* टोकरी
basketball *n* बास्केटबल खेल
bass *n* माछा; धोद्रो स्वर
bastard *n* ठिमाहा
bat *n* चमेरो; ब्याट
batch *n* समूह
bath *n* नुहाउने काम
bathe *v* नुहाउनु
bathrobe *n* नुहाउन जाने बेला लगाउने गाउन
bathroom *n* नुहाउने कोठा
bathtub *n* नुहाउने भाँडो
baton *n* छडी, लठ्ठी
battalion *n* बाहिनी, ज्यादै ठूलो समूह
batter *v* मुछ्नु
battery *n* मुछेको पिठो
battle *n* युद्ध क्षेत्र
battle *v* युद्ध गर्नु
battleship *n* युद्ध वहाक
bay *n* समुद्री किनार
bayonet *n* सङ्गीन
bazaar *n* बजार
be *iv* हुनु; रहनु
be born *v* जन्मिनु
beach *n* समुद्री किनार
beacon *n* इसारा
beak *n* चराको चुच्चो
beam *n* दलिन
bean *n* गेडागुडी
bear *n* भालु
bear *iv* धारण गर्नु; सहनु
bearable *adj* सहन सकिने
beard *n* दाह्री
bearded *adj* दाह्री भएको
bearer *n* बाहक, सन्देश वाहक
beast *n* हिंसक जनावर
beat *iv* पिट्नु
beat *n* संगीतको ताल
beaten *adj* पिटेको
beating *n* पिटाई
beautiful *adj* सुन्दर
beautify *v* सुन्दर पार्नु
beauty *n* सुन्दरता
beaver *n* एक किसिमको एसिया र युरोपमा पाइने जनावर
because *c* किनभने
because of *pre* कारण
beckon *v* संकेत गर्नु
become *iv* हुनु
bed *n* खाट
bedding *n* ओछ्यान मिलाउने काम
bedroom *n* सुत्ने कोठा
bedspread *n* तन्न
bee *n* मौरी
beef *n* गोरुको मासु
beef up *v* सुरक्षालाई अझ बलियो बनाउनु
beehive *n* मौरीको घार

beer *n* एक किसिमको पेय पद्धार्थ
beet *n* चुकन्दर
beetle *n* मार्तोल
before *adv* अघि
before *pre* भन्दा अघि
beforehand *adv* अगाडि नै
befriend *v* साथी बन्नु
beg *v* माग्नु
beggar *n* माग्ने
begin *iv* सुरु गर्नु
beginner *n* सुरुवात गर्ने व्यक्ति
beginning *n* सुरुवात
beguile *v* लोभ्याउनु
behalf (on) *adv* सट्टामा
behave *v* व्यवहार गर्नु
behavior *n* व्यवहार, आचरण
behead *v* टाउको काट्नु
behind *pre* पछाडि
behold *iv* हेर्नु
being *n* जीव, प्राणी
belated *adj* ढीलो
belch *v* डकार्नु
belch *n* डकार
belfry *n* घण्टाघर
Belgian *adj* बेल्जियम बासी
Belgium *n* बेल्जियम देश
belief *n* विश्वास
believable *adj* विश्वास गर्न योग्य
believe *v* विश्वास गर्नु
believer *n* विश्वास गर्ने व्यक्ति
belittle *v* सानो पार्नु
bell *n* घण्टी

bell pepper *n* मरिच
belligerent *adj* युद्धपिचास
belly *n* पेट
belly button *n* नाइटो
belong *v* को सम्पत्ति हुनु
belongings *n* सरसामान
beloved *adj* प्रेयसी
below *adv* तल्लो तह
below *pre* तल, मुनि
belt *n* पेटी
bench *n* बेन्च (बस्ने)
bend *iv* निहुरिनु; मोड्नु
bend down *v* तल निहुरिनु
beneath *pre* भन्दा मुनि
benediction *n* स्वस्तिवाचन
benefactor *n* परोपकारी
beneficial *adj* लाभकारी
beneficiary *n* हकदार; लाभभोगी
benefit *n* फाइदा, लाभ
benefit *v* फाइदा वा लाभ हुनु
benevolence *n* परोपकार
benevolent *adj* परोपकारी
benign *adj* दयाल; हितकार
bequeath *v* इच्छा पत्र लेखी आफ्नो सम्पत्ति दिनु
bereaved *adj* बिछोड भएको
bereavement *n* वियोग
beret *n* टोपी
berserk *adv* उत्तेजित; आक्रमक
berth *n* शयनकक्ष
beseech *iv* विन्ती गर्नु
beset *iv* घेरा लगाउनु; आक्रमण गर्नु

beside *pre* छेउमा, नजिकमा
besides *pre* बाहेक
besiege *iv* सेनाले घेरा हाल्नु
best *adj* सब भन्दा राम्रो
best man *n* विवाहमा बेलुहालाई साथ दिने व्यक्ति
bestial *adj* क्रुरता पशुवत्
bestiality *n* दुर्गुणता
bestow *v* स्थान दिनु
bet *iv* बाजी ठोक्नु
bet *n* बाजी
betray *v* धोका दिनु
betrayal *n* धोकेवाज
better *adj* झन् राम्रो
between *pre* बीचमा
beverage *n* पेय
beware *v* सावधान हुनु
bewilder *v* अलमल्ल पर्नु
bewitch *v* मोहित पार्नु
beyond *adv* पर
bias *n* पक्षपात
bible *n* क्रिस्चियन धर्मग्रन्थ
biblical *adj* बाइबल सम्बन्धि
bibliography *n* ग्रन्थहरुको संग्रह
bicycle *n* खुट्टाले चलाउने दुई पांग्रे सवारीसाधन
bid *n* लिलाम
bid *iv* लिलाम गर्नु
big *adj* ठूलो
bigamy *n* बहुविवाह
bigot *adj* अन्धभक्त
bigotry *n* अन्धभक्ति
bike *n* मोटरसाइकल
bile *n* झोक
bilingual *adj* दुई भाषा बोल्ने
bill *n* रसिद; चराको चुच्चो; कार्यक्रमको घोषणा पत्र
bill *v* रकमको पुर्जी पठाउनु; चुच्चोले च्याप्नु
billiards *n* एक प्रकारको खेल
billion *n* दश खरब
billionaire *n* खरब पति
bimonthly *adj* द्वैमासिक वा पाक्षिक
bin *n* भाँडो
bind *iv* बाँध्नु
binding *adj* बन्धन
binoculars *n* दूरवीन
biography *n* जीवनी
biological *adj* जीवविज्ञान सम्बन्धी
biology *n* जीवविज्ञान
bird *n* चरा
birth *n* जन्म
birthday *n* जन्मदिन
biscuit *n* बिस्कुट
bishop *n* धर्मगुरु
bison *n* अर्ना
bit *n* सानो टुक्रा; छिद्र पार्ने औजार; सूचना एकाई; लगामको मुखस्थितको भाग
bite *iv* टोक्नु
bite *n* टोकाई
bitter *adj* तितो; दुःखदायी; कटु
bitterly *adv* कटुतापूर्वक; नराम्रोसित
bitterness *n* तितोपना; कटुता
bizarre *adj* विचित्रको; अनौठो
black *adj* कालो
blackberry *n* कालो बयर

blackboard *n* कालोपाटी
blackmail *n* कालो धन्दा
blackmail *v* कालो धन्दा गर्नु
blackness *n* कालोपन
blackout *n* सम्पूर्ण अन्धकार
blacksmith *n* आरनमा काम गर्ने व्यक्ति
bladder *n* पिसाब–थैली
blade *n* छुरा
blame *n* दोष वा आरोप
blame *v* दोष लगाउनु
blameless *adj* दोषरहित
bland *adj* सुशील, विनीत
blank *adj* खाली
blanket *n* कम्बल
blaspheme *v* ईश्वरको निन्दा गर्नु
blasphemy *n* नास्तिकता
blast *n* विस्फोट
blaze *v* चम्कनु वा दन्कनु
bleach *v* सेतो पार्नु वा हुनु
bleach *n* सेतो पार्ने वा हुने कला
bleak *n* उजाड
bleed *iv* रगत बग्नु
bleeding *n* रगत बग्ने काम वा रक्तस्राव
blemish *n* दोष; खोट; दाग
blemish *v* बदनाम गर्नु
blend *n* मिश्रण
blend *v* मिसाउनु
blender *n* मिश्रण कर्ता वा मिश्रण गर्ने साधन
bless *v* आर्शिवाद दिनु
blessed *adj* पवित्र; चोखो
blessing *n* आर्शिवाद
blind *v* दृष्टि शक्ति बिगार्नु
blind *adj* दृष्टिबिहिन
blindfold *n* आँखामा पट्टी बाँध्ने काम
blindfold *v* धोका दिनु; आँखामा पट्टी बाँध्नु
blindly *adv* धोका; पट्टी
blindness *n* अन्धोपन
blink *v* आँखा झिक्याउनु
bliss *n* स्वर्गीय आनन्द
blissful *adj* स्वर्गीय आनन्दपूर्ण
blister *n* खटिरा
blizzard *n* हिउँको आँधी
bloat *v* सुनिन्नु, फुल्नु
bloated *adj* सुन्नेको वा फुलेको
block *n* अचानो; अग्ला भवनहरु
block *v* छेक्नु
blockade *v* अवरोध गर्नु
blockade *n* अवरोध, रोकावट
blockage *n* बन्द
blond *adj* सुनौलो वा कैलो रंग
blood *n* रगत
bloodthirsty *adj* रक्तपिचाशु
bloody *adj* रक्ताम्य
bloom *v* फक्रनु
blossom *v* परिपक्क हुनु
blot *n* छेस्किनी
blot *v* कलंकित पार्नु; दाग लगाउनु
blouse *n* चोलो
blow *n* प्रहार, धक्का
blow *iv* फुक्नु, हावा बहनु
blow out *iv* निभाउनु
blow up *iv* विस्फोट हुनु
blowout *n* गाडीको पाङ्ग्रा पड्केको
bludgeon *v* लाठोले पिट्नु वा डर देखाउनु

27 born

B

blue *adj* निलो; दुःखी; अश्लील
blueprint *n* अन्तिम रुपरेखा
bluff *n* धाक लगाउनु
bluff *v* धाक
blunder *n* मूर्खता पूर्ण गल्ती
blunt *adj* बुच्चो, चुच्चो नभएको
bluntness *n* बुच्चोपन
blur *v* अस्पष्ट पार्नु, धमिल्याउनु
blurred *adj* अस्पष्टता
blush *v* लाजले रातोपिरो हुनु
blush *n* लाज
boar *n* सुँगुर; बँदेल
board *n* फलेक
board *v* चढ्नु; सवार हुनु
boast *v* घमन्ड गर्नु
boat *n* डुंगा
bodily *adj* शारीरिक रुपमा
body *n* शरीर
bog *n* भासिने भूमि
bog down *v* भासिनु
boil *v* उमाल्नु
boil down to *v* बाफ हुनेगरी उमाल्नु
boil over *v* उम्लेर पोखिनु
boiler *n* उमाल्ने भाँडो
boisterous *adj* तुफान; आँधी; आनन्दपूर्ण होहल्ला
bold *adj* निडर; साहसी
boldness *n* निडरता; साहसी
bolster *v* सिरानी थप्नु; निडर बनाउनु
bolt *n* छेस्किनी; मोटो किलो
bolt *v* आग्लो हाल्नु; छेस्किनी लगाउनु
bomb *n* विस्फोटक पदार्थ
bomb *v* बम पट्काउनु
bombing *n* बम विस्फोटन
bombshell *n* विस्फोटित बम; अति आकर्षक
bond *n* बन्धन
bondage *n* गुलामी
bone *n* हाड
bone marrow *n* हड्डीको कोष
bonfire *n* धुनी
bonus *n* लाभांश
book *n* किताब
bookcase *n* किताबको तख्ता
bookkeeper *n* पुस्तक व्यवस्थापन गर्ने व्यक्ति
bookkeeping *n* पुस्तक व्यवस्थापन
booklet *n* हाते पुस्तक
bookseller *n* किताब व्यपारी
bookstore *n* किताब खाना
boom *n* अकस्मत् वृद्धि
boom *v* अकस्मत् बढ्नु
boost *v* उत्साहित पार्नु; माथि उचाल्नु
boost *n* उत्साहित; माथि उचाल्ने
boot *n* जुत्ता; बुट
booth *n* मण्डप; कुटी
booty *n* लुट्ने काम
booze *n* रक्सी
border *n* सीमाना
border on *v* मिल्दोजुल्दो हुनु
borderline *adj* सीमा रेखा
bore *v* अल्छी लाग्नु
bored *adj* अल्छी; दिक्क लाग्दो
boredom *n* अल्छीपन
boring *adj* अल्छी लाग्दो
born *adj* जन्मेको

borough *n* स्वयत्त
borrow *v* सपाटी वा उधारो लिनु
bosom *n* वक्षस्थल
boss *n* हाकिम, मालिक
boss around *v* मालिकपन देखाउनु; दबाउनु
bossy *adj* मालिकपन
botany *n* वनस्पतिशास्त्र
botch *v* बिगार्नु
both *adj* दुवै
bother *v* चिन्ता गर्नु
bothersome *adj* दुःख दिने
bottle *n* बोतल
bottle *v* बोतलमा भर्नु
bottleneck *n* साँगुरो
bottom *n* पिँध
bottomless *adj* पिँध बिनाको
bough *n* हाँगा
boulder *n* शिला, पत्थर
boulevard *n* किनारमा रुख र घरहरुको लहर भएको बाटो
bounce *v* उफ्रनु; उफार्नु
bounce *n* फर्कने काम; आत्मविश्वास; तन्दुरुस्ती
bound *adj* तयार
bound *v* उफ्रनु
bound for *adj* निश्चित दिशा तिर जाने
boundary *n* सीमाना
boundless *adj* असीमित
bounty *n* उपहार
bourgeois *adj* उच्च मध्यमवर्गिय
bow *n* धनुष
bow *v* निहुरनु
bow out *v* निस्कनु
bowels *n* आन्द्राभुँडी
bowl *n* कचौरा
bowl *v* गुड्नु
box *n* बाकस
box *v* बाकस भित्र राख्नु; मुक्का हान्नु
box office *n* टिकटघर
boxer *n* मुक्केबाज खेल्ने खेलाडी
boxing *n* मुक्केबाजी खेल
boy *n* केटो
boycott *v* बाहिष्कार गर्नु
boyfriend *n* केटा प्रेमी
boyhood *n* केटौले अवस्था
bra *n* स्त्रीको स्तन छोप्ने वस्त्र
brace for *v* तयार हुनु
bracelet *n* हातमा लगाउने सिक्री
bracket *n* जोडी
brag *v* घमण्ड वा सेखी गर्नु
braid *n* चोटी
brain *n* मष्तिक
brainwash *v* सोच परिवर्तन गराउनु
brake *n* कुनै यन्त्रको रोक्ने उपकरण
brake *v* ब्रेक लगाउनु
branch *n* शाखा
branch office *n* शाखा कार्यलय
branch out *v* नयाँ दिशा दिनु
brand *n* व्यापार चिन्ह
brand *v* छाप लगाउनु
brand-new *adj* एकदम नयाँ
brandy *n* फलबाट तयार पारिएको रक्सी
brat *adj* असभ्य ठिटो
brave *adj* बहादुर
bravely *adv* बहादुरका साथ

bravery *n* बहादुरीता
brawl *n* झगडा
breach *n* अतिक्रमण
bread *n* रोटी
breadth *n* चौडाई
break *n* तोडफोड
break *iv* भाँच्नु
break away *v* टुक्रिएर जानु
break down *v* सम्बन्ध टुट्नु
break free *v* छुट्कारा पाउनु
break in *v* घर भित्र छिर्नु
break off *v* छुटिनु
break open *v* फोर्नु
break out *v* फैलिनु
break up *v* विच्छेद हुनु
breakable *adj* बाँच्न सकिने, कमजोर
breakdown *n* बिग्रेको
breakfast *n* सम्बन्ध बिहानको खाना
breakthrough *n* बाधाहरु हटाउने कार्य
breast *n* स्तन
breath *n* श्वास
breathe *v* श्वास फेर्नु
breathing *n* श्वास प्रश्वास
breathtaking *adj* विस्मयकारी
breed *iv* पैदा गर्नु
breed *n* जाति; प्रकार
breeze *n* मन्द हावा
brethren *n* एक प्रकारको समूह
brevity *n* संक्षिप्तता
brew *v* रक्सी पार्नु
brewery *n* बेयर उत्पादन गर्ने ठाउँ
bribe *v* घुस खुवाउनु
bribe *n* घुस
bribery *n* घुस खुवाउने काम
brick *n* ईटा
bricklayer *n* ईटाका तह
bridal *adj* बेहुलीको कपडा
bride *n* दुलही
bridegroom *n* दुलाहा
bridesmaid *n* दुलाही सुसारे
bridge *n* पुल
bridle *n* लगाम
brief *adj* छोटो, संक्षिप्त
brief *v* अदालतले आदेश पत्र दिनु; सिकाउनु
briefcase *n* ब्रिफकेस झोला
briefing *n* जानकारी दिनु
briefly *adv* संक्षिप्त रुपमा
briefs *n* संक्षिप्त विवरणहरु
brigade *n* वाहिनी
bright *adj* चम्किलो; प्रतिभाशाली; चलाख
brighten *v* चम्किलो पार्नु
brightness *n* चम्किलोपन
brilliant *adj* प्रभावशाली
brim *n* किनारा
bring *iv* ल्याउनु
bring back *v* फर्काउनु
bring down *v* तल झार्नु
bring up *v* पालनपोषण गर्नु
brink *n* भिरको छेउ
brisk *adj* तेज, फुर्तिलो
Britain *n* ब्रिटेन देश
British *adj* बेलायती
brittle *adj* कडा र फुट्ने खालको
broad *adj* चौडा

broadcast *v* प्रसारण गर्नु
broadcast *n* प्रसारण
broadcaster *n* प्रसारण गर्ने वाला
broaden *v* फराकिलो बनाउनु
broadly *adv* बृहत रुपमा
broadminded *adj* बहुमुखी प्रतिभाशाली
brochure *n* परिचय विवरण पुस्तिका
broil *v* झिरमा हालेर मासु सेक्नु
broiler *n* झगडा
broke *adj* पैसा नभएको
broken *adj* भग्न
bronchitis *n* श्वास नलीको सुजन
bronze *n* काँस
broom *n* कुचो
broth *n* मासुको रस
brothel *n* वेश्यलय
brother *n* भाइ तथा भाई
brotherhood *n* भ्रातृत्व
brother-in-law *n* सालो
brotherly *adj* भ्रातृवत्
brow *n* निधार
brown *adj* खैरो
browse *v* कम्प्युटरको सुचना सञ्जाल हेर्नु
browser *n* कम्प्युटरको सुचना सञ्जाल हेर्ने व्यक्ति
bruise *n* युरोपेली खैरो भालु
bruise *v* कोतर्नु; चिथर्नु
brunch *n* खाजा र भोजनको मेल ढिलो हुने गरी खाइने विहानको खाना
brunette *adj* गाढा खैरो केश भएको
brush *n* बुरुस
brush *v* झाडु लगाउनु; बुरुसले चम्काउनु
brush aside *v* पाखा लगाउनु
brush up *v* सफासुग्घर गर्नु
brusque *adj* रुखो
brutal *adj* निर्दयी
brutality *n* निर्दयीपूर्ण
brutalize *v* निर्दयी बन्नु
brute *adj* असभ्य
bubble *n* पानीको फोका
bubble gum *n* एकप्रकारको चुइगम
buck *n* अमेरिकी डलर; भाले मृग
buck *v* उफ्रनु वा उफार्नु
bucket *n* बाल्टिन
buckle *n* कम्मरपेटीको टुप्पो
buckle up *v* गाडीमा सिट बेल्ट लगाउनु
bud *n* कोपिला
buddy *n* साथी, मित्र
budge *v* सर्नु, केही सार्नु
budget *n* बजेट
buffalo *n* भैंसी
bug *n* उडुस
build *iv* निर्माण गर्नु
builder *n* निर्माणकर्ता
building *n* भवन
buildup *n* निर्माण गरेको
built-in *adj* भित्री निर्माण गरिएको
bulb *n* बिजुलीको चिम; डल्लो
bulge *n* उठेको भाग
bulk *n* ठूलो हिस्सा
bulky *adj* ठूलो र गह्रौं
bull *n* साँढे
bull fight *n* साँढे जुधाई खेल
bull fighter *n* साँढे जुधाइको खेलाडी

bulldoze *v* डोजरले सफा गर्नु वा भत्काउनु; तर्साउनु
bullet *n* गोली
bulletin *n* छोटो समाचार विवरण
bully *adj* धम्क्याउने, तर्साउने
bulwark *n* रक्षा वा प्रतिरोध गर्ने व्यक्ति
bum *n* पाश्र्वभाग; बेरोजगार; अल्छी व्यक्ति
bump *n* ठक्कर वा ठोकाई
bump into *v* अचानक भेट्नु
bumper *n* क्षति हुन बाट जोगिन प्रयोग गरिने डन्डी
bumpy *adj* कुद्रे मानिस
bun *n* गोलाकार कपाल कटाई
bunch *n* झुप्पो
bundle *n* कुम्लो, बन्डल
bundle *v* कम्लो पार्नु; बन्डल बनाउनु
bunk bed *n* एउटा माथि अर्को जोडेर बनाएको ओछ्यान
bunker *n* बलियो गरी बनाएको भूमिगत कोठा
buoy *n* खतराको चिन्ह
burden *n* बोझ
burden *v* बोझ हुनु
burdensome *adj* बोझिलो
bureau *n* सरकारी विभाग
bureaucracy *n* प्रशासनतन्त्र
bureaucrat *n* सरकारी विभाग कार्यरत अधिकारी
burger *n* टुक्राएको गाईगोरुको मासुको गोलो रोटी
burglar *n* घर फोर्ने चोर
burglarize *v* घर फोरी चोर्नु
burglary *n* घर फोरी चोर्ने काम
burial *n* मुर्दा पुर्ने काम
burly *adj* हृष्टपुष्ट
burn *iv* जल्नु
burn *n* सानो नाला
burp *v* डकार्नु
burp *n* डकार
burrow *n* जनावरले जमिनमा बनाएको प्वाल
burst *iv* पड्कनु
burst into *v* रिसाउनु
bury *v* पुर्नु
bus *n* गाडी
bus *v* बसबाट लैजानु
bush *n* झाडी
busily *adv* व्यस्तले
business *n* व्यवसाय
businessman *n* व्यापारी
bust *n* वक्षस्थल
bustling *adj* व्यस्त; धेरै क्रियाशिल
busy *adj* व्यस्त
but *c* तर
butcher *n* मासुपसले
butchery *n* मासु बेचबिखन गर्ने काम
butler *n* मुख्य नोकर
butt *n* टाउकोले ठक्कर दिनु
butter *n* नौनी
butterfly *n* पुतली
button *n* टाँक
buttonhole *n* टाँक छिराएने प्वाल
buy *iv* किन्नु
buy off *v* घूस खुवाउनु
buyer *n* किन्ने व्यक्ति
buzz *n* भुनभुन आवाज
buzz *v* भुनभुन गर्नु

buzzard *n* हिंस्र पञ्छी
buzzer *n* भुनभुन आवाज वस्तु
by *pre* द्वारा
bye *e* बिदाईको अविभादन
bypass *n* सानो छोटो बाटो; उपमार्ग; वैकल्पिक मार्ग
bypass *v* जानु; बाहिर निस्कनु
by-product *n* एउटा वस्तुबाट विभिन्न वस्तु निर्माण हुने
bystander *n* तमासे; प्रत्यक्षदर्शी

C

cab *n* चलाक कक्ष
cabbage *n* बन्दाकोबी
cabin *n* चलाक कक्ष
cabinet *n* मन्त्री परिषद्
cable *n* विद्युत तार
cafeteria *n* मन्त्रीमण्डल
caffeine *n* कफीमा रहने मादक पदार्थ
cage *n* पिंजडा
cake *n* सानो बाक्लो रोटी
calamity *n* विपत्ति
calculate *v* हिसाब गर्नु
calculation *n* हिसाब
calculator *n* हिसाब गर्ने मेसिन
calendar *n* भित्तेपात्रो
calf *n* बाच्छो–बाच्छी; पिँडौला
caliber *n* गोली वा कन्तुरको व्यास; गुणस्तर; क्षमता
calibrate *v* नाप्नु
call *n* आह्वान
call *v* बोलाउनु
call off *v* फिर्ता लिनु
call on *v* छोटो भेटघाट गर्नु
call out *v* कराउनु; चिच्याउनु
calling *n* बोलाउने काम
callous *adj* निठुरी
calm *adj* शान्त
calm *n* शान्त
calm down *v* शान्त हुनु
calorie *n* उष्णता
calumny *n* निन्दा; अपवाद; बदनामी
camel *n* ऊँठ
camera *n* फोटो खिच्ने यन्त्र
camouflage *v* प्रकृति रंगसँग मेल खाने कपडा लगाएर नदेखिने बन्नु
camouflage *n* प्रकृति रंगसँग मेल खाने कपडा लगाएर नदेखिने बन्ने काम
camp *n* शिविर
camp *v* पाल टाँग्नु
campaign *v* अभियान थाल्नु
campaign *n* अभियान
campfire *n* राती बसेर आगो बाल्ने
can *iv* समर्थ हुनु, सक्नु
can *n* भाँडो; डिब्बा
can opener *n* बट्टा खोल्ने वस्तु
canal *n* सिँचाई नहर
canary *n* क्यानरी चरी
cancel *v* रद्द गर्नु

cancellation *n* रद्द
cancer *n* क्यान्सर रोग
cancerous *adj* क्यान्सरबाट प्रभावित
candid *adj* निष्कपट
candidacy *n* प्रतिनिधि
candidate *n* प्रतिनिधि
candle *n* मैनबत्ती
candlestick *n* मैनबत्ती
candor *n* सरलता, इमानदारी
candy *n* मिश्री
cane *n* डाँठ
canister *n* बट्टा, डिब्बा
canned *adj* बट्टा वा डिब्बामा राखेको
cannibal *n* नरभक्षी
cannon *n* तोपगोला
canoe *n* डुङ्गा
canonize *v* तोपमा राख्नु
cantaloupe *n* एक प्रकारको खर्बुजा
canteen *n* चमेना गृह
canvas *n* खस्रो कपडा
canvas *v* राजनीतिक समर्थन माग्नु
canyon *n* गहिरो चट्टाने उपत्यका
cap *n* टोपी; ढकना; आवरण
cap *v* आवरण लगाउनु; पूर्ण पार्नु
capability *n* क्षमता
capable *adj* समर्थ
capacity *n* सक्षमता
cape *n* भूशिर
capital *n* राजधानी; अंग्रजीको ठूलो वर्णनमाला; मूलधन; लागत पूँजी
capital letter *n* ठूलो अंग्रेजी वर्णमाला
capitalism *n* पूँजीवाद
capitalize *v* मूलधार परिणत गर्नु
capitulate *v* सन्धि गर्नु
capsize *v* उल्ट्याउनु
capsule *n* औषधिको गोली वा चक्की
captain *n* नेतृत्वकर्ता
captivate *v* नियन्त्रण गर्नु
captive *n* बन्दी, कैदी
captivity *n* बन्दी, कैदी, थुना
capture *v* पक्राउ; गिरफ्तार गर्नु
capture *n* पक्राउ; गिरफ्तार
car *n* मोटर–कार
carat *n* बहुमुल्य पत्तथर तौलने एकाई
caravan *n* यात्री समूह, दल
carburetor *n* प्रांगार मिश्रण यन्त्र
carcass *n* लास
card *n* तास
cardboard *n* गत्ता
cardiac *adj* मुटुसम्बन्धी
cardiac arrest *n* हृदयघात
cardiology *n* मुटुसम्बन्धी अध्ययन
care *n* हेरचाह
care *v* हेरचाह गर्नु
care about *v* निगरानी राख्नु
care for *v* हेरचाह गर्नु
career *n* पेसा, नोकरी
carefree *adj* चिन्ता नभएको
careful *adj* होशियार, चनाखो
careless *adj* बेवास्ता
carelessness *n* बेवास्तापन
caress *n* सुमसुम्याउने काम
caress *v* सुमसुम्याउनु
caretaker *n* हेरचाह गर्ने व्यक्ति

C

cargo *n* जहाजको सामान
caricature *n* व्यंगचित्र; व्यंग गर्ने काम
caring *adj* हेरचाह
carnage *n* नरसंहार
carnal *adj* संसारिक
carnation *n* फिक्का रातो रंगको मासु
carol *n* स्तुतिगान
carpenter *n* सिकर्मी
carpentry *n* काठ सम्बन्धीको काम
carpet *n* गलैंचा
carriage *n* रथ
carrot *n* गाजर
carry *v* बोक्नु
carry on *v* जारी राख्नु
carry out *v* प्रयोगमा ल्याउनु
cart *n* गाडा
cart *v* गाडामा हाल्नु
cartoon *n* व्यङ्ग्य चित्र
cartridge *n* कार्तुस
carve *v* कुंदे बनाउनु
cascade *n* जलाशय
case *n* घटना; उदाहरण; बाकस
cash *n* नगद
cashier *n* नगद गन्ती गर्ने व्यक्ति
casino *n* जुवा घर
casket *n* सानो बाकस
casserole *n* हाँडी
cassock *n* साधुले लगाउने कपडा
cast *n* कुनै वस्तु फाल्ने काम; खास आकार दिने साँचो
cast *iv* मत दिनु; खसाल्नु; परित्याग गर्नु
castaway *n* जहाज ध्वस्त भएर बाँचेको व्यक्ति
caste *n* जात
castle *n* किल्ला; गढ
casual *adj* आकस्मिक
casualty *n* दवैघटना
cat *n* बिरालो
cataclysm *n* विभाजन
catacomb *n* रक्सी राख्ने तखता
catalog *n* तालिका, सूचीपत्र
catalog *v* सूचीपत्रमा क्रम मिलाउनु
cataract *n* जलप्रताप; मोतिविन्दु
catastrophe *n* प्रकोप
catch *iv* समात्नु
catch up *v* अनुसरण गर्नु; गिरफ्तार गर्नु
catching *adj* आकर्षक
catchword *n* सूत्र
catechism *n* क्रिश्चयन धर्म ग्रन्थ
category *n* वर्ग
cater to *v* माग पूरा गर्न खोज्नु
caterpillar *n* झुसिल्किरा
cathedral *n* पिसाब बग्ने कृत्रिम पाइप
catholic *adj* क्याथिलिक धर्म
Catholicism *n* चर्च, जिल्लाको मुख्य गिर्जाघर
cattle *n* चौपाया
cauliflower *n* काउली
cause *n* कारण
cause *v* कारण हुनु
caution *n* सावधानी
cautious *adj* सावधानीपूर्ण
cavalry *n* घोडचडी सेना
cave *n* गुफा
cave in *v* गुफाशायी हुनु
cavern *n* गंभीर पहाडको गफा

cavity *n* टोड्को
cease *v* समाप्तु; रोक्नु
cease-fire *n* युद्धविराम
ceaselessly *adv* लगातार रुपले
ceiling *n* भित्री छत
celebrate *v* उत्सव मनाउनु
celebration *n* उत्सव, समारोह
celebrity *n* शीघ्रता
celery *n* एक प्रकारको साग
celestial *adj* खगोलीय
celibacy *n* ब्रम्हाचर्य
celibate *adj* ब्रम्हाचारी
cell phone *n* पारदर्शक पातलो कागज
cellar *n* छिँडी
cement *n* सिमेन्ट
cemetery *n* मुर्दा गाड्ने ठाउँ
censorship *n* प्रतिबन्ध
censure *v* प्रतिबन्ध लगाउनु
census *n* जनगणना
cent *n* अमेरिकी मुद्रा
centenary *n* शतावार्षिकी
center *n* केन्द्र
center *v* केन्द्रविन्दुमा पार्नु
centimeter *n* एक मिटरको एकसयौ भाग
central *adj* मध्यभागमा
centralize *v* केन्द्रविन्दुमा पार्नु
century *n* शताब्दी
ceramic *n* चिनियाँ माटोको भाँडो
cereal *n* खाद्यान्न
cerebral *adj* मष्तिक सम्बन्धी
ceremony *n* समारोह
certain *adj* अवश्य
certainty *n* निश्चियता
certificate *n* प्रमाण पत्र
certify *v* प्रमाणित गर्नु
chagrin *n* निराश; लाज; सन्ताप
chain *n* सिक्री
chain *v* सिक्रीले बाँधेर राख्नु
chainsaw *n* सिक्रीको धारले काट्नु
chair *n* कुर्सी
chair *v* अध्यक्षता ग्रहण गर्नु
chairman *n* अध्यक्ष; सभापति
chalet *n* वस्तुभाउ राख्ने छाप्रो
chalice *n* प्याला
chalk *n* खरी
chalkboard *n* खरीपाटी
challenge *v* चुनौति हुनु
challenge *n* चुनौति
challenging *adj* चुनौतिपूर्ण
chamber *n* कोठा, सभास्थल
champ *n* हल्ला
champion *n* विजय
champion *v* प्रतिरक्षा गर्नु
chance *n* अवसर
chancellor *n* कुलपति
chandelier *n* महादीप
change *v* परिवर्तन गर्नु
change *n* परिवर्तन
channel *n* परिवर्तन हुनु वा गर्नु; नहर; टेलिभिजन प्रसारण केन्द्र
channel *v* नहर बनाउनु
chant *n* भजन, गीत
chaos *n* होहल्ला
chaotic *adj* अव्यवस्थित

C

chapel *n* सानो गिर्जाघर
chaplain *n* पादरी
chapter *n* अध्याय
char *v* जल्नु
character *n* चरित्र; पात्र
characteristic *adj* गुणसम्बन्धी
charade *n* बहाना
charbroil *adj* कोइला माथि पकाउनु
charcoal *n* कोइला
charge *v* आरोप; दस्तुर; विद्युत शक्ति
charge *n* आरोप लगाउनु; दस्तुर तिराउनु
charisma *n* सीमित व्यक्तिमा भएको खुबी
charismatic *adj* सीमित व्यक्तिमा भएको खुबी
charitable *adj* परोपकारी, दानी
charity *n* परोपकारी संस्था
charm *v* आकर्षण गर्नु; मोहित पार्नु
charm *n* आकर्षण; मोहित पार्ने
charming *adj* मोहित पार्ने
chart *n* सूची
charter *n* राजपत्र; बडापत्र
charter *v* राजपत्र बडापत्र प्रदान गर्नु; बहान वा जहाज भाडामा लिनु
chase *n* पक्षा; लखेटाई
chase *v* लखेट्नु
chase away *v* भगाउनु
chasm *n* गल्छी
chaste *adj* कुमार वा कुमारी
chastise *v* हप्काउनु
chastisement *n* सजाय
chastity *n* कुमारत्व वा कुमारीत्व
chat *v* कुरा गर्नु
chauffeur *n* गाडी चालक
cheap *adj* सस्तो
cheat *v* छल्नु, ठग्नु
cheater *n* ठग
check *n* परिक्षण
check *v* परिक्षण वा जाँच गर्नु
check in *v* परिक्षण वा जाँच गर्नु
check up *n* स्वास्थ्य परिक्षण गर्नु
checkbook *n* बैकबाट पैसा निकाल्न प्रयोग गरिने रसिद
cheek *n* गाला
cheekbone *n* गालाको हड्डी
cheeky *adj* चिल्लो
cheer *v* प्रसन्न हुनु
cheer up *v* अझ बढी प्रसन्न हुनु
cheerful *adj* प्रसन्न
cheers *n* प्रसन्न
cheese *n* पनिर
chef *n* प्रमुख भान्से
chemical *adj* रासायन
chemist *n* औषधि बनाउने तथा बिक्री गर्ने व्यक्ति
chemistry *n* रासायन विज्ञान
cherish *v* पालन–पोषण गर्नु
cherry *n* पैयुँको बोट
chess *n* बुद्धिचाल; चेस खेल
chest *n* छाती; ठूलो बलियो बाकस
chestnut *n* कटुस
chew *v* चपाउनु
chick *n* आकर्षण जवान महिला
chicken *n* कुखुराको चल्ला
chicken out *v* हिच्किच्याउनु
chicken pox *n* दादुरा
chide *v* चिडाउनु

chief *n* प्रमुख
chiefly *adv* मुख्यतय
child *n* बाच्चा
childhood *n* बाल्यावस्था
childish *adj* केटाकेटीपन
childless *adj* निसन्तान
children *n* बालबालिकाहरु
chill *n* चिसो
chill *v* चिसो हुनु
chill out *v* आनन्द लिनु
chilly *adj* चिसो
chimney *n* धूँवा जाने ठाउँ
chimpanzee *n* वनमान्छे
chin *n* चिउँडो
chip *n* टुक्रा, चोइटो
chisel *n* छिनो, रामो
chocolate *n* मिठाई (चकलेट)
choice *n* छनौट
choir *n* भजन मण्डली
choke *v* सर्कनु
cholera *n* हैजा
cholesterol *n* नसालाई असर गर्ने चिल्लो पदार्थ
choose *iv* छान्नु, छनौट गर्नु
choosy *adj* रोजाहा
chop *v* चक्कु तथा बन्चरोले काट्नु
chop *n* प्रहार
chopper *n* काट्ने मानिस
chore *n* घरधन्दा
chorus *n* गायक समूह
christen *v* क्रिश्चियन बनाउनु
christening *n* क्रिश्चियन बनाउने काम
Christian *adj* क्रिश्चियन धर्मावलम्बी
Christianity *n* क्रिश्चियन धर्म
Christmas *n* क्रिश्चियन धर्मको वार्षिक उत्सव
chronic *adj* दीर्घकालीन
chronicle *n* ऐतिहासिक अभिलेख
chronology *n* ऐतिहासिक अभिलेख राख्ने शास्त्र
chubby *adj* खाइलाग्दो
chuckle *v* आफैंसँग हाँस्नु
chunk *n* बाक्लो ठोस टुक्रा
church *n* गिर्जाघर
chute *n* साँघुरो बाटो
cider *n* स्याउको रस
cigar *n* चुरोट
cigarette *n* चुरोट
cinder *n* खरानी
cinema *n* चलचित्र
cinnamon *n* दालचिनी
circle *n* वृत्त
circle *v* वृत्त बनाउनु; चक्कर मार्नु
circuit *n* परिपथ
circular *adj* वृत्तकार, गोलाकार
circulate *v* प्रवाह गर्नु
circulation *n* प्रवाहित
circumcise *v* लिंगको टुप्पो काट्नु
circumcision *n* अवकर्तन
circumstance *n* अवकर्तन गर्नु
circumstantial *adj* परिस्थितिजन्य
circus *n* चटक
cistern *n* जलाशय
citizen *n* नागरिक
citizenship *n* नागकिता
city *n* शहर
city hall *n* सभा गृह

C

civic *adj* नागरिक
civil *adj* नागरिक, सामुदायिक
civilization *n* सभ्यता
civilize *v* सभ्य हुनु वा गर्नु
claim *v* दाबी गर्नु
claim *n* दाबी
clam *n* आद्र्रता
clamor *v* हल्ला, चिच्याई
clamp *n* फलामको पट्टी
clan *n* कुल, वंश
clandestine *adj* अवैध
clap *v* ताली बजाउनु
clarification *n* स्पष्टीकरण
clarify *v* स्पष्ट गर्नु
clarinet *n* शहनाई
clarity *n* स्पष्टता
clash *v* मुठभेड हुनु
clash *n* मुठभेड
class *n* कक्षा कोठा; वर्ग; दर्जा; पद; श्रेणी; विभाग
classic *adj* उत्कृष्ट; परम्परागत शैली
classify *v* वर्गीकरण गर्नु
classmate *n* सँगै पढ्ने साथी
classroom *n* कक्षाकोठा
classy *adj* उच्च वर्गको
clause *n* वाक्यांश; उपवाक्य
claw *n* पंजा(जनावरको)
claw *v* पंजा समात्नु
clay *n* माटो
clean *adj* सफा
clean *v* सफा गर्नु
cleaner *n* सफा गर्ने मानिस
cleanliness *n* सफाई
cleanse *v* शुद्ध गर्नु
cleanser *n* सफाई गर्ने वस्तु
clear *adj* प्रष्ट
clear *v* प्रष्ट पार्नु
clearance *n* सफाई; भुक्तानी
clear-cut *adj* निश्चित
clearly *adv* प्रष्टसँग
clearness *n* प्रष्टता
cleft *n* ध्वनि घटाउन बढाउन प्रयोग गरिने संकेत
clemency *n* दया, नम्रता
clench *v* ग्रहण गर्नु
clergy *n* पादरी
clergyman *n* पुरुष पादरी
clerical *adj* पादरी .वर्ग सम्बन्धी
clerk *n* कार्यलय सहायक
clever *adj* चलाख
click *v* खिटिक्क आवाज निकाल्नु
client *n* ग्राहक
clientele *n* ग्राहकवर्ग
cliff *n* चट्टान
climate *n* मौसम
climatic *adj* जलवायु सम्बन्धी
climax *n* चरम–सीमा
climb *v* चढ्नु
climbing *n* चढाई
clinch *v* दह्रोसँग पकड्नु
cling *iv* झुन्डिनु
clinic *n* चिकित्सालय
clip *n* च्याप्ने क्लिप
clip *v* क्लिपले च्याप्नु
clipping *n* च्याप्ने काम
cloak *n* जामा, लबेदा

39 cohesion

C

clock *n* भित्ते घडी
clog *v* थुनिनु
cloister *n* आश्राम
clone *v* सक्कल जस्तै देखिने नक्कल गर्नु
cloning *n* नक्कल गर्ने काम
close *v* नजिक राख्नु वा हुनु
close *adj* नजिक
close to *pre* नजिक हुनु
closed *adj* नजिक भएको
closely *adv* नजिकै
closet *n* गोप्य कोठा
closure *n* समापन
clot *n* फाल्सो
cloth *n* कपडा
clothe *v* कपडा लगाउनु
clothes *n* कपडाहरु
clothing *n* लुगाफाटा
cloud *n* बादल
cloudless *adj* स्वच्छ
cloudy *adj* बादलले धुमिएको
clown *n* तल
club *n* गोष्ठी; समिति; मण्डल
club *v* संयुक्त हुनु; मिल्नु
clue *n* सूत्रपात
clumsiness *n* भद्दापन
clumsy *adj* भद्दा
cluster *n* झुप्पो; भीड; गुच्छा
cluster *v* झुमिनु; थुप्रिनु
clutch *n* नियन्त्रण; दह्रो गरी समाले काम
coach *v* प्रशिक्षण दिनु
coach *n* खेल प्रशिक्षक
coaching *n* प्रशिक्षण
coagulate *v* ठोस बनाउनु
coagulation *n* ठोस बनाउने काम
coal *n* कोइला
coalition *n* सहकार्य
coarse *adj* खस्रो; मोटो; असभ्य; रुखो
coast *n* समुद्री तट
coast *v* झर्नु, आफै खस्नु
coastal *adj* तटवर्ती
coastline *n* तटरेखा
coat *n* लगाउने कोट
coax *v* एक तह छोप्नु
cob *n* सानो जातको घोडा; भाले राजहाँस
cobblestone *n* बाटोमा छापेको ढुंगा
cobweb *n* माकुराको जालो
cock *n* कुखुराको भाले
cockpit *n* चालक कक्ष; कुखुरा जुधाउने ठाउँ
cockroach *n* साङ्लो
cocky *adj* घमण्डी
cocoa *n* कोकोको रुख वा फल
coconut *n* नरिवल
cod *n* कड माछा
code *n* संकेतिक अक्षर वा चिन्ह
codify *v* ऐन संग्रह गर्नु
coefficient *n* गुणनखण्ड
coerce *v* बाध्य पार्नु
coercion *n* बाध्यकरण
coexist *v* एकसाथ रहनु
coffee *n* पिउने कफी
coffin *n* मृत शरीर राख्ने बाकस
cohabit *v* एकसाथ बसोबास गर्नु
coherent *adj* सम्बद्ध
cohesion *n* सम्बन्ध जोडिने

C

coin *n* सिक्का
coincide *v* एउटै समयमा पर्नु
coincidence *n* आकस्मित घटना
coincidental *adj* संयोगवश
cold *adj* चिसो
coldness *n* चिसोपन
colic *n* पेट दुखाई
collaborate *v* सहकार्य गर्नु
collaboration *n* सहकार्य
collaborator *n* सहकार्य गर्ने संस्था वा व्यक्ति
collapse *v* ध्वस्त हुनु
collapse *n* ध्वस्त
collar *n* कठालो
collarbone *n* कठालो हड्डी
collateral *adj* सहवर्ती
colleague *n* सहकर्मी
collect *v* जम्मा गर्नु
collection *n* संचय
collector *n* संचय कर्ता
college *n* उच्च शिक्षालय
collide *v* ठक्कर खानु
collision *n* ठक्कर
cologne *n* जर्मनको शहर; दाह्री काटे पछी लगाउने पदार्थ
colon *n* अर्धविराम
colonel *n* महासेनानी
colonial *adj* उपनिवेशिक
colonization *n* उपनिवेशिक
colonize *v* उपनिवेशीकरण गर्नु
colony *n* उपनिवेश
color *n* रगं
color *v* रगं लगाउनु
colorful *adj* रंगिन
colossal *adj* बृहत
colt *n* बछेडो
column *n* स्तम्भ
coma *n* अचेतनावस्था
comb *n* काइँयो
comb *v* कपाल कोर्नु
combat *n* संघर्ष
combat *v* संघर्ष गर्नु
combatant *n* लडाकु
combination *n* मेल; मिश्रण
combine *v* संयुक्त बनाउनु
combustible *n* ज्वलनशील
combustion *n* ज्वलन
come *iv* आउनु
come about *v* घट्नु; हुनु
come across *v* संयोगवश पाउनु
come apart *v* भताभंग हुनु
come back *v* फर्किनु
come down *v* अवतरण गर्नु
come forward *v* अघि बढ्नु
come from *v* कुनै ठाउँबाट आउनु
come in *v* भित्र आउनु
come out *v* बाहिरा आउनु
come over *v* यहाँ आउनु
come up *v* उपस्थिति हुनु
comeback *n* फर्किनु
comedian *n* हांस्य–कलाकार
comedy *n* हांस्य–व्यंग
comet *n* पुच्छ्रेतारा
comfort *n* आराम
comfortable *adj* आरामदायी

comforter *n* दिने वस्तु
comical *adj* आराम व्यंग्यात्मक चित्र
coming *n* आउँदै
coming *adj* आउने काम
comma *n* अल्पविराम
command *v* आदेश दिनु
commander *n* आदेश दिने व्यक्ति, नेतृत्वकर्ता
commandment *n* आदेशात्मक
commemorate *v* पुण्यस्मरण गर्नु
commence *v* शुभारम्भ गर्नु
commend *v* हस्तान्तरण गर्नु
commendation *n* हस्तान्तरण
comment *v* प्रतिक्रया दिनु; समीक्षा गर्नु
comment *n* प्रतिक्रया; समीक्षा
commerce *n* वित्तिय कारोबार
commercial *adj* व्यापारिक
commission *n* आयोग; दलाली
commit *v* प्रतिज्ञा गर्नु
commitment *n* प्रतिज्ञा
committed *adj* प्रतिज्ञा गरेको
committee *n* समिति
common *adj* सामान्य, साधारण
commotion *n* हुलदंगा
communicate *v* वार्तालाप गर्नु; सञ्चार गर्नु
communication *n* सञ्चार, संवाद
communion *n* विचारको आदानप्रदान
communism *n* साम्यवाद
communist *adj* कम्युनिष्ट, साम्यवादी
community *n* सामुदाय
commute *v* नियमित यात्रा गर्नु
compact *adj* सजिलैसँग जहाँसुकै पनि लैजान सकिने
compact *v* राम्ररी जोड्नु
companion *n* सहयात्री
companionship *n* मित्रता
company *n* व्यापारिक संस्थान
comparable *adj* तुलना गर्न मिल्ने
comparative *adj* तुलनात्मक
compare *v* तुलना गर्नु
comparison *n* तुलना
compartment *n* उपखण्ड
compass *n* दिशा पत्ता लगाउन प्रयोग गरिने यन्त्र
compassion *n* सहानुभूति
compassionate *adj* सहानुभूतिपूर्वक
compatibility *n* मिलनसारिता
compatible *adj* योग्य, सुहाउँदो
compatriot *n* स्वदेशवासी
compel *v* बाध्य पार्नु
compelling *adj* बाध्यकारी
compendium *n* संक्षेप
compensate *v* क्षतिपूर्ति दिनु
compensation *n* क्षतिपूर्ति
compete *v* प्रतिस्पर्धा गर्नु
competence *n* सामथ्र्य
competent *adj* समर्थ, योग्य
competition *n* प्रतिस्पर्धा
competitive *adj* प्रतिस्पर्धात्मक
competitor *n* प्रतिस्पर्धी
compile *v* संकलन गर्नु
complain *v* असन्तोष जनाउनु
complaint *n* उजुरी
complement *n* पूरक
complete *adj* पूर्ण
complete *v* पूर्ण हुनु

C

completely *adv* पूर्ण रुपमा
completion *n* पूर्णता
complex *adj* कोठाहरुको क्षेत्र
complexion *n* रुप, अनुहार
complexity *n* जटिलता
compliance *n* अनुमोदन
compliant *adj* सरल प्रकृतिको
complicate *v* जटिल हुनु
complication *n* जटिल
complicity *n* मिलेमतोमा अपराध
compliment *n* तरिफ
complimentary *adj* निशल्क प्रदान गरिएको
comply *v* आज्ञापालन गर्नु
component *n* उपकरण
compose *v* सिर्जना गर्नु
composed *adj* सिर्जना गरेको
composer *n* संगीतकार
composition *n* रचना
compost *n* प्राङ्गारिक मल
composure *n* शान्तमुद्रा
compound *n* रासायनिक मिश्रण, घोल
compound *v* मिसाउनु, घोल्नु
comprehend *v* राम्ररी बुझ्नु
comprehensive *adj* बोधशक्तिसम्बन्धी
compress *v* छोट्याउनु
compression *n* संक्षेप
comprise *v* समावेश गर्नु
compromise *n* सम्झौता
compromise *v* सम्झौता गर्नु
compulsion *n* बाध्यता
compulsive *adj* अनिवार्य रुपले
compulsory *adj* अनिवार्य
compute *v* हिसाब–किताब गर्नु
computer *n* हिसाब–किताब गर्ने व्यक्ति; कम्प्युटर
comrade *n* सहकर्मी, साथी
con man *n* ठग
conceal *v* गोप्य राख्नु
concede *v* यर्थाथतालाई स्वीकार्नु
conceited *adj* अहंकारी
conceive *v* गर्भ रहनु
concentrate *v* ध्यान केन्द्रित गर्नु
concentration *n* ध्यानाकर्षण
concentric *adj* केन्द्रविन्दु
concept *n* धारणा, विचार
conception *n* धारणा, सोच
concern *v* चासो लिनु
concern *n* चासो
concerning *pre* सम्बन्धमा, बारेमा
concert *n* संगीतिक समारोह
concession *n* विशेषाधिकार
conciliate *v* समाधान गर्नु
conciliatory *adj* सावधानी, सम्झौता
concise *adj* संक्षिप्त
conclude *v* अन्त गर्नु
conclusion *n* समाप्ति
conclusive *adj* अन्तिम, परिणाम स्वरुप
concoct *v* विभिन्न तत्वहरु मिलाएर बनाउनु; आविष्कार गर्नु
concoction *n* मिश्रित तत्व; आविष्कार
concrete *n* भवन निर्माणको लागि आवश्यक तत्वहरु
concrete *adj* वास्तविक, यर्थाथ

concur *v* समान विचार हुनु
concurrent *adj* एकमतीय; संयुक्त
concussion *n* आघात; ठक्कर
condemn *v* भत्सर्ना गर्नु, आलोचना गर्नु
condemnation *n* भत्सर्ना, आलोचना
condensation *n* जाम; खुम्चाई
condense *v* जाम हुनु; खुम्चिनु; छोटो हुनु
condescend *v* सहानुभूति देखाउनु
condiment *n* मसाला; चटनी
condition *n* अवस्था
conditional *adj* सशर्त
conditioner *n* वस्तुस्थिति
condo *n* संयुक्त प्रभुत्व
condolences *n* श्रद्धाञ्जली
condone *v* क्षमा गर्नु
conducive *adj* उपयोगी
conduct *n* आचरण, व्यवहार
conduct *v* नेतृत्व गर्नु; सञ्चालन गर्नु; व्यवस्थापन गर्नु
conductor *n* मार्गदर्शक; विद्युत सूचक
cone *n* सोली, सोली आकार
confer *v* प्रदान गर्नु; विचारविमर्श गर्नु
conference *n* परिषद्, सभा
confess *v* गल्ती स्वीकार्नु
confession *n* गल्ती स्वीकार
confessional *n* स्वीकारात्मक
confessor *n* गल्ती स्वीकार्ने व्यक्ति
confidant *n* विश्वासपात्र
confide *v* गोप्य कुरा विश्वास गरेर भन्नु
confidence *n* आत्मविश्वास
confident *adj* विश्वासिलो
confidential *adj* गोप्यता
confine *v* सीमित गर्नु; बन्दी बनाउनु
confinement *n* कैद, बन्दी
confirm *v* निश्चिय गर्नु
confirmation *n* निश्चिय, पुष्टि
confiscate *v* जफत गर्नु
confiscation *n* जफत
conflict *n* दन्द्ध
conflict *v* दन्द्ध हुनु
conflicting *adj* दन्द्धात्मक
conform *v* सिद्धान्त बमोजिम चल्नु
conformist *adj* प्राचीन धर्म अनुयायी
conformity *n* अनुरुपता
confound *v* अस्तव्यस्त पार्नु
confront *v* सामना गर्नु
confrontation *n* सामना
confuse *v* दोधार पार्नु
confusing *adj* दोधार पार्नु
confusion *n* दोधार
congenial *adj* जम्नु, जमाउनु, ठोस बनाउनु
congested *adj* भिडभाड
congestion *n* भिड
congratulate *v* बदाई दिनु
congratulations *n* हार्दिक बदाई
congregate *v* एकत्रित हुनु
congregation *n* एकत्रित
congress *n* अमेरिकी सदन; भेला; संगठन
conjecture *n* अनुमान
conjugal *adj* वैवाहिक
conjugate *v* धातुको रुप देखाउनु(व्याकरण)
conjunction *n* सम्बन्धवाचक
conjure up *v* मोहित हुनु
connect *v* सम्बन्ध राख्नु, जोड्नु

C

connection *n* मिलन; जोडाई
connive *v* अप्रत्यक्ष रुपमा सहमत हुनु
connote *v* भिन्न अर्थ दिनु
conquer *v* विजय प्राप्त गर्नु
conqueror *n* विजेता
conquest *n* विजय
conscience *n* बुद्धि, विवेक
conscious *adj* सचेत, चेतनापूर्ण
consciousness *n* चेतना, संवेदशीलता
conscript *n* बलपूर्वक सेनामा भर्ती
consecrate *v* पवित्र बनाउनु
consecration *n* अभिषेक
consecutive *adj* क्रमिक
consensus *n* सहमति
consent *v* सहमत हुनु
consent *n* सहमत
consequence *n* परिणाम
consequent *adj* परिणाम, फलस्वरुप
conservation *n* संरक्षण
conservative *adj* परम्परावादी
conserve *v* संरक्षण गर्नु
conserve *n* संरक्षित
consider *v* विचार गर्नु, सोच्नु
considerable *adj* विचारणीय
considerate *adj* चिन्तनशील
consideration *n* विचार, सोच
consignment *n* हस्तान्तरण पत्र
consist *v* समाहित हुनु
consistency *n* परस्पर संगति
consistent *adj* अनुरुप
consolation *n* सान्त्वना
console *v* सान्त्वना दिनु
consolidate *v* बलियो बनाउनु
consonant *n* व्यञ्जन
conspicuous *adj* स्पष्ट
conspiracy *n* षड्यन्त्र
conspirator *n* षड्यन्त्रकारी
conspire *v* षड्यन्त्र गर्नु
constancy *n* दृढता, विश्वासिलो
constant *adj* लगातार
constellation *n* तारामण्डल
consternation *n* आशंका
constipate *v* कोष्ठ बन्द गर्नु
constipated *adj* कोष्ठबद्धता
constipation *n* कब्जियत
constitute *v* गठन गर्नु
constitution *n* संविधान
constrain *v* बाध्य गर्नु, जर्बजस्ती गर्नु
constraint *n* अवरोध, बाधा
construct *v* निर्माण गर्नु
construction *n* निर्माण
constructive *adj* निर्माणधिन
consul *n* वाणिज्य दूत
consulate *n* वाणिज्यदूतावास
consult *v* परामर्श लिनु
consultation *n* परामर्श
consume *v* उपभोग गर्नु
consumer *n* उपभोगता
consumption *n* उपभोग, खपत
contact *v* सम्पर्क गर्नु
contact *n* सम्पर्क
contagious *adj* संक्रामक
contain *v* अन्तर्गत हुनु
container *n* डिब्बा, कुनै सामान राख्ने भाँडो

contaminate v दूषित हुनु वा गर्नु
contamination n दूषित
contemplate v चिन्तन गर्नु
contemporary adj समकालीन
contempt n तिरस्कार, घृणा
contend v संघर्ष गर्नु, लडाई
contender n लडाई गर्नेवाला, विवाद गर्नेवाला
content adj सन्तुष्ट
content n निहित वस्तु
contentious adj विवादस्पद
contents n निहित वस्तु
contest n प्रतिस्पर्धा
contestant n प्रतिस्पर्धी
context n सन्दर्भ
continent n महादेश, महाद्वीप
continental adj महादेशीय, महाद्वीपीय
contingency n अनिश्चय, आकस्मिकता
contingent adj आकस्मिक
continuation n लगातार, अपूर्ण
continue v लगातार गर्नु वा हुनु, अपूर्ण हुनु
continuity n निरन्तरता
continuous adj निरन्तर, अविरल
contour n रुपरेखा
contraband n तस्करी
contract v सम्झौता गर्नु
contract n सम्झौता
contraction n संक्षेप
contradict v प्रतिवाद गर्नु, विरोध गर्नु
contradiction n प्रतिवाद, विरोध
contrary adj विरुद्ध
contrast v विरुद्ध हुनु; असमानता हुनु
contrast n विरुद्ध; असमानता

contribute v योगदान गर्नु
contribution n योगदान
contributor n योगदान गर्ने व्यक्ति
contrition n पछुतो
control n नियन्त्रण
control v नियन्त्रण गर्नु
controversial adj विवादस्पद
controversy n विवाद
convalescent adj स्वास्थ्य लाभ
convene v आमन्त्रण गर्नु
convenience n उपयुक्त; सुलभता, सुविधा
convenient adj उपयुक्त; सुलभ, सुविधा
convent n भिक्षुनी बस्ने स्थान
convention n सम्मेलन, सभा
conventional adj परम्परागत
converge v परम्परा, रीतिरिवाज
conversation n संवाद
converse v उल्टो, विपरित
conversely adv विपरित रुपले
conversion n धर्मपरिवर्तन
convert v परिवर्तन गर्नु
convert n परिवर्तन
convey v सञ्चार गर्नु, भनिदिनु
convict v दोषी प्रमाणित गर्नु
conviction n दोषी प्रमाण
convince v विश्वास दिलाउनु
convincing adj विश्वासिलो
convoluted adj बेरिएको
convoy n रक्षा
convulse v जोडले हल्लाउनु
convulsion n कम्पन
cook v पकाउनु

C

cook *n* भान्से
cookie *n* सानो मिठो बिस्कुट
cooking *n* पकाउने काम
cool *adj* चिसो; शान्त; ठन्डा; शितल
cool *v* चिसो हुनु; शान्त हुनु; ठन्डा हुनु; शितल हुनु
cool down *v* शान्त हुनु
cooling *adj* चिसो हुने
coolness *n* चिसोपन
cooperate *v* सहकार्य गर्नु
cooperation *n* सहकार्य
cooperative *adj* सहकारी
coordinate *v* सहकार्य गर्नु; संयोजन गर्नु
coordination *n* सहकार्यताले
coordinator *n* समायोजक
cop *n* प्रहरी अधिकारी
cope *v* प्रभावकारी रुपले कार्य सम्पदान गर्नु
copier *n* नक्कल गर्ने व्यक्ति अथवा नक्कल गर्ने मेसिन
copper *n* तामा
copy *v* नक्कल गर्नु
copy *n* नक्कल
copyright *n* प्रतिलिपि अधिकार
cord *n* बिजुलीको तार
cordial *adj* इमानदार, मैत्रीपूर्ण
cordless *adj* तार रहित
cordon *n* सुरक्षा घेरा
cordon off *v* सुरक्षा घेरा लगाउनु
core *n* बीजकोष; महत्वपूर्ण भाग
cork *n* बिर्को
corn *n* मकै
corner *n* कुना
corner *v* अप्ठ्यारो अवस्थामा पार्नु
cornerstone *n* महत्वपूर्ण ठाउँ
cornet *n* बिगुल
corollary *n* स्वाभाविक परिणाम
coronary *adj* चक्रिय; मुटुको धमनी सम्बन्धी
coronation *n* राज्याभिषेक
corporal *adj* दण्ड, सजाय
corporal *n* सेनामा नायकको दर्जा
corporation *n* निगम; संस्थान
corpse *n* शव, लास
corpulent *adj* मोटोघाटो
corpuscle *n* परमाणु, कण, अणु
correct *v* सच्च्याउनु
correct *adj* सही, ठीक
correction *n* संशोधन
correlate *v* सहसम्बन्ध हुनु
correspond *v* पत्रचार गर्नु
correspondent *n* समाचारदाता
corresponding *adj* पत्रचार
corridor *n* प्रवेशद्धार देखि कोठा सम्म जाने बाटो
corroborate *v* पुष्टि गर्नु; समर्थन गर्नु
corrode *v* नाश गर्नु
corrupt *v* घूस खानु
corrupt *adj* घूस
corruption *n* भ्रष्टाचार
cosmetic *n* शृंगारका सामानहरु
cosmic *adj* सांसारिक, ब्रहमण्ड
cosmonaut *n* अन्तरिक्षयात्री
cost *iv* मूल्य हुनु वा पर्नु
cost *n* मूल्य
costly *adj* महँगो
costume *n* पहिरन
cottage *n* कुटी, सानो घर

cotton n कपासको धागो वा कपडा
couch n सोफा
cough n खोकी
cough v खोक्नु
council n परिषद्
counsel v परामर्श दिनु
counsel n परामश
counselor n परामर्श दिने व्यक्ति
count v गन्ती गर्नु
count n गणना
countdown n उल्टो गणना
countenance n अनुहार, मुखाकृति
counter n ग्राहकसँग प्रत्यक्ष कारोबार गर्ने ठाउँ
counter v प्रतिकार गर्नु
counteract v विपरीत कार्यबाट बाधा पुर्याउनु
counterfeit v नक्कली बनाउनु, कृतिम बनाउनु
counterfeit adj नक्कली
counterpart n प्रतिरुप, प्रतिलिपि
countess n अर्लकी पत्नी
countless adj अनगिन्ती
country n देश
country adj राज्य सम्बन्धी
countryman n गाउँले मान्छे
countryside n ग्रामीण क्षेत्र
county n प्रान्त
coup n शासन परिवर्तन वा विनिमय
couple n जोडी
coupon n सामान खरिद गर्ने रसिद
courage n साहस
courageous adj साहस पूर्ण
courier n संवादवाहक
course n पाठ्य सूची

court n आँगन; न्यायालय; टेनिसको मैदान
court v प्रेम देखाउनु
courteous adj शिष्ट, भद्र
courtesy n शिष्टता, भद्रता
courthouse n अदालत
courtship n शिष्टाचार
courtyard n आँगन
cousin n काका वा मामाका छोरा-छोरी
cove n सानो खाडी
covenant n प्रतिज्ञा पत्र
cover n ढकन
cover v छोप्नु
cover up v ढाकछोप गर्नु
coverage n क्षेत्रफल, ओगटेको स्थान
covert adj गोप्य, सुरक्षित
cover-up n क्षेत्रफल, ओगटेको स्थान
covet v लोभ गर्नु
cow n गाई
coward n डरपोक
cowardice n काँतरता
cowardly adv कातर
cowboy n गोठालो
cozy adj न्यायो आरामदायी
crab n गंगटो
crack n आकस्मत तिखो विष्फोट
crack v चर्कनु
cradle n चर्चराउनु
craft n हस्तकला
craftsman n शिल्पकार
cram v दबाउनु, कस्नु
cramp n ऐंठन
cramped adj (मांसपेशी) खुम्चिएको, बटारिएका

C

crane *n* उत्तोलक
crank *n* सन्की वा रिसाह व्यक्ति
cranky *adj* सन्की वा रिसाह
crap *n* निकास
crappy *adj* निकासा; शुद्धिकरण
crash *n* दुर्घटना
crash *v* दुर्घटना हुनु
crass *adj* जथाभावी
crater *n* ज्वालामुखीको मुख
crave *v* अभिलाषा गर्नु, चाहना गर्नु
craving *n* अभिलाषा, चाहना
crawl *v* घस्रनु
crayon *n* रंगिन सिसाकलम
craziness *n* पागलपन
crazy *adj* उन्मत, पागल
creak *v* चर्चराउनु
creak *n* चर्केको
cream *n* दुधको तर
creamy *adj* दुधको तर युक्त
crease *n* कपडाको धार
crease *v* स्त्री लगाएर कपडाको धार निकाल्नु
create *v* सृजना गर्नु
creation *n* सृजना
creative *adj* सृजनात्मक
creativity *n* सृजनशील
creator *n* सर्जक
creature *n* प्राणी, जन्तु
credibility *n* विश्वासनीयता
credible *adj* विश्वासनीय
credit *n* ऋण
credit *v* ऋण लिनु वा दिनु; भुक्तानी दिनु
creditor *n* ऋणी; भुक्तानी लिने व्यक्ति
creed *n* जीवनदर्शन; आस्था
creek *n* बन्दरगाह
creep *v* घस्रनु
creepy *adj* घस्रने
cremate *v* दह–संस्कार गर्नु
crematorium *n* मसानघाट
crest *n* सिउर
crevice *n* खोंच
crew *n* चालक दल
crib *n* कोक्रो
cricket *n* क्रिकेट खेल; झ्याउँकीरी
crime *n* अपराध
criminal *adj* अपराधी
cripple *adj* लँगडो, असक्त
cripple *v* लँगडो वा असक्त बनाउनु
crisis *n* संकट
crisp *adj* झुरुम–झुरुम
crispy *adj* झुरिएको
criterion *n* मापदण्ड
critical *adj* गम्भिर अवस्था
criticism *n* आलोचना
criticize *v* आलोचना गर्नु
critique *n* समालोचनात्मक विश्लेषण
crockery *n* माटाका भाँडाकुँडा
crocodile *n* गोही
crony *n* घनिष्ठ साथी
crook *n* अंकुसे लठ्ठी
crooked *adj* बांगोटिंगो
crop *n* अन्नबाली
crop *v* काँट्छाँट गर्नु
cross *n* दुई रेखाहरु काटेर बनाएको चिन्ह वा संकेत

cross *adj* वारपार; एकआपसमा काट्ने
cross *v* काटिनु; रेखा कटाउनु
cross out *v* निकाली दिनु
crossfire *n* गोली हानाहान
crossing *n* दोबाटो; चौबाटो
crossroads *n* बढी सडकहरु जोडिएको ठाउँ
crosswalk *n* सडकमा बाटो काट्ने ठाउँ
crossword *n* शब्दजाल
crouch *v* शरीर खुम्च्याउनु
crow *n* काग
crow *v* खुसीले चिच्याउनु वा रुनु
crowbar *n* फलामको गल
crowd *n* हूल
crowd *v* हूल वा भीड जम्मा हुनु
crowded *adj* हूल वा भीड जम्मा भएको
crown *n* राजमुकुट
crown *v* श्रीपेच लगाउनु; अधिकार दिनु
crowning *n* सर्वोच्च, सर्वोत्कृष्ट
crucial *adj* महत्वपूर्ण
crucifix *n* क्राइस्टको मूर्ति
crucifixion *n* क्रसमा टाँसिएको अवस्था
crucify *v* क्रसमा टाँगेर मार्नु
crude *adj* प्राकृतिक वा कच्चा अवस्थामा रहेको
cruel *adj* निर्दयी
cruelty *n* निर्दयी भावना भएको
cruise *v* रमाइलोको लागि समुद्रिक यात्रा गर्नु
crumb *n* सानो टुक्रा
crumble *v* सानो टुक्रा पार्नु
crunchy *adj* कुरुम–कुरुम गर्ने
crusade *n* धर्म युद्ध
crusader *n* धर्म आन्दोलन गर्ने व्यक्ति
crush *v* पिंधिनु
crushing *adj* पिंधिने
crust *n* कडा खोल वा बोक्रा
crusty *adj* पत्रेदार
crutch *n* बैंसाखी
cry *n* रोएको अवस्था
cry *v* आवाज निकालेर रुनु
cry out *v* सहयोगको लागि आग्रह गर्नु
crying *n* रुदै, कराउँदै
crystal *n* पारदर्शक काँच
cub *n* बाघ, भालुको बच्चा
cube *n* घन (गणितमा)
cubic *adj* घनाकार
cubicle *n* गोप्य कोठा
cucumber *n* काँक्रो
cuddle *v* अँगालो हाल्नु
cuff *n* बाहुलाको अन्तिम भाग
cuisine *n* भान्साघर
culminate *v* शिखरमा पुग्नु
culpability *n* अपराध
culprit *n* अपराधी
cult *n* धर्ममा विश्वास, भक्ति
cultivate *v* गोड्मेल गर्नु
cultivation *n* खेती
cultural *adj* सांस्कृतिक
culture *n* संस्कृति
cumbersome *adj* असुविधाजनक
cunning *adj* चलाखी
cup *n* प्याला, कप
cupboard *n* दराज
curable *adj* निको हुन सक्ने
curator *n* संग्रहलयको हेरचाह गर्ने व्यक्ति
curb *v* बाधा वा अवरोध पुर्याउनु

C

curb *n* बाधा, अड्चन
curdle *v* दही जमाउनु
cure *v* निको पार्नु
cure *n* स्वास्थ्यलाभ
curfew *n* संचारबन्दी
curiosity *n* उत्सुकता
curious *adj* चासो, उत्सुक
curl *v* घुम्रिनु
curl *n* घुम्रिएको केश
curly *adj* घुम्रिएको
currency *n* मुद्रा
current *n* प्रवाह, धारा, विद्युत
current *adj* अहिले, वर्तमानकालीन
currently *adv* भर्खरै
curse *v* सराप्नु
curtail *v* पर्दाले सजाउनु वा बन्द गर्नु
curtain *n* पर्दा
curve *n* वक्ररेखा
curve *v* वक्र बनाउनु; घुम्रिनु
cushion *n* मुलायम वा नरम वस्तु
cushion *v* गद्दीले सुसज्जीत् हुनु
cuss *v* गाली गर्नु
custard *n* दूध र अण्डाबाट बनाएको परिकार
custodian *n* सार्वजानिक भवनको पाले
custody *n* कारगार
custom *n* चलन
customary *adj* परम्परागत; रीतिअनुसारको
customer *n* ग्राहक
custom-made *adj* निश्चित ग्राहकलाई तयार पारिएको(पहिरन)
customs *n* करविभाग, भन्सार
cut *n* काट्ने काम
cut *iv* काट्नु
cut back *v* छोटो पार्नु
cut down *v* घटाउनु
cut off *v* छिनाल्नु
cut out *v* छुट्टिनु
cute *adj* सुन्दर, आकर्षक
cutlery *n* भान्सामा प्रयोग गरिने चम्चा, काँटहरु
cutter *n* काट्ने मानिस वा वस्तु
cyanide *n* हाइड्रोसाइनिकको लवण
cycle *n* घटना चक्र
cycle *v* साइकलमा चढ्नु
cyclist *n* साइकल चलाउने व्यक्ति
cyclone *n* भुमरी
cylinder *n* बेलनाकार
cynic *adj* निराशावादी
cynicism *n* निराशावाद
cypress *n* सदावहार कोणधारी रुख
cyst *n* शरीर भित्र उत्पन्न भएको कीरा
czar *n* भूतपूर्व रुसी शासकको पद

D

dad *n* बुबा
dagger *n* दुवैतिर धार भएको छुरा
daily *adv* दैनिक
dairy farm *n* गौशाला
daisy *n* डेजी फूल

dam *n* ओसिलो
damage *n* बिग्रेको, काम नलाग्ने
damage *v* बिग्रनु, काम नलाग्ने हुनु
damaging *adj* हानि गर्ने
damn *v* धिक्कार्नु
damnation *n* यातना, नरक–यातना
damp *adj* आद्र्रता
dampen *v* ओसिनु
dance *n* नृत्य
dance *v* नाच्नु
dancing *n* नाच
dandruff *n* कपालको चाया
danger *n* खतरा
dangerous *adj* खतरानाक
dangle *v* यताउति हल्लिनु
dare *v* साहस गर्नु
dare *n* साहस
daring *adj* साहासिक
dark *adj* अँध्यारो
darken *v* अँध्यारो हुनु वा पार्नु
darkness *n* अँध्यारा
darling *adj* अतिप्यारो
darn *v* लुगाको रफ्फु गर्नु
dart *n* भाला
dart *v* भाला प्रहार गर्नु
dash *v* हुत्तिएर ठोकिनु
dashing *adj* हिम्मती, साहसी
data *n* तथ्यांक
database *n* कम्प्युटरमा संग्रह गरिएको तथ्यांक
date *n* मिति; कुनै घटनाको समय; तारीख
date *v* मिति तोक्नु वा राख्नु
daughter *n* छोरी
daughter-in-law *n* बुहारी
daunt *v* निरुत्साहित तुल्याउनु, डराउनु
daunting *adj* डर, भयभीत
dawn *n* प्रभातकालिन
day *n* दिन
daydream *v* बढी आकांक्ष राख्नु
daze *v* तिर्मिराउनु
dazed *adj* तिर्मिराउने
dazzle *v* आँखा तिरमिर पार्नु
dazzling *adj* आँखा तिरमिर पार्ने
deacon *n* स्थानीय पादरी
dead *adj* मृत
dead end *n* विकल्प नभएको
deaden *v* मृत गर्नु
deadline *n* अन्तिम म्याद
deadlock *adj* गतिरोध
deadly *adj* घातक
deaf *adj* कान नसुन्ने मानिस
deafen *v* नसुन्ने पार्नु
deafening *adj* नसुन्ने पारिएको
deafness *n* बहिरोपन
deal *iv* कुनै विषयमा समाधान गर्न खोज्नु
deal *n* व्यवहार
dealer *n* व्यापारी, विक्रेता, वितरक
dealings *n* व्यापारिक सौदा
dean *n* संकय–प्रमुख
dear *adj* प्रिय, आदणीय
dearly *adv* निकै, धेरै
death *n* मृत्यु, मरण
deathbed *n* मृत्यशय्या
debase *v* आधार निर्माण गर्नु वा कम गुणस्तर पार्नु

D

D

debatable *adj* तर्कयोग्य
debate *v* तर्क गर्नु
debate *n* तर्कवितर्क, विवाद
debit *n* तिर्नुपर्ने जम्मा रकम
debrief *v* गोप्य सम्झौता
debris *n* भग्नावशेष
debt *n* उदारो, कर्ज
debtor *n* कर्जदार
debunk *v* असलीरुप देखाउनु
debut *n* प्रथम गायन तथा अभिनय
decade *n* दशवर्ष
decadence *n* नाश, क्षय
decaf *adj* क्यापेन निकालेको कफी
decapitate *v* टाउको काट्नु, मार्नु
decay *v* कुहिनु
decay *n* सडेको, गलेको
deceased *adj* मृत
deceit *n* ठगी
deceitful *adj* छलपूर्ण
deceive *v* धोका दिनु
December *n* डिसेम्बर महिना
decency *n* भद्रता
decent *adj* उपयुक्त, योग्य
deception *n* छल, धोका
deceptive *adj* छलपूर्ण
decide *v* निर्णय गर्नु
deciding *adj* निर्णय
decimal *adj* दशमलव
decimate *v* माला वा संख्यामा कमी हुनु
decipher *v* बुझ्न सफल हुनु
decision *n* निर्णय
decisive *adj* निर्णयक
deck *n* पानीजहाजको तला वा छत
deck *v* सजिनु
declaration *n* घोषणा
declare *v* घोषणा गर्नु
declension *n* क्षय, ढाल
decline *v* ओरालो लाग्नु, ह्रास हुनु
decline *n* ह्रास
decompose *v* कुहिनु, सडिनु
décor *n* सजावट
decorate *v* सिँगार्नु, सजाउनु
decorative *adj* सजावटी
decorum *n* औचित्य; मर्यादा
decrease *v* घट्नु
decrease *n* कमी, घटी
decree *n* आदेश (अख्तियारले)
decree *v* फैसला सुनाउनु
decrepit *adj* बुढेसकालले ल्याएको कमजोरी
dedicate *v* समर्पित हुनु
dedication *n* सर्मपण
deduce *v* निष्कर्ष निकाल्नु, निचोड निकाल्नु
deduct *v* घटाउनु; कट्टा गर्नु
deductible *adj* घटाउनु योग्य
deduction *n* कटौती
deed *n* गरिएको काम
deem *v* विश्वास गर्नु
deep *adj* गहिरो
deepen *v* गहिरो हुनु
deer *n* मृग, हरिण
deface *v* अनुहार बिगार्नु
defame *v* मानहानी गर्नु
defeat *v* हराउनु
defeat *n* हार, पराजय

defect *n* कमी, अभाव
defect *v* दल वा पक्ष त्याग्नु
defection *n* विफलता
defective *adj* दोषपूर्ण
defend *v* प्रतिरक्षा गर्नु
defendant *n* प्रतिवादी
defender *n* प्रतिरक्षक
defense *n* प्रतिरक्षा
defenseless *adj* प्रतिरक्षा विहिन
defer *v* स्थगित राख्नु
defiance *n* विरोधको अवज्ञा
defiant *adj* अवज्ञाकारी
deficiency *n* कमी, अभाव
deficient *adj* दोषयुक्त
deficit *n* न्युनता
defile *v* दुष्ति तुल्याउनु
define *v* स्पष्ट अर्थ पत्त लगाउनु
definite *adj* प्रष्ट; निश्चित
definition *n* परिभाषा
definitive *adj* अपरिवर्तनीय
deflate *v* हावा खुस्किनु
deform *v* आकृति बिगार्नु
deformity *n* कुरुपता
defraud *v* धोका दिनु
defray *v* खर्च चलाउनु
defrost *v* तुसारो हटाउनु
deft *adj* कुशल, सिपालु, निपुण
defuse *v* निष्क्रिय पार्नु
defy *v* अवज्ञा गर्नु
degenerate *v* नराम्रो अवस्थामा खस्कनु
degenerate *adj* तल झरेको वा खस्केको
degeneration *n* अवनति
degradation *n* न्यूनता, ह्रास
degrade *v* घट्नु
degrading *adj* खस्कँदो अवस्था
degree *n* पद; दर्जा; उपाधि; परिणाम
dehydrate *v* पानी सुकाउनु
deign *v* उपयक्त ठान्नु
deity *n* देवता
dejected *adj* निरुत्साहित तुल्याउने
delay *v* ढिलो हुनु
delay *n* ढिलाई
delegate *v* प्रतिनिधि छानेर पठाउनु
delegate *n* प्रतिनिधि
delegation *n* प्रतिनिधिमण्डल
delete *v* हटाउनु वा मेटाउनु
deliberate *v* विचारविमर्श गर्नु
deliberate *adj* लामो छलफल
delicacy *n* कोमलता
delicate *adj* कोमल
delicious *adj* मिठो, स्वादिलो
delight *n* प्रसन्न
delight *v* प्रसन्न हुनु
delightful *adj* प्रसन्नमुद्रा
delinquency *n* दोष, त्रुटि
delinquent *n* दोषपूर्ण
deliver *v* सेवा पुर्याउनु; घोषणा गर्नु
delivery *n* प्रसूति; वितरण
delude *v* भ्रम पार्नु
deluge *n* डुबाउनु
delusion *n* भ्रम
deluxe *adj* भव्य
demand *v* माग राख्नु
demand *n* माग

D

demanding *adj* माग हुने
demean *v* होच्याउनु
demeaning *adj* होच्याई
demeanor *n* आचरण
demented *adj* पागल, विक्षिप्त
demise *n* देहान्त
democracy *n* प्रजातन्त्र
democratic *adj* प्रजातान्त्रिक
demolish *v* हटाउनु
demolition *n* हटाउने वा भत्काउने काम
demon *n* प्रदर्शन
demonstrate *v* प्रदर्शन गर्नु
demonstrative *adj* प्रदर्शनी
demoralize *v* गिराउनु
demote *v* दर्जा घटाउनु
den *n* गुफा
denial *n* इन्कार
denigrate *v* बदनाम गर्नु, अपमानित गर्नु
Denmark *n* डेनमार्क देश
denominator *n* भिन्नमा तल्लो पट्टीको संख्या, हर
denote *v* जनाउनु, सूचित गर्नु
denounce *v* निन्दा गर्नु
dense *adj* घना
density *n* घनत्व
dent *v* कुच्याउनु वा कुच्चिनु
dent *n* कुच्याई
dental *adj* दाँत सम्बन्धी
dentist *n* दन्त चित्सिक
dentures *n* नक्कली दाँत
deny *v* अस्वीकार गर्नु
deodorant *n* दुर्गन्ध हटाउने पदार्थ
depart *v* प्रस्थान गर्नु; छुट्टिनु
department *n* विभाग
departure *n* प्रस्थान
depend *v* निर्भर रहनु
dependable *adj* निर्भर रहन योग्य
dependence *n* निर्भरता
dependent *adj* आश्रित
depict *v* चित्र अंकित गर्नु
deplete *v* घटाउनु
deplorable *adj* शोचनीय
deplore *v* दुःख व्यक्त गर्नु
deploy *v* तैनाथ गर्नु
deployment *n* तैनाथ
deport *v* निर्वासित गर्नु
deportation *n* निर्वासन, देश निकाला
depose *v* पदच्युत गर्नु, अपदस्थ गर्नु
deposit *n* जम्मा गर्नु
depot *n* भण्डार गर्ने ठाउँ
deprave *adj* चरित्रभ्रष्ट पार्नु
depravity *n* चरित्रहिनता
depreciate *v* मूल्यमा ह्रास आउनु
depreciation *n* मूल्यमाह्रास
depress *v* निराश पार्नु
depressing *adj* निराश लाग्दो
depression *n* उदासी; अवसाद
deprivation *n* अपहरण
deprive *v* अपहरण गर्नु
deprived *adj* अपहरण गरिएको
depth *n* गहिरो
derail *v* संयान पथच्युति गर्नु
derailment *n* संयान पथच्युति
deranged *adj* उन्मत्त, पागल

55 **detonation**

derelict *adj* परित्याग
deride *v* ठट्टामा हाँस्नु
derivative *adj* उद्भव
derive *v* ग्रहण गर्नु
derogatory *adj* अपमानजनक
descend *v* अवरोहण गर्नु, ओर्लनु
descendant *n* सन्तान
descent *n* अवनति; आक्रमण
describe *v* वर्णन गर्नु
description *n* वर्णन
descriptive *adj* वर्णनात्मक
desecrate *v* अपवित्रगर्नु
desegregate *v* समावेश गर्नु
desert *n* मरुभूमि
desert *v* त्याग्नु
deserted *adj* मरुभूमिकरण
deserter *n* मरुभूमि वासी
deserve *v* आर्जन गर्नु
deserving *adj* उचित, योग्य
design *n* ढाँचा
designate *v* प्रष्ट पार्नु, प्रकाश पार्नु
desirable *adj* इच्छापूर्ण
desire *n* चाहना
desire *v* चहानु
desist *v* रोकिनु; अलग राख्नु; सहनु; क्षमा गर्नु
desk *n* टेबुल
desolate *adj* ध्वंस गर्नु
desolation *n* ध्वंस
despair *n* हताश हुनु, निराश हुनु
desperate *adj* हताश, निराश
despicable *adj* घृणा गर्ने लायक
despise *v* हेला गर्नु, घृणा गर्नु
despite *c* हुँदाहुँदै पनि
despondent *adj* उदास, खिन्न
despot *n* निरङ्कुश
despotic *adj* अत्यचारी
dessert *n* भोजको अन्त्यमा खाइने मिठाई
destination *n* गन्तव्य
destiny *n* भाग्य
destitute *adj* दरिद्र, असहाय
destroy *v* नष्ट गर्नु
destroyer *n* ध्वंस कर्ता
destruction *n* विनाश
destructive *adj* विनाशकारी
detach *v* विच्छेदन गर्नु
detachable *adj* विच्छेदन गर्न योग्य
detail *n* पूर्णविवरण
detail *v* पूर्णविवरण दिनु
detain *v* अवरोध गर्नु; समातेर राख्नु
detect *v* खोजी गर्नु
detective *n* अनुसन्धनात्मक
detector *n* अनुसन्धन कर्ता
detention *n* बन्दीकरण
deter *v* रोक्नु, प्रतिरोध गर्नु
detergent *n* सफा गर्ने पदार्थ
deteriorate *v* बिगार्नु, नष्ट गर्नु
deterioration *n* पतन, अवनति
determination *n* निश्चिय
determine *v* निश्चिय गर्नु
deterrence *n* प्रतिरोधक
detest *v* तिरस्कार गर्नु
detestable *adj* तिरस्कार गर्न योग्य
detonate *v* ठूलो आवाजले पड्कनु
detonation *n* विस्फोट

D

D

detonator *n* विस्फोट गर्ने व्यक्ति
detour *n* बाङ्गो बाटो
detriment *n* हानी, नोक्सान
detrimental *adj* हानिकारक
devaluation *n* अवमूल्यन
devalue *v* मूल्य घटाउनु
devastate *v* नष्ट गर्नु
devastating *adj* नष्ट पारेको
devastation *n* ध्वंस, नष्ट
develop *v* विकास गर्नु
development *n* विकास
deviation *n* विचलन
device *n* युक्ति, उपाय, साधन
devil *n* राक्षस
devious *adj* पथभ्रष्ट
devise *v* जुक्ति निकाल्नु
devoid *adj* विहिन, रहित
devote *v* समर्पित गर्नु
devotion *n* सर्मपण
devour *v* उत्सुक्तपूर्वक ग्रहण गर्नु
devout *adj* श्रद्धालु
dew *n* शीत
diabetes *n* मधुमेह
diabetic *adj* मधुमेह लागेको
diabolical *adj* शैतान जस्तो
diagnose *v* रोगको पहिचान गर्नु
diagnosis *n* रोगको पहिचान
diagonal *adj* विकर्ण
diagram *n* रेखाचित्र
dial *n* घडीको सम्मुखको भाग
dial *v* फोनको अंक दबाउनु
dialect *n* सम्वाद
dialogue *n* वार्तालाप
diameter *n* व्यास
diamond *n* हीरा; साठीऔ वर्षको वार्षिकत्सव
diaper *n* थाङ्नो
diarrhea *n* पखाला
diary *n* टिपन पुस्तिका
dice *v* पासा खेल्नु
dice *n* पासा खेल
dictate *v* हुकुम दिनु, आवाज निकालेर पढेर लेख्नु
dictator *n* निरङ्कुश शासक
dictatorial *adj* तानाशाही
dictatorship *n* तानाशाही तन्त्र
dictionary *n* शब्दकोश
die *v* मर्नु
die out *v* क्षीण हुनु
diet *n* पोषण, आहार, खुराक
diet *v* खुराक वा आहार खानु
differ *v* फरक हुनु
difference *n* फरक
different *adj* भिन्नता, फरक
difficult *adj* गाह्रो, कठिन
difficulty *n* कठिनता, अप्ठ्यारोपन
diffuse *v* विस्तृत गर्नु, फैलाउनु
dig *iv* खन्नु
digest *v* पचाउनु
digestion *n* पाचनशक्ति
digestive *adj* पचाउन सकिने
digit *n* अंक
dignify *v* सम्मान दिनु
dignitary *n* सम्मान दिनु
dignity *n* मान, मर्यादा, प्रतिष्ठा
digress *v* विषयान्तर हुनु

57 discord

D

dike *n* बाँध
dilapidated *adj* विध्वंस
dilemma *n* दुविधा
diligence *n* परिश्रम
diligent *adj* परिश्रमी
dilute *v* पातलो गर्नु, तरल गर्नु
dim *adj* धमिलो, अस्पष्ट
dim *v* धमिलो वा अस्पष्ट हुनु
dime *n* अमेरिकाको सिक्का
dimension *n* नाप, परिणाम
diminish *v* कम हुनु वा गराउनु, घटाउनु वा घट्नु
dine *v* खाना खानु
diner *n* राती ढिला खाने खाना
dining room *n* खाना खाने कोठा
dinner *n* दिउँसो वा साँझ तिर खाने खाना
dinosaur *n* लोप भइसकेको ठूलो जनावर, डाइनोसर
diocese *n* धर्मगुरु अन्र्तगतका गिर्जाघरहरु
diphthong *n* संयुक्त स्वर
diploma *n* अध्ययन प्रमाण पत्र
diplomacy *n* कूटनीति
diplomat *n* कूटनीतिज्ञ
diplomatic *adj* उपाधि पत्र
dire *adj* उपाधि–पत्र
direct *adj* प्रत्यक्ष
direct *v* निर्देशन गर्नु
direction *n* निर्देशन; दिशा
director *n* निर्देशक
directory *n* निर्देशिका
dirt *n* फोहोर मैला
dirty *adj* फोहोर मैला लागेको
disability *n* अपांगता
disabled *adj* अशक्ता
disadvantage *n* बेफाइदा
disagree *v* असहमति हुनु
disagreeable *adj* मन नपर्ने
disagreement *n* असहमति
disappear *v* लोप हुनु
disappearance *n* लोप
disappoint *v* निराश पार्नु
disappointing *adj* निराशाजनक
disappointment *n* निराशा
disapproval *n* अस्वीकार
disapprove *v* असहमति प्रकट गर्नु
disarm *v* हातहतियार खोस्नु
disarmament *n* निःशस्त्रीकरण
disaster *n* प्रकोप
disastrous *adj* आपत्तिजनक
disband *v* तितर–बितर पार्नु
disbelief *n* अविश्वास
disburse *v* खर्च गर्नु
discard *v* त्यागी दिनु
discern *v* अन्तर देखाउनु
discharge *v* छुटकारा दिनु
discharge *n* छुटकारा
disciple *n* शिष्य
discipline *n* अनुशासन
disclaim *v* दाबी छोड्नु
disclose *v* रहस्य खोल्नु
discomfort *n* असजिलोपन
disconnect *v* विच्छेदन गर्नु
discontent *adj* असन्तोष
discontinue *v* निरन्तरता नदिनु
discord *n* असहमति

D

discordant *adj* परस्पर विरोधी
discount *n* छुट
discount *v* छुट दिनु
discourage *v* नरुत्साहित गर्नु
discouragement *n* निरुत्साहिता
discouraging *adj* निरुत्साहित
discourtesy *n* सभ्यता
discover *v* पत्ता लगाउनु
discovery *n* अविष्कार
discredit *v* बदनाम गर्नु
discreet *adj* अलग
discrepancy *n* भिन्नता
discretion *n* विवेकशीलता
discriminate *v* विभेद गर्नु
discrimination *n* विभेद
discuss *v* बहस वा छलफल गर्नु
discussion *n* बहस, छलफल
disdain *n* तिरस्कार
disease *n* रोग
disembark *v* अवतरण गर्नु
disenchanted *adj* भ्रम मुक्त
disentangle *v* गाँठो नपार्नु
disfigure *v* गर्नु कुरुप पार्नु
disgrace *n* बदनामी, अपमान
disgrace *v* बदनामी गर्नु, अपमान गर्नु
disgraceful *adj* अपमानजनक
disgruntled *adj* असन्तुष्ट भएको
disguise *v* छदम्भेष धारण गर्नु
disguise *n* छदम्भेष
disgust *n* घृणा
disgusting *adj* घिनलाग्दो; दिक्क लाग्दो
dish *n* भाँडाकुँडा
dishearten *v* हतास तुल्याउनु
dishonest *adj* बेइमान
dishonesty *n* बेइमानी
dishonor *n* बदनामी
dishonorable *adj* अपमान योग्य
dishwasher *n* भाँडा पखाल्ने मानिस
disillusion *n* भ्रमबाट छुट्कारा
disinfect *v* संक्रमणबाट बचाउनु
disinfectant *v* असंक्रमक
disinherit *v* पैत्रिक सम्पत्तिबाट बन्चित पार्नु
disintegrate *v* अलग गर्नु
disintegration *n* विभाजन
disinterested *adj* असमायोजन
disk *n* पातलो बाटुलो पाता
dislike *v* मन नपराउनु
dislike *n* मन नपराउनु
dislocate *v* स्थानबाट हटाउनु
dislodge *v* फुकाल्नु
disloyal *adj* बफदारी नभएको
disloyalty *n* अबफदारी
dismal *adj* दुःखी, खिन्न
dismantle *v* तहसनहस पार्नु
dismay *n* निरुरत्साहको भावना
dismay *v* निराश पार्नु
dismiss *v* भंग गर्नु
dismissal *n* पदच्युति
dismount *v* उत्रनु (घोडाबाट)
disobedience *n* अवज्ञा
disobedient *adj* अवज्ञाकारी
disobey *v* अवज्ञा गर्नु
disorder *n* अव्यवस्था
disorganized *adj* असंगठित

disoriented *adj* केही सित सम्बन्धित नहुने
disown *v* अस्वीकार गर्नु
disparity *n* असमानता
dispatch *v* प्रषित गर्नु
dispel *v* तितरबितर पार्नु
dispensation *n* वितरण; बाँडफाँड
dispense *v* वितरण गर्नु
dispersal *n* वितरण
disperse *v* अस्तव्यस्त गर्नु
displace *v* विस्थापित गर्नु
display *n* प्रदर्शन
display *v* प्रदर्शन गर्नु
displease *v* असन्तुष्ट पार्नु
displeasing *adj* असन्तुष्टी
displeasure *n* असन्तुष्ट
disposable *adj* फाल्नलायक
disposal *n* पुन प्रयोग गर्नु नसकिने
dispose *v* छुट्कारा पाउनु; सुव्यवस्थित गर्नु
disprove *v* असत्य प्रमाणित गर्नु
dispute *n* विवाद
dispute *v* विवाद गर्नु
disqualify *v* अयोग्य हुनु
disregard *v* बेवास्ता गर्नु, अपहेलना गर्नु
disrepair *n* भग्नावस्था
disrespect *n* असम्मान
disrespectful *adj* असभ्य, अशिष्ट
disrupt *v* खलबल्याउनु, अवरोध गर्नु
disruption *n* अवरोध
dissatisfied *adj* असन्तुष्टी
disseminate *v* फैलाउनु, प्रचारप्रसार गर्नु
dissent *v* असहमत हुनु
dissident *adj* असन्तुष्ट, असहमत

dissimilar *adj* असमान, फरक
dissipate *v* हटाउनु; गायब गरिदिनु
dissolute *adj* चरित्रहीन
dissolution *n* सभाविसर्जन, लोप
dissolve *v* विघटन गर्नु, विलयन हुनु
dissonant *adj* बेसुर, कर्कश आवाज
dissuade *v* रोक्नु, मनाही गर्नु; हतोत्साहित गर्नु; मन परिवर्तन गरिदिनु
distance *n* दुरी
distant *adj* टाढा वा पर रहेको
distaste *n* अरुचि
distasteful *adj* अरुचिकर
distill *v* बाफलाई तरलमा परिणत गर्नु
distinct *adj* फरक, पृथक
distinction *n* फरक वा भिन्नता; विशिष्टता
distinctive *adj* विच्छेदक
distinguish *v* फरक छुट्याउनु
distort *v* बिगार्नु
distortion *n* बिगार्ने काम
distract *v* ध्यान खलबलाउनु
distraction *n* व्याकुलता
distraught *adj* परेशान
distress *n* कष्ट, विपत्ति
distress *v* चिन्तित पार्नु
distressing *adj* चिन्तित पार्ने
distribute *v* वितरण गर्नु
distribution *n* वितरण
district *n* जिल्ला
distrust *n* अविश्वास
distrust *v* अविश्वास गर्नु
distrustful *adj* अविश्वासिलो
disturb *v* शान्ति भंगग नु

D

disturbance *n* विचलित पार्ने काम
disturbing *adj* विचलित पार्ने
disunity *n* फुट
disuse *n* प्रयोग नहुने
ditch *n* ढल, नाला
dive *v* डुबुल्की मार्नु
diver *n* डुबुल्की मार्ने व्यक्ति
diverse *adj* अनेक, विभिन्न
diversify *v* भिन्न बनाउनु
diversion *n* विचलन; दिशा परिवर्तन
diversity *n* अनेकता, विविधता
divert *v* अर्को तिर फर्कनु वा मोड्नु
divide *v* भाग गर्नु, विभाजन गर्नु
dividend *n* लाभांश
divine *adj* दैविक
diving *n* डुबुल्की मार्ने काम
divinity *n* ईश्वरीय
divisible *adj* विभाजन गर्न योग्य
division *n* विभाजन; भाग; असहमति
divorce *n* सम्बन्धविच्छेद
divorce *v* सम्बन्धविच्छेद गर्नु
divorcee *n* सम्बन्धविच्छेदक
divulge *v* खुलासा गर्नु; जानकारीमा ल्याउनु
dizziness *n* रिँगटा
dizzy *adj* रिँगटा लाग्ने
do *iv* गर्नु
docile *adj* सरल, सीधा
docility *n* सरलता
dock *n* बन्दरगाह
dock *v* बन्दरगाहमा ल्याउनु
doctor *n* चिकित्सक
doctrine *n* सिद्धान्त, वाद
document *n* दस्तावेज
documentary *n* दस्तावेजी; वृत्तचित्र
documentation *n* दस्तावेजहरुको अभिलेखीकरण
dodge *v* छक्याएर भाग्नु
dog *n* कुकुर
dogmatic *adj* सैद्धान्तिक
dole out *v* वितरण गर्नु
doll *n* पुतली
dollar *n* अमेरिकी मुद्रा
dolphin *n* डलफिन माछा
dome *n* बाटुलो छाना भएको
domestic *adj* घरयसी, घरेलु
domesticate *v* घरयसी वा घरेलु काममा रुचि बनाउनु
dominate *v* प्रभाव पार्नु
domination *n* अधिपत्य, प्रभुत्व
domineering *adj* घमण्डी, अहंकारी
dominion *n* अधिपत्य, शासन
donate *v* चन्दा दिनु, दान दिनु
donation *n* दान
donkey *n* गधा
donor *n* दाता
doom *n* दर्भाग्य; सर्वनाश
doomed *adj* विनाश वा दुर्भाग्य तिर उन्मुख भएको
door *n* ढोका
doorbell *n* ढोकाको घण्टी
doorstep *n* ढोकाको सिंढी
doorway *n* ढोका जाने बाटो
dope *n* रोगन
dope *v* नसालु वा उत्तेजक औषधि मिसाउनु

61 drink

D

dormitory *n* शयनकक्ष
dosage *n* औषधि मात्रा; खुराक
dossier *n* मिसिल, फाइल
dot *n* थोप्लो
double *adj* दोब्बर
double *v* दोब्बर पार्नु
double-check *v* दोहोरो परिक्षण
double-cross *v* दुई पटक काटेको
doubt *n* शंका
doubt *v* शंका लाग्नु
doubtful *adl* शंकास्पद
dough *n* मुछेको पिठो
dove *n* ढुकुर
down *adj* उदास, खिन्न
down *adv* तल
down payment *n* अग्रिमभुक्तानी
downcast *adj* उदास, खिन्न
downfall *n* पतन, नाश
downhill *adv* भिरालो पाखा
downpour *n* मुसलधारे पानी
downsize *v* आकार घटाउनु
downstairs *adv* तल्लो तल
down-to-earth *adj* एकदम साधारण
downtown *n* बजार
downtrodden *adj* अपहेलित; दलित
downturn *adj* ओरालो लाग्नु
dowry *n* दाइजो
doze *n* छोटो निद्रा
doze *v* हल्का निद्रामा पर्नु
dozen *n* दर्जन
draft *n* मस्यौदा
draft *v* मस्यौदा तयार पार्नु
draftsman *n* मस्यौदा तयार पार्ने व्यक्ति
drag *v* घिसार्नु
dragon *n* काल्पनिक जीव
drain *v* सुख्ख हुनु वा पार्नु
drainage *n* ढल निकास
dramatic *adj* नाटकीय
dramatize *v* नाटक तयार पार्नु
drape *n* लामो पर्दा
drastic *adj* प्रबल, सशक्त
draw *n* विजेता चुन्ने काम
draw *iv* चित्र कोर्नु; ध्यान आकर्षण गर्नु
drawback *n* बेफाइदा, कमजोरी
drawer *n* घर्रा
drawing *n* चित्रकला
dread *v* निकै डराउनु
dreaded *adj* भयनाक
dreadful *adj* डरलाग्दो
dream *iv* सपना देख्नु
dream *n* सपना
dress *n* कपडा, वस्त्र
dress *v* कपडा लगाउनु
dresser *n* शृगांर टेबुल, भान्साको दराज
dressing *n* घाउमा पट्टी बाँध्ने प्रकृया वा कपडा लगाउने प्रकृया
dried *adj* सुख्ख भएको
drift *v* तैरिनु
drift apart *v* यत्रतत्र फैलिनु
drifter *n* माछा मार्ने नाउँ
drill *v* प्वाल पार्नु; बरमाले प्वाल पार्नु; कवाज खेल्नु
drill *n* प्वाल पार्ने मेसिन; सैनिक तालिम
drink *iv* पिउनु

D

drink *n* पेय पदार्थ
drinkable *adj* पिउन योग्य
drinker *n* पिउने मान्छे
drip *v* थोपा खसाल्नु
drip *n* थोपा
drive *n* गाडीमा गरिने यात्रा; प्रवेश मार्ग; उर्जा
drive *iv* गाडी चलाउनु; सञ्चालन गर्नु; दिशा दिनु
drive at *v* त्यतातिर जानु
drive away *v* टाढा जानु
driver *n* चालक
driveway *n* गाडी हिड्ने बाटो
drizzle *v* थोपा–थोपा गर्दै पानी पर्नु
drizzle *n* हल्का वर्ष
drop *n* खस्ने; थोपा; न्यूनता
drop *v* खस्नु वा झर्नु
drop in *v* भित्र खस्नु
drop off *v* छोडिदिनु
drop out *v* पानीबाट अलग्याउनु; स्कूल छाड्नु
drought *n* खडेरी
drown *v* डुब्नु
drowsy *adj* अर्ध निद्रा
drug *n* औषधि; लागूपदार्थ
drug *v* कसैलाई अचेत बनाउन औषधि खुवाउनु
drugstore *n* औषधि भण्डार
drum *n* ढोलक
drunk *adj* जडिया
drunkenness *n* उन्मतयुक्त
dry *v* सुख्ख हुनु
dry *adj* सुख्ख
dry-clean *v* रासायनिक पदार्थले कपडा पार्नु
dryer *n* सुख्ख पार्ने वस्तु
dual *adj* दुवै
dubious *adj* संदेहास्पद
duchess *n* बेलायतको उच्च रइसको महिलाको पदवी
duck *n* हाँस
duck *v* छल्नु
duct *n* कुलो, नल
due *n* कसैलाई दिनु पर्ने वस्तु
due *adj* दोषपूर्ण; मूल्यहीन
duel *n* दुई व्यक्तिसँग हुने संघर्ष
dues *n* कसैलाई दिनु पर्ने वस्तुहरु
duke *n* खानदानी व्यक्ति
dull *adj* भद्द; भत्ते; ढिला सुस्त
dull *v* भद्द हुनु; ढिला सुस्त हुनु
duly *adv* ठीक वा उपयुक्त तरिकाले
dumb *adj* लाटो
dummy *n* नमूना, ढाँचा
dummy *adj* नमूना वा ढाँचा तयार पार्नु
dump *v* मिल्काउनु, फ्याँक्नु
dump *n* फोहोरको थुप्रो
dung *n* गोबर
dungeon *n* कालकोठारी
dupe *v* ठगिनु वा छलिनु
duplicate *v* नक्कल बनाउनु
duplication *n* नक्कल
durable *adj* टिकाउ; स्थायी
duration *n* अवधि
during *pre* समयभर, समय भित्र
dusk *n* गोधूली
dust *n* धूलो
dusty *adj* धूलोले भरिएको
Dutch *adj* हल्यान्डको नागरिक
duty *n* कर्तव्य, जिम्मेवारी

dwarf *n* होचो कदको मान्छे
dwell *iv* बसोबास गर्नु
dwelling *n* वासस्थान
dwindle *v* क्षीण हुनु, क्षय हुनु, घट्नु
dye *v* रंगाउनु
dye *n* रंग
dying *adj* मर्न लागेको
dynamic *adj* परिवर्तनशील
dynamite *n* खानीमा प्रयोग गरिने विष्फोटक पदार्थ
dynasty *n* वंशज

E

each *adj* प्रत्येक
each other *adj* एक अर्को
eager *adj* इच्छुक
eagerness *n* इच्छुकता
eagle *n* चील
ear *n* कान
earache *n* कान दुखाई
eardrum *n* कानको जाली
early *adv* चाँडै
earmark *v* अलग राख्नु
earn *v* कमाउनु
earnestly *adv* गम्भीरताका साथ
earnings *n* कमाई
earphones *n* कानमा राखेर सुन्ने साधन
earring *n* कानमा लगाउने गहना
earth *n* पृथ्वी
earthquake *n* भूकम्प
earwax *n* काने गुजी
ease *v* सजिलो बनाउनु वा हुनु
ease *n* सहज
easily *adv* सजिलोसँग
east *n* पूर्व
eastbound *adj* पूवतिर जाने
Easter *n* ईसा मृत्युको सम्झनामा मनाइने पर्व
eastern *adj* पूर्वीय
easterner *n* पूर्वीय बासिन्दा
eastward *adv* पूर्वीय
easy *adj* सजिलो
eat *iv* खानु
eat away *v* खियाउनु
eavesdrop *v* चियो गर्नु
ebb *v* फर्केर जानु
eccentric *adj* अमिल्दो; सन्काहा
echo *n* प्रतिध्वनि
eclipse *n* ग्रहण, खग्रास
ecology *n* पर्यावरणशस्त्र
economical *adj* आर्थिक
economize *v* बचत गर्नु; कम खर्च गर्नु
economy *n* अर्थशास्त्र
ecstasy *n* उन्माद, परमान्द
ecstatic *adj* उत्साह, आनन्ददायक
edge *v* किनारा लगाउनु
edge *n* किनारा
edgy *adj* धार भएको, तेज
edible *adj* खान योग्य
edifice *n* महल, भवन

E

edit *v* सम्पादन गर्नु
edition *n* सम्पादन
educate *v* शिक्षा दिनु
educational *adj* शैक्षिक
eerie *adj* तर्साउने, डरलाग्दो
effect *n* प्रभाव
effective *adj* प्रभावकारी
effectiveness *n* प्रभावकारीता
efficiency *n* प्रभावकारी, कुशलता
efficient *adj* दक्ष, कार्य दक्ष
effigy *n* पुत्ला
effort *n* प्रयत्न, कोसिस
effusive *adj* भावुकतापूर्ण
egg *n* अण्डा
egg white *n* अण्डाको सेतो भाग
egoism *n* अहम्ता
egoist *n* अहम् गर्ने व्यक्ति
eight *adj* आठ
eighteen *adj* अठार
eighth *adj* अठारौ
eighty *adj* असी
either *adj* कुनै दुई मध्य यो वा त्यो
either *adv* पनि
eject *v* बलपूर्वक निकाल्नु
elapse *v* गर्नु बिलु, नाघेर जानु
elastic *adj* लचिलो
elated *adj* प्रफुल्ल
elbow *n* कुहिनो
elder *n* जेठो
elderly *adj* प्रौढ
elect *v* चयन गर्नु
election *n* निर्वाचन
electric *adj* विद्युतीय
electrician *n* बिजुली सम्बन्धी काम गर्ने व्यक्ति
electricity *n* विद्युत
electrify *v* बिजुली जडान गर्नु
electrocute *v* बिजुली लागेर मर्नु
electronic *adj* विद्युतीय साधन
elegance *n* विशिष्ट सुन्द
elegant *adj* सुन्दर, रुचिपूर्ण
element *n* शोभासहित
elementary *adj* प्राथामिक
elephant *n* हात्ती
elevate *v* माथि उठाउनु
elevation *n* उत्तोलन, उठाउने प्रक्रिया
elevator *n* लिफ्ट
eleven *adj* एघार
eleventh *adj* एघारौं
eligible *adj* योग्यता
eliminate *v* हटाउनु
elm *n* देवदारु रुख
eloquence *n* प्रष्टसँग बोल्ने
else *adv* बाहेक
elsewhere *adv* अन्यत्र
elude *v* छल्नु, उम्किनु
elusive *adj* उम्किने, फुत्किने
emaciated *adj* दुब्लो, जीर्ण
emanate *v* दुब्लो वा जीर्ण हुनु
emancipate *v* दासताबाट मुक्त पार्नु
embalm *v* सड्नबाट बचाउनु
embark *v* जहाजमा चढ्नु; सुरुवात गर्नु
embarrass *v* छक्क पार्नु, व्यग्र गराउनु
embassy *n* राजदूतावास
embellish *v* सुसज्जित पार्नु

embers *n* बल्दो कोइला
embezzle *v* हिनामिना गर्नु
embitter *v* तितो बनाउनु; रिस उठाउनु
emblem *n* प्रतिक, चिन्ह
embody *v* शरीर युक्त पार्नु; एकत्रित पार्नु
emboss *v* बुट्टा काट्नु
embrace *v* अंकमाल गर्नु
embrace *n* अंकमाल
embroider *v* बेलबुट्टा काट्नु
embroidery *n* बेलबुट्टा
embroil *v* गोलमाल पार्नु, व्याकुल पार्नु
embryo *n* भ्रुण
emerald *n* हरियो रंगको पत्थर
emerge *v* माथि निस्कनु, प्रकट हुनु
emergency *n* आपलकालीन
emigrant *n* प्रवासी
emigrate *v* बसाई सर्नु
emission *n* बाहिर निस्कने वा निकाल्ने प्रक्रिया
emit *v* बाहिर निस्कनु वा निकाल्नु
emotion *n* भावना
emotional *adj* भावनात्मक
emperor *n* सम्राट
emphasis *n* बल, जोड
emphasize *v* जोड दिनु
empire *n* साम्राज्य
employ *v* रोजगार दिलाउनु
employee *n* कामदार
employer *n* मालिक
employment *n* रोजगार
empress *n* महारानी, सम्राटकी रानी
emptiness *n* खालीपन
empty *adj* खाली
empty *v* खाली हुनु वा पार्नु
enable *v* समर्थ वा सक्रिया बनाउनु
enchant *v* मोहित पार्नु
enchanting *adj* मोहित पार्ने
encircle *v* गोलो बनाउनु
enclave *n* अरु देशले घेरिएको प्रदेश
enclose *v* घेरा लगाउनु, बार्नु
enclosure *n* चारैतिर घेर्ने
encompass *v* बन्द गर्नु, थुन्नु
encounter *v* मुठभेट गर्नु, सामना गर्नु
encounter *n* मुठभेट, सामना, लडाई
encourage *v* प्रोत्साहन गर्नु
encroach *v* हस्तछेप गर्नु
encyclopedia *n* विश्वकोष
end *n* अन्त्य
end *v* अन्त्य गर्नु
end up *v* प्रमाणित हुन पुग्नु
endanger *v* संकटमा पर्नु
endeavor *v* प्रयत्न वा कोसिस गर्नु
endeavor *n* प्रयत्न वा कोसिस
ending *n* अन्त्य हुने
endless *adj* अन्त्य नहुने
endorse *v* सही गर्नु; समर्थन गर्नु; अनुमोदन गर्नु
endorsement *n* समर्थन; अनुमोदन
endure *v* सहनु
enemy *n* शत्रु
energetic *adj* शक्तिशाली, ओजस्वी
energy *n* शक्ति
enforce *v* बाध्य पार्नु
engage *v* नियुक्त गर्नु; आवद्ध हुनु
engaged *adj* नियुक्त आवद्ध भएको
engagement *n* आवद्ध; विवाहको कुरा छिनेको

E

E

engine *n* यन्त्र चालक
engineer *n* यन्त्र बनाउने व्यक्ति
England *n* बेलायत देश
English *adj* अंग्रेज
engrave *v* कुद्नु वा लेख्नु
engraving *n* कुँदेको
engrossed *adj* ध्यान आकर्षण गर्ने; प्रतिलिपि बनाउने काम
engulf *v* निल्नु
enhance *v* वृद्धि गर्नु वा बढाउनु
enjoy *v* आनन्द लिनु, भोग गर्नु
enjoyable *adj* आनन्दयुक्त
enjoyment *n* आनन्द
enlarge *v* ठूलो बनाउनु
enlargement *n* वृद्धि, विस्तार
enlighten *v* ज्ञान दिनु वा प्राप्त गर्नु
enlist *v* नामांकित गर्नु
enormous *adj* विशाल, ज्यादै ठूलो
enough *adv* धरै, प्रशस्त
enrage *v* रिस उठाउनु
enrich *v* समृद्ध बनाउनु, सम्पन्न बनाउनु
enroll *v* सूचीमा नाम लेख्नु; सदस्य बन्नु; भर्ती गर्नु
enrollment *n* भर्ती
ensure *v* विश्वास दिलाउनु
entail *v* आवश्यक वा छोड्न नै नमिल्ने भागको रुपमा समावेश गर्नु
entangle *v* अल्झाउनु
enter *v* प्रवेश गर्नु
enterprise *n* उद्यम, उद्योगधन्दा
entertain *v* मनोरञ्जन गर्नु
entertaining *adj* मनोरञ्जनात्मक
entertainment *n* मनोरञ्जन
enthrall *v* मोहित पार्नु; दास बनाउनु
enthralling *adj* चित्ताकर्षण, दासकारी, वशकारी
enthuse *v* उत्साह प्रकट गर्नु
enthusiasm *n* उमंग, हौसला, उत्साह, मोहित पार्नु
entice *v* लोभ्याउनु; पल्काउनु
enticement *n* प्रलोभन
enticing *adj* लोभ्याने
entire *adj* सम्पूर्ण
entirely *adv* सम्पूर्ण रुपमा
entrance *n* प्रवेशद्धार
entreat *v* बिन्ती गर्नु, अनुरोध गर्नु
entree *n* प्रवेशाधिकार
entrenched *adj* सुरुङ् द्धारा सेना वा स्थानको रक्षा गर्ने
entrepreneur *n* उद्योमी, उद्यमी
entrust *v* पत्याउनु, विश्वास गर्नु
entry *n* प्रवेश
enumerate *v* गन्नु
envelop *v* बेर्नु; छोप्नु
envelope *n* खाम
envious *adj* ईर्ष्यालु
environment *n* वातावरण
envisage *v* आमनेसामने हेर्नु
envoy *n* दूत, उपराजदूत
envy *n* ईर्ष्या; डाह
envy *v* ईर्ष्या गर्नु; डाह गर्नु
epidemic *n* महामारी
epilepsy *n* छारे रोग
episode *n* कथांश; भाग; वृत्तान्त
epistle *n* पत्र, लेख, चिठी

epitaph *n* स्मृतिलेख
epitomize *v* छोटो गर्नु
epoch *n* युग, काल
equal *adj* बराबर, समान
equality *n* समानता
equate *v* बराबर मान्नु
equation *n* समीकरण
equator *n* भूमध्य रेखा
equilibrium *n* सन्तुलन; साम्य
equip *v* सज्जित गर्नु, सरसामान हाल्नु
equipment *n* सामग्री
equivalent *adj* समतुल्य
era *n* युग
eradicate *v* निर्मूल पार्नु
erase *v* मेट्नु
eraser *n* मेट्ने वस्तु
erect *v* ठड्याउनु
erect *adj* ठाडो
err *v* गल्ती गर्नु
errand *n* सानोतिनो काम लगाउनु
erroneous *adj* अशुद्ध, गलत
error *n* गल्ती
erupt *v* प्रस्फुटित हुनु
eruption *n* विस्फोट
escalate *v* तिव्र पार्नु, चर्को पार्नु
escalator *n* चलायमान भर्याङ्
escapade *n* भाग्ने काम
escape *v* भाग्नु
escort *n* संरक्षक
esophagus *n* अन्ननली
especially *adv* विशेषगरी
espionage *n* जासूसी
essay *n* निबन्ध
essence *n* सार; सुगन्ध
essential *adj* अत्यावश्यक
establish *v* स्थापना गर्नु
estate *n* परिस्थिति; मर्यादा; भूसम्पत्ति
esteem *v* उच्च; श्रद्धा
estimate *v* अनुमान गर्नु
estimation *n* अनुमानित
estranged *adj* पराई बनाउने काम, बिमुख गरेको
estuary *n* नदीमुख, मुहान
eternity *n* सदबहार
ethical *adj* आचार सम्बन्धी, नैतिक सम्बन्धी
ethics *n* नीतिशास्त्र
etiquette *n* सामाजिक शिष्टाचार
euphoria *n* सुखभास
Europe *n* पश्चिमी राज्यहरु, युरोप
European *adj* युरोपवासी
evacuate *v* खाली गर्नु
evade *v* छल्नु, टार्नु
evaluate *v* मूल्यांकन गर्नु
evaporate *v* वाष्पिकरण गर्नु
evasion *n* छल
evasive *adj* छकाउने
eve *n* पूर्व दिन वा साँझ
even *adj* जोर; समतल; एकनास; समान
even if *c* भएतापनि
even more *c* अझ बढी
evening *n* बेलुका
event *n* घटना, कार्यक्रम
eventuality *n* परिणाम पूर्वक
eventually *adv* परिणाम स्वरुप
ever *adv* सधै

E

E

everlasting *adj* सदैव रहिरहने
every *adj* हरेक
everybody *pro* प्रत्येक व्यक्ति
everyday *adj* प्रत्येक दिन
everyone *pro* प्रत्येक जना
everything *pro* सबै चीज
evict *v* कानून द्बारा अधिकार बिहिन पार्नु; खाली गर्नु
evidence *n* प्रमाण
evil *n* दुष्टता
evil *adj* खराब, दुष्ट
evoke *v* जगाउनु, उत्पन्न गर्नु
evolution *n* क्रमविकास
evolve *v* क्रमविकास हुनु
exact *adj* उपयुक्त
exaggerate *v* अतिरञ्जन गर्नु
exalt *v* पद वा शक्ति उच्च पार्नु
examination *n* परिक्षा, जाँच
examine *v* परिक्षण गर्नु
example *n* उदाहरण
exasperate *v* भड्काउनु; उत्तेजित गर्नु
excavate *v* उत्खनन गर्नु
exceed *v* अघि बढेर जानु
exceedingly *adv* अधिकताले
excel *v* बढ्नु, ज्यादा हुनु
excellence *n* उत्कृष्टता
excellent *adj* उत्कृष्ट
except *pre* बाहेक
exception *n* अपवाद
exceptional *adj* असामान्य
excerpt *n* उद्धरण
excess *n* अतिक्रमण, उल्लंघन उपद्रो; प्रशस्त
excessive *adj* प्रशस्त मात्नामा
exchange *v* साटफेर गर्नु
excite *v* उत्तेजित हुनु
excitement *n* उत्तेजना
exciting *adj* उत्तेजनात्मक
exclaim *v* चिच्याएर भन्नु; उद्गार गर्नु
exclude *v* वञ्चित गर्नु; बहिष्कार गर्नु
excruciating *adj* असह्य पीडा दिने
excursion *n* भ्रमण, यात्ना
excuse *v* क्षमा माग्नु
excuse *n* क्षमायाचना
execute *v* सम्पन्न गर्नु; कार्यन्वयन गर्नु
executive *n* प्रशासक, व्यवस्थापक
exemplary *adj* अनुकरणीय; उदाहरणात्क
exemplify *v* उदाहरण वा दृष्टान्त बुझाउनु
exempt *adj* मुक्त, छुटकारा, माफी
exemption *n* विमोचन; छुटकारा, मिनाहा
exercise *n* अभ्यास
exercise *v* अभ्यास गर्नु
exert *v* प्रयास गर्नु, बल लगाउनु, श्रम लगाउनु
exertion *n* उद्यम परिश्रम
exhaust *v* थाक्नु; हावा बाहिर फाल्नु वा खाली गर्नु
exhausting *adj* थकान
exhaustion *n* थकाई
exhibit *v* प्रर्दशन गर्नु
exhibition *n* प्रर्दशन
exhilarating *adj* आनन्ददायक
exhort *v* उपदेश दिनु
exile *v* निर्वासिन गर्नु
exile *n* निर्वासन
exist *v* विद्यमान हुनु
existence *n* अस्तित्व

exit *n* निकास
exodus *n* निर्गमन; प्रस्थान
exonerate *v* दोष मुक्त गर्नु
exorbitant *adj* अत्यधिक
exorcist *n* वायुबोलाउनु
exotic *adj* विदेशी; आकर्षक
expand *v* झारफुक; टुनामुना
expansion *n* फैलावट, विस्तार
expect *v* आपेक्षा गर्नु
expectancy *n* आपेक्षित
expectation *n* आपेक्षा
expediency *n* योग्यता; उपयोग; औचित्य
expedient *adj* योग्य; हितकार
expedition *n* साहसिक यात्रा
expel *v* बाहिर निकाल्नु
expenditure *n* व्यय, खर्च
expense *n* खर्च
expensive *adj* महँगो
experience *n* अनुभव
experiment *n* परीक्षण
expert *adj* दक्ष, निपुण
expiate *v* क्षतिपूर्ति गर्नु; पश्चात्ताप गर्नु
expiation *n* पश्चात्ताप; प्रायश्चित्त
expiration *n* मृत्यु; समाप्ति
expire *v* मृत्यु हुनु; समाप्ति हुनु
explain *v* वर्णन गर्नु
explicit *adj* स्पष्ट, सरल
explode *v* विस्फोट हुनु
exploit *v* शोषण गर्नु
exploit *n* शोषण
exploration *n* अन्वेषण
explore *v* अन्वेषण गर्नु

explorer *n* अन्वेषक
explosion *n* विस्फोटन
explosive *adj* विस्फोटक
export *v* निर्यात गर्नु
expose *v* प्रदर्शित गर्नु
exposed *adj* प्रदर्शित
express *n* द्रुत गति
expression *n* अभिव्यक्ति
expressly *adv* द्रुत गतिले
expropriate *v* अधिकारच्युत गर्नु; जफत गर्नु
expulsion *n* निष्कासन
exquisite *adj* अत्यन्त सुन्दर
extend *v* विस्तार गर्नु
extension *n* विस्तार
extent *n* विस्तार
extenuating *adj* सूक्ष्म
exterior *adj* बाहिरपट्टि
exterminate *v* सत्यानाश गर्नु
external *adj* बाहिरी
extinct *adj* दुर्लभ
extinguish *v* निभाउनु; चिस्याउनु
extort *v* जबरजस्ती असूल गर्नु
extortion *n* जबरजस्ती असूल
extra *adv* थप, फाल्तु
extract *v* बलपूर्वक तान्नु
extradite *n* सुम्पनु; सुपुर्दगी गर्नु
extradition *n* सुपुर्दगी
extraneous *adj* बाहिरी
extravagance *n* अति व्यय, अतिशय
extravagant *adj* असंयमत; उच्छृङ्खल
extreme *adj* अन्तिम, आखिरी
extremist *adj* क्रान्तिकारी

extremities *n* किनाराहरु
extricate *v* छुटाउनु; उद्धार गर्नु
extroverted *adj* बर्हिमुखी
exude *v* रसाउनु
exult *v* रमाउनु
eye *n* आँखा
eyebrow *n* आँखीभौं
eye-catching *adj* आँखालाई लोभ्याउने
eyeglasses *n* चश्मा
eyelash *n* परेला
eyelid *n* पलक
eyesight *n* दृष्टिशक्ति
eyewitness *n* प्रत्यक्षदर्शी

F

fable *n* दन्त्यकथा
fabric *n* ढाँचा, बनावट
fabricate *v* रचना गर्नु; झुटो कुरा बनाउनु; जाली दस्तावेज बनाउनु
fabulous *adj* असाध्यै ठूलो
face *v* सम्मुख हुनु
face *n* अनुहार
face up to *v* सामना गर्नु
facet *n* कुनै पत्थर वा आभूषणको खण्ड
facilitate *v* सुविधा दिलाउनु
facing *pre* आवरण
fact *n* यर्थाथता
factor *n* भाज्य
factory *n* कारखाना
factual *adj* वास्तविक
faculty *n* विद्याविभाग; सामथ्र्य
fad *n* शैली, ढाँचा
fade *v* खुइलिनु
faded *adj* खुइलेको
fail *v* असफल हुनु
failure *n* असफल व्यक्ति
faint *v* मूर्च्छित हुनु
faint *adj* मूर्छ
fair *adj* न्यायोचित; राम्रो, सफा; सुनौलो; नियमअनुसार
fairness *n* सम–व्यवहार
fairy *n* परी, अप्सरा
faith *n* विश्वास, श्रद्धा
faithful *adj* निष्ठावन्; विश्वासी
fake *v* नक्कली वा जाली काम गर्नु
fake *adj* नक्कली, जाली
fall *n* खस्ने प्रक्रिया; मात्रा वा मूल्यमा ह्रास
fall *iv* खस्नु; गिरावट हुनु
fall back *v* फर्किनु; पछि हट्नु
fall behind *v* मद्दत माग्नु
fall down *v* लड्नु
fall through *v* असफल हुनु
fallacy *n* झुठो तथा गलत विश्वास
fallout *n* झगडा
falsehood *n* असत्य
falsify *v* गल्ती गर्नु
falter *v* लर्बराउदै हिड्नु
fame *n* ख्याति
familiar *adj* सुपरिचित

family *n* परिवार
famine *n* भोकमरी
famous *adj* प्रसिद्ध
fan *n* पंखा; प्रशंसक
fanatic *adj* कट्टर पन्थी
fancy *adj* काल्पनिक विचार
fang *n* सर्पको विषालु दाँत
fantastic *adj* उत्कृष्ट, विलक्षण
fantasy *n* निराधार
far *adv* टाढा
faraway *adj* धेरै टाढा
farce *n* हास्यास्पद
fare *n* भाडा
farewell *n* बिदाइ
farm *v* खेती गर्नु
farm *n* खेत; कृषिक्षेत्र
farmer *n* किसान
farming *n* खेती
farmyard *n* खलो
farther *adv* अतिरिक्त; अधिक टाढा
fascinate *v* आकर्षित गर्नु
fashion *n* प्रचलित भेषभूषा
fashionable *adj* चल्ती वा नयाँ ढाँचाको
fast *v* व्रत बस्नु
fast *adj* छिटो
fasten *v* बाँध्नु
fat *n* बोसो
fat *adj* मोटो
fatal *adj* घातक, सांघातिक
fate *n* भाग्य
fateful *adj* भाग्य–निर्णयक
father *n* बुबा
fatherhood *n* पितृत्व
father-in-law *n* ससुरा
fatherly *adj* पितृसदृश
fathom out *v* थाहा पाउनु
fatigue *n* थाक्नु वा थकाउनु
fatten *v* मोटो बनाउनु
fatty *adj* बोसोदार
faucet *n* धाराको टुटी
fault *n* गलत, त्रुटि
faulty *adj* दोषी; दोषपूर्ण
favor *n* अनुग्रह, समर्थन, सद्भाव
favorable *adj* अनुकूल; हितकर
favorite *adj* प्रिय
fear *n* डर
fearful *adj* डरलाग्दो
feasible *adj* सम्भव्य, साध्य, हुन सक्ने
feast *n* भोज
feat *n* खुबी
feather *n* प्वाँख, भुत्ला
feature *n* आकृति; लक्षण
February *n* फेब्रुअरी महिना (अंग्रजीको)
fed up *adj* चिढिएको, रिसाएको; नीरस भएको
federal *adj* संघीय
fee *n* शुल्क
feeble *adj* कम्जोर
feed *iv* खुवाउनु
feedback *n* प्रतिक्रिया
feel *iv* महशुस गर्नु
feeling *n* भावना
feelings *n* भावनाहरु
feet *n* पाउहरु; नापको एकाई
feign *v* बहाना बनाउनु

F

F

fellow *n* साथी
fellowship *n* शिक्षावृत्ति; मैत्रीभाव
felon *n* क्रुर, निर्दय; घातक, हत्यारा
felony *n* गम्भीर अपराध
felt *n* ऊन द्वारा बनाइएको कपडा
felt *v* ऊनी कपडा बनाउनु
female *n* महिला, स्त्री
feminine *adj* नारी सम्बन्धी
fence *n* गारा, छेकबार
fence *v* बार लगाउनु
fencing *n* तरवारले आक्रमण गर्ने कला
fend *v* आत्मरक्षा गर्नु
fend off *v* आत्म संरक्षण गर्नु
fender *n* साइकलको पाङ्ग्राको बाहिरी भाग
ferment *v* रासायनिक परिवर्तन ल्याउनु
ferment *n* कोलाहल, गोलमाल
ferocious *adj* डरलाग्दो; हिंस्रक
ferocity *n* डरलाग्दोपन
ferry *n* मालसामान नदीमा वारपार गर्ने जहाज
fertile *adj* उर्वर
fertility *n* उर्वरता
fertilize *v* गर्भाधान गर्नु; मल हाल्नु
fervent *adj* व्यग्र, आतुर
fester *v* घाउ पाक्नु
festive *adj* चाड
festivity *n* उत्सव; पर्व
fetid *adj* दुर्गन्धयुक्त
fetus *n* भ्रुण
feud *n* विवाद, झगडा
fever *n* ज्वरो
feverish *adj* ज्वराक्रान्त
few *adj* थोरै
fewer *adj* केहि थोरै
fiancé *n* विवाहको लागि कुरा छिनेका केटा
fiber *n* रेसा
fickle *adj* अस्थिर
fiction *n* काल्पनिक आख्यान
fictitious *adj* कल्पित
fiddle *n* सारङ्गी
fidelity *n* बफादारी
field *n* मैदान; खेत; कार्य–क्षेत्र
field *v* प्रतियोगीताको लागि छान्नु; बल समातेर फर्काइदिनु
fierce *adj* हिंसात्मक
fiery *adj* अग्निमय
fifteen *adj* पन्ध्र
fifth *adj* पाँचौ
fifty *adj* पचास
fifty-fifty *adv* आधा–आधा
fig *n* नेभारो
fight *iv* झगडा गर्नु
fight *n* झगडा
fighter *n* लडाकू
figure *n* रकम; रेखाचित्र
figure out *v* विचार गरेर बुझ्नु
file *v* मिसिल हाल्नु; फाइल हाल्नु; पन्जिका हाल्नु; लहर वा पंक्ति मिलाउनु
file *n* मिसिल; फाइल; पन्जिका; लहर, पंक्ति
fill *v* भर्नु
filling *n* दाँत भर्न प्रयोग गरिने पदार्थ; पाउरोटीको बीचमा हालिने पदार्थ
film *n* चलचित्र; पातालो जाली
film *v* चलचित्र बनाउनु

filter *n* चालनी, छान्ने
filter *v* छान्नु
filth *n* कसिंगर
filthy *adj* फोहर
fin *n* माछाको पखेटा
final *adj* अन्तिम
finalize *v* अन्तिम रुप दिनु
finance *v* पूँजीको प्रबन्ध मिलाउनु
financial *adj* आर्थिक
find *iv* फेला पार्नु
find out *v* पत्ता लगाउनु
fine *n* दण्ड, जरिवाना
fine *v* जरिवाना तिराउनु
fine *adv* सूक्ष्म तरिकाले; राम्रो तरिकाले
fine *adj* उत्तम; दण्ड
fine print *n* सानो अक्षरमा लेखिएको सर्त
finger *n* औंला
fingernail *n* नङ
fingerprint *n* औंठाछाप
fingertip *n* औंलाको टुप्पो
finish *v* सकिनु
Finland *n* फिन्ल्याड देश
Finnish *adj* फिन्ल्याड देशको नागरिक
fire *v* आगो बाल्नु
fire *n* आगो
firearm *n* अग्नि–चेतावनी
firecracker *n* आगो डडेको आवाज
firefighter *n* अग्निनियन्त्रक
fireman *n* आगो निभाउने व्यक्ति
fireplace *n* चुल्हो, भट्टी
firewood *n* दाउरा
fireworks *n* कोलाहल, हल्लिखल्ली
firm *adj* अचल, स्थिर, निश्चयी, अटल
firm *n* व्यवसाय; कारखाना; साझेदार
firmness *n* निश्चयपूर्वक
first *adj* पहिलो
fish *v* माछा मार्नु
fish *n* माछा
fisherman *n* माछा मार्ने वा बेच्ने व्यक्ति
fishy *adj* माछा मार्ने ठाउँ
fist *n* मुट्ठी, मुक्की
fit *adj* योग्य, लायक, गुणयुक्त
fit *v* योग्य हुनु, लायक हुनु, गुणयुक्त हुनु
fitness *n* कार्य क्षमता, औचित्य
fitting *adj* योग्य, उपयुक्त
five *adj* पाँच
fix *v* व्यवस्थित वा स्थिर हुनु
fjord *n* अग्लो डाँडाबीचको समुद्र
flag *n* झण्डा
flagpole *n* झण्डा उठाउने खम्बा
flamboyant *adj* देख्दामा आकर्षक; भड्किलो
flame *n* ज्वाला
flammable *adj* प्रज्वलनशील
flank *n* करङ्
flare *n* उज्यालो पार्ने विस्फोटक
flare-up *v* अचानक ज्वाला निस्कनु; अचानक रिसाउनु
flash *n* अचानक निस्कने प्रकाश
flashlight *n* बिजुलीले चल्ने टर्च
flashy *adj* देखावटी
flat *n* समतल वा चेप्टो भाग
flat *adj* समतल, चेप्टो
flatten *v* चेप्टो पार्नु
flatter *v* फुर्काउनु

F

flattery 74

F

flattery *n* फुर्काउने काम
flaunt *v* देखावटी गर्नु, स्वाङ् पार्नु
flavor *n* सुगन्ध
flaw *n* कमीकमजोरी
flawless *adj* त्रुटिरहित
flea *n* उडुस
flee *iv* भाग्नु वा भागेर जानु
fleece *n* भेडाहरु
fleet *n* पानीजहाजको समूह
fleet *v* आनन्दले बिताउनु
fleeting *adj* क्षणिक
flesh *n* मासुको चोक्टा
flex *v* लचिलो हुनु
flexible *adj* लचिलो
flicker *v* बत्ती धिपधिप गर्नु
flier *n* उडान गर्ने व्यक्ति
flight *n* उडान
flimsy *adj* कमलो
flip *v* पल्टाउनु, पखेटा चलाउनु
flirt *v* प्रेमको ठट्टा गर्नु
float *v* तैरिनु
flock *n* भेडाको बथान
flog *v* कोर्रा हान्नु
flood *v* बाढी जानु
flood *n* बाढी
floodgate *n* बाढी रोक्ने बाँध
flooding *n* बाढीपहिरो
floodlight *n* धेरै प्रकाश दिने शक्तिशाली बत्ती
floor *n* भुँइ
flop *n* असफल
floss *n* काँचो रेसमको धागो
flour *n* पिठो
flourish *v* समृद्ध हुनु, उन्नति हुनु
flow *v* बहनु, बग्नु
flow *n* बग्ने वा बहने गति
flower *n* फूल
flowerpot *n* गमला
flu *n* रुघाखोकी
fluctuate *v* घटबढ हुनु
fluently *adv* प्रष्टसँग; धाराप्रवाह
fluid *n* तरल पदार्थ
flunk *v* असफ हुनु
flush *v* पानीको प्रवाहले पखाल्नु; रातोपिरो हुनु
flute *n* बाँसुरी
flutter *v* पखेटा वा कुनै वस्तु फटफट्याउनु
fly *iv* उड्नु
fly *n* झिंगा
foam *n* फिँज
focus *n* केन्द्रीकरण
focus on *v* केन्द्रित गर्नु
foe *n* शत्रु
fog *n* कुहिरो
foggy *adj* कुहिरोले ढाकेको
foil *v* विफल पार्नु
fold *v* दोबार्नु
folder *n* दोबार्ने वस्तु
folks *n* बाबु–आमा वा नातागोता
folksy *adj* साधारण, अनौपचारिक
follow *v* पछ्याउनु
follower *n* अनुयायी
folly *n* मूर्खता
fond *adj* सौखिन
fondle *v* सुमसुम्याउनु
fondness *n* अनुराग

food *n* खाना
foodstuff *n* खाद्यवस्तु
fool *v* मूर्ख बनाउनु
fool *n* मूर्ख
foolproof *adj* गल्ती हुन नसक्ने खालको
foot *n* पैतला; फेद; छन्दको एकाई; बाह्र इन्च बराबर
football *n* फुटबल, भकुन्डो
footnote *n* पादटिप्पणी
footprint *n* पाइला
footstep *n* पदचिन्ह
footwear *n* जुत्ताचप्पल
for *pre* लागि
forbid *iv* निषेध गर्नु
force *n* बल
force *v* बल प्रयोग गर्नु
forceful *adj* बलपूर्वक
forcibly *adv* बलपूर्वकले
forecast *iv* भविष्यवाणी गर्नु
forefront *n* सब भन्दा अघिल्लो भाग
foreground *n* सबभन्दा प्रष्ट देखिने ठाउँ
forehead *n* निधार
foreign *adj* विदेश
foreigner *n* विदेशी
foreman *n* अध्यक्ष, प्रमुख
foremost *adj* महत्वपूर्ण
foresee *iv* पहिले नै विचार पुर्याउनु
foreshadow *v* भविष्यको संकेत गर्नु
foresight *n* दूरदृष्टि
forest *n* जगंल, वन
foretaste *n* पूर्वअनुभव
foretell *v* भविष्यको कुरा पहिले नै भन्नु
forever *adv* सधैं
forewarn *v* पहिले नै सचेत गर्नु
foreword *n* प्रस्तावना, भूमिका
forfeit *v* अधिकारबाट बञ्चित हुनु
forge *v* जाली नोट बनाउनु
forgery *n* गैरकानूनी प्रति बनाउने काम
forget *v* बिर्सनु
forgivable *adj* बिर्सनलायक
forgive *v* क्षमा दिनु, माफ दिनु
forgiveness *n* क्षमा, माफ
fork *n* खाना खाने काँटा
form *n* फारम
formal *adj* औपचारिक
formality *n* औपचारिकता
formalize *v* औपचारिकता दिनु
formally *adv* औपचारिक रुपमा
format *n* आकार, ढाँचा, संरचना
formation *n* निर्माण, गठन
former *adj* भूतपूर्व
formerly *adv* पूर्वकालले
formidable *adj* डर उत्पन्न गराउने
formula *n* सूत्र
forsake *iv* त्याग्नु, छोड्नु
fort *n* किल्ला
forthcoming *adj* आगामी
forthright *adj* सीधा; प्रष्ट
fortify *v* संरचनालाई बलियो पार्नु
fortitude *n* सहनशील
fortress *n* किल्ला
fortunate *adj* भाग्यशाली
fortune *n* सौभाग्य
forty *adj* चालीस

F

F

forward *adv* अग्रिम
fossil *n* जीवाशेष
foster *v* वृद्धि गराउनु
foul *adj* अपवित्र
foundation *n* आधार, जग
founder *n* संस्थापक
foundry *n* धातुको काम गर्ने कायशाला
fountain *n* झरना
four *adj* चार
fourteen *adj* चौध
fourth *adj* चौथो
fox *n* फ्याउरो
foxy *adj* फ्याउरोजस्तो
fraction *n* भिन्न (गणितको)
fracture *n* हड्डी भाँचिएको अवस्था
fragile *adj* कमजोर
fragment *n* विभाजन
fragrance *n* सुगन्ध
fragrant *adj* सुगन्धित
frail *adj* कोमल, कमजोर
frailty *n* कोमलो, कमजोरपन
frame *n* चौकोस
frame *v* ढाँचा तयार पार्नु; आकारमा ढाल्न साँचोमा राख्नु
framework *n* खाँका
France *n* फ्रान्स देश
franchise *n* मताधिकार; नागरिकता; विशेषाधिकार
frank *adj* खुलस्त
frankly *adv* खुलस्त भएर
frankness *n* खुलस्तसँग
frantic *adj* उन्मत, अति उत्तेजित
fraternal *adj* भ्रातृत्व सम्बन्धी
fraternity *n* भ्रातृत्व
fraud *n* जालसाजी
fraudulent *adj* अवैध
freckle *n* चाया, पोतो
freckled *adj* चाया परेको, पोतो परेको
free *v* स्वतन्त्र हुनु; निशुल्क हुनु
free *adj* निशुल्क; स्वतन्त्र
freedom *n* स्वतन्त्रता
freeway *n* स्वतन्त्र बाटो
freeze *iv* चिसो पार्नु
freezer *n* चिसो पार्ने साधन
freezing *adj* चिसो पारेको
freight *n* मालवाहक द्धारा ओसारेको सामान
French *adj* फ्रान्सेली
frenetic *adj* सनकी
frenzied *adj* सनकी, उन्मत्त
frenzy *n* सनक, उन्माद
frequency *n* बारम्बारता
frequent *adj* बारम्बार
frequent *v* बारम्बार हुनु
fresh *adj* ताजा
freshen *v* ताजा पार्नु
freshness *n* ताजापन
friar *n* साधु
friction *n* घर्षण
Friday *n* शुक्रबार
fried *adj* भुट्नु वा तार्नु
friend *n* साथी, मित्र
friendship *n* मित्रता
fries *n* खानाको परिकार; कराही; माछाका भूराहरु

frigate *n* लडाकू जहाज
fright *n* भय, डर
frighten *v* डराउनु
frightening *adj* डरलाग्दो
frigid *adj* ठण्डा
fringe *n* किनारा
frivolous *adj* गम्भीरता नभएको
frog *n* भ्याकुतो
from *pre* बाट
front *n* अग्रभाग; मोर्चा
front *adj* अग्रस्थानको
frontage *n* सम्मुख भाग
frontier *n* सीमा; सीमान्त प्रदेश
frost *n* तुषारो
frostbite *n* हिउँले खाने अवस्था
frostbitten *adj* हिउँले खाएको
frosty *adj* तुषारोले चिसेको
frown *v* आँखी भौ खुम्च्याउनु
frozen *adj* जमेको
frugal *adj* किफायती
frugality *n* मितव्ययिता
fruit *n* मितव्ययी, कम खर्च गर्ने
fruitful *adj* फलदायी
fruity *adj* फलजस्तो
frustrate *v* निराश पार्नु
frustration *n* निराश
fry *v* भुट्नु वा तार्नु
frying pan *n* भुट्ने वा तार्ने ताइ
fuel *n* इन्धन
fuel *v* इन्धन भर्नु
fugitive *n* फरार व्यक्ति
fulfill *v* परिपूर्ति गर्नु
fulfillment *n* परिपूर्ति
full *adj* पूर्ण
fully *adv* पूर्णरुपमा
fumes *n* दूषित हावा तथा धूवाँ
fumigate *v* धूवाँ लगाउनु
fun *n* रमाइलो
function *n* कार्य; सभा तथा समारोह
fund *n* कोष
fund *v* कोषमा राख्नु; रकम उपलब्ध गराउनु
fundamental *adj* आधारभूत
funds *n* खर्च गर्न चहाने रकम
funeral *n* दाहसंस्कार
fungus *n* च्याउ
funny *adj* हाँसउठ्दो
fur *n* भुत्ला
furious *adj* रिसाएको
furiously *adv* क्रोधपूर्वक
furnace *n* धातु पगाल्ने भट्टी
furnish *v* फर्निचरका सामानहरुले सजाउनु
furnishings *n* कोठा वा भवनमा रहेका फर्निचरहरु
furniture *n* दराज, पलाङ्गा जस्ता सजावट सामानहरु
furor *n* आवेश
furrow *n* जोतेको डोब
furry *adj* भुवादार
further *adv* अझै अगाडि
furthermore *adv* अतिरिक्त; बाहेक
fury *n* क्रोध
fuse *n* बिजुलीको फ्युज
fusion *n* पग्लने वा टुक्रने प्रक्रिया
fuss *n* उत्तेजित होहल्ला

F

fussy *adj* भड्किलो
futile *adj* क्षुद्र
futility *n* क्षुद्रता
future *n* भविष्य
fuzzy *adj* सूक्ष्मकणपूर्ण

F

G

gadget *n* सानो यन्त्रिक उपकरणहरु
gag *n* बुजो
gag *v* बुजो लगाउनु
gage *v* बाजी लगाउनु
gain *v* प्राप्त गर्नु
gain *n* प्राप्त गरेको वस्तु
gal *n* केटी वा महिला
galaxy *n* आकाश–गंगा
gale *n* आँधी, हुरी
gall bladder *n* पित्त–थैली
gallant *adj* वीर, आँटिलो
gallery *n* कलासंग्रहलय
gallon *n* तरल पदार्थ नाप्ने एकाई
gallop *v* घोडाले पाइला सार्नु
gallows *n* फाँसी दिने तख्ता
galvanize *v* सक्रिय पार्नु
gamble *v* जुवा खेल्नु
game *n* प्रतिस्पर्धात्मक खेल
gang *n* अपराधीको गुट
gangrene *n* शरीरिको अंग नचल्ने हुनु
gangster *n* अपराधीको गिरोह
gap *n* खाली ठाउँ
garage *n* गाडीहरु राख्ने ठाउँ
garbage *n* फोहोर–मैला
garden *n* बगैचा
gardener *n* बगैंचाको माली
gargle *v* मुखमा पानी हालेर कुल्ला गर्नु
garland *n* माला
garlic *n* लसुन
garment *n* पोसाक
garnish *v* खानेकुरा सजाउनु
garnish *n* खानेकुरा सजावट
garrison *n* किल्ला
garrulous *adj* कुरौटे, गफाडी
garter *n* मोजा अड्याउने वस्तु
gas *n* खाना पकाउने वा औद्योगिक ग्याँस
gash *n* घाउको खत
gasoline *n* पेट्रोल
gasp *v* सुस्केरा काड्नु
gastric *adj* पेटसम्बन्धी
gate *n* ढोका, प्रवेश मार्ग
gather *v* भेला हुनु
gathering *n* भेला
gauge *v* वस्तुको नाप वा मापलाई निश्चित पार्नु
gauze *n* मलमलको पातलो कपडा
gaze *v* नियालेर हेर्नु
gear *n* इन्जिनको गतिलाई नियन्त्रण गर्ने उपकरण
geese *n* पानी हाँसहरु
gem *n* बहुमुल्य ढंगा
gender *n* लिङ्ग
gene *n* वंशाणु
general *n* साधारण

generalize *v* सामान्य गर्नु
generate *v* पैदा गर्नु
generation *n* पुस्ता, पिँढी
generator *n* यन्त्रिक शक्तिलाई विद्युत शक्तिमा परिणत गर्नु यन्त्र
generic *adj* सामान्य, साधारण
generosity *n* उदारता
genetic *adj* वंशाणुगत गुण
genial *adj* प्रसन्न, मिलनसार
genius *n* असाधारण क्षमता वा प्रतिभा
genocide *n* नरसंहार
genteel *adj* शैलीबद्ध
gentle *adj* भलाद्मी
gentleman *n* भलाद्मी व्यक्ति
gentleness *n* भलाद्मीपन
genuflect *v* पूजा गर्दा घुँडा खुम्च्याउनु
genuine *adj* विशुद्ध
geography *n* भूगोल
geology *n* भूगर्भशास्त्र
geometry *n* ज्यामिति
germ *n* जीवाणु
German *adj* जर्मन देशको
Germany *n* जर्मनी देश
germinate *v* टुसा निस्कनु; कोपिला हाल्नु
gerund *n* क्रियावाचक संज्ञा
gestation *n* गर्भाधान
gesticulate *v* सांकेतिक भाषा प्रयोग गर्नु
gesture *n* बोल्दा गरिने हाउबाउ
get *iv* पाउनु
get along *v* समायोजित हुनु
get away *v* भाग्नु
get back *v* फर्किनु
get by *v* गुजारा गर्नु
get down *v* तल झर्नु
get down to *v* सुरुवात गर्नु
get in *v* भित्र जानु
get off *v* गाडीबाट ओर्लनु
get out *v* बाहिर निस्कनु
get over *v* समाप्ति हुनु
get together *v* सूचना वा जानकारी संकलन गर्नु
get up *v* उठ्नु
geyser *n* तातो पानीको झरना
ghastly *adj* भयनाक
ghost *n* भूत
giant *n* राक्षस
gift *n* उपहार
gifted *adj* उपहार पाएको
gigantic *adj* विशाल
giggle *v* खितित हाँस्नु
gimmick *n* झुक्याउने यन्त्र
ginger *n* अदुवा
gingerly *adv* सावधानीपूर्वक; नम्रतापूर्वक
giraffe *n* जिराफ जनावर
girl *n* केटी
girlfriend *n* प्रेमी (केटी)
give *iv* दिनु
give away *v* सुम्पनु
give back *v* फिर्ता दिनु वा लिनु
give in *v* हार मान्नु
give out *v* बाँड्नु
give up *v* त्याग्नु
glacier *n* हिमनदी
glad *adj* हर्षित

G

gladiator *n* जनावरसँग लड्ने व्यक्ति
glamorous *adj* आकर्षक
glance *v* पुलुक्क हेर्नु
glance *n* पुलुक्क हेराई
gland *n* ग्रन्थी
glare *n* आँखा तिर्मिराउने प्रकाश
glass *n* काँच; ऐना; गिलास
glasses *n* चस्मा
glassware *n* काँचको भाँडा
gleam *n* क्षणिक उज्यालो
gleam *v* हल्का किसिमले टल्किनु
glide *v* आफैं चल्नु
glimmer *n* पिलपिल गरेर बल्नु
glimpse *n* झलक
glimpse *v* झलक देखाउनु
glitter *v* झलमल्ल हुनु
globe *n* पृथ्वीको संरचना भएको नक्सा
globule *n* पग्लिएको पदार्थबाट झरेको थोपो
gloom *n* अन्धाकार
gloomy *adj* उदास, निराश
glorify *v* गौरवशाली बनाउनु
glorious *adj* गौरवशाली
glory *n* गौरव
gloss *n* चिल्लो; व्यङ्ग्यात्मक टिप्पणी
glossary *n* शब्दकोष
glossy *adj* चिल्लो खालको
glove *n* पञ्जा
glow *v* चम्किनु
glucose *n* पानीमा मिसाएर खाने शक्तिवर्धक औषधि
glue *n* टाँस्न प्रयोग गरिने पदार्थ
glue *v* टाँस्नु
glut *n* अत्यधिक आपूर्ति
glutton *n* खन्चुवा
gnaw *v* दाँतले कुटकुट टोक्नु
go *iv* जानु
go ahead *v* अघि बढ्नु
go away *v* छोडेर जानु
go back *v* फर्किनु
go down *v* डुब्नु; अस्ताउनु
go in *v* प्रतिस्पर्धामा भाग लिनु
go on *v* अघि बढ्नु
go out *v* बाहिर जानु, सामाजिक कार्यमा समावेश हुनु
go over *v* निरिक्षण गर्नु
go through *v* अवलोकन गर्नु; अनुभव गर्नु
go under *v* असफल हुनु
go up *v* वृद्धि हुनु
goad *v* रिस उठाउनु
goal *n* उद्देश्य, फुटबलमा गोल गर्ने पोष्ट
goalkeeper *n* गोलरक्षक
goat *n* बाख्रा
gobble *v* लोभले छिटोछिटो खानु
God *n* भगवान्
goddess *n* देवी, भगवती
godless *adj* भगवान् भएको
goggles *n* चस्मा
gold *n* सुन
golden *adj* सुनौलो
good *adj* राम्रो
good-looking *adj* सुन्दर
goodness *n* भद्रता; दयालुपन
goods *n* सरसामान
goodwill *n* सद्भावना

goof *v* नचाहिँदो गल्ती गर्नु; समय खेर फाल्नु
goof *n* मूर्ख
goose *n* पानी हाँस
gorge *n* खोंच
gorgeous *adj* अति सुन्दर
gorilla *n* अफ्रिकी वनमान्छे
gory *adj* रक्ताम्य
gospel *n* उपदेश
gossip *v* गफगाफ गर्नु
gossip *n* गफगाफ
gout *n* बाथ रोग
govern *v* सरकार चलाउनु
government *n* सरकार
governor *n* राज्य प्रमुख
gown *n* स्त्री वस्त्र
grab *v* हत्तपत्त समात्नु
grace *n* शालीनता
graceful *adj* शालीन
gracious *adj* कृपालु, दयालु
grade *n* तह; परीक्षामा दिएको अंक
grade *v* अंक प्रदान गर्नु
gradual *adj* क्रमिक
graduate *v* स्नातक तह पार गर्नु
graduation *n* क्रमिक प्रगति
graft *v* कलमी गर्नु
graft *n* कलमी
grain *n* अन्न
gram *n* चना; मेट्रिक तौलको एकाई
grammar *n* व्याकरण
grand *adj* विशाल
grandchild *n* छोराछोरीका सन्तान
granddad *n* हजुरबुबा
grandfather *n* हजुरबुबा
grandmother *n* हजुरआमा
grandparents *n* हजुरबुबा–हजुरआमा
grandson *n* नाती
grandstand *n* दर्शक बस्ने ठाउँ
granite *n* कडा चट्टान
granny *n* हजुरआमा
grant *v* सहयोग वा अनुदान गर्नु
grant *n* सहयोग, अनुदान
grape *n* अंगुर
grapefruit *n* पहेंलो फल
grapevine *n* अंगुरको लहर
graphic *adj* रेखाचित्रन सम्बन्धी
grasp *n* पकड्ने काम
grasp *v* कसेर समात्नु
grass *n* घाँस
grassroots *adj* स्थानीय तहहरु
grateful *adj* कृतज्ञ
gratify *v* सन्तुष्ट पार्नु
gratifying *adj* सन्तोषकारी
gratitude *n* कृतज्ञता
gratuity *n* पुरस्कार, दान, इनाम
grave *adj* गम्भीर; खतरापूर्ण
grave *n* चिहान
gravel *n* माटो मिसिएको गिट्टी
gravely *adv* गम्भीरताले
gravestone *n* चिहानमा लेखिएको ढुंगा
graveyard *n* मसानघाट
gravitate *v* गुरुत्वाकर्षण गर्नु
gravity *n* गुरुत्व बल
gravy *n* मासुको बाक्लो रस
gray *adj* खरानी रंग, खैरो

G

grayish *adj* खैरो रंगको
graze *v* चराउनु
graze *n* चराउने काम
grease *v* चिल्लो पार्नु
grease *n* चिल्लो पदार्थ
greasy *adj* चिल्लोपन
great *adj* विशाल, महान्
greatness *n* महान्ता
Greece *n* ग्रीस देश
greed *n* लोभ
greedy *adj* लोभी
Greek *adj* युनानको मानिस
green *adj* हरियो
green bean *n* हरियो केराउ
greenhouse *n* हरितगृह
Greenland *n* ग्रिनल्यान्ड देश
greet *v* अभिवादन गर्नु
greetings *n* अभिवादन
gregarious *adj* सामाजिक प्राणी
grenade *n* हातेबम
greyhound *n* शिकारी कुकुर
grief *n* वेदना, शोक
grievance *n* गुनासो, दुःख पोखाइ
grieve *v* दुखित तुल्याउनु
grill *v* जालीमा मासु सेकाउनु
grill *n* मासु सेकाउने जाली
grim *adj* डरलाग्दो, नरमाइलो, मनमा त्रास पैदा गराउने
grimace *n* मुख बंग्याउनु
grime *n* धूवाँ–धूलोको कुहिरो
grin *n* डिच्च हँसाई
grin *v* डिच्च हाँस्नु
grind *iv* पिँध्नु
grip *v* च्याप्प समाल्नु
grip *n* बेस्सरी पकड्नु
gripe *n* सताउनु
grisly *adj* वीभत्स
groan *v* पीडाले कराउनु
groan *n* पीडाले गर्दा निस्केको आवाज
groceries *n* किराना पसलका सरसामान
groin *n* पूरुष जननेन्द्रिय
groom *n* दुलाहा
groove *n* साँघुरो खोबिल्टो
gross *adj* साह्रै भद्दा
grossly *adv* साह्रै भद्दापूर्ण
grotesque *adj* अनौठो लाग्दो
grotto *n* कुटी
grouch *v* गुनासो गर्नु
grouchy *adj* असन्तुष्टी
ground *n* चउर, मैदान
ground floor *n* भुँइतला
groundless *adj* आधारहीन
groundwork *n* प्रारम्भिक कार्य
group *n* समूह
grow *iv* बढ्नु; उब्जाउनु
grow up *v* बढ्नु, विकास हुनु
growl *v* झोक्किएर बोल्नु
grown-up *n* हुर्किनु
growth *n* हुर्केको
grudge *n* मन नपराई
grudgingly *adv* मन नपराउने
grueling *adj* चाँडै थाक्ने
gruesome *adj* त्रासद
grumble *v* झोक्किएर गुनासो गर्नु

grumpy *adj* रिसाहा
guarantee *v* प्रतिज्ञा गर्नु
guarantee *n* प्रतिज्ञा
guarantor *n* प्रतिज्ञा गर्ने व्यक्ति
guard *n* पाले
guard *v* संरक्षण दिनु
guardian *n* अभिभावक
guerrilla *n* छापामार समूह
guess *v* अनुमान लगाउनु
guess *n* अनुमान
guest *n* पाहुना
guidance *n* मार्गदर्शन
guide *v* पथ–प्रदर्शन गर्नु
guide *n* पथ–प्रदर्शक
guidebook *n* मार्गदर्शन गर्ने किताब, निर्देशिका
guidelines *n* निर्देशन सिद्धान्त
guild *n* डेनमार्कको चाँदीको सिक्का
guile *n* छल, कपट
guillotine *n* फ्रान्समा टाउको काट्ने मेसिन
guilt *n* दोष
guilty *adj* दोषी
guise *n* छद्मभेष
guitar *n* गितार
gulf *n* खाडी
gull *n* एक प्रकारको समुद्री चरा
gullible *adj* सजिलै छकाउने खालको
gulp *v* घुडुक्क निल्नु
gulp *n* घाँस, घुड्को
gulp down *v* भित्र निल्नु
gum *n* खोटो
gun *n* बन्दुक
gun down *v* गोली हान्नु
gunfire *n* बन्दुक पट्किने काम
gunman *n* बन्दुकदारी
gunpowder *n* बारुद
gunshot *n* गोली हान्ने काम
gust *n* बतासको कडा झोक्का
gusto *n* उत्साह, स्फुर्ति
gusty *adj* तूफानी
gut *n* धैर्य, सहास
guts *n* पेटका भित्री अवयवहरु; यन्त्रका भित्री सामानहरु
gutter *n* जलमार्ग
guy *n* मान्छे, केटो
guzzle *v* छिटोछिटो पिउनु
gymnasium *n* व्यायामशाला
gynecology *n* स्त्रीरोग
gypsy *n* काली आईमाई

H

habit *n* आचारण, बानी
habitable *adj* बसोबास गर्न लायक
habitual *adj* स्वाभाविक
hack *v* काट्नु, टुक्राउनु
haggle *v* कचकच गर्नु; झगडा गर्नु
hail *n* असिना; आँधीबेरी; एकै चोटि गरिएको आक्रमण
hail *v* असिना पर्नु; सम्बोधन गर्नु

hair *n* कपाल
hairbrush *n* काँइयो
haircut *n* कपाल कटाई
hairdo *n* केशसज्जा
hairdresser *n* हजाम
hairpiece *n* नक्कली कपाल
hairy *adj* रौयुक्त
half *n* आधा भाग
half *adj* आधा
hall *n* सभा भवन
hallucinate *v* भ्रममा पर्नु
hallway *n* भवन भित्रको सानो गल्ली
halt *v* अल्झिनु, अवरोध हुनु
halve *v* आधा गर्नु
ham *n* सुँगुरको सपेटा
hamburger *n* ह्याम्बर्गर, परिकार
hamlet *n* सानो गाउँ
hammer *n* हथौडा
hammer *v* मुङ्ग्राले हान्नु
hammock *n* झूल
hand *n* हात
hand down *v* पद हस्तान्तरण गर्नु
hand in *v* प्रदान गर्नु
hand out *v* अनियन्त्रित हुनु
hand over *v* हस्तान्तरण गर्नु
handbag *n* हातेझोला
handbook *n* हातेकिताब
handcuff *v* हथकडी लगाउनु
handcuffs *n* हथकडी
handful *n* प्रशस्त
handgun *n* हाते बन्दुक
handicap *n* असक्त
handkerchief *n* हातेरुमाल
handle *v* व्यवस्थित गराउनु
handle *n* बिँड, हातले समाउने ठाउँ
handmade *adj* हस्तनिर्मित
handout *n* वितरण गर्ने पर्चा
handrail *n* भर्याङ्गा समात्ने डन्डा
handshake *n* हात मिलाउने काम
handsome *adj* आकर्षक व्यक्तित्व भएको
handwriting *n* हस्तलेखन
handy *adj* उपयोगी
hang *iv* झुन्डिनु
hang around *v* बेकाममा हल्लिनु
hang on *v* लागिराख्नु
hang up *v* झुन्डिनु
hanger *n* झुन्ड्याउने साधन
hang-up *n* फोन काट्ने काम
happen *v* हुनु
happening *n* घटना
happiness *n* प्रसन्नता
happy *adj* खुसी
harass *v* दिक्क पार्नु
harassment *n* हेरानी, झर्को
harbor *n* बन्दरगाह
hard *adj* कठिन, अप्ठ्यारो
harden *v* कडा हुनु
hardly *adv* असम्भवले
hardness *n* कडापन
hardship *n* कठोरता वा कठिनाइ
hardware *n* औजार तथा सामाग्री
hardwood *n* कडा खालको काठ
hardy *adj* मस्किलले
hare *n* खरायो

harm *v* चोट पुर्याउनु
harm *n* हानि; क्षति
harmful *adj* हानिकारक
harmless *adj* हानि रहित
harmonize *v* सामञ्जस्य स्थापित गर्नु
harmony *n* सामञ्जस्य
harp *n* वीणा; हर्प बाजा
harpoon *n* माछा समात्ने उपकरण
harrowing *adj* उत्पीडक
harsh *adj* कर्कश
harshly *adv* कठोरपूर्वक
harshness *n* कठोरता
harvest *n* थन्क्याउने काम
harvest *v* बाली थन्क्याउनु वा उठाउनु
hashish *n* गाँजा
hassle *v* संघर्ष गर्नु; तर्कवितर्क गर्नु
hassle *n* संघर्ष; तर्कवितर्क
haste *n* हत्तार
hasten *v* हत्तार गर्नु
hastily *adv* हत्तारका साथ
hasty *adj* हतपतसित काम गर्ने
hat *n* टोपी
hatchet *n* छोटो बिँड भएको बन्चरो
hate *v* घृणा गर्नु
hateful *adj* घिनलाग्दो
hatred *n* घृणा
haughty *adj* घमन्डी
haul *v* बल लगाएर तान्नु
haunt *v* तर्साउनु
have *iv* हुनु
have to *v* गर्नपर्छ
haven *n* बन्दरगाह
havoc *n* विध्वंस
hawk *n* बाज चरा
hay *n* पराल
haystack *n* परालको कुन्यौ
hazard *n* जोखिमता
hazardous *adj* जोखिम
haze *n* तुवाँलो, हुस्सु
hazelnut *n* बदाम
hazy *adj* तुवाँलो वा हुस्सु लागेको
he *pro* ऊ
head *n* टाउको
head for *v* प्रस्थान गर्नु
headache *n* टाउको दुखाई
heading *n* शीर्षक
head-on *adv* अघिल्लो भाग
headphones *n* टाउकोमा लगाएर सुन्ने श्रवण यन्त्र
headquarters *n* सदरमुकाम
headway *n* उन्नति
heal *v* बिसोक हुनु
healer *n* बिसोक पार्ने वस्तु
health *n* स्वास्थ्य
healthy *adj* स्वस्थ
heap *n* थुप्रो
heap *v* थुप्रो लगाउनु
hear *iv* सुन्नु
hearing *n* सुनवाई
hearsay *n* हल्ला, सुनेको कुरा
hearse *n* शववहान
heart *n* मुटु
heartbeat *n* मुटुको धड्कन
heartburn *n* हृदय वेदनी

H

hearten *v* हिम्मत बढाउनु
heartfelt *adj* गहिरो सोचाई
hearth *n* भान्साखण्ड
heartless *adj* मन नभएको
hearty *adj* फुर्तिलो, उत्साही
heat *v* तताउनु
heat *n* तातो
heat wave *n* तातो हावा
heater *n* तताउने उपकरण
heathen *n* अधर्मी मानिस
heating *n* तातोपन
heatstroke *n* तातोपन गर्दा उत्पन्न हुने ज्वरो
heaven *n* स्वर्ग
heavenly *adj* स्वर्गीय
heaviness *n* गह्रौंगो
heavy *adj* गह्रौ
heckle *v* अप्रासंगिक प्रश्न गर्नु
hectic *adj* स्वाभाविक
heed *v* ध्यान दिएर सुन्नु
heel *n* कुर्कुचो
height *n* उचाई
heighten *v* उचाई बढाउनु
heinous *adj* कठोर, घोर
heir *n* उत्तराधिकारी
heiress *n* उत्तराधिकारिणी
heist *n* चोरी
helicopter *n* हेलिकप्टर, आकाशमा उड्ने यान
hell *n* नर्क
hello *e* नमस्कर
helm *n* नियन्त्रण गर्ने साधन
helmet *n* सरक्षाको लागि टाउकोमा लगाउने टोपी
help *v* सहयोग गर्नु वा माग्नु
help *n* सहयोग
helper *n* सहयोगी
helpful *adj* सहयोगी
helpless *adj* असहयोग
hem *n* उल्टो पट्टीबाट कपडाको किनारा
hemisphere *n* भूमध्यरेखाको माथिल्लो वा तल्लो भाग
hemorrhage *n* रगत बग्ने
hen *n* कुखुरा
hence *adv* यसकारण
henchman *n* बफदार व्यक्ति
her *adj* उनको
herald *v* आगमनको सन्देश दिनु
herald *n* सरकारी उद्घोषणा
herb *n* जडीबुडी
here *adv* यहाँ
hereafter *adv* अवउपरान्त
hereby *adv* यसैद्धारा
hereditary *adj* वंशाणुगत
heresy *n* सनातन धर्मको विपरित मत
heretic *adj* प्रतिधर्मी
heritage *n* पूरातत्व
hermetic *adj* वायुरुद्ध
hermit *n* साधु
hernia *n* अण्डाकोष बढ्ने रोग
hero *n* महापुरुष, नायक
heroic *adj* महापुरुषता
heroin *n* आदर्श नारी, नायिका
heroism *n* बहादुरीता, आदर्शता
hers *pro* उनको
herself *pro* उनीआफैं

87 holdup

hesitant *adj* हिचकिचाउने
hesitate *v* हिचकिचाउनु
hesitation *n* हिचकिचाहट
heyday *n* राम्रा कुराहरु भएको अवस्था
hiccup *n* हिक्क–हिक्क आवाज
hidden *adj* लुकेको
hide *iv* लुकाउनु
hide *n* लुक्ने काम
hideaway *n* लुक्ने ठाउँ
hideous *adj* जघन्य
hierarchy *n* श्रेणी
high *adj* अग्लो
highlight *n* प्राथमिकता दिएको
highly *adv* असाध्यै, अत्यधिक
Highness *n* उच्चता, अग्लोपन
highway *n* राजमार्ग
hijack *v* अपहरण गर्नु
hijack *n* अपहरण
hijacker *n* अपहरणकारी
hike *v* पैदल यात्रा गर्नु
hike *n* पैदल यात्रा
hilarious *adj* उल्लासपूर्ण
hill *n* पहाड, डाँडा
hillside *n* पहाड क्षेत्र
hilltop *n* पहाड डाँडाको अग्लो स्थान
hilly *adj* पहाडी
hilt *n* हिर्काई, प्रहार
hinder *v* बाधा वा अवरोध पुर्याउनु
hindrance *n* बाधा, अवरोध
hindsight *n* पछि भएको वृद्धि
hinge *v* कब्जा (झ्यालढोकाको) लगाएर जडान गर्नु
hinge *n* कब्जा (झ्यालढोकाको)
hint *n* संकेत
hint *v* संकेत दिनु
hip *n* नितम्ब
hire *v* भाडा लिनु
his *adj* उसको
his *pro* उसको
Hispanic *adj* स्पेनिस बोल्ने व्यक्ति
hiss *v* उपहास गर्नु; सर्पले आवाज निकाल्नु
historian *n* इतिहासकार
history *n* इतिहास
hit *n* हिर्काई, प्रहार
hit *iv* हिर्काउनु, प्रहार गर्नु
hit back *v* प्रतिकार गर्नु
hitch *n* अंकुश लगाएर बाधेको
hitch up *v* माथि तान्नु
hitchhike *v* गइरहेको यानमा गरिएको यात्रा
hitherto *adv* यहाँसम्म, अहिलेसम्म
hive *n* माउरीको घार
hoard *v* सञ्चित गर्नु
hoarse *adj* कर्कश स्वर
hoax *n* छलकपट
hobby *n* अभिरुचि
hog *n* बँदेल
hoist *v* उचाल्नु, उठाउनु
hoist *n* उचाल्ने यन्त्र वा उपकरण
hold *iv* समात्नु, पक्रनु
hold back *v* अगाडि बढ्न नदिनु
hold on to *v* पक्रेर राख्नु
hold out *v* प्रतिकार गर्नु
hold up *v* ढिला गनु; बाधा गर्नु
holdup *n* कठोर बनाई राख्ने

H

H

hole *n* दुलो
holiday *n* बिदा
holiness *n* धार्मिक
Holland *n* हल्यान्ड देश
hollow *adj* खाक्रो
holocaust *n* विध्वंस
holy *adj* पवित्र
homage *n* श्रद्धाञ्जली
home *n* घर, गृह
homeland *n* गृह नगर
homeless *adj* घरबार विहिन
homely *adj* घरको अनुभव गराउने
homemade *adj* घरमा निर्मित
homesick *adj* गृहस्मरण
hometown *n* गृहनगर
homework *n* गृहकार्य
homicide *n* नरहत्या
homily *n* उपदेश
honest *adj* इमानदार
honesty *n* इमानदारिता
honey *n* मह
honeymoon *n* नवदम्पत्तिले बिताएको समय
honk *v* कर्कश आवाज निकाल्नु
honor *n* सम्मान
hood *n* दीक्षान्त टोपी
hoodlum *n* गुण्डा
hoof *n* खुर
hook *n* अंकुश
hooligan *n* गन्डा
hop *v* दुवै खुट्टाले उफ्रनु
hope *n* आशा
hope *v* आशा गर्नु
hopeful *adj* आशावादी
hopefully *adv* आशावादीले
hopeless *adj* निराश
horizon *n* क्षितिज
horizontal *adj* तेर्सो
hormone *n* तन्तुरस
horn *n* सिङ्
horrendous *adj* सन्त्रासकर
horrible *adj* डरलाग्दो
horrify *v* तर्साउनु
horror *n* सन्त्रास
horse *n* घोडा
hose *n* लचकदार पाइप
hospital *n* अस्पताल
hospitality *n* अतिथिसत्कार्
hospitalize *v* अस्पतालमा भर्न गर्नु
host *n* ठूलो संख्या
hostage *n* बन्धक
hostess *n* अतिथिसत्कार गर्ने महिला
hostile *adj* दुर्भावपूर्ण
hostility *n* दुर्भावता, शत्रुता
hot *adj* तातो
hotel *n* होटेल
hound *n* शिकार खेल्ने कुकुर
hour *n* घण्टा
hourly *adv* प्रत्येक घण्टा
house *n* घर
household *n* घरयसी
housekeeper *n* गृहप्रबन्धक
housewife *n* गृहिणी
housework *n* गृहकार्य
hover *v* हावा उडेर टक्क रहनु

89 hysterical

how *adv* कसरी
however *c* तरपनि
howl *v* आवाज निकालेर कराउनु
howl *n* कुकुर कराएको आवाज
hub *n* बहस, छलफल गर्ने ठाउँ वा केन्द्रविन्दु
huddle *v* भिडभाड
hug *v* अँगालो हाल्नु
hug *n* अँगालो
huge *adj* विशाल
hull *n* जहाजको ढाँचा
hum *v* गुनगुन आवाज निकाल्नु
human *adj* मानव
human being *n* मानव जाति
humanities *n* मानवशास्त्र
humankind *n* मानव जाति
humble *adj* नम्र, विनयशील
humbly *adv* नम्रतापूर्वक
humid *adj* आद्र्र, गिलो
humidity *n* आर्द्रता
humiliate *v* तिरस्कार गर्नु, उपहास गर्नु
humility *n* हाँस्यजनक गुण
humor *n* हास्यजनक
humorous *adj* हास्यस्पद
hump *n* कुँजो, बाङ्गेको
hunch *n* कुँजो, बाङ्गेको
hunchback *n* कुप्रो
hunched *adj* कुप्रिएको
hundred *adj* सय
hundredth *adj* सयौं
hunger *n* भोक
hungry *adj* भोक
hunt *v* शिकार गर्नु
hunter *n* शिकारी
hunting *n* शिकार
hurdle *n* अवरोध गर्ने बार
hurl *v* जोडले फ्याक्नु
hurricane *n* आँधीबेरी
hurriedly *adv* हतारका साथ
hurry *v* छिटो गर्नु
hurry up *v* छिटै गर्नु
hurt *iv* चोट लाग्नु
hurt *adj* चोट
hurtful *adj* चोटपूर्ण
husband *n* श्रीमान्, लोग्ने
hush *n* शान्त, चुपचाप
hush up *v* जानकारी लुकाउनु
husky *adj* रुखो, कर्कश
hustle *n* हतारिनु
hut *n* कुटी
hydraulic *adj* जलवाही
hydrogen *n* हाइड्रोजन ग्याँस
hyena *n* मांसाहारी चौपाया, ब्वाँसो
hygiene *n* सरसफाई
hymn *n* भजन
hyphen *n* योजक चिन्ह
hypnosis *n* कृत्रिम निद्रा
hypnotize *v* सम्मोहित पार्नु
hypocrisy *n* बहाना, स्वाँङ्, घमन्ड
hypocrite *adj* आडम्बर
hypothesis *n* कल्पना, अनुमान
hysteria *n* छारेरोग
hysterical *adj* छारेरोग सम्बन्धी

H

I

I *pro* म
ice *n* हिउँ
ice *v* हिउँ
ice cream *n* मलाई बरफ
ice cube *n* बरफ टुक्रा
ice skate *v* हिउँमा खेलिने खेल्नु
iceberg *n* समुद्रमा बरफको पहाड
icebox *n* बरफले चिच्याएको बाकस
ice-cold *adj* एकदमै चिसो
icon *n* चिन्ह, संकेत
icy *adj* बरफयुक्त
idea *n* विचार, योजना, धारणा
ideal *adj* आदर्श
identical *adj* एक नासको
identify *v* ठम्याउनु, परिचय गराउनु
identity *n* परिचय
ideology *n* सिद्धान्त
idiom *n* कथन
idiot *n* मूर्ख
idiotic *adj* मूर्खता
idle *adj* अल्छी, लोते
idol *n* प्रशंसित व्यक्ति
idolatry *n* प्रतिमूर्ति
if *c* यदि
ignite *v* ज्यादै तातो पार्नु
ignorance *n* अनभिज्ञता
ignorant *adj* अनभिज्ञ
ignore *v* इन्कार गर्नु
ill *adj* बिरामी
illegal *adj* गैरकानूनी
illegible *adj* अवैधानिक
illegitimate *adj* अविवाहितबाट जन्मेको बच्चा
illicit *adj* गैरकानूनी
illiterate *adj* अशिक्षित
illness *n* अशिक्षित
illogical *adj* तर्करहित
illuminate *v* हटाउनु
illusion *n* भ्रम
illustrate *v* चित्रण गर्नु
illustration *n* चित्रण
illustrious *adj* प्रसिद्ध, विशिष्ट
image *n* तस्वीर, प्रतिमा
imagination *n* कल्पना
imagine *v* विचार गर्नु
imbalance *n* असन्तुलन
imitate *v* नक्कल गर्नु
imitation *n* नक्कल
immaculate *adj* निर्मल, दोषरहित
immature *adj* परिपक्क नभएको
immaturity *n* अपरिपक्कता
immediately *adv* तत्कालै
immense *adj* अति विशाल, प्रशस्त
immensity *n* विशालता
immerse *v* डुबाउनु
immersion *n* डुबुल्की
immigrant *n* अप्रवासी
immigrate *v* बसाई सर्नु
immigration *n* आप्रवासन
imminent *adj* निकट भविष्यमा हुने
immobile *adj* अचल
immobilize *v* स्थिर बनाउनु

immoral *adj* अनैतिक
immorality *n* अनैतिकता
immortal *adj* अमर
immortality *n* अमरत्व
immune *adj* संक्रमणबाट मुक्त पार्नु
immunity *n* संक्रमणसँग लड्न सक्ने सामाथ्र्य
immunize *v* संक्रमणलाई रोक्नु
immutable *adj* अपरिवर्तनिय; विकार रहित
impact *n* प्रभाव
impact *v* प्रभाव पार्नु
impair *v* कमजोर पार्नु
impartial *adj* निष्पक्ष
impatience *n* अधैर्यता
impatient *adj* अधैर्य
impeccable *adj* त्रुटिरहित
impediment *n* बाधा, अड्चन। त्रुटि
impending *adj* आसन्न, हुन लागेको
imperfection *n* अपूर्ण
imperial *adj* साम्राज्य सम्बन्धी
imperialism *n* साम्राज्यवाद
impersonal *adj* अवैयत्तिक
impertinence *n* अशिष्टता, अभद्रता
impertinent *adj* अशिष्ट, अभद्र
impetuous *adj* हतारमा काम गर्ने
implacable *adj* अपरिवर्तनीय
implant *v* मनमा घुसाउनु; बिरुवा रोप्न; अंग प्रत्यारोपण गर्नु
implement *v* कार्यन्वयन गर्नु
implicate *v* संलग्न गराउनु
implication *n* संलग्नता
implicit *adj* स्पष्ट अभिव्यक्ति नभएको
implore *v* विनम्रताका साथ सोध्नु
imply *v* अस्पष्ट रुपमा संकेत गर्नु
impolite *adj* नम्रता नभएको
import *v* आयात गर्नु
importance *n* महत्व
importation *n* आयात कार्य
impose *v* स्थापित गराउनु
imposing *adj* प्रभावशाली; असर गर्ने
imposition *n* छल, कपट
impossibility *n* असम्भाव्यता
impossible *adj* असम्भव
impotent *adj* असमर्थ, शक्तिहीन
impound *v* खोरमा थुन्नु
impoverished *adj* गरिब भएको
impractical *adj* अव्यवहारिक
imprecise *adj* अस्पष्ट
impress *v* प्रभाव पार्नु
impressive *adj* प्रभावकारी
imprison *v* जेलमा हाल्नु
improbable *adj* असम्भाव्य
impromptu *adv* पूर्वअभ्यासबिना
improper *adj* अनुचित
improve *v* सधार्नु
improvement *n* सुधार
improvise *v* कुनै कुरा तत्कालै निर्माण गरी उपलब्ध गर्नु
impulse *n* धक्का
impulsive *adj* वस्तुलाई चालमा ल्याउन खोज्ने
impunity *n* दण्डहीनता
impure *adj* अशुद्ध
in *pre* भित्र
in depth *adv* पूर्ण भएको
inability *n* असक्षमता

inaccessible *adj* सजिलैसँग प्राप्त गर्न नसकिने
inaccurate *adj* ठीक नभएको, त्रुटिपूर्ण
inadequate *adj* प्रशस्त नभएको
inadmissible *adj* भर्ना गर्न अयोग्य
inappropriate *adj* उपयुक्त नभएको
inasmuch as *c* हदसम्म; किनकी; वस्तुतः
inaugurate *v* आरम्भ गर्नु
inauguration *n* आरम्भ
incalculable *n* हिसाब गर्न नसकिने
incapable *adj* असक्षम
incapacitate *v* असमर्थ हुनु
incarcerate *v* कैद गर्नु
incense *n* धूप
incentive *n* प्रोत्साहन
inception *n* आरम्भ
incessant *adj* निरन्तर
inch *n* एक फुटको बाह्रौं भाग
incident *n* घटना
incidentally *adv* आकस्मत
incision *n* घाउ; छिद्र
incite *v* उत्तेजित पार्नु
incitement *n* उत्तेजना
inclination *n* झुकाव
incline *v* झुकाउनु; निहिनु; रुझाउनु; आफ्नो पक्षमा पार्नु
include *v* समोवश गराउनु
inclusive *adv* समावेशीकरण
incoherent *adj* नबुझिने गरी बोल्नु
income *n* आम्दानी
incoming *adj* आगमन
incompatible *adj* नमिल्ने
incompetence *n* ेअसमर्थता
incompetent *adj* काम नलाग्ने
incomplete *adj* अपूर्ण
inconsistent *adj* एकनासको नभएको
incontinence *n* असंयम
inconvenient *adj* असंयमी
incorporate *v* एकै ठाउँमा मिलाउनु
incorrect *adj* गलत
incorrigible *adj* असंशोधनीय
increase *v* वृद्धि गर्नु
increase *n* वृद्धि
increasing *adj* विस्तार
incredible *adj* अविश्वासनीय
increment *n* तलब वृद्धि
incriminate *v* दोष लगाउनु
incur *v* बिसोक नहुनु
incurable *adj* बिसोक नहुने
indecency *n* असभ्यता, अपवित्र
indecision *n* शंका; दोधार
indecisive *adj* अनिर्णित, अस्थिर
indeed *adv* वास्तवमा
indefinite *adj* अनिश्चित
indemnify *v* हर्जाना दिनु
indemnity *n* हर्जाना
independence *n* स्वाधीनता
independent *adj* स्वाधीन
index *n* सूची, तालिका
indicate *v* इंगित गर्नु वा देखाउनु
indication *n* संकेत, इंगित
indict *v* दोष लगाउनु
indifference *n* वेवास्ता
indifferent *adj* वेवस्ता गरेको

I

indigent *adj* गरिब; दरिद्र; निर्धन
indigestion *n* अपच
indirect *adj* अप्रत्यक्ष
indiscreet *adj* अविवेकी
indiscretion *n* अविवेक
indispensable *adj* अनिवार्य; अत्यन्त महत्वपूर्ण
indisposed *adj* असमर्थ, अयोग्य
indisputable *adj* विवाद रहित
indivisible *adj* अदृष्य
indoctrinate *v* सिद्धान्तको बारेमा प्रशिक्षण दिनु
indoor *adv* भित्री
induce *v* प्रेरित गर्नु
indulge *v* स्वतन्त्रपूर्वक आनन्द लिनु
indulgent *adj* उदार, दयालु
industrious *adj* परिश्रमी
industry *n* उद्योग
ineffective *adj* अप्रभावकारी
inefficient *adj* अयोग्य
inept *adj* अनुपयोगी; अवैध
inequality *n* असमानता
inevitable *adj* अपरिहार्य
inexcusable *adj* असक्षमता
inexpensive *adj* सस्तो
inexperienced *adj* अनुभव नभएको
inexplicable *adj* व्याख्या गर्न नसकिने
infallible *adj* असफल नहुने
infamous *adj* प्रसिद्ध नभएको
infancy *n* बाल्यावस्था
infant *n* शिशु
infantry *n* लडाकू
infect *v* दूषित पार्नु
infection *n* संक्रमण
infectious *adj* संक्रमित
infer *v* निष्कर्ष निकाल्नु
inferior *adj* कम गुणस्तरको
infertile *adj* उर्वराशक्ति नभएको
infested *adj* कीराहरुले आक्रान्त परेको
infidelity *n* धर्ममा अविश्वास
infiltrate *v* छानिनु
infiltration *n* छान्ने प्रक्रिया
infinite *adj* असीमित
infirmary *n* दुर्बलता
inflammation *n* सुनिनु, फुलिनु
inflate *v* हावा भर्नु
inflation *n* फुलिने
inflexible *adj* लचकदार नभएको
inflict *v* क्षति पुर्याउनु
influence *n* प्रभाव
influential *adj* प्रभावकारी
influenza *n* रुघा खोकीको ज्वरो
influx *n* अचानक धेरै मानिस वा वस्तुको प्रवेश
inform *v* जानकारी गराउनु
informal *adj* अनौपचारिक
informality *n* अनौपचारिकता
informant *n* निवेदक, सूचक
information *n* निवेदक, सूचक
informer *n* सुराकी
infraction *n* उल्लंघन, भंग
infrequent *adj* कहिलेकही, बारम्बार नहुनु
infuriate *v* रिसले क्रुद्ध हुनु
infusion *n* सेचन, प्रेरणा
ingenuity *n* निपुणता, बुद्धि

I

ingest *v* पेटमा भोजन हाल्नु
ingot *n* धातुको टुक्रा
ingrained *adj* सुदृढ, परिपूर्ण
ingratiate *v* कृपापत्र बन्नु
ingratitude *n* अकृतज्ञता
ingredient *n* मरमसला
inhabit *v* बसोबास गर्नु
inhabitable *adj* बसोबास गर्न योग्य
inhabitant *n* बासिन्दा
inhale *v* भित्र श्वास लिनु
inherit *v* उत्तराधिकार पाउनु
inheritance *n* उत्तराधिकार
inhibit *v* अवरोध पुर्याउनु
inhuman *adj* अमानव
initial *adj* आरम्भ
initial *n* आरम्भिक अक्षर वा वर्ण
initial *v* आरम्भ गर्नु
initially *adv* प्रारम्भतः
initials *n* नामको प्रारम्भिक अक्षरहरु
initiate *v* सुरुवात गर्नु
initiative *n* नेतृत्व
inject *v* सूईबाट औषधि हाल्नु
injection *n* सूईबाट औषधि हाल्ने काम
injure *v* घाइते हुनु
injurious *adj* हानिकारक
injury *n* घाइते
injustice *n* अन्याय
ink *n* मसी
inkling *n* इसारा, संकेत
inlaid *adj* समतल पारेको
inland *adv* देशको भित्री भागमा अवस्थित
inland *adj* देशको भित्री भाग
in-laws *n* वैवाहिक सम्बन्धबाट बनेको नातेदार
inmate *n* निवासी
inn *n* सानो होटेल
innate *adj* नैसर्गिक
inner *adj* भित्री
innocence *n* निर्दोषिता
innocent *adj* निर्दोष
innovation *n* नवीनता
innuendo *n* अप्रत्यक्ष सम्बन्ध
innumerable *adj* असंख्य
input *n* भित्र पसाएको वस्तु
inquest *n* जाँच पड्ताल
inquire *v* सोधपुछ गर्नु
inquiry *n* सोधपुछ
inquisition *n* न्यायिक जाँचबुझ
insane *adj* पागल
insanity *n* पागलपन
insatiable *adj* सन्तुष्ट पार्न नसकिने
inscription *n* शिलालेख
insect *n* किराफट्यांग्रा
insecurity *n* असुरक्षित
insensitive *adj* असंवेदनशील
inseparable *adj* छुट्याउन नसकिने
insert *v* भित्र छिराउनु
insertion *n* घुसार्ने कार्य
inside *adj* भित्र रहेको
inside *pre* भित्र
inside out *adv* उल्टो पारिएको
insignificant *adj* महत्वहीन
insincere *adj* विनम्र नभएको
insincerity *n* विनम्रता नभएको
insinuate *v* सूचित गर्नु

insinuation *v* सूचना, संकेत
insipid *adj* विस्वाद
insist *v* जिद्दी गर्नु
insistence *n* जिद्दी
insolent *adj* अपमानजनक
insoluble *adj* अघुलनशील
insomnia *n* निद्रा नलाग्ने रोग
inspect *v* निरिक्षण गर्नु
inspection *n* निरिक्षण
inspector *n* निरिक्षक
inspiration *n* अभिप्रेरणा
inspire *v* प्ररणा दिनु
instability *n* अस्थिरता
install *v* जडान गर्नु
installation *n* जडान
installment *n* किस्ता
instance *n* उदाहरण
instant *n* तुरुन्त
instantly *adv* तुरुन्तै
instead *adv* सट्टामा
instigate *v* भड्काउनु, उचाल्नु
instill *v* दिमागमा घुसाउनु
instinct *n* प्राणीहरुको स्वभाविक प्रवृत्ति
institute *v* प्रारम्भ गर्नु; स्थापित गर्नु
institution *n* संस्था
instruct *v* शिक्षा दिनु
instructor *n* शिक्षक, प्रशिक्षक
insufficient *adj* पर्याप्त नभएको
insulate *v* कुचालक मार्फत प्रवाह रोक्नु
insulation *n* विद्युत रोधक
insult *v* अपमानित गर्नु
insult *n* अपमान, तिरस्कार
insurance *n* बिमा
insure *v* बिमा गर्नु
insurgency *n* विद्रोह
insurrection *n* विद्रोही
intact *adj* सम्पूर्ण, विशुद्ध
intake *n* ग्रहण गर्ने काम
integrate *v* समायोजन गर्नु
integration *n* समायोजन
integrity *n* इमानदारिता
intelligent *adj* प्रतिभावान्
intend *v* विचार गर्नु, इच्छा गर्नु
intense *adj* प्रबल
intensify *v* प्रबलता बनाउनु, तीव्रता बनाउनु
intensity *n* प्रबलता, उत्सुकता, तीव्रता
intensive *adj* प्रबलता हुने, तीव्रता हुने
intention *n* उद्देश्य
intercede *v* मध्यस्थता गर्नु
intercept *v* एक ठाउँबाट अर्को ठाउँमा जान अवरोध गर्नु
intercession *n* मध्यस्थता
interchange *v* साटासाट गर्नु
interchange *n* आदानप्रदान
interest *n* अभिरुचि; ब्याज
interested *adj* अभिरुचिपूर्ण
interesting *adj* अभिरुचि भएको
interfere *v* हस्तछेप गर्नु
interference *n* हस्तछेप
interior *adj* भित्री भाग
interlude *n* नाटक तथा चलचित्रको मध्यान्तर
intermediary *n* मध्यस्थकर्ता
intern *v* प्रशिक्षार्थीको रुपमा काम गर्नु
interpret *v* व्याख्या गर्नु

I

interpretation *n* व्याख्या
interpreter *n* व्याख्याकार
interrogate *v* प्रश्न गर्नु
interrupt *v* अवरोध गर्नु
interruption *n* अवरोध
intersect *v* विभाजन गर्नु
intertwine *v* बेर्नु
interval *n* मध्यान्तर
intervene *v* हस्तछेप गर्नु
intervention *n* हस्तछेप
interview *n* अन्तर्वाता
intestine *n* आन्द्राभुँडी
intimacy *n* घनिष्ठता
intimate *adj* घनिष्ठ
intimidate *v* घनिष्ठ हुनु
intolerable *adj* असहनीय
intolerance *n* असहिष्णुता
intoxicated *adj* उन्मत्त
intravenous *adj* उन्मत्त भएको
intrepid *adj* निडर
intricate *adj* जटिल, अस्पष्ट
intrigue *n* षड्यन्त्र गर्नु
intriguing *adj* षड्यन्त्र
intrinsic *adj* आवश्यक; वास्तविक; निजी
introduce *v* परिचय गर्नु
introduction *n* परिचय
introvert *adj* अन्र्तमुखी
intrude *v* अतिक्रमण गर्नु
intruder *n* अतिक्रमण गर्ने व्यक्ति
intrusion *n* अतिक्रमण
intuition *n* अन्र्तदृष्टि
inundate *v* बाढी आउनु
invade *v* आक्रमण गर्नु(एक देशले अर्को देशलाई)
invader *n* आक्रमणकारी
invalid *n* चोटपटक तथा रोगले असक्त व्यक्ति
invalidate *v* अपरिवर्तनशील
invaluable *adj* मूल्यहीन
invasion *n* आक्रमण
invent *v* आविष्कार गर्नु
invention *n* आविष्कार
inventory *n* तालिका, वस्तु सूची; लेखा; विवरण
invest *v* लगानी गर्नु
investigate *v* खोज तथा अनुसन्धान गर्नु
investigation *n* खोज तथा अनुसन्धान
investment *n* लगानी गर्नु
investor *n* लगानी कर्ता
invincible *adj* विजय पाउन नसकिने
invisible *adj* अद्दष्य
invitation *n* निमन्त्रणा
invite *v* निमन्त्रणा गर्नु
invoice *n* रसिद
invoke *v* प्रार्थना गर्नु
involve *v* सामेल हुनु
involved *adj* फँसाउनु, संलग्न हुनु
involvement *n* संलग्नता
inward *adj* भित्री
inwards *adv* भित्री तिर
iodine *n* एक प्रकारको औषधि
irate *adj* रिसाएको
Ireland *n* आइल्र्यान्ड देश
Irish *adj* आइल्र्यान्ड देशको नागरिक
iron *n* फलाम

iron *v* इस्तरी लगाउनु
ironic *adj* व्यंग्यात्मक
irony *n* व्यंग्य
irrational *adj* अविवेकी
irrefutable *adj* अनुत्तरदायी, अखण्डनीय
irregular *adj* अनियमित
irrelevant *adj* अप्रासंगिक
irreparable *adj* अप्रतिकार्य
irresistible *adj* रोक्न वा थाम्न नसकिने
irrespective *adj* आशा नगर्ने; आदार वा सम्मान नगर्ने
irreversible *adj* खारेज वा रद्द गर्न नसकिने
irrevocable *adj* अपरिवर्तनीय
irrigate *v* सिँचाई गर्नु
irrigation *n* सिँचाई
irritate *v* रिसाउनु
irritating *adj* रिस उठ्दो
Islamic *adj* इस्लामिक धर्म
island *n* टापु
isle *n* सानो टापु वा भूभाग
isolate *v* अलग्याउनु
isolation *n* अलग्याउने काम
issue *n* विषय
issue *v* प्रचलनमा ल्याउनु; प्रकाशित गर्नु; बाहिर निस्कनु
Italian *adj* इटालीको नागरिक
italics *adj* बाङ्गो प्रकारको अक्षर
Italy *n* इटाली देश
itch *v* चिलाउनु
itchiness *n* चिलाउने
item *n* प्रकार
itemize *v* विभिन्न प्रकारका वस्तु उत्पादन गर्नु
itinerary *n* प्रवासी
ivory *n* हात्तीको दाँत

J

jackal *n* स्याल
jacket *n* जाकेट, बाहुला भएको छोटो कोट
jackpot *n* दाउ, च्याँखे
jaguar *n* एक प्रकारको चितुवा
jail *n* कारागार
jail *v* बन्दी बनाउनु
jailer *n* कारागारको प्रमुख
jam *n* आचार; भीड; रोकावट; अवरोध
jam *v* रोकावट हुनु; अवरोध हुनु
janitor *n* पाले
January *n* जनवरी महिना
Japan *n* जापान देश
Japanese *adj* जापानको नागरिक
jar *n* भाँडो; कर्कश आवाज
jar *v* रुखो वा नराम्रो प्रभाव पार्नु
jasmine *n* चमेली, जूही, बेली
jaw *n* बंगारा
jealous *adj* ईर्ष्या
jealousy *n* ईर्ष्यालु
jeans *n* जिनको कपडा
jeopardize *v* संकट वा आपत्ति पर्नु
jerk *v* झड्का दिनु
jersey *n* ऊनको लुगा

Jew *n* यहूदी
jewel *n* गहना
jeweler *n* गहना पसल
jewelry store *n* गहना पसल
Jewish *adj* यहूदी
jigsaw *n* मसिना टुक्राहरु जोडेर चित्र बनाउने खेल
job *n* जागिर
jobless *adj* बेरोजगार
join *v* सामेल हुनु
joint *n* संयुक्त
jointly *adv* संयुक्त रुपमा
joke *n* ठट्टा
joke *v* ठट्टा गर्नु
joker *n* हास्यव्यंग्य गर्ने व्यक्ति
jokingly *adv* ठट्टा पूर्ण
jolly *adj* खुसी वा आनन्दित
jolt *v* घचघच गरेर चल्नु
jolt *n* जोल्टिने
journal *n* दैनिक घटनाहरुको अभिलेख
journalist *n* पत्रकार
journey *n* यात्रा
jovial *adj* हँसिलो; रसिलो; प्रफुल्ल
joy *n* आनन्द
joyful *adj* प्रसन्न
joyfully *adv* आनन्दमय
jubilant *adj* हर्षपूर्ण
Judaism *n* यहूदीवाद
judge *n* निर्णय अधिकारी
judge *v* निर्णय गर्नु
judgment *n* निर्णय
judicious *adj* समझदार; चतुर; विवेकी
jug *n* जग, तरल पदार्थ राख्ने भाँडो
juggler *n* जादूगर
juice *n* रस
juicy *adj* रसिलो
July *n* जुलाई महिना
jump *v* उफ्रनु
jump *n* उफ्राई
jumpy *adj* त्रास, डराएको
junction *n* संगमस्थल
June *n* जून महिना
jungle *n* वन, जंगल
junior *adj* निम्न; पदमा निम्न स्तर
junk *n* फोहोर तथा नचाहिने वस्तु
junk *v* काम नलाग्ने वस्तुबाट छुट्कारा लिनु
jury *n* निर्णायक मण्डल
just *adj* न्यायोचित; केबल; भर्खरै
justice *n* न्याय
justify *v* प्रमाणित गर्नु
justly *adv* न्यायपूर्वक
juvenile *n* जवान अवस्था
juvenile *adj* जवान

K

kangaroo *n* कंगारु, अस्ट्रेलियाको एक जनावर
karate *n* कराँते खेल
keep *iv* राख्नु
keep on *v* निरन्तरता दिनु
keep up *v* अझ उन्नति गर्नु
keg *n* दश गैलन भन्दा कम नापको पीपा

kennel *n* कुकुरको खोर
kettle *n* चियादानी, केतली
key *n* साँचो; अर्थ
key ring *n* साँचो झुन्ड्याउने गोलो धातु
keyboard *n* कम्प्युटरको लेख्ने बोर्ड
kick *v* लातले हान्नु
kickback *n* घूस
kickoff *n* पुनः सुरुवात
kid *n* बच्चा
kid *v* धोका दिनु वा ठग्नु
kidnap *v* अपहरण गर्नु
kidnapper *n* अपहरणकारी
kidnapping *n* अपहरण
kidney *n* मृगौला
kidney bean *n* मृगौला आकारको सिमी
kill *v* मार्नु
killer *n* हत्यारा
killing *n* हत्या
kilogram *n* किलोग्राम
kilometer *n* किलोमिटर
kilowatt *n* किलोवाट
kind *adj* दयालु
kindle *v* सल्काउनु, बाल्नु
kindly *adv* दया, कृपा
kindness *n* दयाको भावना
king *n* राजा
kingdom *n* राज्य
kinship *n* रगतको सम्बन्ध
kiosk *n* पसल
kiss *v* चुम्बन गर्नु
kiss *n* चुम्बन
kitchen *n* भान्सा
kite *n* चङ्गा
kitten *n* बिरालोको बच्चा
knee *n* घुँडा
kneecap *n* घुँडा पाङ्ग्रा
kneel *iv* घुँडा टेक्नु
knife *n* चक्कु
knight *n* सैनिक; बहादुर; शूरवीर
knit *v* बुन्नु
knob *n* ढोका, घर्रा आदिको बिँड
knock *n* जोडले प्रहार गरेको धक्का
knock *v* तिखो आवाज आउने गरी प्रहार गर्नु
knot *n* गाँठो
know *iv* थाहा पाउनु
know-how *n* दिमागमा राख्ने काम
knowingly *adv* जानीबुझीकन
knowledge *n* ज्ञान

L

lab *n* प्रयोगशाला
label *n* सूचकपत्र
labor *n* श्रम
laborer *n* श्रमिक
labyrinth *n* चक्रव्यूह, घुमाउरो बाटो
lace *n* फित्ता वा तुना
lack *v* अभाव हुनु
lack *n* अभाव
lad *n* ठिटो, केटो
ladder *n* भर्याङ्

laden *adj* भारी
lady *n* केटी
ladylike *adj* सभ्य, शिष्ट
lagoon *n* समुद्रसँग मिलेको तलाउ
lake *n* ताल
lamb *n* पाठो; भेडाको मासु
lame *adj* लँगडो
lament *v* पश्चाताप गर्नु
lament *n* पश्चाताप
lamp *n* बत्ती
lamppost *n* बत्तीको खम्बा
lampshade *n* बत्तीको छाँया
land *n* जमीन
land *v* अवतरण हुनु
landfill *n* बत्ती भएको खम्बा
landing *n* अवतरण
landlady *n* घरपटिनी
landlocked *adj* भूपरिवेषित
landlord *n* जमिनदार, जग्गा धनी
landscape *n* प्राकृतिक दृश्य
lane *n* साँघुरो गल्ली
language *n* भाषा
languish *v* कमजोर वा दुर्बल हुनु
lantern *n* सिसाले छोपेको बत्ती
lap *n* काख; पहाडको बीचको खाली भाग; एक चक्कर फन्को
lapse *n* सामान्य गल्ती
lapse *v* आफ्नो तहमा कायम हुन नसक्नु
larceny *n* व्यक्तिगत सम्पत्तिको चारी
lard *n* सुँगुरको बोसो
large *adj* ठूलो, विशाल
larynx *n* स्वरयन्त्र, घोक्रो
laser *n* कडा प्रकाशका किरणहरु उत्पादन गर्ने उपकरण
lash *n* कोर्रा, नेल
lash *v* कोर्रा ठोक्नु, नेल ठोक्नु
lash out *v* एकैचोटि रिसाउनु
lasso *n* गाईवस्तु बाँध्ने डोरी
lasso *v* गाईवस्तु डोरीले बाँध्नु
last *adv* सबैभन्दा पछि
last *adj* अन्तिम
last name *n* थर, अन्तिम नाम
last night *adv* गत राती
lasting *adj* चिरस्थायी
lastly *adv* अन्त्यमा
latch *n* चुकुल, छिस्किनी
late *adv* अबेरसम्म
lately *adv* हालसालै
later *adv* केही समय पछि
later *adj* त्यसपछि
lateral *adj* छेउमा
latest *adj* भर्खरको
lather *n* गाज, फिँज
latitude *n* अक्षांश
latter *adj* आधुनिक
laugh *v* हाँस्नु
laugh *n* हँसाई
laughable *adj* हाँस उठ्दो
laughing stock *n* हास्यास्पद वस्तु
laughter *n* हाँस्ने व्यक्ति
launch *n* ठूलो पानी जहाज
launch *v* फ्याँक्नु, हुत्याउनु; औपचारिक सरुवात गर्नु
laundry *n* कपडा धुने ठाउँ

lavatory *n* शौचालय
lavish *adj* ठूलो परिणाममा उत्पादन गर्ने, प्रशस्त
lavish *v* प्रचुर मात्रामा दिनु वा खर्च गर्नु; फजुल खर्च गर्नु
law *n* कानून
law-abiding *adj* कानूनको पालन गर्ने
lawful *adj* कानूनी
lawmaker *n* विधि निर्माता
lawn *n* घाँस काटेको मैदान वा चउर
lawsuit *n* अदालतमा गरिने दाबी
lawyer *n* वकिल
lax *adj* चासो, वास्ता वा दृढ नभएको
laxative *adj* रैचक, जुलाफ, रेचक वा दिसा गराउने औषधि
lay *n* गीत, कविता
lay *iv* लम्पसार पर्नु वा पल्टिनु; बिछ्याएको
lay off *v* छोडिदिनु
layer *n* तह
layman *n* गैर–पुजारी; पेशागत तथा विशिष्ट ज्ञान नभएको व्यक्ति
lay-out *n* खाँका; व्यवस्थापन
laziness *n* अल्छीपन
lazy *adj* अल्छी
lead *iv* नेतृत्व गर्नु
lead *n* नेतृत्व
leaded *adj* नेतृत्व गरिएको
leader *n* नेतृत्व कर्ता
leadership *n* नेतृत्व गर्ने काम
leading *adj* महत्वपूर्ण, प्रमुख
leaf *n* पात
leaflet *n* कलिलो पात
league *n* प्रतिस्पर्धा; संघसंगठन
leak *v* चुहिनु
leak *n* चुहावट
leakage *n* चुहावट
lean *adj* दुब्लो, पातलो
lean *iv* सहारा दिनु
lean back *v* पछाडि ढल्किनु
lean on *v* भर पर्नु
leaning *n* झुकाव
leap *iv* उफ्रनु
leap *n* उफ्राई
leap year *n* अधिक वर्ष
learn *iv* सिक्नु
learned *adj* सिकेको
learner *n* सिक्ने व्यक्ति
learning *n* सिकाई
lease *v* ठेक्का–पट्टा लिनु
lease *n* ठेक्का–पट्टा
leash *n* जनावर बाँध्ने डोरी वा सिक्री
least *adj* सबभन्दा थोरै
leather *n* छाला
leave *iv* छोड्नु
leave out *v* परित्याग गर्नु
leaves *n* पातहरु
lectern *n* प्रवचनमा किताब राख्ने तखता
lecture *n* व्याख्यान
ledger *n* बहीखाता
leech *n* रगत चुस्ने जुका; वैद्य
left *adv* छोडेको
left *n* बायाँ पट्टी
left *adj* बायाँ
leftovers *n* बाँकी रहेको
leg *n* खुट्टा

L

legacy *n* इच्छा पत्र
legal *adj* कानूनी
legality *n* वैधता
legalize *v* वैध बनाउनु
legend *n* पौराणिक
legible *adj* पढ्न सकिने स्पष्ट
legion *n* सिपाहीको थुप्रो
legislate *v* ऐन–कानून बनाउनु
legislation *n* ऐन–कानून बनाउने काम
legislature *n* व्यवस्थापिका
legitimate *adj* वैधानिक
leisure *n* फुर्सद
lemon *n* कागती
L
lemonade *n* कागतीपानी
lend *iv* सापटी दिनु
length *n* लम्बाई
lengthen *v* लम्ब्याउनु
lengthy *adj* लम्ब्याउनु
leniency *n* उदारता
lenient *adj* उदार, सौम्य
lens *n* आँखाको देखिने भाग
Lent *n* इस्टर भन्दा चालीस दिन अघिको ब्रत
lentil *n* मुसूर
leopard *n* चितुवा
leper *n* कुष्ठरोगी
leprosy *n* कुष्ठरोग
less *adj* थोरै
lessee *n* ठेक्का लिने व्यक्ति
lessen *v* घटाउनु
lesser *adj* अरुभन्दा थोरै वा कम
lesson *n* पाठ
lessor *n* ठेक्का लिने व्यक्ति
let *iv* अनुमति दिनु
let down *v* तल झर्नु
let go *v* जान दिनु
let in *v* प्रवेशका लागि अनुमति दिनु
let out *v* भाडामा दिनु
lethal *adj* प्राणघातक
letter *n* चिट्ठी; अक्षर; औपचारिक कागज–पत्र
lettuce *n* जिरीको साग
leukemia *n* हाड सम्बन्धीको रोग
level *v* समतल बनाउनु
level *n* समतल भाग, तह
lever *n* उत्तोलक
leverage *n* प्रभाव; शक्ति
levy *v* कर
lewd *adj* व्यविचार; कामुता
liability *n* जिम्मेवारी, उत्तरदायित्व
liable *adj* कानूनी रुपमा जिम्मेवार
liaison *n* सम्पर्क वा सम्बन्ध; अनैतिक सम्बन्ध; बाक्लो चिल्लो पदार्थ
liar *adj* ढाँटुवा
libel *n* मानहानी
liberate *v* मुक्त गर्नु वा पार्नु
liberation *n* स्वतन्त्रता
liberty *n* स्वतन्त्रत
librarian *n* पुस्तकालयको व्यक्ति
library *n* पुस्तकालय
lice *n* जुम्रा
license *n* अनुमति पत्र
license *v* अनुमति दिनु
lick *v* चाट्नु
lid *n* बिर्को
lie *iv* ढाँट्नु

lie *n* झुटो
lieu *n* स्थान
lieutenant *n* सेना अधिकारी
life *n* जीवन
lifeguard *n* अंगरक्षक
lifeless *adj* जीवन रहित
lifestyle *n* जीवन शैली
lifetime *adj* जीवनकाल
lift *v* उचाल्नु
lift off *v* उडान सुरु गर्नु
lift-off *n* उडान सुरु गर्नु
ligament *n* अस्थिबन्ध
light *iv* बाल्नु
light *adj* हलुका
light *n* उज्यालो; हल्का; प्रसन्न
lighter *n* आगो निकाल्ने यन्त्र
lighthouse *n* बत्तीघर
lighting *n* बिजुली
lightly *adv* हल्कासँग
lightning *n* बिजुली
lightweight *n* हल्का तौल
likable *adj* मनपर्ने खालको
like *pre* जस्तै
like *v* मनपराउनु
like *adj* समान
likelihood *n* सम्भावना
likely *adv* सम्भाव्य
likeness *n* प्रतिमा, तस्वीर; समानता
likewise *adv* उही रुपले
liking *n* इच्छा, रुचि
limb *n* हात, खुट्टा वा बाहिरी अंग
lime *n* चून
limestone *n* चून ढुंगा
limit *n* सीमित
limit *v* सीमित हुनु
limitation *n* सीमा
limp *v* खोच्याउनु
limp *n* लंगडो
linchpin *n* कसिएको नड
line *n* धर्को; रेखा; मार्ग; कविताको चरण
line up *v* लस्करमा बस्नु
linen *n* रेखाकार
linger *v* विस्तारै जानु
lingerie *n* भित्री वस्त्र
lingering *adj* लरखरिदै हिड्नु
lining *n* भित्री वस्त्र
link *v* जोड्नु, सम्बन्ध हुनु
link *n* सम्बन्ध
lion *n* सिंह
lioness *n* सिंहनी
lip *n* ओठ
liqueur *n* अल्कोहल युक्त तरल पदार्थ
liquid *n* तरल
liquidate *v* विधिवत् रुपमा बन्द गर्नु
liquidation *n* कुनै संस्था विधिवत् रुपमा बन्द गर्ने काम
liquor *n* मदिरा, मद्य, रक्सी
list *v* सूचि बनाउनु
list *n* सूचि
listen *v* सुन्नु
listener *n* सुन्ने दर्शक
litany *n* शान्ति पाठ
liter *n* तरल नाप्ने एकाई
literal *adj* शाब्दिक

L

literally *adv* साहित्यिक रुपमा
literate *adj* साक्षर
literature *n* साहित्य
litigate *v* कानूनी बाटो
litigation *n* वैधानिकता अपनाउनु
litter *n* फोहर मैला
little *adj* सानो
little bit *n* अलि कति
little by little *adv* थोरै–थोरै
liturgy *n* प्रार्थना विधि
live *adj* जीवित; प्रत्यक्ष प्रसारण
live *v* बस्नु
live off *v* गुजारा गर्नु
live up *v* भड्कीलो हुनु
livelihood *n* जीविका
lively *adj* उत्साहपूर्वक
liver *n* कलेजो
livestock *n* वस्तुभाउ
livid *adj* कालोनिलो
living room *n* बैठक कोठा
lizard *n* छेपारो
load *v* भारी बोकाउनु
load *n* भारी
loaded *adj* भारीले भरिएको
loaf *n* पाउरोटीको डल्लो
loaf *v* अल्छी गरेर समय खेर फाल्नु
loan *v* ऋण लिनु वा दिनु
loan *n* ऋण
loathe *v* बेखुश हुनु
loathing *n* अतिघृणा
lobby *n* दलान; संसद्लाई ध्यान आकर्षण गर्ने काम
lobby *v* संसद्लाई ध्यान आकर्षण गर्नु
lobster *n* समुद्री झिंगे माछा
local *adj* स्थानीय
localize *v* स्थानीयकरण गर्नु
locate *v* अवस्थित हुनु
located *adj* अवस्थित
location *n* स्थान
lock *v* ताला लगाउनु
lock *n* ताला
lock up *v* बन्दी बनाउनु
locker room *n* सुरक्षित कोठा
locksmith *n* फलाम तथा धातुको काम गर्ने व्यक्ति
locust *n* फटेङ्ग्रो
lodge *v* निवास गर्नु
lodging *n* अस्थायी बासस्थान
lofty *adj* महान्; आग्लो
log *n* काठको मुढो
log *v* अभिलेख राख्नु
log in *v* संग्रह खोल्नु (लग इन)
log off *v* बन्द गर्नु
logic *n* तर्क
logical *adj* तार्किक
loin *n* कम्मर
loiter *v* बरालिनु
loneliness *n* एकान्तपन
lonely *adv* एक्लै
loner *adj* एकान्तवासी
lonesome *adj* एक्लो, एकान्त
long *adj* लामो
long for *v* ज्यादै चहानु
longing *n* इच्छा

longitude *n* देशान्तर
long-standing *adj* चिरकालिन
long-term *adj* दीर्घकालीन
look *n* हेराई
look *v* हेर्नु
look after *v* हेरचाह गर्नु
look at *v* विचार गर्नु
look down *v* होच्याउनु
look for *v* खोज्नु
look forward *v* आशा गर्नु, प्रतिक्षा गर्नु
look into *v* अनुसन्धान गर्नु
look out *v* सुरक्षा दिनु
look over *v* अवलोकन गर्नु
look through *v* ध्यान दिएर हेर्नु
looking glass *n* ऐना, दर्पण
looks *n* देखावट
loom *n* बुन्ने यन्त्र
loom *v* अस्पष्ट रुपले देखु
loophole *n* मसिनो प्वाल; भाग्ने बाटो
loose *v* खुकुलो हुनु
loose *adj* खुकुलो
loosen *v* खुकुलो पार्नु
loot *v* लुटेर लैजानु
loot *n* लुटेको सामान
lord *n* भगवान्, शासक, मालिक
lordship *n* राज्य; शासन; आधिपत्य
lose *iv* गुमाउनु
loser *n* हरुवा
loss *n* घाटा
lot *adv* हिस्सा; भाग्य; दैव
lotion *n* घाउ धुने ओखती
lots *adj* धेरै
lottery *n* चिठ्ठा
loud *adj* ठूलो आवाज
loudly *adv* बेस्सरी
loudspeaker *n* ठूलो आवाज निकाल्ने यन्त्र
lounge *n* विश्राम स्थाल
lounge *v* आरामपूर्वक बस्नु
louse *n* जुम्रा
lousy *adj* जुम्रे; झ्याउलाग्दो
lovable *adj* माया गर्न लायक
love *v* माया गर्नु
love *n* माया
lovely *adj* मायालु
lover *n* प्रेमी
loving *adj* माया लाग्ने
low *adj* होचो
lower *adj* अलि होचो
low-key *adj* कम गुणस्तरको
lowly *adj* विनीत, नम्र
loyal *adj* वफदार
loyalty *n* वफदारीता
lubricate *v* तेलले चल्ने पार्नु
lubrication *n* चिल्लोपन
lucid *adj* उज्ज्वल, तेजिलो
luck *n* संयोग
lucky *adj* भाग्यमानी
lucrative *adj* फाइदाजनक
ludicrous *adj* हास्यस्पद
luggage *n* यात्राको बोकिने झोला
lukewarm *adj* मनतातो
lull *n* शान्त, आँधीको क्रियाकलाप बीचको शान्त
lumber *n* प्रयोगमा नल्याएको फर्निचर
luminous *adj* उज्यालो दिने

L

lump *n* डल्लो
lump sum *n* एक मुस्ठ
lump together *v* जोड्नु
lunacy *n* पागलपन
lunatic *adj* पागल
lunch *n* दिउँसोको खाना
lung *n* फोक्सो
lure *v* लोभ देखाउनु
lurid *adj* मलिन
lurk *v* लुकेको हुनु, अप्रकाशित रहनु
lush *adj* रसिलो
lust *v* लालयित हुनु; कामुक हुनु
lust *n* सम्भोग इच्छा; लालयित; उत्कट इच्छा
lustful *adj* कामुक
luxurious *adj* विलासी
luxury *n* आरामदायी, विलासी
lynch *v* अन्याययुक्त दण्ड दिनु
lynx *n* बिरालो वर्गको जनावर
lyrics *n* रचना

M

machine *n* यन्त्रिक
machine gun *n* यन्त्रिक बन्दुक
mad *adj* पागल
madam *n* भद्र महिला
madden *v* पागल बनाउनु
madly *adv* पागल भएर
madman *n* पागल व्यक्ति
madness *n* पागलपन
magazine *n* पत्रपत्रिका
magic *n* जादू
magical *adj* जादूमय
magician *n* जादूगर
magistrate *n* फौजदारी न्यायधीश
magnet *n* चुम्बक
magnetic *adj* चुम्बकीय
magnetism *n* चुम्बकीय सम्बन्धी विद्या
magnificent *adj* सानदार
magnify *v* ठूलो बनाउनु
magnitude *n* विशालता, महानता
mahogany *n* महार्घ वृक्ष
maid *n* नोकर्नी; कुमारी केटी
maiden *n* कुमारी, अविवाहिता
mail *v* डाँक पठाउनु
mail *n* डाँक, कवज
mailbox *n* हुलाक केन्द्रमा चिठ्ठी पत्र खसाल्ने बाकस
mailman *n* हुलाकी
maim *v* अंगभंग गर्नु, अपांग बनाउनु
main *adj* मुख्य, प्रमुख
mainland *n* महाद्वीप
mainly *adv* मुख्यतय, प्रमुखतः
maintain *v* चालू राख्नु; पालनपोषण गर्नु; मर्मत गर्नु
maintenance *n* मर्मत
majestic *adj* प्रतापी
majesty *n* महामहिम
major *n* सेनानी
major *adj* मुख्य, प्रधान

L

major in *v* प्रमुख विषयमा अध्ययन गर्नु
majority *n* बहुमतीय; अधिकांश
make *n* संरचना; बनावट
make *iv* बनाउनु
make up *v* श्रृंगार गर्नु
make up for *v* क्षतिपूर्ति दिनु
maker *n* निर्माण कर्ता
makeup *n* श्रृंगार; ढाँचा; बनावट
malaria *n* शीतज्वर
male *n* पुरुष
malevolent *adj* दुष्ट, ईर्ष्यालु
malfunction *v* कार्य गर्न नसक्नु
malfunction *n* सामान्यतया काम गर्न असक्षम यन्त्र
malice *n* कुभावना
malign *v* गाली गर्नु, निन्दा गर्नु
malignancy *n* हानिकारकत्व
malignant *adj* हानिकारक, घातक
mall *n* ओझेल परेको बाटो, जनसाधारण हिड्ने बाटो
malnutrition *n* कुपोषण
malpractice *v* अनाचार, दुराचार, कुचरित्र
mammal *n* स्तनधारी
mammoth *n* विशाल, प्रचण्ड
man *n* मानव
manage *v* व्यवस्थापन गर्नु
manageable *adj* व्यवस्थापन गर्न योग्य
management *n* व्यवस्थापन
manager *n* व्यवस्थापक
mandate *n* हुकुम, आदेश
mandatory *adj* आदेशक, आज्ञादायी
maneuver *n* समूहको कलात्मक चाल
manger *n* जनावरलाई खाना तथा पानी दिने भाँडो
mangle *v* टुक्राटुक्रा पार्नु
manhandle *v* दुर्व्यवहार गर्नु
manhunt *n* जसुसी केन्द्र
maniac *adj* पागल
manifest *v* व्यक्त गर्नु, प्रकट गर्नु
manipulate *v* सीपका साथ सञ्चालन गर्नु (यन्त्र)
mankind *n* मानव जाति
manliness *n* पुरुषत्व
manly *adj* पुरुषत्वका साथ
manner *n* व्यवहार, आचरण
mannerism *n* शिष्टाचारिता
manners *n* आचरण
manpower *n* जनशक्ति
mansion *n* महल; प्रासाद
manslaughter *n* नरहत्या
manual *n* निर्देशिका
manual *adj* हस्त
manufacture *v* निर्माण तथा उत्पादन गर्नु
manure *n* कम्पोष्ट मल
manuscript *n* पाण्डुलिपि
many *adj* धेरै
map *n* नक्सा
map *v* नक्सामा देखाउनु; मानचित्र बनाउनु
marble *n* संगमरमर
march *v* ठूलो मानिसको हूल अघि बढ्नु
march *n* सैनिक हिडाई; मार्च महिना
March *n* सैनिक हिडाई; मार्च महिना
mare *n* पोथी घोडा
margin *n* सीमा, किनारा
marginal *adj* सीमान्त वर्ग

marinate *v* मासु मसलामा मिसाउनु
marine *adj* सामुद्रिक
marital *adj* वैवाहिक
mark *n* निशान
mark *v* निशान लगाउनु
mark down *v* मूल्य घटाउनु
marker *n* बोर्डमा लेख्ने कलम
market *n* बजार
market *v* बिक्री गर्नु
marksman *n* निसानबाज
marmalade *n* अमिलो फलबाट बनाएको जाम
marriage *n* विवाह
married *adj* विवाहित
marrow *n* एक प्रकारको चिचिन्डो
marry *v* विवाह गर्नु
Mars *n* मंगल ग्रह
marshal *n* सैनिक प्रमुख
martyr *n* शहीद
martyrdom *n* शहीदभाव
marvel *n* आश्चर्यजनक वस्तु
marvelous *adj* आश्चर्यजनक
Marxist *adj* माक्र्सवादी
masculine *adj* पुरुषत्व
mash *v* लेदो पार्नु
mask *n* मकुन्डो
mask *v* मकुन्डो लगाउनु
masochism *n* बलात्कर तथा हिंसा भएकालाई दिने सन्तोना
mason *n* डकर्मी; मिस्त्री
masquerade *v* बहाना, छलकपट
mass *n* पिण्ड
massacre *n* सामूहिक हत्या
massage *n* मालिस
massage *v* मालिस गर्नु
masseur *n* मालिस गर्ने व्यक्ति
masseuse *n* मालिस गर्ने महिला
massive *adj* अति विशाल
mast *n* खम्बा, झण्डाको डन्डा
master *n* मालिक स्वामी
master *v* अधीन गर्नु; अधिकार प्राप्त गर्नु
mastermind *n* बुद्धिवान् व्यक्ति
mastermind *v* योजना बनाउन प्रमुख भूमिका खेल्नु
masterpiece *n* श्रेष्ठ कृति
mastery *n* प्रभुत्व; आधिपत्य
mat *n* सुकुल, गुन्द्री
match *n* प्रतिस्पर्धा; मेल खाने
match *v* जोडा मिलाउनु
mate *n* साथी
material *n* सामाग्री
materialism *n* भौतिकवाद
maternal *adj* आमा सम्बन्धी
maternity *n* मातृत्व
math *n* गणित
matriculate *v* विश्वविद्यालयमा भर्ना गर्नु
matrimony *n* विवाह
matter *n* पदार्थ
matter *v* अर्थ हुनु; महत्व हुनु
mattress *n* डसना
mature *adj* परिपक्क
maturity *n* परिपक्कता
maul *v* चोटपटक लाग्नु; मारपिट गर्नु
maxim *n* सूत्र
maximum *adj* अधिक्तम

M

May *n* मे महिना
may *iv* सम्भावना हुनु
may-be *adv* सायद
mayhem *n* विचलन वा भय
mayor *n* नगर प्रमुख
maze *n* जटिल मार्गहरु भएको ठाउँ
meadow *n* घाँसे मैदान
meager *adj* थोरै
meal *n* खाना
mean *n* मध्यक
mean *iv* अर्थ हुनु
mean *adj* नीच, तुच्छ
meaning *n* अर्थ
meaningful *adj* अर्थपूर्ण
meaningless *adj* अर्थ रहित
meanness *n* नीचता, तुच्छता
means *n* साधन
meantime *adv* मध्यान्तर
meanwhile *adv* त्यसपछि
measles *n* ठेउला
measure *v* नाप्नु
measurement *n* नाप
meat *n* मासु
meatball *n* मासुको चोक्टा वा डल्लो
mechanic *n* यान्त्रिक
mechanism *n* यन्त्रको निर्माण
mechanize *v* यन्त्र प्रयोग गर्नु
medal *n* पदक
medallion *n* प्राचीन तक्मा
meddle *v* हस्तछेप हुनु
mediate *v* मध्यस्थता गर्नु
mediator *n* मध्यस्थक
medication *n* औषधी अपचार
medicinal *adj* औषधीय
medicine *n* औषधी
medieval *adj* मध्यकालीन
mediocre *adj* मध्य, साधारण
mediocrity *n* औसत अवस्था
meditate *v* ध्यान गर्नु
meditation *n* ध्यान
medium *adj* मध्यम
meek *adj* विनम्र
meekness *n* विनम्रता
meet *iv* भेट्नु
meeting *n* बैंठक
melancholy *n* उदासी, विषाद
mellow *adj* नरम, रसिलो, परिपक्क
mellow *v* परिपक्क हुनु
melodic *adj* माधुर्य स्वर
melody *n* स्वरमाधुर्य
melon *n* खरबुजा
melt *v* पग्लिनु
member *n* सदस्य
membership *n* सदस्यता
membrane *n* झिल्ली
memento *n* चिनो
memo *n* ज्ञापन पत्र
memoirs *n* आत्मकथा
memorable *adj* सम्झनालायक
memorize *v* सम्झिनु
memory *n* सम्झना
men *n* मानिसहरु
menace *n* धम्की; चुनौति
mend *v* मर्मत गर्नु

M

meningitis n गिदीको झिल्ली सुन्निने रोग
menopause n महिनावारी हुने समय वा अवधि
menstruation n महिनावारी
mental adj मानसिक
mentality n मानसिकता
mentally adv मानसिक रुपमा
mention v समावेश गर्नु
mention n समावेश
menu n खानाको सूची
merchandise n व्यापार
merchant n व्यापारी
merciful adj दयनीय
merciless adj निर्दयी
mercury n पारो
mercy n दया
merely adv मात्रै, केवल
merge v मिलाउनु
merger n मिलाउने व्यक्ति वा साधन
merit n पुण्य; गण; खुबी
merit v पुरस्कार वा दण्डको भोगी बनाउनु
mermaid n जलपरी
merry adj आनन्दित
mesh n जाल; जाली
mesmerize v आकर्षित गर्नु
mess n फोहोर गर्नु
mess around v सामानहरु यत्रतत्र फाल्नु
mess up v फोहोर गर्नु
message n सन्देश
messenger n सन्देश वाहक
Messiah n शोषित जनताको मुक्ति दाता
messy adj फोहोरी वा मैलो

metal n धातु
metallic adj धातुजस्तो
metaphor n रुपक, अलंकार
meteor n उल्का
meter n मिटर
method n तरिका, विधि
methodical adj विधि सम्बन्धी
meticulous adj सविस्तार
metric adj मापीय
metropolis n राजधानी शहर
Mexican adj मेक्सिको नागरिक वा भाषा
mice n मुसाहरु
microbe n सूक्ष्मजीवाणु
microphone n ध्वनिग्राहक
microscope n सूक्ष्मदर्शक यन्त्र
microwave n सूक्ष्म तरंग
midair n वायुमण्डलको मध्य भाग
midday n मध्यदिन
middle n मध्य भाग
middleman n मध्यस्थ
midget n अस्वाभाविक सानो
midnight n मध्यरात
midsummer n मध्य गृष्म
midwife n सुडेनी
might n शक्ति, बल
mighty adj शक्तिशाली
migraine n टाउको दुख्ने रोग
migrant n घमन्ते
migrate v बसाई सर्नु
mild adj मध्यम
mildew n बोटबिरुवामा लाग्ने सेतो रोग
mile n करिब १६०९ कि.मि. को दुरी

mileage *n* तय गरेको दुरी
milestone *n* मार्गशिला
militant *adj* लडाकू
milk *n* दूध
milky *adj* दूधालु
mill *n* कारखाना
millennium *n* सहस्राब्दी
milligram *n* मिलिग्राम
millimeter *n* मिलि मिटर
million *n* १० लाख
millionaire *adj* लाखपति
mime *v* स्वाङ्
mince *v* चपाउनु; पिस्नु; कुरो लुकाउनु
mincemeat *n* मासु काट्ने यन्त्र
mind *v* आपत्ति जनाउनु; स्मरण गर्नु
mind *n* दिमाग
mind-boggling *adj* अविश्वासनीय
mindful *adj* सावधान, सचेत
mindless *adj* ध्यानरहित
mine *n* खानी
mine *v* खानी खन्नु
mine *pro* मेरो
minefield *n* विस्फोटक पदार्थ बिछ्याएको क्षेत्र
miner *n* खानी कामदार
mineral *n* खनिज पदार्थ
mingle *v* मिसाउनु, मिल्नु
miniature *n* आकार घटाएको वस्तु
minimize *v* सानो वा कम गर्नु
minimum *n* न्यनतम
miniskirt *n* छोटो जामा
minister *n* मन्त्री
minister *v* सेवा गर्नु
ministry *n* मन्त्रालय
minor *adj* गौण, कम महत्वपूर्ण
minor *n* नाबालिग; ऐच्छिक विषय
minor *v* कम महत्वको विषय लिनु
minority *n* अल्पसंख्या
mint *n* पुदिना
mint *v* पैसा छाप्नु
minus *adj* घटाऊ
minute *n* मिनेट
miracle *n* चमत्कार
miraculous *adj* चमत्कारिक
mirage *n* मृगतृष्णा
mirror *n* ऐना
misbehave *v* दुर्व्यवहार गर्नु
miscalculate *v* गलत हिसाबकिताब गर्नु
miscarriage *n* मरेको बच्चा जन्मेको
miscarry *v* गर्भपात हुनु
mischief *n* बदमासी
mischievous *adj* अनिष्टकारक
misconduct *n* दुराचार
misconstrue *v* गलत अर्थ लगाउनु
misdemeanor *n* दुष्कर्म
miser *n* लोभी मानिस
miserable *adj* दयनीय
misery *n* दुःख, विपत्ति
misfit *adj* अनुपयुक्त
misfortune *n* दुर्भाग्य
misgiving *n* सन्देह, शंका
misguided *adj* गलत बाटोमा लैजानु
misinterpret *v* गलत व्याख्या गर्नु
misjudge *v* गलत निर्णय गर्नु
mislead *v* गलत नेतृत्व गर्नु

M

misleading *adj* गलत
mismanage *v* गलत प्रबन्ध गर्नु
misplace *v* गलत ठाउँमा राख्नु
misprint *n* गलत छपाई
miss *v* गुम्नु; अवसर गुमाउनु
missile *n* क्षेप्यास्त्र
missing *adj* गुमेको
mission *n* उद्देश्य; प्रेषण; अभियान; प्रचार
missionary *n* धर्मप्रचारक
mist *n* तुवाँलो
mistake *iv* गलत हुनु
mistake *n* गलत
mistaken *adj* भ्रम, गल्ती
mister *n* महशय
mistreat *v* दुर्व्यवहार गर्नु
mistreatment *n* दुर्व्यवहार
mistress *n* घरमालिक्नी
mistrust *n* अविश्वास
mistrust *v* विश्वास नगर्नु
misty *adj* तुवाँलोले ढाकेको
misunderstand *v* नबुझ्नु
misuse *n* गलत प्रयोग
mitigate *v* शान्त पार्नु, कम गर्नु, सहन सक्ने बनाउनु
mix *v* मिसाउनु
mixed-up *adj* मानसिक समस्या
mixer *n* मिश्रण गर्ने उपकरण
mixture *n* मिसावट
mix-up *n* मानसिक समस्या
moan *v* बिलौना गर्नु
moan *n* बिलौना
mob *v* भिड जम्मा हुनु
mob *n* भिड
mobile *adj* गतिशील
mobilize *v* परिचालन गर्नु
mobster *n* गन्डाको नाइके
mock *v* नक्कल गर्नु
mockery *n* नक्कल
mode *n* प्रणाली, विधि, पद्धति
model *n* नमूना; आदर्श; मानचित्र; नयाँ
model *iv* नमूना तयार पार्नु
moderate *adj* मध्यम
moderation *n* मध्यम
modern *adj* आधुनिक
modernize *v* आधुनिकीकरण गर्नु
modest *adj* शिष्ट, सभ्य, लाज मान्ने
modesty *n* सुशीलता, नम्रता
modify *v* सुधार गर्नु
module *n* मापदण्ड
moisten *v* ओसिलो बनाउनु
moisture *n* आद्र्रता
molar *n* गिजा
mold *v* आकार दिनु
mold *n* आकार दिएको वस्तु; शैली; स्वभाव
moldy *adj* ढुँसी परेको
mole *n* छुचुन्द्रो
molecule *n* अणु
molest *v* यौन शोषण गर्नु
mom *n* आमा
moment *n* क्षण, पल
momentarily *adv* क्षणिकताले, छोटो समयको लागि
momentous *adj* अतिमहत्वपूर्ण
monarch *n* राजकीय

monarchy *n* राजकीय शासन
monastery *n* विहार
monastic *adj* मठ तथा विहार सम्बन्धी
Monday *n* सोमवार
money *n* पैसा, मुद्रा
money order *n* पैसा छाप्न दिएको आदेश
monitor *v* निरीक्षण गर्नु
monk *n* भिक्षु
monkey *n* बाँदर
monogamy *n* एकपत्नीव्रत, एकपतिव्रत; खास व्यक्तिसँग गरिने मैथुन
monologue *n* मनोवाद
monopolize *v* एकाधिपत्य गर्नु
monopoly *n* एकाधिपत्य गर्नु
monotonous *adj* दिक्कलाग्दो
monotony *n* दिक्कलाग्दो अवस्था
monster *n* दैत्य
monstrous *adj* राक्षसी
month *n* महिना
monthly *adv* मासिक
monument *n* स्मारक
monumental *adj* महत्वपूर्ण
mood *n* मनःस्थिति
moody *adj* सनकी
moon *n* चन्द्रामा
moor *v* अफ्रिकाबाट आएको मुस्लिम
mop *v* पुछ्नु
moral *adj* नैतिक
moral *n* नैतिकता
morality *n* नैतिकता
more *adj* धेरै
moreover *adv* अझ धेरै
morning *n* बिहान
moron *adj* गाढा सिम्रिक रंग
morphine *n* अफिमको अर्क
morsel *n* गाँस; टुक्रा
mortal *adj* मरणशील
mortality *n* मरणशीलता
mortar *n* सिमेन्ट बालवाको मिसावट
mortgage *n* बन्धक, धितो
mortification *n* लज्जा
mortify *v* लज्जित तुल्याउनु
mortuary *n* मुर्दाघर
mosaic *n* रंगिन संगर्ममरद्धारा निर्मित चित्र
mosque *n* मस्जिद
mosquito *n* लामखुट्टे
moss *n* झ्याउ
most *adj* अत्यधिक
mostly *adv* प्रयजसो
motel *n* साना होटेल
moth *n* झुसेल कीरा
mother *n* आमा
motherhood *n* मातृत्व
mother-in-law *n* सासू
motion *n* चाल; गति; मनोवेग
motion *v* चालमा ल्याउनु
motionless *adj* स्थिर
motivate *v* प्रेरित गर्नु
motive *n* उद्देश्य
motor *n* संचालक
motorcycle *n* मोटरसाइकल, भटभटे
motto *n* उद्देश्य
mount *n* टेवा; घोडा चढ्ने काम
mount *v* मिलाउनु; प्रबन्ध मिलाउनु

mountain *n* हिमाल
mountainous *adj* हिमालय
mourn *v* बिलौना गर्नु
mourning *n* बिलौना
mouse *n* मुसो; कम्प्युटर स्क्रिनमा कर्सर चलाउे हाते उपकरण
mouth *n* मुख
move *n* गति, चाल
move *v* चालमा ल्याउनु, चल्नु
move back *v* पछि हट्नु
move forward *v* अघि बढ्नु
move out *v* परित्याग गर्नु
move up *v* उन्नति गर्नु
movement *n* आन्दोलन
movie *n* चलचित्र
mow *v* घाँस काट्नु
much *adv* धेरै
mucus *n* सिँगान, राल
mud *n* हिलो
muddle *n* लथालिंग पार्नु
muddy *adj* हिलम्मे
muffle *v* आवाज मधुरो पार्नु
muffler *n* गलबन्दी
mug *n* प्याला
mug *v* आक्रमण तथा लुट्नु
mugging *n* आक्रमण तथा लुट्ने काम
mule *n* खच्चर
multiple *adj* अनेक, विविध
multiplication *n* गुणन
multiply *v* गुणन गर्नु
multitude *n* जनताको विशाल संख्या
mumble *v* अस्पष्ट रुपमा बोल्नु
mummy *n* आमा
mumps *n* गलगाँठ
munch *v* उग्राउनु वा विस्तारै चपाउनु
munitions *n* गोला बारुद
murder *n* हत्या
murderer *n* हत्यारा
murky *adj* अन्धकारमय
murmur *v* गुनगुन गरेर बोल्नु
murmur *n* गुनगुनाउनु
muscle *n* मांसपेशी
museum *n* संग्रहलय
mushroom *n* च्याउँ
music *n* संगीत
musician *n* संगीतकार
Muslim *adj* मुस्लिम धर्म अनुयायी
must *iv* गर्नै पर्ने काम वा कर्तव्य
mustache *n* जुँगा
mustard *n* तोरी
muster *v* संकलन गर्नु, सिपाही जम्मा हुनु
mutate *v* वंशाणुक्रमले नयाँ परिवर्तन हुनु
mute *adj* मौन, चुप, शान्त
mutilate *v* विरुप पार्नु
mutiny *n* विद्रोह, सैनिक विद्रोह
mutually *adv* पारस्परिक रुपले
muzzle *v* बन्दुकको नाल तेस्र्याउनु
muzzle *n* बन्दुकको नाल
my *adj* मेरो
myopic *adj* अदूरदृष्टि
myself *pro* मआफैं
mysterious *adj* रहस्यमय
mystery *n* रहस्य
mystic *adj* रहस्यवादी

M

mystify *v* रहस्यमय बनाउनु
myth *n* पौराणिक कथा

N

nag *v* कचकच गरेर दिक्क पार्नु
nagging *adj* गुनासो गर्ने; दिक्क पार्ने; लामो समय सम्म रहने
nail *n* नङ; किला
nail *v* कीला वा काँट ठोक्नु; पक्रनु
naive *adj* निर्दोष तथा सरल
naked *adj* नाङ्गो
name *n* नाम
name *v* नाम राख्नु
namely *adv* अर्को शब्दमा
nanny *n* धाई, बच्चाबच्ची सुसारे
nap *n* छोटो सुताई
nap *v* एकैछिन निदाउनु
napkin *n* हात पुछ्ने रुमाल
narcotic *n* लठ्याउने औषधि
narrate *v* विस्तारमा बताउनु
narrow *adj* साँघुरो
narrowly *adv* साँघुरोसँग
nasty *adj* एकदम अप्रिय
nation *n* राष्ट्र
national *adj* राष्ट्रिय
nationality *n* राष्ट्रियता
nationalize *v* राष्ट्रियकरण गर्नु
native *adj* स्थानीय
natural *adj* प्राकृतिक
naturally *adv* प्राकृतिक रुपले
nature *n* प्रकृति
naughty *adj* खराब
nausea *n* वाक्काकी
nave *n* गर्भगृह
navel *n* नाभि
navigate *v* जहाज चलाउनु
navigation *n* जलयात्रा
navy *n* जलसेना
navy blue *adj* गाढा निलो रङ
near *pre* नजिक
nearby *adj* छेउमै, नजिकै
nearly *adv* झन्डै
nearsighted *adj* अदुरदृष्टि
neat *adj* सफा
neatly *adv* सफासँग
necessary *adj* आवश्यक
necessitate *v* आवश्यक गराउनु
necessity *n* आवश्यकता
neck *n* घाँटी
necklace *n* घाँटीमा लगाउने सिक्री
necktie *n* घाँटीमा लगाउने टाई
need *v* आवश्यक हुनु
need *n* आवश्यक
needle *n* सियो
needless *adj* अनावश्यक
needy *adj* आवश्यकीय
negative *adj* विपरित
negative *n* नकरात्मक
neglect *v* ध्यान नदिनु
neglect *n* बेवास्ता

negligence *n* बेवास्ता, हेलचेक्र्याई
negligent *adj* लापरवाह
negotiate *v* सम्झौता गर्नु
negotiation *n* सम्झौता
neighbor *n* छिमेक
neighborhood *n* छिमेकी
neither *adj* दुई मध्ये कुनै पनि होइन
neither *adv* न यो, न त्यो
nephew *n* भतिजो; भानिज
nerve *n* नसा, स्नायु
nervous *adj* चिन्तित, व्याकुल, अधैर्य
nest *n* गुँड
net *n* जाली
Netherlands *n* नेदरल्यान्ड देश
network *n* सञ्जाल
neurotic *adj* स्नायुविकार सम्बन्धी
neutral *adj* असंलग्न, तटस्थ
neutralize *v* असंलग्न हुनु, तटस्थ हुनु
never *adv* कहिलै पनि
nevertheless *adv* तैपनि, तथापि
new *adj* नयाँ
newborn *n* नवजात
newcomer *n* नवागन्तुक
newly *adv* भर्खरै
newlywed *adj* भर्खरै विवाह गरेको व्यक्ति
news *n* समाचार
newscast *n* समाचार वाचन
newsletter *n* मुख पत्र
newspaper *n* पत्रिका
newsstand *n* समाचार वितरण तयारी पारिएको अवस्था
next *adj* अर्को
next door *adj* सँगैको घर
nibble *v* कुटकुट टोक्नु
nice *adj* राम्रो
nicely *adv* राम्रोसँग
nickel *n* निकेल धातु
nickname *n* बोलाउने नाम
nicotine *n* सुर्तीमा पाइने मन्द विष
niece *n* भान्जी; भतिजी
night *n* रात
nightfall *n* सन्ध्याकाल
nightgown *n* राती वा सुत्नेबेला लगाउने कपडा
nightingale *n* बुलबुल चरा
nightmare *n* डरलाग्दो सपना
nine *adj* नौ
nineteen *adj* उन्नाइस
ninety *adj* नब्बे
ninth *adj* नौऔं
nip *n* चिमोट, चिम्ट्याइ
nip *v* बेस्सरी थिच्नु
nipple *n* स्तनको मुन्टो
nitpicking *adj* अनावश्यक आलोचना
nitrogen *n* नाइट्रजन ग्याँस
no one *pro* कोही पनि
nobility *n* कुल, उच्च सामाजिक प्रतिष्ठा भएको व्यक्ति
noble *adj* भद्र, शालिन
nobleman *adj* कुलीन वा खानदानी व्यक्ति
nobody *pro* कोही पनि
nocturnal *adj* रातको
nod *v* टाउकोले इसारा गर्नु
noise *n* हल्ला
noisily *adv* हल्लासँग

noisy *adj* हल्ला युक्त
nominate *v* मनोनित
none *pre* कुनैपनि
nonetheless *c* तापनि
nonsense *n* वाहियत
nonsmoker *n* धुम्रपान नगर्ने व्यक्ति
nonstop *adv* नरोकिने
noon *n* मध्यान्ह
noose *n* पासो
nor *c* न त, होइन
norm *n* नियम, मापदण्ड
normal *adj* साधारण
normalize *v* साधारण वा सामान्य बनाउनु
normally *adv* साधारणतया
north *n* उत्तर
northeast *n* उत्तरदक्षिण
northern *adj* उत्तरी
northerner *adj* उत्तरमा बस्ने बासिन्दा
Norway *n* नर्वे देश
Norwegian *adj* नर्वेको नागरिक वा भाषा
nose *n* नाक
nosedive *adv* रक्षात्मक ढकनी (हवाईजहाजमा)
nostalgia *n* घरको याद
nostril *n* नाकको प्वाल
nosy *adj* नाके
not *adv* होइन
notable *adj* विख्यात, नाम चलेको
notably *adv* प्रसिद्धले
notary *n* दस्तवेजको तसदीक गर्ने व्यक्ति
notation *n* चिनो लगाउने काम
note *v* संक्षिप्त विवरण लृख्नु
note *n* संक्षिप्त विवरण; स्वरचिन्ह; पुर्जी; बैंक नोट
notebook *n* टिप्पण–पुस्तिका
noteworthy *adj* मूल्यवान्
nothing *n* केही पनि होइन
notice *v* ध्यान दिनु, देख्नु
notice *n* सूचना
noticeable *adj* देख्न सकिने
notification *n* सूचना, घोषणा
notify *v* सूचना दिनु
notion *n* धारणा, विचार, सिद्धान्त
notorious *adj* कुख्यात
noun *n* नाम
nourish *v* हुर्काउनु–बढाउनु
nourishment *n* पालनपोषण
novel *n* उपन्यास
novelist *n* उपन्यासकार
novelty *n* नविनता
November *n* नेभेम्बर महिना
novice *n* सिकारु
now *adv* अहिले
nowadays *adv* अचेल, वर्तमान कालमा
nowhere *adv* कुनै ठाउँमा पनि होइन
noxious *adj* विषालु
nozzle *n* थुतुनो
nuance *n* अभिव्यक्ति
nuclear *adj* आणविक
nude *adj* नाङ्गो
nudism *n* नाङ्गो सम्बन्धी
nudist *n* नाङ्गो व्यक्ति
nudity *n* नाङ्गोपन
nuisance *n* दुःख दिने व्यक्ति
null *adj* खारेज वा रद्द भइसकेको

N

nullify *v* खारेज वा रद्द गर्नु
numb *adj* लठ्ठिएको, निदाएको
number *n* संख्या
numbness *n* अचेतपन, लाटोपन
numerous *adj* अनगिन्ती
nun *n* भिक्षुणी
nurse *n* चिकित्सा परिचारिका
nurse *v* स्याहारसुसार गर्नु
nursery *n* शिशु गृह
nurture *v* पालनपोषण गर्नु
nut *n* नरिवल
nutrition *n* पोषण
nutritious *adj* पोषणयुक्त
nut-shell *adv* सक्षेपमा
nutty *adj* कडा दाना भएको

O

oak *n* बाँजवृक्ष
oar *n* माझी
oasis *n* मरुभूमिमा पाइने उवर ठाउँ
oath *n* सपथ
oatmeal *n* जौ
obedience *n* आज्ञाकारिता
obedient *adj* आज्ञाकारी
obese *adj* धेरै मोटो
obey *v* आज्ञा पालन गर्नु
object *v* विरोध गर्नु
object *n* लक्ष्य, उद्देश्य
objection *n* अस्वीकृति, आपत्ति
objective *n* वस्तुगत, विषयगत
obligate *v* वचनवद्ध गर्नु
obligation *n* कर्तव्य
obligatory *adj* अनिवार्य
oblige *v* बाध्य तुल्याउनु
obliged *adj* बाध्य
oblique *adj* तेर्सो ढल्केको
obliterate *v* पुछेर मेट्नु
oblivion *n* विस्मृति
oblivious *adj* सम्झिन नसकिने
oblong *adj* अण्डाकार
obnoxious *adj* घृणाले, तिरस्कारले
obscene *adj* अश्लील
obscenity *n* अश्लीलता
obscure *adj* अस्पष्ट
obscurity *n* अस्पष्टता
observation *n* अवलोकन
observatory *n* खगोलीय
observe *v* अवलोकन गर्नु
obsess *v* मनमस्तिष्क आइरहनु
obsession *n* लगाव
obsolete *adj* अप्रचलित
obstacle *n* बाधा
obstinacy *n* जिद्दीपन
obstinate *adj* जिद्दी
obstruct *v* अवरोध गर्नु
obstruction *n* बन्धन; छाप
obtain *v* प्राप्त गर्नु
obvious *adj* प्रष्ट
obviously *adv* प्रष्टसँग

occasion *n* अवसर
occasionally *adv* कहिलेकांही
occult *adj* गोप्य
occupant *n* अधिकारी, मालिक
occupation *n* पेशा
occupy *v* ढाक्नु
occur *v* हुनु वा पर्न आउनु
occurrence *n* प्रसंग, संयोग
ocean *n* समुद्र
October *n* अक्टोबर महिना
octopus *n* एकप्रकारको समुद्री जीव
odd *adj* बिजोर, अनौठो, विचित्र
oddity *n* अनौठो वा विचित्र वस्तु
odds *n* अन्तर कलह
odious *adj* घृणित
odometer *n* गाडीमा दूरी नाप्ने यन्त्र
odor *n* बासना
odyssey *n* लामो यात्रा
of *pre* को
off *adv* बन्द, पर, टाढा
offend *v* रिस उठाउनु
offense *n* गैरकानूनी काम
offensive *adj* गैरकानून युक्त
offer *v* पेश गर्नु, अर्पण गर्नु
offer *n* वचन, अर्पण
offering *n* उपहार
office *n* कार्यालय
officer *n* अधिकृत
official *adj* कार्यालय सम्बन्धी
officiate *v* बहालीमा रही कामकाज गर्नु
offset *v* क्षतिपूर्ति दिनु वा बराबर गर्नु
offspring *n* बालबालिका
off-the-record *adj* प्रकाशन नगरिने
often *adv* सधैं
oil *n* तेल
ointment *n* मलम, लेप
okay *adv* ठीक, हो
old *adj* बुढो; पुरानो
old age *n* वृद्धावस्था
old-fashioned *adj* पुरानो परम्परा
olive *n* जैतुन वा भद्राक्ष
Olympics *n* प्राचीन युनानबाट सुरु भएको अन्तर्राष्ट्रिय खेल
omelet *n* अण्डा फिटेर पकाएको परिकार
omen *n* अशुभा लक्षण
ominous *adj* धम्कीपूर्ण
omission *n* हटाउने काम
omit *v* हटाउनु
on *pre* माथि, मा
once *adv* एकचोटि
once *c* कुनै समय, कुनै बेला
one *adj* एक
oneself *pre* आफैं
ongoing *adj* भइरहेको
onion *n* प्याज
onlooker *n* दर्शक
only *adv* केवल, मात्र, खाली
onset *n* हमला, आक्रमण
onslaught *n* डरलाग्दो हमला
onwards *adv* अगाडि तिर
opaque *adj* अपारदर्शी
open *v* खोल्नु
open *adj* खुलेको
open up *v* सुरु गर्नु

opening *n* सुरुवात, उद्घाटन
open-minded *adj* खुला–मनको
openness *n* खुल्लापन
opera *n* नाटकघर
operate *v* सञ्चालन गर्नु
operation *n* सञ्चालन
opinion *n* विचार, धारणा
opinionated *adj* अभिव्यक्त गरेको
opium *n* अफिम, लठ्याउने औषधि
opponent *n* प्रतिद्वन्द्वी
opportune *adj* अनुकूल, योग्य
opportunity *n* अवसर, मौका
oppose *v* प्रतिरोध गर्नु
opposite *adj* विपरित
opposite *adv* सम्मुख
opposite *n* विपरितक
opposition *n* विरोध, असहमति
oppress *v* दमन गर्नु
oppression *n* दमन
opt for *v* निर्णय गर्नु
optical *adj* दृष्टि सम्बन्धी
optician *n* चश्मा बनाउने तथा बेच्ने मानिस
optimism *n* आशावाद
optimistic *adj* आशावादी
option *n* अभिरुचि, इच्छा
optional *adj* ऐच्छिक
opulence *n* सम्पत्ति
or *c* अथवा
oracle *n* आकाशवाणी
orally *adv* मौखिक रुपमा
orange *n* सुन्तला
orangutan *n* लामो हात भएको वन मान्छे
orbit *n* ग्रहहरुको अक्षय
orchard *n* वाटिका
orchestra *n* बाजा बजाउनेहरुको समूह
ordain *v* कानूनी रुप दिनु
ordeal *n* अग्निपरीक्षा
order *n* क्रम; आदेश; व्यवस्था
order *v* क्रम मिलाउनु
ordinarily *adv* सामान्यता
ordinary *adj* सामान्य
ordination *n* अभिषेक समारोह
ore *n* कच्चा धातु
organ *n* शरीरि भित्रका अंगहरु; मुखपत्र; अर्गन बाजा
organism *n* जीवात्मा
organist *n* अर्गन बाजा बादक
organization *n* संगठन, संस्था
organize *v* व्यवस्था मिलाउनु, प्रबन्ध
orient *n* पूर्वीय देशहरु
oriental *adj* पूर्वीय, एसियाली
orientation *n* पूर्वीय स्थिति
oriented *adj* पूर्वीय
origin *n* उद्गम
original *adj* विशुद्ध
originally *adv* विशुद्ध रुपमा
originate *v* उत्पन्न गराउनु
ornament *n* गरगहना
ornamental *adj* गरगहनासँग सम्बन्धी
orphan *n* टुहुरो
orphanage *n* टुहुरोपन
orthodox *adj* धर्मावलम्बी
ostentatious *adj* देखावटी
ostrich *n* अफ्रिकी चरो

other *adj* अरु
otherwise *adv* नत्र; अन्यथा; होइन भने
otter *n* पानी बिरालो
ought to *iv* आभारी हुनु; आवश्यक हुनु; कर्तव्यबद्ध हुनु
ounce *n* थोरै मात्रा
our *adj* हाम्रो
ours *pro* हाम्रो
ourselves *pro* हामीआफैं
oust *v* बाहिर निकाल्नु
out *adv* बाहिर
outbreak *n* महामारी, प्रकोप
outburst *n* झनक्क रिसाउनु
outcast *adj* बहिष्कार
outcome *n* प्रतिफल, नतिजा
outcry *n* चित्कार
outdated *adj* पुरानो भइसकेको, मिति नागेको
outdo *v* पछि पार्नु
outdoor *adv* बाहिर
outdoors *adv* मैदानमा
outer *adj* बाहिर
outfit *n* सजावट
outgoing *adj* आकर्षक व्यक्तित्व, निवर्तमान
outgrow *v* चाँडो बढ्नु
outing *n* पर्यटन; यात्रा
outlast *v* स्थायी हुनु, टिक्नु
outlaw *v* ऐनले रक्षा गर्न नसक्नु
outlet *n* निकास
outline *n* रुपरेखा
outline *v* रुपरेखा तयार पार्नु
outlive *v* धेरै वर्षसम्म जीवित रहनु
outlook *n* दृष्टिकोण; निरीक्षण
outmoded *adj* पुरानो परम्परा तथा शैली
outnumber *v* बढ्ता हुनु
outpatient *n* परीक्षणको लागि मात्र आउने बिरामी
outperform *v* उत्कृष्ट प्रदर्शन तथा कार्य गर्नु
outpouring *n* बग्ने
output *n* निर्मित वस्तु, उत्पादन
outrage *n* अतिक्रमण, दुर्व्यवहार
outrageous *adj* अत्याचार, दुराचार
outright *adj* स्पष्ट
outrun *v* उछिन्नु
outset *n* आरम्भ
outshine *v* अत्यधिक चम्किनु
outside *adv* बाहिर
outsider *n* विदेशी
outskirts *n* सीमाना
outspoken *adj* सहासले सही कुरा बोल्ने; अधिक बोल्ने
outstanding *adj* उत्कृष्ट
outstretched *adj* फैलावट
outward *adj* बाहिरी
outweigh *v* तौल, मूल्य तथा महत्वमा बढी हुनु
oval *adj* अण्डाकार
ovary *n* गर्भाशय
ovation *n* उत्साहपूर्ण स्वागत
oven *n* चूलो
over *pre* माथि
overall *adv* जम्माजम्मी
overbearing *adj* दबाबकारी; शक्तिशाली; उद्दण्ड
overboard *adv* जहाजबाट पानीमा
overcast *adj* बादल लागेर भएको अँध्यारो

overcharge *v* बढी तिराउनु
overcoat *n* बाक्लो घुँडा सम्म आउने कोट
overcome *v* मुक्त हुनु
overcrowded *adj* भिडभाड भएको
overdo *v* अचाक्ली गर्नु
overdone *adj* आवश्यकता भन्दा बढी पकाएको
overdose *n* औषधिको अधिक मात्रा
overdue *adj* म्याद गुज्रिसकेको
overestimate *v* बढाईचढाई आकलन गर्नु
overflow *v* उम्लिनु; बढी भएर बग्नु
overhaul *v* पूरा जाँच, पूर्ण परिक्षण
overlap *v* खप्टिनु
overlook *v* बेवास्ता गर्नु
overnight *adv* रातभर
overpower *v* दबाउनु
overrate *v* बढी मूल्य तोक्नु
override *v* यात्रा गर्नु, रद्द गराउनु
overrule *v* निस्तेज पार्नु
overrun *v* नाघ्नु, व्याप्त गर्नु, आक्रमण
overseas *adv* समुद्रपार
oversee *v* निगरानी गर्नु, निरीक्षण
overshadow *v* शिथिल बनाउनु
oversight *n* भूल, गल्ती
overstate *v* अतिरंजित गर्नु
overstep *v* मिच्नु, अतिक्रमण गर्नु
overtake *v* उछिन्नु
overthrow *v* पराजित गर्नु; नष्ट गर्नु
overthrow *n* पतन, पराजय
overtime *adv* अतिरिक्त समय
overturn *v* उल्टाउनु
overview *n* अवलोकन गर्नु, संक्षेप गर्नु
overweight *adj* बढी तौल
overwhelm *v* बोझले थिच्नु
owe *v* ऋण तिर्नु; कृतज्ञ हुनु
owing to *adv* कारण
owl *n* लाटोकोसेरो
own *v* मालिक बन्नु
own *adj* आफ्नो
owner *n* मालिक
ownership *n* स्वामित्व
ox *n* गोरु
oxen *n* गोरुहरु
oxygen *n* अक्सिजन ग्याँस
oyster *n* सिपी माछा

P

pace *v* कदम चाल्नु
pace *n* कदम, चाल
pacify *v* शान्त पार्नु
pack *v* पोको वा कुम्लो पार्नु
pack *n* पोको वा कुम्लो
package *n* सामानहरुको सँगालो
pact *n* सन्धि
pad *v* गद्दा राख्नु
padding *n* गद्दा
paddle *v* चलाउनु
padlock *n* जनावर वा गाडी राख्ने ठाउँ
pagan *adj* प्रकृतिपूजक; गैर प्रमुख धर्मावलम्बी

page *n* पाना
pail *n* बाल्टी, ठेकी
pain *n* पीडा
painful *adj* पीडादायक
painkiller *n* पीडा कम गर्ने औषधि
painless *adj* दुःख रहित
paint *v* रंग्याउनु
paint *n* रंग
paintbrush *n* रंग्याउने बुरुस
painter *n* चित्रकार
painting *n* चित्रकला
pair *n* जोडी
pajamas *n* हल्का घरमा लगाउने कपडा
pal *n* मित्र, साथी
palace *n* दरवार
palate *n* तालु; स्वाद; रुचि
pale *adj* पहेंलो
paleness *n* पहेंलोपन
palm *n* हत्केला
palm *v* फस्नु, आरोपित हुनु
palpable *adj* स्पष्ट, स्वच्छ
paltry *adj* तुच्छ, नीच
pamper *v* पुलपुल्याउनु
pamphlet *n* पर्चा
pan *n* ताप्के, ताई
pancreas *n* प्यानक्रियाज ग्रन्थी
pander *v* खराब काममा सहयोग गर्नु
pang *n* वेदना, कष्ट
panic *n* सन्त्रास
panorama *n* वरिपरिको निर्वाध दृश्य
panther *n* चितुवा
pantry *n* खाद्यकक्ष
pants *n* प्यान्ट वा सुरुवाल
pantyhose *n* महिलाले तल भित्र लगाउने कपडा
papacy *n* पादरीको कार्यालय
paper *n* कागज
paperclip *n* कागज च्याप्ने कुरा
paperwork *n* कागजातको काम
parable *n* लघुकथा
parachute *n* हवाइजहाजबाट हाम्फाल्दा ओड्ने छाता
parade *n* सैनिक व्यायाम
paradise *n* स्वर्ग
paradox *n* विरोधाभास
paragraph *n* अनुच्छेद
parakeet *n* सानो सुगा
parallel *n* समान्तर
paralysis *n* पक्षघात
paralyze *v* पक्षघात हुनु
parameters *n* गणितको स्थिर राशी
paramount *adj* अत्यन्त महत्वपूर्ण
paranoid *adj* शंकालु
parasite *n* परजीवी
paratrooper *n* वायुसेना
parcel *n* पोको पारिएको सामान
parcel post *n* तयार पारिएको पोको
parch *v* खार्नु
parchment *n* चर्मपत्र
pardon *v* माफी माग्नु
pardon *n* माफी
parenthesis *n* कोष्ठ भित्रको शब्द वा वाक्य
parents *n* अभिभावक
parish *n* आफ्नै गिर्जाघर

parishioner *n* गिर्जाघर सदस्य
parity *n* बराबरी
park *v* केही समय गाडी कुनै ठाउँमा रोक्नु
park *n* उद्यान
parking *n* गाडी राख्ने काम
parliament *n* संसदीय
parochial *adj* संकुचित
parrot *n* सुगा
parsley *n* ज्वानु
parsnip *n* चुकन्दर
part *v* भाग
part *n* भाग लगाउनु
partial *adj* आंशिक
partially *adv* आंशिक रुपमा
participate *v* सहभागी हुनु
participation *n* सहभागिता
participle *n* गौण क्रिया
particle *n* कण
particular *adj* विशिष्ट, असाधारण
particularly *adv* विशेष गरी
parting *n* विभाजित
partisan *n* अनुयायी
partition *n* विभाजन
partly *adv* केहीमात्रामा
partner *n* साथी, मित्र
partnership *n* साझेदारी
partridge *n* तित्रा चरा
party *n* जनसमूह
party *v* समूहमा रमाइलो
pass *n* उत्तीर्ण; अनुमति पत्र
pass *v* उत्तीर्ण हुनु; भएर जानु
pass around *v* वारिपरि वितरण गर्नु
pass away *v* बित्नु, मृत्य हुनु
pass out *v* अचेत हुनु
passage *n* गमन मार्ग
passenger *n* यात्रु
passer-by *n* बटुवा
passion *n* अनुराग
passionate *adj* अनुरागी
passive *adj* निष्क्रिय
passport *n* रहदानी
password *n* संकेत शब्द
past *adj* बिगत, भूत
past *n* भूतकाल
paste *v* टाँस्नु
paste *n* माँड, लेदो
pasteurize *v* आंशिक निर्जीविकरण गर्नु
pastime *n* विगतको समय
pastor *n* पादरी
pastoral *adj* पशुचरण सम्बन्धी
pastry *n* पीठो तथा घिउँबाट बनाएको परिकार
pasture *n* गौचरण
pat *n* थपथपाउनु
patch *v* प्वाल टाल्नु
patch *n* प्वाल टाल्ने वस्तु
patent *n* एकाधिकार
patent *adj* सजिलैसँग बुझ्न वा देख्न सकिने
paternity *n* पुरुषत्व
path *n* बाटो, पथ
pathetic *adj* कारुणिक
patience *n* धैर्यता
patient *adj* धैर्य
patio *n* आँगनमा खाना खाने ठाउँ
patriarch *n* मुखिया, कुलपति

P

patrimony *n* पैतृक सम्पत्ति
patriot *n* देशभक्ती
patriotic *adj* देशभक्त
patrol *n* पहरा
patron *n* सुरक्षा दिने व्यक्ति
patronage *n* संरक्षण
patronize *v* संरक्षण दिनु, सहायता दिनु
pattern *n* आर्दश, नमूना
pavement *n* सडक पेटी
pavilion *n* मण्डप
paw *n* पन्जा (जनावरको)
pawn *v* बन्धक राख्नु, दाउमा राख्नु
pawnbroker *n* ऋण दिने व्यक्ति
pay *n* तिर्नु पर्ने
pay *iv* तिर्नु
pay back *v* फिर्ता गर्नु
pay off *v* चुक्ता गर्नु
pay slip *n* बिल, रसिद
payable *adj* तिर्न लायक
paycheck *n* तलब दिन काटेको चेक
payee *n* रकम पाउने व्यक्ति
payment *n* भुक्तानी
payroll *n* कर्मचारीलाई दिएको तलबको अभिलेख
pea *n* केराउ
peace *n* शान्ति
peaceful *adj* शान्तिपूर्ण
peach *n* आरु
peacock *n* मयूर
peak *n* चुचुरो
peanut *n* बदाम
pear *n* नासपति
pearl *n* मोती
peasant *n* किसान
pebble *n* गिट्टी
peck *v* चुच्चोले ठुङ्नु
peck *n* चुच्चोको ठुङ्गाई
peculiar *adj* अनौठो, असाधारण
pedagogy *n* शिक्षा सम्बन्धी विद्या
pedal *n* साइकलको पाउदानी
pedantic *adj* पाण्डित्याइँ
pedestrian *n* पैदलयात्री
peel *v* बोक्रा छोडाउनु
peel *n* बोक्रा छोडाउने काम
peep *v* चियाउनु
peer *n* जोडी
pelican *n* समूहमा बस्ने जलपक्षी
pellet *n* छर्रा
pen *n* कलम
penalize *v* दण्डनीय ठहराउनु
penalty *n* दण्ड
penance *n* प्रायश्चित
penchant *n* प्रबल मानसिक झुकाउ
pencil *n* सिसाकलम
pendant *n* सिक्री
pending *adj* अनिर्णीत
pendulum *n* दोलक, लगातार बदलाव
penetrate *v* छेडेर भित्र पस्नु
penguin *n* पेन्गुइन चरा
penicillin *n* प्रतिजैवी वस्तु
peninsula *n* उपद्धीप
penitent *n* पश्चाताप
penniless *adj* निर्धन, गरिब
penny *n* एक पाउन्डको सय खण्ड

pension 126

pension *n* निवृत्तिभरण
pentagon *n* पञ्चभुजी
pent-up *adj* अव्यक्त
people *n* जनता
pepper *n* मरीच
per *pre* ले; द्धारा; बाट; माध्यमले; प्रत्येक; उपायले
perceive *v* ज्ञान आर्जन गर्नु
percent *adv* प्रतिशत
percentage *n* प्रतिशतता
perception *n* ज्ञानबोध
perennial *adj* बाह्रमासे
perfect *adj* परिपूर्ण
perfection *n* पूर्णता
perforate *v* छेड्नु
perforation *n* छेड्नु काम
perform *v* निर्वाह गर्नु, कार्य गर्नु
performance *n* काम गराइ, प्रस्तुति
perfume *n* सुगन्ध
perhaps *adv* सायद
peril *n* खतरा, जोखिम
perilous *adj* भयावह, संकटपूर्ण
perimeter *n* परिमिति
period *n* अवधि; काल; युग; पूर्ण वाक्य
perish *v* नाश हुनु; मेटिनु
perishable *adj* नाशवान्
perjury *n* झूटो साक्षी
permanent *adj* स्थायी
permeate *v* प्रवेश गर्नु
permission *n* अनुमति
permit *v* अनुमति दिनु
pernicious *adj* विनाशक, हानिकारक
perpetrate *v* अपराध गर्नु
persecute *v* सताउनु, खेदो गर्नु
persevere *v* दृढताका साथ लागि पर्नु
persist *v* अडान लिनु
persistence *n* दृढता
persistent *adj* दृढ
person *n* व्यक्ति
personal *adj* व्यक्तिगत
personality *n* व्यक्तित्व
personify *v* मानवीकरण गर्नु
personnel *n* कार्यकारी व्यक्ति वर्ग
perspective *n* दृष्टिकोण
perspiration *n* पसिना आउने
perspire *v* पसिना आउनु
persuade *v* मनाउनु
persuasion *n* मनाउने काम
persuasive *adj* मनाउन लायक
pertain *v* सम्बन्ध हुनु
pertinent *adj* संगत, उपयुक्त
perturb *v* व्याकुल बनाउनु
perverse *adj* ढिपी
pervert *v* दुरुपयोग गर्नु
pervert *adj* दुरुपयोग
pessimism *n* निराशवादी
pessimistic *adj* निराशवाद
pest *n* त्रासदायक मानिस
pester *v* त्रास हुनु
pesticide *n* किटनाशक औषधी
pet *n* घर पालुवा जनावर
pet *v* घरमा जनावर पाल्नु
petal *n* फूलको पात
petite *adj* लघु, अल्प
petition *n* औपचारिक प्रार्थना

P

petrified *adj* ढुंगामा परिणत भएको
petroleum *n* खनिज तेल
pettiness *n* क्षुद्रता
petty *adj* क्षुद्र
pew *n* वेदी, मञ्च
phantom *n* भूत, प्रेत
pharmacist *n* औषधी बेच्ने तथा बनाउने व्यक्ति
pharmacy *n* औषधी पसल
phase *n* चरण, अवस्था
pheasant *n* रंगीन प्वाख हुने लामपुछ्रे चरा
phenomenon *n* तथ्य वा दृश्य घटना
philosopher *n* दार्शनिक
philosophy *n* दार्शन
phobia *n* डर, भय
phone *n* टेलिफोन
phone *v* फोन गर्नु
phony *adj* जाली, नक्कली, छद्म
phosphorus *n* फोस्फरस रसायन
photo *n* तस्वीर
photocopy *n* प्रतिलिपि
photograph *v* तस्वीर खिच्नु
photographer *n* तस्वीर खिच्ने व्यक्ति
photography *n* तस्वीर सम्बन्धी
phrase *n* पदसमष्टि
physically *adj* शारीरिक रुपमा
physician *n* शरीरिको अंग सम्बन्धी डक्टर
physics *n* भौतिक विज्ञान
pianist *n* पियनो बजाउने व्यक्ति
piano *n* पियनो बाजा
pick *v* टिप्नु
pick *n* सबभन्दा असल; टिपाई
pick up *v* पुनः आरम्भ गर्नु
pickpocket *n* पाकेटमार
pickup *n* उठाउने काम
picture *n* तस्वीर
picture *v* चित्रण गर्नु
picturesque *adj* चित्रमय
pie *n* पाई रोटी
piece *n* टुक्रा
piecemeal *adv* टुक्राटुक्रा गरेर
pier *n* कृत्रिम बन्दरगाह
pierce *v* छेड्नु
piercing *n* छेड्ने काम
piety *n* धार्मिता, पवित्रता
pig *n* सुँगुर
pigeon *n* परेवा
piggy bank *n* पैसा राख्ने सुँगुर आकारको बाकस
pile *v* थुप्रो लगाउनु
pile *n* थुप्रो
pile up *v* थुपार्नु
pilfer *v* अलिकति चोर्नु
pilgrim *n* तीर्थयात्री
pilgrimage *n* तीर्थयात्रा
pill *n* औषधिको गोली
pillage *v* लुट्नु
pillar *n* खम्बा
pillow *n* सिरानी
pillowcase *n* सिरानीको खोल
pilot *n* विमान चालक
pimple *n* डन्डीफोर
pin *n* सानो सियो
pin *v* पिनले गाँस्नु वा सिउनु
pincers *n* च्याप्ने वस्तु

pinch *v* चिमट्नु
pinch *n* चिमट्ने काम
pine *n* सल्लो
pineapple *n* भुँइकटर
pink *adj* गुलाफी रंग
pinpoint *v* एकदम मिलाएर ताक्नु
pint *n* आधा बोतल, बाह्र आउन्स
pioneer *n* प्रथम आविष्कारक
pious *adj* पवित्र
pipe *n* मुरली; नल; पानी वितरण गर्ने पाइप
pipeline *n* नल लाइन (पानी तथा तेल) वितरणको लागि)
piracy *n* समुद्री डकैती
pirate *n* समुद्री डाँकू
pistol *n* पिस्तोल, हाते बन्दूक
pit *n* खाल्डो; धराप
pitch *v* उभ्याउनु; खडा गर्नु; टाँग्नु; फाल्नु
pitch-black *adj* पूरै कालो वा अँध्यारो
pitcher *n* गाग्री; घडा; सुराही
pitchfork *n* सुकेको घाँस वा पराल उधिन्ने औजार
pitfall *n* फन्दा
pitiful *adj* कोमल; नीच; घृणित
pity *n* दया; सहानसभूति
placard *n* नारा लेखेर प्रदर्शन गर्ने कार्ड
placate *v* सान्त्वना दिनु
place *n* स्थान
place *v* राख्नु
placid *adj* शान्त, धीर, सौम्य
plague *n* महामारी
plain *n* समतल भूभाग
plain *adj* समतल
plainly *adv* विशुद्धसँग
plaintiff *n* मुद्दा हाल्ने व्यक्ति, अभियोग लगाउने व्यक्ति
plan *v* योजना बनाउनु
plan *n* योजना
plane *n* हवाइजहाज; समतल सतह; तह; स्तर
planet *n* ग्रह
plant *v* बोटबिरुवा रोप्नु
plant *n* बोटबिरुवा
plaster *n* सिमेन्ट–बालुवाको लेप
plaster *v* सिमेन्ट–बालुवाको लेप लगाउनु
plastic *n* प्लाष्टिक
plate *n* थाल
plateau *n* उच्च समस्थली
platform *n* सभास्थल; सार्वजानिक मञ्च
platinum *n* प्लेटिनम धातु
platoon *n* सेना विभागको दल
plausible *adj* देख्नमा सुन्दर वा पत्यार लाग्दो
play *v* खेल्नु
play *n* खेल, खेलकूद
player *n* खेलाडी
playful *adj* ठट्यौलो
playground *n* खेलकूद मैदान
plea *n* क्षमायाचना
plead *v* अनुनय–विनय गर्नु
pleasant *adj* आनन्ददायक
please *v* खुशी हुनु
pleasing *adj* आनन्ददायक, मनोहर
pleasure *n* प्रसन्नता
pleat *n* कपडाको मुजा
pleated *adj* खुम्चेको
pledge *v* प्रतिज्ञा गर्नु

P

pledge *n* प्रतिज्ञा
plentiful *adj* प्रशस्त
plenty *n* प्रशस्तता
pliable *adj* कमलो हुने
pliers *n* तार काट्ने औजार
plot *v* षड्यन्त्र गर्नु
plot *n* षड्यन्त्र, जमीनको सानो टुक्रा
plow *v* जोत्नु
ploy *n* षड्यन्त्र
pluck *v* चुढ्नु
plug *v* बजो लगाउनु
plug *n* बजो
plum *n* आलुबखडा
plumber *n* पाइप मिस्त्री
plumbing *n* पाइप सम्बन्धी काम
plummet *v* सिधै खस्नु; एकैचोटि घट्नु
plump *adj* सुडौल, पुष्ट
plunder *v* लुट्नु
plunge *v* डुबुल्की मार्नु
plunge *n* डुबुल्की
plural *n* बहुवचन
plus *adv* धनात्मक
plush *adj* पलास मखमली
plutonium *n* विकिरणशील रासायनिक तत्व
pneumonia *n* निमोयिा रोग
pocket *n* गोजी
poem *n* कविता
poet *n* कवि
poetry *n* कविता
poignant *adj* मर्मस्पर्शी
point *n* विन्दु
point *v* देखाउनु
pointed *adj* तिखो
pointless *adj* बोधो
poise *n* व्यवहारमा संयमता वा धीरता
poison *v* विष दिनु
poison *n* विष
poisoning *n* विषदी
poisonous *adj* विष युक्त
Poland *n* पोल्याड देश
polar *adj* ध्रुवीय
pole *n* खम्बा
police *n* प्रहरी
policeman *n* प्रहरीजवान
policy *n* नीति
Polish *adj* पोल्यान्ड देशको नागरिक
polish *n* पालिस
polish *v* पालिस लगाउनु
polite *adj* नम्र
politeness *n* नम्रता
politician *n* राजनीतिज्ञ
politics *n* राजनीति
poll *n* मतदान
pollen *n* कण, पराग
pollute *v* दूषित हुनु
pollution *n* दूषित
polygamist *adj* बहुविवाहको पक्षपाती
polygamy *n* बहुविवाह प्रथा
pomegranate *n* अनार
pomposity *n* आडम्बर
pond *n* पोखरी
ponder *v* मनन गर्नु
pontiff *n* प्रधान पादरी
pool *n* तलाउ; कुण्ड; सामूहिक रकम; पूल खेल

P

pool *v* सामूहिक कोषमा जम्मा गर्नु
poor *n* गरीब
poorly *adv* अपर्याप्तता
pop *v* खोलेको आवाज निकाल्नु
popcorn *n* मकैको फूल
Pope *n* चर्चको प्रमुख व्यक्ति
poppy *n* अफीमको बोट
popular *adj* लोकप्रिय
popularize *v* लोकप्रिय हुनु
populate *v* जननिवास गर्नु
population *n* जनसंख्या
porcelain *n* चीनीय माटोको भाँडो
porch *n* द्वारमण्डप
porcupine *n* दुम्सी
pore *n* छिद्र
pork *n* सुँगुरको मासु
porous *adj* छिद्रैछिद्र भएको
port *n* जहाजको ढोका
portable *adj* सजिलै स्थान्तर गर्न सकिने
portent *n* संकेत दिनु
porter *n* भरिया
portion *n* भाग, अंश
portrait *n* चित्रित
portray *v* चित्रण गर्नु
Portugal *n* पोर्चगल देश
Portuguese *adj* पोर्चगलको नागरिक
pose *v* निश्चित आसनमा रहनु
pose *n* मुद्रा; शरीरको स्थिति
posh *adj* तडकभडकपूर्ण
position *n* अवस्था, स्थिति
positive *adj* सकरात्मक
possess *v* आफ्नो साथमा राख्नु
possession *n* स्वामित्वमा लिने कार्य
possibility *n* सम्भाव्यता
possible *adj* सम्भावना
post *n* खम्बा
post *v* निश्चित ठाउँमा टाँस्नु
post office *n* हुलाक कार्यालय
postage *n* डाँक खर्च
postcard *n* हुलाक टिकट
poster *n* पर्चा
posterity *n* भावी सन्तति
postman *n* हुलाकी
postmark *n* हुलाक ठेगाना
postpone *v* स्थगित गर्नु
postponement *n* स्थगित
pot *n* भाँडो
potato *n* आलु
potent *adj* शक्तिशाली, बलपूर्वक
potential *adj* सम्भाव्य
pothole *n* बाटोको सतहमा बनेको ठूलो प्वाल
poultry *n* मासु वा अण्डाको लागि पालिने कुखुरा
pound *v* धड्कन बढ्नु
pound *n* तौलको एकाई पाउन्ड
pour *v* खन्याउनु
poverty *n* गरिबी
powder *n* धूलो
power *n* शक्ति; सामाथ्र्य; सत्ता; उर्जा
powerful *adj* शक्तिशाली
powerless *adj* शक्तिहीन
practical *adj* प्रयोगात्मक
practice *v* अभ्यास गर्नु
practicing *adj* अभ्यासरत

P

pragmatist *adj* यर्थावादी
prairie *n* ठूलो घाँसे मैदान
praise *v* प्रशंसा गर्नु
praise *n* प्रशंसा
praiseworthy *adj* प्रशंसा गर्न लायक
prank *n* खिल्ली उडाउनु
prawn *n* झिंगे माछा
pray *v* प्रार्थना गर्नु
prayer *n* भक्तजन
preach *v* प्रवचन दिनु
preacher *n* प्रवचन दिने व्यक्ति
preaching *n* प्रवचन
preamble *n* प्रस्तावना
precarious *adj* असुरक्षित, अनिश्चित
precaution *n* सावधान
precede *v* पूर्वगामी हुनु
precedent *n* पूर्वगामी
preceding *adj* पूर्वगामी भएको
precept *n* उपदेश
precious *adj* अमूल्य
precipice *n* भीर
precipitate *v* हुत्याएर फ्याक्नु
precise *adj* यर्थाथ
precision *n* यर्थाथता
precocious *adj* पहिलै नै विकसित भएको
precursor *n* अग्रदुत
predecessor *n* पूर्वज
predicament *n* दुर्दशा
predict *v* अनुमान गर्नु
prediction *n* विधान
predilection *n* चाहना
predisposed *adj* प्रवणशील
predominate *v* नियन्त्रण गर्नु
preempt *v* हकद्धारा प्राप्त गर्नु
prefabricate *v* उच्चस्तीय निर्माण गर्नु
preface *n* प्रस्तावना
prefer *v* मनपराउनु
preference *n* प्राथामिकता
prefix *n* उपसर्ग
pregnancy *n* गर्भावस्था
pregnant *adj* गर्भवती
prehistoric *adj* इतिहासपूर्व
prejudice *n* पूर्वाग्रह, पक्षपता, भेदभाव
preliminary *adj* प्रारम्भिक
prelude *n* प्रारम्भिक घटना
premature *adj* अपरिपक्व
premeditate *v* पूर्व चिन्तन गर्नु
premeditation *n* पूर्व चिन्तन
premier *adj* प्रख्यात वा सफल
premise *n* मूल कुरा
premises *n* प्रांगण वा परिसर
premonition *n* पूर्वसूचना
preoccupation *n* चिन्तनशीलता
preoccupy *v* चिन्तनशील
preparation *n* तयारी
prepare *v* तयार गर्नु
preposition *n* नामयोगी; अव्यय
prerequisite *n* पूर्व सर्त
prerogative *n* विशेषाधिकार
prescribe *v* औषधी वा उपचार सम्बन्धी सिफारिस गर्नु
prescription *n* उपचार विधि
presence *n* उपस्थिति
present *n* उपहार, इनाम

present *adj* वर्तमानकालीन
present *v* उपस्थिति हुनु
presentation *n* प्रस्तुति
preserve *v* संरक्षण गर्नु
preside *v* आधिकारिक पदमा रहनु
presidency *n* राष्ट्रपतित्व
president *n* राष्ट्रपति
press *n* दबाब; सञ्चार माध्यम
press *v* दबाब दिनु
pressing *adj* दबाब दिने
pressure *v* चाप दिनु
pressure *n* चाप
prestige *n* इज्जत
presume *v* अनुमानित गर्नु
presumption *n* अन्दाजी
presuppose *v* पूर्व अनुमान गर्नु
presupposition *n* पूर्व अनुमान
pretend *v* बहाना गर्नु
pretense *n* बहाना
pretension *n* बहाना
pretty *adj* राम्रो, सुन्दर
prevail *v* विजय हुनु, प्रबल हुनु
prevalent *adj* मुख्य, प्रचलित
prevent *v* प्रतिरोध गर्नु
prevention *n* प्रतिरोध
preventive *adj* प्रतिरोधात्मक
preview *n* पूर्वप्रदर्शन
previous *adj* पहिलाको
previously *adv* पहिलै
prey *n* शिकार
price *n* मूल्य
pricey *adj* महंगो
prick *v* घोच्नु
pride *n* घमण्ड
priest *n* पुरोहित
priestess *n* महिला पुरोहित
priesthood *n* पुरोहित कार्य
primacy *n* प्राथामिक
primarily *adv* प्रथमतः
prime *adj* मुख्य, उत्तम भाग
primitive *adj* प्राचीन
prince *n* राजकुमार
princess *n* राजकुमारी
principal *adj* प्रमुख, प्रधानध्यापक
principle *n* सिद्धान्त
print *v* छाप्नु
print *n* छापा, मुद्रण
printer *n* मुद्रक, छाप्ने मेसिन
printing *n* मुद्रण
prior *adj* पहिलेको, अघिको
priority *n* प्राथामिकता
prism *n* त्रिकोणकार छिद्र
prison *n* कारगार
prisoner *n* कैदी, बन्दी
privacy *n* गोपनीयता
private *adj* निजी
privilege *n* विशेषाधिकार
prize *n* पुरस्कार
probability *n* सम्भाव्यता
probable *adj* सम्भाव्य
probe *v* अन्वेषण गर्नु
probing *n* अन्वेषण
problem *n* समस्या
problematic *adj* समस्या भएको

procedure *n* कार्यप्रणाली
proceed *v* उत्पन्न हुनु; अगाडि बढ्नु
proceedings *n* कामकारबाही
proceeds *n* आय
process *v* कुनै प्रक्रिया अपनाउनु
process *n* प्रक्रिया
procession *n* जनसमूह, लस्कर
proclaim *v* उद्घोषणा गर्नु
proclamation *n* घोषणा
procrastinate *v* स्थगित गर्नु, काम पर सार्नु
procreate *v* उत्पन्न गर्नु, पैदा गर्नु
procure *v* उपलब्ध गर्नु
prod *v* औंलाले अथवा चुच्चो वस्तुले घोच्नु
prodigious *adj* अतिविशाल
prodigy *n* विलक्षण प्रतिभा
produce *v* उत्पादन गर्नु
produce *n* उत्पादन
product *n* प्रतिफल; पैदावार; परिणाम, गणनफल
production *n* उत्पादित वस्तु
productive *adj* उत्पादित
profane *adj* धर्मनिरापेक्ष
profess *v* दृढता पूर्वक भन्नु
profession *n* पेशा
professional *adj* पेशागत
professor *n* प्राध्यापक
proficiency *n* प्रवीणता
proficient *adj* प्रवीण
profile *n* विवरण
profit *v* नाफा हुनु
profit *n* नाफा
profitable *adj* नाफायुक्त
profound *adj* विद्वान्, गंभीर
program *n* कार्यक्रम
program *v* कार्यक्रम गर्नु
programmer *n* कार्यक्रम सञ्चालक
progress *v* उन्नति गर्नु
progress *n* उन्नति
progressive *adj* अघि बढ्ने, उन्नति गर्ने
prohibit *v* निषेध गर्नु
prohibition *n* निषेध
project *v* योजना बनाउनु
project *n* योजना
projectile *n* क्षेप्यास्त्र
prologue *n* प्रस्तावना
prolong *v* लम्बिनु
promenade *n* आनन्दको लागि हिड्ने ठाउँ
prominent *adj* प्रख्यात
promiscuous *adj* व्यभिचारी
promise *n* वाचा
promote *v* बढुवा गर्नु
promotion *n* बढुवा
prompt *adj* तत्काल
prone *adj* झुकेको
pronoun *n* सर्वनाम
pronounce *v* उच्चारण गर्नु
proof *n* प्रमाणित
propaganda *n* मतप्रचार
propagate *v* प्रजनन गर्नु
propel *v* प्रक्षेपण गर्नु
propensity *n* झुकाव वा प्रवृत्ति
proper *adj* उपयुक्त, सुहाउँदो
properly *adv* उचित रुपले
property *n* सम्पत्ति

P

prophecy *n* भविष्यवाणी
prophet *n* भविष्यवाणी गर्ने व्यक्ति
proportion *n* समानुपातिक; तुलनात्मक
proposal *n* प्रस्ताव
propose *v* प्रस्ताव राख्नु
proposition *n* तुलनात्मक अनुपात
prose *n* गद्य
prosecute *v* मुद्दा दर्ता गर्नु
prosecutor *n* मुद्दा दर्ता गर्ने व्यक्ति
prospect *n* आशा
prosper *v* सफल हुनु; फस्टाउनु
prosperity *n* समृद्धि
prosperous *adj* समृद्धिशाली
prostate *n* पुरुष बीर्य
prostrate *adj* लम्पसार परेको
protect *v* सुरक्षा गर्नु
protection *n* सुरक्षा
protein *n* पौष्टिक तत्व, प्रौटिन
protest *v* विरोध गर्नु
protest *n* विरोध
protocol *n* कूटनीतिक शिष्टाचार
prototype *n* आदर्श नमूना
protract *v* लम्ब्याउनु
protracted *adj* लम्ब्याएको
protrude *v* टाँसिनु
proud *adj* गर्व
proudly *adv* गर्वका साथ
prove *v* प्रमाणित गर्नु
proven *adj* प्रमाणित गरेको
proverb *n* उखान
provide *v* उपलब्ध गराउनु
providence *n* भगवान्को कृपा
providing that *c* नभए सम्म
province *n* प्रदेश, प्रान्त
provision *n* व्यवस्था
provisional *adj* व्यवस्थापन
provocation *n* प्रेरणा; उत्तेजना
provoke *v* रिस उठाउनु
prow *n* जहाजको अग्रभाग
prowl *v* विस्तारै चल्नु
prowler *n* शिकारी
proximity *n* समीपता
proxy *n* प्रतिनिधि
prudence *n* विवेकशीलता
prudent *adj* विवेकशील
prune *v* काटेर छाँट्नु
prune *n* सुकेको बयर
prurient *adj* नीच अभिलाषाको
pseudonym *n* छद्म नाम
psychiatrist *n* मनोचिकित्सक
psychiatry *n* मनोचिकित्सा
psychic *adj* मानसिक, आत्मिक, मानवजीवन सम्बन्धी
psychology *n* मनोविज्ञान
psychopath *n* कडा मानसिक स्वास्थ्य समस्या भएको व्यक्ति
puberty *n* किशोरावस्था
public *adj* सार्वजानिक
publication *n* प्रकाशन
publicity *n* लोकप्रियता
publicly *adv* सार्वजानिक रुपमा
publish *v* प्रकाशन गर्नु
publisher *n* प्रकाशक
pudding *n* खीर

puerile *adj* बालशुलभ
puff *n* हावाको झोक्का
puffy *adj* छोटो हावा; फुकेको
pull *v* तन्नु
pull ahead *v* अझै अगाडि तन्नु
pull down *v* ढाल्नु, लडाउनु
pull out *v* तानेर बाहिर निकाल्नु
pulley *n* घिर्नी
pulp *n* गुदी
pulpit *n* प्रवचन दिने व्यक्ति वा प्रवचन
pulsate *v* स्पन्दित हुनु
pulse *n* बोडी; सिमी; लयात्मक स्पन्दन
pulverize *v* साना साना टुक्रामा परिणत हुनु
pump *v* पम्पमा काम गर्नु
pump *n* पम्प, पिचकारी
pumpkin *n* फर्सी
punch *v* मुक्का प्रहार गर्नु
punch *n* मुक्का प्रहार; कागजमा प्वाल पार्ने औजार
punctual *adj* तोकिएको समयमा नै गर्ने वा हुने
puncture *n* अचानक परेको चिरा
punish *v* सजाय दिनु
punishable *adj* सजाय दिन लायक
punishment *n* सजाय
pupil *n* शिष्य; आँखाको नानी; पुतली
puppet *n* गुडिया, कठपुतली
puppy *n* कुकुरको बच्चा; घमण्डी
purchase *v* खरिद गर्नु
purchase *n* खरिद
pure *adj* शुद्ध
puree *n* गुदीको नरम क्रिम जस्तो वस्तु
purgatory *n* पापमोचन स्थान
purge *n* शुद्धीकरण प्रक्रिया
purge *v* भौतिक वा आध्यात्मिक रुपले पवित्र पार्नु
purification *n* शुद्धीकरण
purify *v* शुद्धीकरण गर्नु
purity *n* शुद्धता
purple *adj* बैजनी रंग
purpose *n* उद्देश्य
purposely *adv* उद्देश्यका साथ
purse *n* पैसा राख्ने सानो झोला
pursue *v* कार्य जारी राख्नु
pursuit *n* लक्ष्य, कोसिस, खोजी
pus *n* पीप
push *v* धकेल्नु
pushy *adj* आफूलाई बढी प्रशसा गर्ने व्यक्ति
put *iv* राख्नु
put aside *v* बचत गर्नु
put away *v* नराम्रो गतिविधिबाट टाढा रहनु
put off *v* स्थगन गर्नु; ढिलो गर्नु
put out *v* दुःख दिनु
put up *v* अस्थायी बसोबास गर्नु
put up with *v* सहनु
putrid *adj* कुहिएको
puzzle *n* अलमलिने अवस्था
puzzling *adj* अलमलिने
pyramid *n* प्राचीन मिस्रका राजकीय स्मारक
python *n* विष नभएको विशाल सर्प

Q

quagmire *n* दलदल; धाप; कष्टकर वा जोखिमपूर्ण अवस्था
quail *n* सानो तित्रा जस्तो चरा
quake *v* भूकम्प जानु, हल्लिनु
qualify *v* योग्य गर्नु, अनुकूल बनाउनु
quality *n* गुणस्तर
qualm *n* आत्मग्लानि
quandary *n* खुलदुली; झमेला; दुविधा
quantity *n* परिणाम, मात्रा
quarrel *v* झगडा गर्नु, कलह गर्नु
quarrel *n* झगडा, कलह
quarrelsome *adj* झगडालू
quarry *n* शिकार; ढुंगाको खानी
quarter *n* चौथाई
quarterly *adj* त्रैमासिक
quarters *n* छाउनी; डेरा; निवास
quash *v* बदर गर्नु, रद्द गर्नु
queen *n* रानी
queer *adj* विचित्र, अनौठो, शंका उब्जाउने
quell *v* दबाउनु; शान्त पार्नु; ठण्डा पार्नु
quench *v* आगो निभाउनु; तिर्खा मेटाउनु
quest *n* खोज
question *v* प्रश्न गर्नु
question *n* प्रश्न
questionable *adj* प्रश्न गर्न लायक
questionnaire *n* प्रश्नावली
queue *n* लाम, ताँती
quick *adj* छिटो
quicken *v* छिटो गर्नु
quickly *adv* छिटोसँग
quicksand *n* दलदल, बलौटे धाप
quiet *adj* शान्त
quietness *n* शान्तपन
quilt *n* सिरक
quit *iv* त्याग्नु, छोड्नु
quite *adv* केही हद सम्म, लगभग
quiver *v* थरथराउनु
quiz *v* प्रश्न सोध्नु
quotation *n* भाउ; उद्धृत अनुच्छेद वा वाक्य
quote *v* उद्धृत गर्नु
quotient *n* भागफल; उपलब्धी

R

rabbi *n* यहुदी पण्डित
rabbit *n* खरायो
rabies *n* बौलाहा कुकुरले टोक्दा लाग्ने रोग
raccoon *n* अमेरिकामा पाइने एक प्रकारको जनावर
race *v* दौड प्रतियोगितामा भाग लिनु
race *n* दौड प्रतियोगितामा
racism *n* जातिवाद
racist *adj* जातिवादी
racket *n* कोलाहल; टेनिसको ब्याट; अवैध धन्दा
racketeering *n* अवैध धन्दा गर्ने काम
radar *n* विमान तथा जहाजको गति वा स्थिति थाहा पाउने यन्त्र

Q

radiation *n* विकिरण
radiator *n* ताप उत्पादन गर्ने उपकरण
radical *adj* कट्टरपन्थी, उग्रवादी
radio *n* विद्युतचुम्बकीय तरङ्गद्धारा ध्वनि सन्देशको प्रसारण
radish *n* मूला
radius *n* अर्धव्यास
raffle *n* चिठ्ठा
raft *n* मूढाहरुको नाउँ वा ढुंगा
rag *n* टालो, झुम्रो
rage *n* क्रोधको आवेश
ragged *adj* दिक्क पार्ने
raid *n* अकस्मात् हमला
raid *v* हमला गर्र्न
raider *n* हमला कर्ता
rail *n* डन्डी, रेलिङ्, रेलको बाटोमा ओछ्याउने डन्डी
railroad *n* रेलको बाटो
rain *n* झरी
rain *v* पानी पर्नु
rainbow *n* इन्द्रेणी
raincoat *n* पानी पर्दा ओड्ने कपडा
rainfall *n* वर्षाको पानी; वर्षा; झरी
rainy *adj* पानी परेको वा पर्ने
raise *n* उचाल्ने वा उठाउने काम
raise *v* उचाल्नु वा उठाउनु
raisin *n* किशमिश, सुकाएको अंगुर
rake *n* घाँस जम्मा गर्ने यन्त्र
rally *n* झमघट, भेला, र्याली
ram *n* खसी नपारेको भेडो, मेष राशी
ram *v* कोच्नु; खाँद्नु
ramification *n* शाखा विस्तार वा फैलावट
ramp *n* समतल सतहलाई जोड्ने भिरालो
rampage *v* हिंसात्मक दूरव्यवहार गर्नु
rampant *adj* उग्र, उच्छृङ्खल
ranch *n* पशु फर्म
rancor *n* वैमनस्य, अति घृणा
randomly *adv* जथाभावी रुपले
range *n* विविधता; विस्तार; हद; पर्वत श्रेणी; वर्ग
rank *n* श्रेणी, दर्जा, पंक्ति
rank *v* क्रमबद्ध गर्नु, पंक्तिबद्ध गर्नु
ransack *v* लुट्नु
ransom *v* पैसा तिरेर थुनाबाट निस्कनु
rape *v* बलात्कार गर्नु
rape *n* बलात्कार
rapid *adj* तीव्र, छिटो
rapist *n* बलात्कार गर्ने व्यक्ति
rapport *n* समझदारी
rare *adj* विरलै मात्र देखा पर्ने
rarely *adv* विरलै
rascal *n* बदमास, चकचके
rash *v* खुर्कनु
rash *n* करौतीले काट्दा निस्कने आवाज
raspberry *n* पानी ऐंसेलु
rat *n* मुसा
rate *n* निर्धारित मूल्य
rate *v* मूल्य निर्धारण गर्नु
rather *adv* अपेक्षाकृत, बरु, यसबाहेक
ratification *n* अनुमोदन
ratify *v* अनुमोदन गर्नु
ratio *n* अनुपात
ration *v* रासनपानी वितरण गर्नु
ration *n* रासनपानी
rational *adj* तर्क संगत
rationalize *v* तर्क संगत बनाउनु

rattle *v* खटखट्याउने आवाज आउनु
ravage *v* विनाश गर्नु
ravage *n* विनाश
rave *v* बर्बराउनु
raven *n* काग
ravine *n* गहिरो र साँघुरो गल्छी
raw *adj* काँचो; अपरिपक्क
ray *n* किरण
raze *v* शहर तथा भवनहरु नष्ट गर्नु
razor *n* दाह्री काट्ने मेसिन
reach *v* पुग्नु
reach *n* पग्न सकिने, प्रभाव पार्न सक्ने
react *v* प्रतिक्रिया गर्नु
reaction *n* प्रतिक्रिया
read *iv* पढ्नु
reader *n* पाठक
readiness *n* तयारीपूर्ण
reading *n* पढ्ने काम
ready *adj* तयार
real *adj* वास्तविक
realism *n* यर्थाथवाद
R
reality *n* वास्तविकता
realize *v* महशुस गर्नु
really *adv* वास्तवमा, यर्थाथमा, निश्चिय नै
realm *n* प्रभाव क्षेत्र
realty *n* अचल सम्पत्ति
reap *v* बाली उठाउनु
reappear *v* पुनः देखा पर्नु
rear *v* बालबच्चा हुर्काउनु
rear *n* पछाडिको भाग
rear *adj* पछाडि रहेको
reason *v* तर्क गर्नु, निष्कर्षमा पुग्नु
reason *n* तर्क, कारण, औचित्य
reasonable *adj* तकसंगत, न्यायसंगत
reasoning *n* तार्किक
reassure *v* पुनःआश्वस्त पार्नु
rebate *n* छुट; मिनाहा
rebel *v* विद्रोह गर्नु
rebel *n* विद्रोह
rebellion *n* विद्रोही
rebirth *n* पुर्नजन्म
rebound *v* पुनःउफ्रनु
rebuff *v* विरोध गर्नु
rebuff *n* विरोध
rebuild *v* पुनःनिर्माण गर्नु
rebuke *v* झपार्नु
rebuke *n* झपार्ने
rebut *v* खण्डन गर्नु
recall *v* सम्झिनु
recant *v* गल्ती ठानेर छोडि दिनु
recap *v* पुनःसंक्षेप गर्नु
recapture *v* पुनःनियन्त्रणमा लिनु
recede *v* पछितिर जानु वा फर्किनु
receipt *n* रसिद
receive *v* प्राप्त गर्नु
recent *adj* भर्खरै
reception *n* स्वागत गर्ने काम
receptionist *n* स्वागत गर्ने व्यक्ति
receptive *adj* ग्रहणशील
recess *n* बिश्राम
recession *n* मन्दी
recharge *v* दोष लगाउनु
recipe *n* औषधि उपचार
reciprocal *adj* परस्पर

recital *n* वाचन
recite *v* वाचन गर्नु
reckless *adj* असावधान
reckon *v* हिसाब गर्नु; विचार गर्नु; भर पर्नु
reckon on *v* भर पर्नु
reclaim *v* संशोधन गर्नु
recline *v* अडेस लाग्नु; थकाइ मार्नु
recluse *n* सन्यासी
recognition *n* पहिचान
recognize *v* पहिचान हुनु, चिन्नु
recollect *v* सम्झिनु, याद गर्नु
recollection *n* सम्झना, याद
recommend *v* सिफारिस गर्नु
recompense *v* क्षतिपूर्ति दिनु
recompense *n* क्षतिपूर्ति
reconcile *v* पुनःमैत्री बनाउनु
reconsider *v* विचार गर्नु
reconstruct *v* पुनःनिर्माण गर्नु
record *v* अभिलेख राख्नु
record *n* अभिलेख
recorder *n* अभिलेख राख्ने यन्त्र
recording *n* अभिलेख राख्ने काम
recount *n* पुनः गणना गर्नु
recoup *v* भरपाइ गर्नु; क्षतिपूर्ति गर्नु
recourse *v* आश्रय वा सहारा दिनु
recourse *n* आश्रय, सहारा
recover *v* निको हुनु, पुनः अधिकार जमाउनु
recovery *n* रोगमुक्त, पुनःप्राप्ति
recreate *v* मनोरञ्जन गर्नु, आनन्द लिनु
recreation *n* मनोरञ्जनु, आनन्द
recruit *v* भर्ती गर्नु
recruit *n* भर्खरै नियुक्त भएको व्यक्ति
recruitment *n* भर्ती
rectangle *n* आयात
rectangular *adj* आयातकार
rectify *v* सच्याउनु
rector *n* संस्थाको प्रमुख व्यक्ति
rectum *n* मलद्वार
recuperate *v* रोगमुक्त हुनु
recur *v* बारम्बार हुनु, पुनरवृत्ति हुनु
recurrence *n* पुनरवृत्ति
recycle *v* पहिलेकै अवस्थामा फर्किनु
red *adj* रातो
red tape *n* रातो काष्ठ
redden *v* रातो हुनु वा पार्नु
redeem *v* क्षतिपूर्ति गर्नु; उद्धार गर्नु
redemption *n* मुक्ति; छुटकारा; उद्धार
red-hot *adj* रन्केको; प्रचण्ड
redo *v* फेरि गर्नु
redouble *v* फेरि दोब्बर पार्नु
redress *v* सच्याउनु; ठीक बनाउनु वा पार्नु; उपचार गर्नु; निवारण गर्नु
reduce *v* घटाउनु
redundant *adj* अतिरिक्त, अनावश्यक
reed *n* निगालो; नर्कट
reef *n* समुद्रशैल
reel *n* धागोको रील; अस्थिर गति
reelect *v* पुनर्निर्वाचन गर्नु
reenactment *n* पुनःअभिनय गर्नु; पुनःपूर्ण गर्नु
reentry *n* फरि प्रवेश गर्नु
refer to *v* सन्दर्भ प्रस्तुत गर्नु, पठाउनु
referee *n* निर्णाय कर्ता
reference *n* उल्लेख; सन्दर्भ

R

referendum *n* जनमत संग्रह
refill *v* पुनःभर्नु
refinance *v* आर्थिक सुधार गर्नु
refine *v* शुद्ध पार्नु
refinery *n* संशोधन गर्ने कारखाना
reflect *v* प्रतिबिम्बित हुनु
reflection *n* प्रतिबिम्बि; मनन; विचार
reflexive *adj* प्रतिबिम्बित
reform *v* सुधार्नु, फेरि बनाउनु
reform *n* सुधार
refrain *v* विराम गर्नु; थाम्नु
refresh *v* ताजा बनाउनु
refreshing *adj* ताजा
refreshment *n* खाजा, जलपान; उपाहार; अल्पाहार
refrigerate *v* ठण्डा गर्नु
refuel *v* पुनःइन्धन भर्नु
refuge *n* इन्कार गर्नु
refugee *n* शरणार्थी
refund *v* पैसा फिर्ता गर्नु
refund *n* पछि पैसा तिर्ने काम
refurbish *v* पुनःसफा गर्नु तथा चम्काउनु
refusal *n* अस्वीकृति
refuse *v* अस्वीकार गर्नु
refuse *n* अस्वीकार
refute *v* खण्डन गर्नु
regain *v* फेरि प्राप्त गर्नु
regal *adj* राजकीय
regard *v* ध्यान दिनु; आदर गर्नु; विचार गर्नु
regarding *pre* निम्ति; सम्बन्धमा
regardless *adv* वास्ता नगर्ने
regards *n* शुभच्छा
regeneration *n* पनर्जीवन
regent *n* राजप्रतिनिधि
regime *n* शासन
regiment *n* सैन्यदल
region *n* प्रदेश, विभाग, प्रान्त
regional *adj* प्रादेशिक, क्षेत्रिय
register *v* दर्ता गर्नु
registration *n* दर्ता
regret *v* पछुताउनु
regret *n* पछुतो
regrettable *adj* पछुताउने खालको
regularity *n* नियमानुरुपता
regularly *adv* नियमित रुपमा
regulate *v* नियमित गर्नु
regulation *n* नियम
rehabilitate *v* पनःस्थापना गर्नु
rehearsal *n* पूर्वअभ्यास
rehearse *v* पूर्वअभ्यास गर्नु
reign *v* शासन गर्नु
reign *n* शासन
reimburse *v* फिर्ता गर्नु; चुक्ता गर्नु; भर्ना गर्नु
reimbursement *n* सोधभर्ना
rein *v* नियन्त्रण गर्नु
rein *n* लगाम
reindeer *n* बाह्रसिंगे
reinforce *v* मजबूत पार्नु
reinforcements *n* अतिरिक्त सैन्य
reiterate *v* पुनरावृत्ति गर्नु
reject *v* अस्वीकार गर्नु
rejection *n* अस्वीकार
rejoice *v* आन्दित हुनु
rejoin *v* फेरि मिल्नु

R

rejuvenate *v* पुनःयौवन प्राप्त गर्नु
relapse *n* पूर्वस्थितिमा आउनु
related *adj* सम्बन्धित
relationship *n* सम्बन्ध
relative *adj* सम्बन्धी
relative *n* आफन्त
relax *v* आराम गर्नु
relax *n* आराम
relaxing *adj* आरामदायी
relay *v* सन्देश प्राप्त गरी पठाउनु
release *v* मुक्त गर्नु; पहिलो प्रदर्शन गर्नु
relegate *v* देशनिकाला गर्नु
relent *v* कोमल हुनु
relentless *adj* क्रुर, कठिन, निर्दयी
relevant *adj* उचित, उपयुक्त
reliable *adj* विश्वासनीय
reliance *n* भरोसा, भर
relic *n* स्मारक; चिनो; अवशेष
relief *n* राहत; आराम
relieve *v* राहत महशुस गर्नु, मुक्त हुनु
religion *n* धर्म
religious *adj* धार्मिक
relinquish *v* आत्मसमर्पण गर्नु, त्याग्नु
relish *v* आनन्द लिनु, मजा लिनु; प्रतिक्षा गर्नु
relive *v* पनर्जीवन पाउनु; पुनःअनुभव गर्नु
relocate *v* नयाँ स्थानमा स्थान्तर गर्नु
relocation *n* स्थान्तर
reluctant *adj* हिचकिचाएको
reluctantly *adv* हिचकिच पूर्ण
rely on *v* भर पर्नु
remain *v* बाँकी रहनु
remainder *n* बाँकी रहेको वस्तु
remaining *adj* बाँकी
remains *n* बाँकी भाग; अवशेष
remake *v* पुनःनिर्माण
remark *v* टिप्पणी गर्नु
remark *n* टिप्पणी गर्ने कार्य
remarkable *adj* विलक्षण, स्मरण गर्न योग्य
remarry *v* पुनःविवाह
remedy *v* बिसोक हुनु
remedy *n* उपचार
remember *v* सझिनु
remembrance *n* सम्झना
remind *v* सम्झना गराउनु
reminder *n* सम्झाउने व्यक्ति
remission *n* क्षमादान
remit *v* क्षमा गर्नु, पैसा पठाउनु
remittance *n* प्रेषित राशि वा रकम
remnant *n* शेषभाग
remodel *v* पुनःरुप दिनु
remorse *n* पश्चाताप
remorseful *adj* पश्चाताप पूर्ण
remote *adj* धेरै टाढाको
removal *n* हटाउने कार्य
remove *v* हटाउनु
remunerate *v* पुरस्कार दिनु; पारिश्रम दिनु
renew *v* नविकरण गर्नु
renewal *n* नविकरण गर्न लायक
renounce *v* परित्याग गर्नु; आत्मसमर्पण
renovate *v* फेरि नयाँ बनाउनु
renovation *n* पुनर्नवीकरण
renowned *adj* प्रसिद्ध, प्रख्यात
rent *v* भाडा लिनु
rent *n* भाडा

reorganize *v* पुनःसंगठित गर्नु
repair *v* मर्मत गर्नु
reparation *n* सुधार, संशोधन
repatriate *v* स्वदेश फर्किनु
repay *v* फिर्ता तिर्नु
repayment *n* चुक्ता
repeal *v* खारेज गर्नु
repeal *n* खारेज
repeat *v* दोहोर्याउनु
repel *v* हटाउनु, धपाउनु; अस्वीकार्नु
repent *v* पश्चाताप गर्नु
repentance *n* पश्चाताप
repetition *n* दोहाराइ, प्रतिरुप
replace *v* पुनःराख्नु
replacement *n* पुनःस्थापना
replay *n* फेरि खेल्नु वा बजाउनु वा अभिनय गर्नु
replenish *v* पुनःपूर्ति गर्नु
replete *adj* भरपूर, परिपूर्ण
replica *n* प्रतिकृति, प्रतिरुप
replicate *v* प्रतिकृति वा प्रतिरुप बनाउनु
reply *v* प्रतिक्रिया दिनु
reply *n* प्रतिक्रिया दिनु
report *v* प्रतिक्रिया, जवाफ
report *n* प्रतिवेदन
reportedly *adv* प्रतिवेदन अनुसार, भनाइ अनुसार
reporter *n* संवाददाता
repose *v* आराम पूर्वक पल्टनु
repose *n* विश्राम, शान्त अवस्था
represent *v* प्रतिनिधित्व गर्नु
repress *v* नियन्त्रण गर्नु, दबाउनु
repression *n* दमनकारी
reprieve *n* स्थगित गर्नु
reprint *v* पुनर्मुद्रण गर्नु
reprint *n* पुनर्मुद्रण
reprisal *n* प्रतिशोध
reproach *v* आलोचना गर्नु, भत्र्सना गर्नु
reproach *n* आलोचना, भत्र्सन
reproduce *v* पुनःउत्पादन गर्नु
reproduction *n* पुनःउत्पादन
reptile *n* घस्रने जनावर
republic *n* गणतन्त्र
repudiate *v* अस्वीकार गर्नु
repugnant *adj* घृणास्पद
repulse *v* भगाउनु
repulse *n* भगाउने काम
repulsive *adj* प्रतिघाती
reputation *n* प्रतिष्ठा
reputedly *adv* प्रतिष्ठाताका साथ
request *v* अनुरोध गर्नु
request *n* अनुरोध
require *v* आवश्यक हुनु
requirement *n* आवश्यकता
rescue *v* बचाउनु, उद्धार गर्नु
rescue *n* उद्धार
research *v* अनुसन्धान गर्नु
research *n* अनुसन्धान
resemblance *n* मिल्दोजुल्दो
resemble *v* मिल्दोजुल्दो हुनु
resent *v* रुष्ट हुनु
resentment *n* रुष्ट, बेखुस
reservation *n* संरक्षण
reserve *v* संरक्षण गर्नु
reservoir *n* बाँध, जलकुण्ड

R

reside *v* बसोबास गर्नु
residence *n* बसोबास, निवास
residue *n* बाँकी या शेष भाग
resign *v* राजीनमा दिनु
resignation *n* राजीनमा
resilient *adj* पहिलेकै स्थितिमा फर्कने
resist *v* अवरोध गर्नु; बाधा हाल्नु
resistance *n* अवरोध; बाधा
resolute *adj* दृढ, निश्चल
resolution *n* पृथककरण
resolve *v* संकल्प गर्नु, निश्चय गर्नु; निराकार गर्नु
resort *v* सहारा वा आश्रय लिनु; बारम्बार जानु
resounding *adj* गन्जयमान
resource *n* साधन तथा स्रोत
respect *v* आदर वा सम्मान गर्नु
respect *n* आदर वा सम्मान
respectful *adj* सम्मानजनक
respective *adj* सम्माननीय
respiration *n* श्वासप्रश्वास प्रक्रिया
respite *n* विश्राम
respond *v* प्रतिक्रिया जनाउनु
response *n* प्रतिक्रिया
responsibility *n* जिम्मेवारीता
responsible *adj* जिम्मेवारी
responsive *adj* प्रभाव जनाउने
rest *v* आराम गर्नु
rest *n* आराम
rest room *n* शौचालय
restaurant *n* भोजनालय
restful *adj* आरामदायी
restitution *n* क्षतिपूर्ति, प्रतिदान
restless *adj* अधैर्य
restoration *n* पुनस्र्थापना
restore *v* पुनस्र्थापना गर्नु
restrain *v* नियन्त्रण गर्नु, दबाउनु
restraint *n* नियन्त्रण, दमन
restrict *v* सीमित गर्नु
result *n* परीक्षाफल
resume *v* पुनः आरम्भ गर्नु
resumption *n* पुनः आरम्भ
resurface *v* नयाँ सतहले ढाक्नु
resurrection *n* पुनर्जन्म
resuscitate *v* पुनर्जीवित हुनु
retain *v* राख्नु
retaliate *v* जस्ता तस्तै पार्नु
retaliation *n* प्रतिशोध
retarded *adj* रोकावट, बाधा
retention *n* धारण, स्मृति
retire *v* अवकाश हुनु
retirement *n* अवकाश
retract *v* अस्वीकार गर्नु, खुम्चिनु
retreat *v* पछि हट्नु
retreat *n* एकान्तवास
retrieval *n* पुनर्लाभ; पुनःस्थापना
retrieve *v* फेरि पाउनु
retroactive *adj* बिती सकेको कुरासँग सम्बन्ध राख्ने
return *v* फर्किनु
return *n* फर्किने काम
reunion *n* पुनर्मिलन
reveal *v* खुलस्त पार्नु
revealing *adj* खुलस्त भएको
revel *v* आमोद–प्रमोद गर्नु

R

revelation *n* आमोद–प्रमोद
revenge *v* बदला लिनु
revenge *n* बदला
revenue *n* राजस्व
reverence *n* श्रद्धा, आदर
reversal *n* विपरित दिशा तिर हुने परिवर्तन
reverse *n* उल्टो
reversible *adj* परिवर्तनीय
revert *v* पहिलेकै अवस्थामा फर्किनु
review *v* समीक्षा, पुनर्विचार, मूल्यांकन गर्नु
review *n* समीक्षा, पुनर्विचार, मूल्यांकन
revise *v* दोहराउनु, जाँच्नु
revision *n* संशोधन, पुनःपाठ गर्नु
revive *v* पुनर्जीवित हुनु
revoke *v* फिर्ता लिनु, निस्तेज गर्नु, रद्द गर्नु
revolt *v* विद्रोह गर्नु
revolt *n* विद्रोह
revolting *adj* विद्रोह भएको
revolve *v* परिक्रम गर्नु
revolver *v* स्वचालित पेस्तोल
revue *n* रंगमञ्चमा प्रयोग गरिने रंगीन बत्तीहरु
revulsion *n* आकस्मित प्रतिक्रिया
reward *v* पुरस्कृत हुनु
reward *n* पुरस्कार
rewarding *adj* पुरस्कृत गरिने
rheumatism *n* बाथ रोग
rhinoceros *n* गैडा
rhyme *n* कविताको अन्त्यानुप्रास
rhythm *n* लय
rib *n* करङ्
ribbon *n* फित्ता वा पट्टी
rice *n* चामल
rich *adj* धनी
rid of *iv* मुक्त हुनु
riddle *n* गाउँखानेकथा
ride *iv* चढ्नु
ridge *n* पर्वत श्रेणी
ridicule *v* उपहास गर्नु
ridicule *n* उपहास, गिल्ला
ridiculous *adj* हाँसउठ्दो
rifle *n* एक किसिमको बन्दुक
rift *n* विवाद
right *adv* दायाँ पट्टी
right *adj* ठीक
right *n* अधिकार
rigid *adj* तुरुन्तै
rigor *n* कठोर
rim *n* घेरा, किनारा
ring *iv* घण्टी बजाउनु
ring *n* औंठी; वृत्ताकार घेरा; घण्टीको आवाज
ringleader *n* अवैध धन्दाको प्रमुख व्यक्ति
rinse *v* पखाल्नु
riot *v* दंग गर्नु
riot *n* दंग
rip *v* च्यात्नु
rip apart *v* टुक्राटुक्रा पर्ने गरी च्यात्नु
rip off *v* च्यात्च्युत पार्नु
ripe *adj* पाकेको
ripen *v* पाक्नु
ripple *n* पानीको छाल
rise *iv* उदाउनु, उठ्नु
risk *v* जोखिम हुनु
risk *n* जोखिम
risky *adj* जोखिमी

R

rite *n* संस्कार
rival *n* प्रतिद्वन्द्वी
rivalry *n* प्रतिस्पर्धा गर्नु
river *n* नदी
rivet *v* धातुका टुक्राहरु जोड्ने कीलो
riveting *adj* धातुका टुक्राहरु जोड्ने काम
road *n* सडक
roam *v* घुम्नु
roar *v* गर्जनु
roar *n* गर्जन
roast *v* तार्नु
roast *n* तारेको परिकार
rob *v* लुट्नु
robber *n* डाकू, चोर
robbery *n* लुट्पाट
robe *n* खुकुलो लुगा
robust *adj* बलियो
rock *n* चट्टान
rock *v* हल्लाउनु
rocket *n* अन्तरिक्षमा पठाउने यान
rocky *adj* चट्टानयुक्त
rod *n* छड
rodent *n* एक स्तनधारी जीव
roll *v* गुड्नु वा गुडाउनु
roll *n* गुडेको गति
romance *n* प्रेमालाप
roof *n* छाना
room *n* कोठा
roomy *adj* प्रशस्त कोठाहरु भएको
rooster *n* कुखुराको भाले
root *n* जरा
rope *n* डोरी
rosary *n* गुलाबको बोट वा फूल
rose *n* गुलाब
rosy *adj* गुलाबी रंगको
rot *v* कुहिनु
rot *n* कुहिने प्रक्रिया
rotate *v* परिक्रम गर्नु
rotation *n* परिक्रम
rotten *adj* कुहिएको
rough *adj* खस्रो
round *adj* गोलाकार
roundup *n* गोलाकार रुपमा जम्मा भएको
rouse *v* जगाउनु, उक्साउनु
rousing *adj* जगाउने, उक्साउने
route *n* मार्ग
routine *n* कार्यतालिका
row *v* डुंगा खियाउनु
row *n* पंक्ति, लहर
rowdy *adj* हल्लीखल्ली गर्ने
royal *adj* राजकीय
royalty *n* राजसत्ता; प्रकाशनाधिकार शुल्क
rub *v* रगड्नु
rubber *n* रगड्ने; मेट्ने रबर
rubbish *n* फोहोर
rubble *n* रोडा, गिटी
ruby *n* रातोपन
rudder *n* डुंगा खियाउने काठ
rude *adj* असभ्य
rudeness *n* असभ्यता
rudimentary *adj* प्रारम्भिक सिद्धान्तमा आधारित
rug *n* गलैंचा, बाक्लो ऊनीको ओढ्ने
ruin *v* विनाश हुनु

R

ruin *n* विनाशको स्थिति
rule *v* नियम मान्नु
rule *n* नियम
ruler *n* शासक; ज्यमितिको औजार
rum *n* एक किसिमको मदिरा
rumble *v* गड्याङ्गड्युङ आवाज आउनु
rumble *n* गड्याङ्गड्युङ
rumor *n* हल्ला
run *iv* दौडनु
run away *v* भाग्नु
run into *v* भाग्यवश भेट्नु; घटना घट्नु
run out *v* सकिनु
run over *v* कुल्चिनु
run up *v* बढ्नु तथा वृद्धि हुनु
runner *n* दावक
runway *n* धावन मार्ग
rupture *n* मतभेद, वैमनस्य; विध्वंस
rupture *v* विध्वंस हुनु
rural *adj* ग्रामिण
ruse *n* कपट, छल
rush *v* हतार गर्नु
Russia *n* रसिया देश
Russian *adj* रसियाको नागरिक
rust *v* खिया लाग्नु
rust *n* खिया
rustic *adj* गाउँले मानिस
rust-proof *adj* खिया लागेको छाना
rusty *adj* खिया लागेको
ruthless *adj* निर्दयी, क्रुर
rye *n* एक किसिमको खाद्यन्न

R

S

sabotage *v* शत्रुको सम्पत्ति नाश गर्नु
sabotage *n* तोड्फोड्, विनाश
sack *v* झोलामा राख्नु
sack *n* बोरा
sacrament *n* संस्कार या विधिविधान
sacred *adj* धार्मिक संसर्गले पवित्र भएको
sacrifice *n* बलिदान
sacrilege *n* अपवित्र पार्ने काम
sad *adj* दुःखी
sadden *v* दुखित पार्नु
saddle *n* काठी, जीन (साइकल वा घोडाको)
sadist *n* दुखित तुल्याउने व्यक्ति
sadness *n* दुःखीपन
safe *n* सुरक्षा
safe *adj* सुरक्षित
safeguard *n* हिफाजत, सुरक्षा
safety *n* सुरक्षित अवस्था
sail *v* जहाज चलाउनु
sail *n* जहाज प्रयोग गरिने पाल
sailboat *n* पालयुक्त डुंगा
sailor *n* जहाज चालक
saint *n* सन्त, साधु
salad *n* फलमिश्रण
salary *n* तलब
sale *n* बिक्री
sale slip *n* बिक्री रसिद
salesman *n* बिक्रेता
saliva *n* राल
salmon *n* साल्मन माछा

saloon *n* सभाकक्ष
salt *n* नुन
salty *adj* नुनिलो
salvage *v* उद्धार
salvation *n* मोक्ष, मुक्ति
same *adj* उस्तै
sample *n* नमूना
sanctify *v* पवित्र गर्नु
sanction *v* अनुमति दिनु, अनुमोदन गर्नु
sanction *n* अनुमति, अनुज्ञा
sanctity *n* पवित्रता
sanctuary *n* आरक्षण
sand *n* बालुवा
sandal *n* चप्पल
sandpaper *n* बालुवा भएको खस्रो कागज
sandwich *n* एक प्रकारको परिकार, स्यान्डविज्
sane *adj* स्वस्थ दिमाग भएको
sanity *n* मानसिक सन्तुलन
sap *n* बिरुवाको रस
sap *v* काठबाट नरम पत्र निकाल्नु
sapphire *n* नीलमणि
sarcasm *n* कटुआलोचना
sarcastic *adj* आलोचनात्मक
sardine *n* सार्डिन माछा
satanic *adj* दानवीय
satellite *n* उपग्रह
satire *n* व्यंग्य
satisfaction *n* सन्तुष्टि
satisfactory *adj* सन्तोषजनक
satisfy *v* सन्तुष्ट हुनु
saturate *v* भिजाउनु; संयुक्त गराउनु
Saturday *n* शनिबार
sauce *n* चटनी
saucepan *n* ताप्के
saucer *n* रिकापी, तस्तरी
sausage *n* सुँगुरको मासुको परिकार
savage *adj* जंगली, असभ्य
savagery *n* असभ्यता
save *v* बचत गर्नु
savings *n* संचित धन
savior *n* उद्धारक
savor *v* चाख्नु
saw *iv* आराले चिर्नु
saw *n* आरा, करौती
say *iv* भन्नु
saying *n* भनाइ
scaffolding *n* मचान
scald *v* तातो पानीले पोल्नु
scale *v* माछाको कत्ला निकाल्नु वा जोख्नु
scale *n* कत्ला; काँटा, तराजु; श्रेणी तह
scalp *n* खप्पर
scam *n* छलकपट
scan *v* ध्यानपूर्वक छिटोछिटो हेर्नु
scandal *n* बदनाम
scandalize *v* बदनाम गर्नु
scapegoat *n* अर्काको अपराध स्वीकार्न बाध्य भएको व्यक्ति
scar *n* डाम, खत
scarce *adj* दुर्लभ
scarcely *adv* दुर्लभता
scarcity *n* डर लाग्दो
scare *v* डराउनु
scare *n* डर

S

scare away *v* डरले भाग्नु
scarf *n* गलबन्दी
scary *adj* डर लाग्दो
scatter *v* छरिनु
scenario *n* दृश्य
scene *n* घटना स्थाल
scenery *n* प्राकृतिक दृश्य
scenic *adj* अति आकर्षक र मनोरम
scent *n* सुगन्ध
schedule *v* समय तालिकामा समावेश गर्नु
schedule *n* समय तालिका
scheme *n* योजना, परिकल्पना
schism *n* विच्छेद, मतभेद
scholar *n* विद्वान
scholarship *n* छात्रवृत्ति
school *n* विद्यालय
science *n* विज्ञान
scientific *adj* विज्ञानमा आधारित
scientist *n* वैज्ञानिक
scissors *n* कैंची
scoff *v* खिसी गरेर बोल्नु
scold *v* गाली गर्नु, हप्काउनु
scolding *n* गाली तथा हप्काउने काम
scooter *n* मोटर साइकलको प्रकार
scope *n* विषय क्षेत्र, कार्य क्षेत्र
scorch *v* तातोले बाहिरी भाग डढ्नु
score *n* प्राप्तांक
score *v* अंक प्राप्त गर्नु
scorn *v* तिरस्कार गर्नु
scornful *n* तिरस्कार पूर्ण
scorpion *n* वृच्छिक
scoundrel *n* बदमास
scour *v* माझ्नु
scourge *n* बदमास, दुर्जन
scout *n* जासुस, गुप्तचर
scramble *v* उकालो ठाउँमा घस्रदै उक्लनु
scrambled *adj* घस्रदै उक्लने काम
scrap *n* टुक्राटुक्री
scrap *v* काम नलाग्ने ठानेर फ्याक्नु
scrape *v* खुर्कनु वा चिर्नु
scratch *v* कोतर्नु
scratch *n* कन्याएको आवाज; कन्याएर भएको घाउ
scream *v* चिच्याउनु
scream *n* चीत्कार
screech *v* एकदमै तिखो र कठोर चीत्कार गर्नु
screen *n* पर्दा
screen *v* बचाउनु, छिपाउनु
screw *v* पेच कस्नु
screw *n* कीला वा पेच
screwdriver *n* कीला वा पेच कस्ने औजार
scribble *v* हेलचेक्र्याई पाराले लेख्नु
script *n* लिपि
scroll *n* बेह्रेको मुठो
scrub *v* माझ्नु
scruples *n* थोरै भाग
scrupulous *adj* इमानदार
scrutiny *n* सुक्ष्म परीक्षण
scuffle *n* घम्साघम्सी पर्नु
sculptor *n* मूर्तिकार
sculpture *n* सालिक, मूर्ति
sea *n* समुद्र
seafood *n* समुद्री खाना
seagull *n* एक प्रकारको समुद्री चरा

seal *v* पक्का गर्नु; सुरक्षित साथ राख्नु वा बाँध्नु
seal *n* सिल माछा; भुवादार छाला
seal off *v* सुरक्षाको लागि वरिपरि बार लगाउनु
seam *n* सिएको ठाउँ; खत; मुजा; चाउरी
seamless *adj* नसिलाएको
seamstress *n* सिलाई गर्ने महिला
search *v* खोज्नु
search *n* खोज
seashore *n* समुद्री किनार
seasick *adj* समुद्रमा जाँदा हुने बिमारी
seaside *adj* समुद्री किनार
season *n* मौसम
season *v* स्वादिष्ट बनाउनु
seasonal *adj* मौसमसँग सम्बन्धित
seasoning *n* मसला, व्यंजन, स्वादिष्ट पार्ने काम
seat *n* बस्ने ठाउँ
seated *adj* अवस्थित
secede *v* बाहिर निस्कनु; फुट्नु; अलग हुनु
secluded *adj* एकान्त मनपराउने
seclusion *n* एकान्तवास
second *n* दोस्रो स्थान
second *adj* दोस्रो
secondary *adj* माध्यमिक
secrecy *n* गोपनीय
secret *n* गोप्य
secretary *n* सचिव
secretly *adv* गोप्यताका साथ
sect *n* शाखा; सम्प्रदाय
section *n* परिच्छेद, भाग
sector *n* क्षेत्र, भाग
secure *v* सुरक्षित गर्नु
secure *adj* सुरक्षित
security *n* सुरक्षा
sedate *v* शान्त हुनु, सौम्य हुनु
sedation *n* शान्त, सौम्य
seduce *v* यौन सम्पर्कको लागि फकाउनु
seduction *n* यौन सम्पर्कको लागि फकाउने काम
see *iv* देख्नु
seed *n* बीउ
seedless *adj* बीउ रहित
seedy *adj* बीउ भएको
seek *iv* खोज्नु
seem *v* देखा पर्नु
see-through *adj* वास्तविकता महशुस गर्नु
segment *n* विभाग, टुक्रा, खण्ड
segregate *v* अल्याउनु
segregation *n* अल्याउने काम
seize *v* कसेर समात्नु
seizure *n* जफत, दखल
seldom *adv* विरलै
select *v* छान्नु
selection *n* छनौट
self-conscious *adj* आत्मचेतन
self-esteem *n* आत्म विश्वास
self-evident *adj* स्वप्रमाण
self-interest *n* आत्म इच्छा
selfish *adj* स्वार्थी
selfishness *n* स्वार्थीपन
self-respect *n* आत्म सम्मान
sell *iv* बेच्नु
seller *n* बिक्रेता
sellout *n* बेचिसकेको वस्तु
semblance *n* आकृति

semester *n* वार्षिक रुपमा शैक्षिक वर्षको विभाजन
seminary *n* तालिम लिने महाविद्यालय
senate *n* राज्य परिषद्
senator *n* विधायक
send *iv* पठाउनु
sender *n* पठाउने व्यक्ति
senile *adj* बुढ्सकालको
senior *adj* वरिष्ठ
seniority *n* वरिष्ठता
sensation *n* अनुभूति
sense *v* बोध गर्नु, अनुभव गर्नु
sense *n* ज्ञानेन्द्रिय
senseless *adj* बोध नहुने, सचेत नहुनु
sensible *adj* व्यवहारिक, तर्क संगत
sensitive *adj* संवेदनशील
sensual *adj* संवेदन
sentence *v* सजय दिनु, दण्ड दिनु
sentence *n* वाक्य; दण्ड
sentiment *n* मनोभाव, भावुकता
sentimental *adj* भावुकतापूर्ण
sentry *n* चौकीदार
separate *v* छुट्याउनु
separate *adj* छुट्याउएको
separation *n* अलग
September *n* सेम्टेम्बर महिना
sequel *n* निष्कर्ष, फल, परिणम
sequence *n* श्रेणी, क्रम
serenade *n* प्रेमी सम्बन्धी सन्ध्याको गीत
serene *adj* निर्मल, शान्त
serenity *n* शान्तता, प्रशान्तता
sergeant *n* उच्च दर्जाको प्रहरी अधिकारी
series *n* श्रेणी, शृङ्खला
serious *adj* गम्भीर
seriousness *n* गम्भीरता
sermon *n* धर्मोपदेश
serpent *n* सर्प
serum *n* रगत जमेर निस्केको पानी
servant *n* नोकर
serve *v* सेवा दिनु
service *n* सेवा
service *v* सेवा प्रदान गर्नु
session *n* सत्र
set *n* खल, सूर्यास्त
set *iv* स्थापित गर्नु; डुब्नु
set about *v* प्रारम्भ गर्नु
set off *v* प्रस्थान गर्नु; स्पष्ट पार्नु; सजाउनु
set out *v* यात्राको लागि प्रस्थान गर्नु
set up *up* स्थापना
setback *n* गतिरोध
setting *n* ढाँचा, बनावट
settle *v* घरजम गर्नु
settle down *v* स्थिर गर्नु
settle for *v* चित्त बुझाउनु
settlement *n* बन्दोबस्त
settler *n* व्यवस्थापक
setup *n* स्थापना
seven *adj* सात
seventeen *adj* सत्र
seventh *adj* सत्रौं
seventy *adj* सत्तरी
sever *v* छुट्याउनु
several *adj* अनेक, धेरै
severance *n* सम्बन्ध विच्छेद

S

severe *adj* गम्भीर
severity *n* गम्भीरता
sew *v* सिउनु
sewage *n* फोहोर पानी
sewer *n* ढल निकास
sewing *n* सिउने काम
sex *n* लिंग
sexuality *n* लैंगिकता
shabby *adj* पुरानो, फाटेको, झुत्रो
shack *n* झुपडी
shackle *n* हतकडी
shade *n* छाया
shadow *n* छाया, छायाको भाग
shady *adj* छायामय
shake *iv* हल्लिनु
shaken *adj* हल्लेको
shaky *adj* हल्लिने
shallow *adj* कम गहिरो
sham *n* बहना, छलकपट
shambles *n* गोलमाल
shame *v* लज्जित हुनु
shame *n* लाज
shameful *adj* लाजमर्दो
shameless *adj* लाज नभएको
shape *v* आकार दिनु
shape *n* आकार
share *v* भाग लगाउनु
share *n* भाग, अंश
shareholder *n* हिस्सेदार
shark *n* सार्क माछा
sharp *adj* तिखो
sharpen *v* तिखो पार्नु
sharpener *n* तिखो पार्ने औजार
shatter *v* धूलो पार्नु
shattering *adj* धूलो पारेको
shave *v* कपाल खौरिनु
she *pro* उनी
shear *iv* कैंचीले छाँट्न
shed *iv* झार्नु, खसाल्नु
shed *n* टहरो
sheep *n* भेडा
sheet *n* तन्ना; कागजको ताउ; च्यादर
shelf *n* तखता
shell *v* आवरण तथा खोल झिक्नु
shell *n* आवरण
shellfish *n* शंखेकिरा
shelter *v* ओत लाग्नु
shelter *n* ओत, शरण
shelves *n* तखताहरु
shepherd *n* भेडा गठालो
sherry *n* स्पेनमा हुने सेतो प्रकारको मदिरा
shield *v* ढाकछोप गर्नु
shield *n* धातुको ढाल, कवज
shift *n* स्थानान्तर
shift *v* स्थानान्तर गर्नु, सर्नु
shine *n* चमक, उज्यालो
shine *iv* चम्कनु, टल्किनु
shiny *adj* चम्किलो
ship *n* पानी जहाज
ship *v* जहाजमा राखेर पठाउनु
shipment *n* जहाजमा राखेर पठाउने काम
shipwreck *n* जहाजको विनाश
shipyard *n* जहाज निर्माण स्थल
shirk *v* छल्नु; फुत्कनु

S

shirt *n* लगाउने सर्ट
shiver *v* काँप्नु
shiver *n* काँप्ने काम
shock *v* धक्का लाग्नु; झोक्का लाग्नु; स्तब्ध हुनु
shock *n* धक्का; झोक्का; स्तब्धता
shocking *adj* स्तब्ध पार्ने
shoddy *adj* रद्दी, घटिया
shoe *n* जुत्ता
shoe polish *n* जुत्तामा लगाउने पालिस
shoe store *n* जुत्ता पसल
shoelace *n* जुत्ताको तुना
shoot *iv* गोली चलाउनु
shoot down *v* गोली हानी झार्नु
shop *v* किनमेल गर्नु
shop *n* पसल
shoplifting *n* पसलबाट सामान चोर्ने काम
shopping *n* किनमेल गर्ने काम
shore *n* समुद्रको किनार
short *adj* छोटो
shortage *n* अभाव
shortcoming *n* क्षणिक, मापदण्ड नभएको
shortcut *n* छोटो तरिका
shorten *v* छोटो बनाउनु
shorthand *n* संकेतिक वा छोटो लेख वा बोलाई
short-lived *adj* छोटो समय सम्म मात्र रहने
shortly *adv* छोटो रुपमा
shorts *n* कट्टु
shortsighted *adj* नजिक देखिने
shot *n* गोला, छर्रा
shotgun *n* छोटो दुरीमा गोली हान्ने बन्दुक
shoulder *n* काँध
shout *v* चिच्याउनु
shout *n* चिच्याइ
shouting *n* चिच्याउने काम
shove *v* जोडसँग धकेल्नु
shovel *n* बेल्चा, साबेल
shovel *v* बेल्चा वा साबेल सामान उठाउनु
show *iv* देखाउनु
show off *v* प्रदर्शन गर्नु
show up *v* देखा पर्नु, प्रकट हुनु
showdown *n* अन्तिम छनौट; झगडाको लागि षड्यन्त्रको अन्तिम तयारी
shower *n* झरी, वर्षा
shrapnel *n* बमगोला
shred *v* धुजाधजा पारेर काट्नु
shred *n* धुजाधजा पारेर काट्ने काम
shrewd *adj* चलाख, चतुर
shriek *v* चीत्कार निकाल्नु
shriek *n* चीत्कार, तिखो आवाज
shrimp *n* सानो झिंगे माछा
shrine *n* तीर्थ
shrink *iv* खुम्चिनु
shroud *n* कात्रो
shrouded *adj* कात्रोले बेरिएको
shrub *n* झाडी
shrug *v* कुम खुम्च्याउनु
shudder *n* डरले काम्ने
shudder *v* थर्थराउनु
shuffle *v* अस्तव्यस्त पार्नु
shun *v* परित्याग गर्नु
shut *iv* बन्द गर्नु
shut off *v* परित्याग गर्नु
shuttle *v* सधै दुई वा दुई भन्दा बढी ठाउँमा यात्रा गरिरहनु

shy *adj* लजाउनु
shyness *n* लाजमर्दो
sick *adj* बिरामी
sicken *v* बिरामी हुनु
sickening *adj* बिरामी भएको
sickle *n* हाँसिया
sickness *n* बेथा, अस्वस्थता
side *n* छेउ, किनार
sideburns *n* कन्चटको रौं
sidestep *v* छेउमा हिड्नु
sidewalk *n* सडक पेटी
sideways *adv* किनार पट्टी
siege *n* सैनिक घेराबन्दी
siege *v* घेराबन्दी गर्नु
sift *v* चाल्नु; छान्नु
sigh *n* सुस्केरा
sigh *v* लामो श्वास फेर्नु
sight *n* दृष्टि
sightseeing *v* दृश्य अवलोकन गर्नु
sign *v* चिनो लगाउनु, इशारा गर्नु
sign *n* चिन्ह, निशान
signal *n* संकेत
signal *v* संकेत गर्नु
signature *n* हस्ताक्षर
significance *n* महत्व; अभिप्राय; अर्थ; मतलब
significant *adj* अर्थपूर्ण; सार्थक
signify *v* संकेत गर्नु, सूचित गर्नु
silence *n* मौनता, शान्ति
silence *v* शान्त हुनु, चुप लाग्नु
silent *adj* मौन, शान्त
silhouette *n* छायाचित्र। छायामूर्ति
silk *n* रेशम
silly *adj* रेशमी
silver *n* चाँदी
silver plated *adj* चाँदीको जलप लगाएको
silversmith *n* चाँदीको काम गर्ने मानिस
silverware *n* चाँदीका भाँडाकुँडा
similar *adj* उस्तै
similarity *n* उस्तै भएको
simmer *v* भर्खर उम्लन थाल्नु
simple *adj* साधारण
simplicity *n* साधारणतय
simplify *v* सरल बनाउनु
simply *adv* केवल, खालि
simulate *v* बहाना गर्नु
simultaneous *n* एकसाथ; सँगसँगै; समकालीन
sin *v* पाप गर्नु
sin *n* पाप
since *c* किनभने
since *pre* त्यस बेला देखि
since then *adv* त्यसपछि
sincere *adj* इमानदार
sincerity *n* इमानदारीता
sinful *adj* पापपूर्ण
sing *iv* गाउनु
singer *n* गायक
single *n* एकल
single *adj* एक्लो, अविवाहित, एक
singlehanded *adj* एक्लैले गरिएको
single-minded *adj* कुनै एउटा लक्ष्यमा दृढ हुनु
singular *adj* एकवचन

S

sinister *n* दुष्ट, अशुभ
sink *n* मैलो बगाउने ठाउँ
sink *iv* डुब्नु
sink in *v* पूर्ण रुपमा बुझ्नु वा महशुस गर्नु
sinner *n* पापी
sip *v* चुस्की लगाउनु
sip *n* चुस्की, घुट्की
sir *n* महाशय
siren *n* सूचना दिने यन्त्र
sirloin *n* तिघ्राको मासु
sissy *adj* काँतर व्यक्ति
sister *n* दिदीबहिनी
sister-in-law *n* साली
sit *iv* बस्नु
site *n* स्थिति, स्थान भूमि
sitting *n* बसाइ
situated *adj* अवस्थित
situation *n* अवस्था
six *adj* छ
sixteen *adj* सोह्र
sixth *adj* सोह्रौ
sixty *adj* साठी
sizable *adj* आकार दिन लायक
size *n* आकार
size up *v* विचार बनाउनु, आँकलन गर्नु
skate *v* हिउँमा चिप्लेटी खेल्नु
skate *n* हिउँमा खेलिने खेल
skeleton *n* अस्थिपञ्जर
skeptic *adj* नास्तिकवादी
sketch *v* खेस्रा बनाउनु
sketch *n* रुपरेखा
sketchy *adj* पूर्ण नभएको
ski *v* हिउँमा चिप्लेटी खेल्नु
skill *n* सीप
skillful *adj* सीपमूलक
skim *v* तर काट्नु
skin *v* छाला निकाल्नु
skin *n* छाला,चर्म
skinny *adj* पातलो
skip *v* उफ्रनु वा नाघ्नु
skip *n* उफ्राइ
skirmish *n* कप्तान, नायक
skirt *n* घाँघर
skull *n* खप्पर
sky *n* आकाश
skylight *n* छानोमा भएको झ्याल
skyscraper *n* गगनचुम्बी महल
slab *n* फल्याक
slack *adj* खुकुलो
slacken *v* खुकुलो पार्नु
slacks *n* महिलाले लगाउने सुरुवाल
slam *v* ढ्याम्म गरी थुन्नु
slander *n* निन्दा
slanted *adj* झुकाव भएको
slap *n* झापड, थप्पड
slap *v* झापड हान्नु, थप्पड लगाउनु
slash *n* चिरा परेर काट्नु
slash *v* चिरा पार्ने काम
slate *n* पत्रे चट्टान
slaughter *v* नरसंहार गर्नु
slaughter *n* नरसंहार
slave *n* दास
slavery *n* दासता
slay *iv* हत्या गर्नु

sleazy *adj* अनैतिक, भ्रष्ट
sleep *iv* सुत्नु
sleep *n* निद्रा
sleeve *n* बाहुला
sleeveless *adj* बाहुला नभएको
sleigh *n* हिउँ गाडी
slender *adj* लामो पतालो
slice *v* चाना पारेर काटेनु
slice *n* चाना पारेर काटेको भाग
slide *iv* चिप्लनु
slightly *adv* साधारणतया
slim *adj* झिनो, पातलो
slip *v* भुल हुनु, गल्ती हुनु
slip *n* भुल, गल्ती
slipper *n* चप्पल
slippery *adj* चिप्लने
slit *iv* चिरा पार्नु
slob *adj* रुखो वा फोहोरी व्यक्ति
slogan *n* नारा
slope *n* भिरालो
sloppy *adj* भिरालो परेको
slot *n* साँगुरो प्वाल
slow *adj* विस्तार
slow down *v* गति कम गर्नु
slow motion *n* ढिलो चाल
slowly *adv* विस्तारै
sluggish *adj* अल्छी, निष्क्रिय
slum *n* झुपडी
slump *v* गिरावट हुनु
slump *n* गिरावट
slur *v* अस्पष्ट किसिमले बोल्नु वा लेख्नु
sly *adj* धूर्त
smack *n* थप्पड
smack *v* थप्पड हान्नु
small *adj* सानो
small print *n* सानो आकारमा भएको प्रिन्ट
smallpox *n* दादुरा रोग
smart *adj* फुर्तिलो
smash *v* जोडले हानेर फुटाउनु
smear *n* लेप
smear *v* दल्नु
smell *n* गन्ध
smell *iv* सुघ्नु
smelly *adj* गन्धयुक्त
smile *v* मुस्कुराउनु
smile *n* मुस्कान
smith *n* धातुको काम गर्नु व्यक्ति
smoke *v* धुम्रपान गर्नु
smoked *adj* धुम्रपान गर्ने
smoker *n* धुम्रपान गर्ने व्यक्ति
smoking gun *n* अपराध भएको तथ्य
smooth *v* मुलायम हुनु, मिहिन हुनु
smooth *adj* मुलायम, मिहिन, खस्रो नभएको
smoothly *adv* मिहिनसँग
smoothness *n* चिल्लोपन
smother *v* घाँटी अँठ्याउनु
smuggler *n* कर नतिरी कारोबार गर्ने व्यक्ति
snack *n* खाजा
snack *v* खाजा खानु
snail *n* चिप्लेकिरा
snake *n* सर्प
snap *v* प्याट्ट भाँच्नु; च्वाट्ट काट्नु; फोटो खिच्नु
snapshot *n* क्षणचित्र
snare *v* फन्दामा पर्नु

S

snare *n* फन्दा
snatch *v* तान्नु, खोस्नु, थुत्नु
sneak *v* सुटुक्क पस्नु
sneeze *v* हाच्छ्युँ गर्नु
sneeze *n* हाच्छ्युँ
sniff *v* नाकले श्वास तान्नु
sniper *n* लुकी लुकी गोली हान्ने मानिस
snitch *v* चोर्नु
snooze *v* छोटो निद्रा पर्नु
snore *v* सुत्ने बेला घुर्नु
snore *n* सुत्ने बेला निस्कने आवाज
snow *v* हिमपात हुनु
snow *n* हिमपात
snowfall *n* हिउँ पर्नु
snowflake *n* हिउँ खसेको कण
snub *v* वास्ता नगर्नु
snub *n* वास्ता नगर्ने
soak *v* भिजाउनु
soak in *v* डुबाउनु
soak up *v* सोस्नु
soar *v* आकाश तिर उड्नु
sob *v* सुकसुक गरेर रुनु
sob *n* सुकसुक गर्दै रोएको आवाज
sober *adj* भलाद्मी
so-called *adj* भनिने
sociable *adj* समाजमूलक, समाजप्रिय
socialism *n* समाजवाद
socialist *adj* समाजवादी
socialize *v* समाजमा घुलमिल गर्नु
society *n* समाज
sock *n* मोजा
sod *n* माटोको चप्परी
soda *n* रासायनिक पदार्थ सोडियम
sofa *n* गद्दावाल कुर्सी, आरामदायी कुर्सी
soft *adj* नरम
soften *v* नरम बनाउनु
softly *adv* हल्कासँग
softness *n* नरमपन
soggy *adj* गीलो
soil *v* फोहोर बनाउनु
soil *n* माटो
soiled *adj* फोहोर पारेको
solace *n* शान्त पाउनु
solar *adj* सौर्य
solder *v* जोड्नु
soldier *n* सैनिक
sold-out *adj* बिक्री भइसकेको
sole *n* पैताला
sole *adj* केवल
solely *adv* एक्लै
solemn *adj* पवित्र
solicit *v* याचना गर्नु, माग्नु, अनुरोध गर्नु
solid *adj* ठोस
solidarity *n* ऐक्यबद्धता
solitary *adj* एकान्तवासी
solitude *n* एकान्त स्थान
soluble *adj* घुलनशील
solution *n* घोल
solve *v* समाधान गर्नु
solvent *adj* घुलित पदार्थ
somber *adj* अँध्यारो
some *adj* केही
somebody *pro* कोहीव्यक्ति
someday *adv* कुनै दिन

S

somehow *adv* जसरी पनि
someone *pro* कोही व्यक्ति
something *pro* केही कुरा
sometimes *adv* कहिलेकाही
someway *adv* केही तरिकाले
somewhat *adv* केही हद सम्म
son *n* छोरा
song *n* गीत
son-in-law *n* छोरीज्वाइँ
soon *adv* चाँडै
soothe *v* सान्त्वना दिनु
sorcerer *n* जादूगर
sorcery *n* जादूगरी
sore *n* खटिरा
sore *adj* पीडा, दुःख
sorrow *n* बेदना, शोक
sorrowful *adj* दुःखी, उदास
sorry *adj* क्षमा
sort *n* प्रकार
sort out *v* विभाजन गर्नु
soul *n* आत्मा
sound *n* ध्वनि
sound *v* आवाज निकाल्नु
sound out *v* सावधान गराउनु
soup *n* झोल
sour *adj* अमिलो
source *n* स्रोत
south *n* दक्षिण
southbound *adv* दक्षिणतिर जाने
southeast *n* दक्षिणपूर्व
southern *adj* दक्षिणतिर
southerner *n* दक्षिणी
southwest *n* दक्षिणपश्चिम
souvenir *n* चिनो
sovereign *adj* सर्वसत्तासम्पन्न
sovereignty *n* स्वतन्त्रता, संप्रभुत्व
soviet *adj* सोभियत रुसको नागरिक
sow *iv* छर्नु
spa *n* खनिज जलको स्रोत
space *n* आकाश; अन्तरीक्ष; खाली ठाउँ
space out *v* अस्थिर हुनु; निश्चित दिशामा नलाग्नु
spacious *adj* पर्याप्त ठाउँ भएको
spade *n* कोदालो
Spain *n* स्पेन देश
span *v* फैलिनु
span *n* फैलावट
Spaniard *n* स्पेनको नागरिक
Spanish *adj* स्पेनको नागरिक
spank *v* थप्पड मार्नु
spanking *n* सुन्दर, उत्कृष्ट
spare *v* जोगाउनु
spare *adj* किफायती, थोरै
spare part *n* जगेडा सामाग्री
sparingly *adv* किफायतसँग
spark *n* झिल्का
spark off *v* सुरु गर्नु
spark plug *n* आगो निकाल्ने उपकरण
sparkle *v* चम्कनु
sparrow *n* भँगेरा
sparse *adj* पातलो
spasm *n* ऐंठन; लहर; अनियमित; अतिसंकुचन
speak *iv* बोल्नु
speaker *n* वक्ता; सभापति; ध्वनि सम्प्रेसक

S

spear *n* भाला
spearhead *v* नेतृत्व गर्नु
special *adj* विशेष; असाधारण
specialize *v* विशेषज्ञ हुनु, विशेषज्ञता हासिल गर्नु
specialty *n* विशेषता, विशिष्टता
species *n* वंश; प्रकार
specific *adj* निश्चित; सुस्पष्ट
specimen *n* वैज्ञाानिक अनुसन्धानको वस्तु
speck *n* खत
spectacle *n* सार्वजानिक प्रदर्शन
spectator *n* दर्शक
speculate *v* चिन्तन गर्नु
speculation *n* चिन्तन
speech *n* भाषण
speechless *adj* बोल्न नसक्ने
speed *iv* छिटो जानु
speed *n* गति
speedily *adv* छिटोसँग
speedy *adj* द्रुत
spell *iv* उच्चारण गर्नु
spell *n* मन्तर
spelling *n* हिज्जे
spend *iv* खर्च गर्नु, बिताउनु
spending *n* खर्च
sperm *n* वीर्य
sphere *n* गोलाकार
spice *n* मसला
spicy *adj* मसलायुक्त
spider *n* माकुरा
spider web *n* माकुराको जालो
spill *iv* पोख्नु
spill *n* पोखाई
spin *iv* चक्कर मार्नु
spine *n* मेरुदण्ड
spineless *adj* मेरुदण्ड नभएको
spinster *n* बूढीकन्या
spirit *n* आत्मा
spiritual *adj* आध्यामिक
spit *iv* थुक्नु
spite *n* डाह, ईर्ष्या
spiteful *adj* द्वेषपूण
splash *v* पानी छम्किनु
splendid *adj* सानदार; वैभवशाली
splendor *n* महिमा; सान; चमक; महिमा
splint *n* काम्रो
splinter *n* चोइटो, छेस्को
splinter *v* चोइटिनु
split *n* चिरा
split *iv* चिरा पर्नु
split up *v* विखण्डित हुनु
spoil *v* दूषित पार्नु
spoils *n* लुटेका सामानहरु
sponge *n* पानी सोस्ने नरम वस्तु
sponsor *n* प्रायोजक
spontaneity *n* स्वभाविकता
spontaneous *adj* स्फूर्त
spooky *adj* भयभीत पार्ने
spool *n* धागो तथा तार बेर्ने वस्तु
spoon *n* चम्चा
spoonful *n* एक चम्चा
sporadic *adj* कहिलेकही हुने
sport *n* खेल
sportsman *n* खेलाडी

S

sporty *adj* खेलका लागि योग्य हुने
spot *v* दाग लगाउनु, कुनै स्थानमा राख्नु
spot *n* दाग
spotless *adj* दाग नभएको
spotlight *n* लोकप्रियता
spouse *n* लोग्ने स्वास्नी
sprain *v* मर्कनु
sprawl *v* फिजार्नु
spray *v* छर्कनु
spread *iv* फैलिनु
spring *iv* उफ्रिनु, हुत्तिनु
spring *n* तरको लचकदार फन्को; वसन्त ऋतु; उम्रने ठाउँ
springboard *n* अघि बढ्ने प्रेरणा
sprinkle *v* छर्किनु
sprout *v* बीजाङ्कुरण हुनु
spruce up *up* सफा र फुर्तिलो बनाउनु
spur *v* घोडाको खुरमा लगाउने साधन हाल्नु
spur *n* घोडाको खुरमा लगाउने साधन
spy *v* चियोचर्च गर्नु
spy *n* गुप्तचर
squalid *adj* मैलोफोहोरी
squander *v* फजुल खर्च गर्नु
square *adj* वर्गाकार
square *n* वर्ग
squash *v* निर्चनु
squeak *v* चुइँक्याउने आवाज निस्कनु
squeaky *adj* चुइँचुइँ आवाज आउने
squeamish *adj* सजिलै बिरामी हुने, सजिलै घृणा पैदा गर्ने
squeeze *v* कोचिनु
squeeze in *v* कोचिनु छिर्नु
squeeze up *v* चेपनि
squid *n* समुद्रफेनी
squirrel *n* लोखर्के
stab *v* चक्कुले घोच्नु
stab *n* छुरा प्रहार
stability *n* स्थिरता
stable *adj* स्थिर
stable *n* घोडा बस्ने ठाउँ, तबेला
stack *v* कुनिउँ लगाउनु
stack *n* कुनिउँ
staff *n* कर्मचारी; लौरो
staff *v* कर्मचारी भर्ना गर्नु
stage *n* अवस्था, अवधि; मञ्च
stage *v* प्रस्तुत गर्नु
stagger *v* लर्खराउनु
staggering *adj* लर्खराउने
stagnant *adj* स्थिर, अचल; दुर्गन्धित
stagnate *v* अचल हुनु; दुर्गन्धित हुनु
stagnation *n* स्थिरता; दुर्गन्ध
stain *v* दाग लगाउनु; मैल्याउनु
stain *n* दाग; मैला; कलंक
stair *n* खुड्किलो
staircase *n* भर्याङ्
stairs *n* भर्याङ्
stake *n* खम्बा, टेको
stake *v* खम्बा वा टेको आड दिनु
stale *adj* बासी
stalemate *n* गतिरोध
stalk *v* लुकीछिपी पिछा गर्नु
stalk *n* डाँठ
stall *n* सानो दोकान
stall *v* रोकिनु; बन्द हुनु

S

stammer *v* भकभकाउनु
stamp *v* टिकट टाँस्नु
stamp *n* टिकट
stamp out *v* हानेर आगो निभाउनु
stampede *n* भागाभाग
stand *iv* उभिनु
stand *n* निश्चल, अखण्ड
stand for *v* प्रतिनिधित्व गर्नु
stand out *v* प्रमुख हुनु
stand up *v* उठ्नु, उभिनु
standard *n* सर्वमान्य; दर्जा
standardize *v* सर्वमान्य बनाउनु
standing *n* प्रतिष्ठा
standpoint *n* दृष्टिकोण
standstill *adj* रोकाइ, गतिरोध
staple *v* नत्थी गर्नु
staple *n* नत्थी गर्ने काम
stapler *n* नत्थी गर्ने औजार
star *n* तारा
starch *n* स्टार्च
starchy *adj* स्टार्च युक्त
stare *v* एक टक्कले हेर्नु
stark *adj* कडा, दृढ, कडा
start *v* सुरु हुनु
start *n* सुरुवात
startle *v* तर्सिनु
startled *adj* तर्सिको
starvation *n* भोकमारी
starve *v* भोकाउनु
state *n* स्थिति, अवस्था; राज्य; वैभव; पद
state *v* वर्णन गर्नु
statement *n* भनाई; कथन; वक्तव्य, बयान
station *n* स्थान; अड्डा; स्थान, बिसौनी
stationary *adj* निश्चल; अचल; स्थायी; टिकउ
stationery *n* लेखन सामाग्री
statistic *n* तथ्यांकशास्त्र
statue *n* सालिक
status *n* पेसागत स्थिति
statute *n* विधयेक
staunch *adj* दृढ, स्थिर, अटल, इमानदर
stay *v* रहनु
stay *n* बास, बसाई
steady *adj* स्थिर, अचल, धीर
steak *n* मासुको टुक्रा
steal *iv* चोर्नु
stealthy *adj* गुप्त, अज्ञात
steam *n* बाफ
steel *n* इस्पात
steep *adj* झुकेको वा ढल्केको
stem *n* डाँठ
stem *v* उत्पन्न हुनु; पैदा हुनु
stench *n* दुर्गन्ध
step *n* पाइला, कदम
step *v* पाइला चाल्नु
step down *v* अवकाश पाउनु
step out *v* केही समयको लागि छाड्नु
step up *v* वृद्धि गर्नु
stepbrother *n* सौतेनी दाई–भाई
step-by-step *adv* चरण–चरण गरेर
stepdaughter *n* सौतेनी छोरी
stepfather *n* सौतेनी बुबा
stepladder *n* पदश्रेणी
stepmother *n* सौतेनी आमा

S

stepsister *n* सौतेनी दिदी–बहिनी
stepson *n* सौतेनी छोरो
sterile *adj* थारो
sterilize *v* किटाणुबाट मुक्त बनाउनु
stern *n* जहाजको पछिल्लो भाग
stern *adj* कठोर; निष्ठुर
sternly *adv* कठोरताले; निष्ठुरीको साथ
stew *n* बन्द भाडौ पकाएको मासु
stewardess *n* परिचारिका
stick *n* लठ्ठी
stick *iv* घोच्नु वा छेड्नु
stick around *v* वरिपरि रहनु
stick out *v* प्रष्ट देखिने
stick to *v* निरन्तरता दिनु
sticker *n* बाहिरी भागमा टाँसिने कागन
sticky *adj* टाँसिने
stiff *adj* कडा
stiffen *v* कडा हुनु
stiffness *n* कडापन
stifle *v* कुल्चनु; दबाउनु
stifling *adj* दमन; कुल्चने
still *adj* स्थिर, अचल
still *adv* अझै
stimulant *n* उत्तेजक पदार्थ
stimulate *v* प्रेरित गर्नु
stimulus *n* उत्तेजित गराउने वस्तु
sting *iv* टोक्नु, डस्नु
sting *n* डस्ने काम
stinging *adj* पीडा वा दुखाई
stingy *adj* कन्जुस
stink *iv* दुर्गन्ध हुनु
stink *n* दुर्गन्ध
stinking *adj* दुगत्र्धित
stipulate *v* अपेक्षा गर्नु
stir *v* चलाउनु
stir up *v* चलाएर पुरै घोल्नु
stitch *v* टाँका लगाउनु; सिलाउनु
stitch *n* टाँका; सिलाइ
stock *v* भण्डार गरी राख्नु
stock *n* सञ्चय, संग्रह
stocking *n* लामो मोजा
stockpile *n* आपतकालीनको लागि सञ्चित सामाग्री
stockroom *n* सञ्चय गर्ने कोठा
stoic *adj* योगी
stomach *n* पेट
stone *n* ढुंगा
stone *v* ढुंगाले हान्नु
stool *n* काठको बस्ने चौकी
stop *v* रोकिनु
stop *n* रोकाइ; बिसौनी
stop by *v* अल्पकालीन भेटघाट गर्नु
stop over *v* हिड्ने बाटोबाट कसैसँग छोटो भेटघाट जानु
storage *n* सञ्चय
store *v* सञ्चय गर्नु
store *n* गोदाम, भण्डार
stork *n* भुँडीफोर चरा
storm *n* आँधी
stormy *adj* ठूलो आँधी
story *n* कथा; विवरण; समाचार
stove *n* चुल्हो
straight *adj* सीधा, सोझो
straighten out *v* सफा गरेर क्रम मिलाउनु

strain *v* तन्किनु
strain *n* तन्काई
strained *adj* तन्किने
strainer *n* चाल्नी, छान्नी
strait *n* बगर, समुद्रको तट
stranded *adj* बगर तथा किनारमा रहेको
strange *adj* अनौठो
stranger *n* चिनजान नभएको व्यक्ति
strangle *v* फाँसी दिनु
strap *n* लुगा वा छालाको पेटी
strategy *n* योजना, रणनीति
straw *n* नल, पराल
strawberry *n* स्ट्रबेरी फल
stray *adj* बरालिने
stray *v* बरालिनु
stream *n* पानीको प्रवाह
street *n* सडक
streetcar *n* विद्युतबाट चल्ने गाडी
streetlight *n* सडकको बत्ती
strength *n* तगत, बल, शक्ति
strengthen *v* बलियो बनाउनु
strenuous *adj* कठिन, गाह्रो
stress *n* दबाब
stressful *adj* दबाबपूर्ण
stretch *n* फैलावट
stretch *v* फैलाउनु
stretcher *n* बिरामी बोक्ने साधन
strict *adj* कट्टर, कठिन
stride *iv* लामो फड्को मारेर हिड्नु
strife *n* मतभेद, विवाद
strike *n* प्रहार
strike *iv* प्रहार गर्नु, हिर्काउनु
strike back *v* पुनः प्रहार गर्नु
strike out *v* प्रहार गर्नु
strike up *v* संगीत बजाउनु सुरु गर्नु
striking *n* प्रहार
string *n* डोरी, धागो
stringent *adj* बाध्यकारी
strip *n* लुगा फुकाल्ने काम
strip *v* नाङ्गो गर्नु
stripe *n* धर्सो, रेखा
striped *adj* टाटेपाङ्ग्रे भएको
strive *iv* कडा परिश्रम गर्नु
stroke *n* प्रहार, वज्रपात
stroll *v* टहल्नु
strong *adj* बलियो
structure *n* संरचना
struggle *v* संघर्ष गर्नु
struggle *n* संघर्ष
stub *n* कुण्डल
stubborn *adj* जिद्दी, हठी
student *n* विद्यार्थी
study *v* अध्ययन गर्नु
stuff *n* सर–सामान, वस्तु
stuff *v* कोच्नु
stuffing *n* खेलमा हुने झगडा
stuffy *adj* उकुसमुकुस हुने
stumble *v* ठक्कर खानु
stun *v* अचेत बनाउनु
stunning *adj* अचेत
stupendous *adj* अतिविशाल
stupid *adj* बेइमान, फटाह
stupidity *n* बेइमानी
sturdy *adj* तगडा, बलवान्

stutter *v* भकभकाउनु
style *n* शैली
subdue *v* वशमा राख्नु वा ल्याउनु
subdued *adj* निराश लाग्दो
subject *v* वशमा राख्नु
subject *n* विषय; प्रसंग; कर्ता
sublime *adj* उत्कृष्ट; अलौकिक
submerge *v* डुबाउनु
submissive *adj* आज्ञाकारी
submit *v* पेस गर्नु
subpoena *v* साक्षी बन्न अतालतले आदेश दिनु
subpoena *n* साक्ष्यार्थ उपस्थिति आदेश
subscribe *v* चन्दा वा शुल्क दिनु
subscription *n* समाचार पत्रको लागि रकम तिर्ने काम
subsequent *adj* पछि आउने
subsidiary *adj* अतिरिक्त
subsidize *v* धनले मद्दत गर्नु
subsidy *n* अनुदान
subsist *v* जीविका चलाउनु
substance *n* पदार्थ, वस्तु
substandard *adj* निम्नस्तरीय
substantial *adj* पर्याप्त
substitute *v* साटासाट गर्नु
substitute *n* सट्टामा
subtitle *n* उपशिर्षक
subtle *adj* राम्रो, असल; चलाख; चतुर
subtract *v* घटाउनु
subtraction *n* घटाऊ
suburb *n* नगरको बाहिरी परिसर
subway *n* सुरुङमार्ग
succeed *v* सफल हुनु
success *n* सफलता
successful *adj* सफल
successor *n* उत्तराधिकारी
succulent *adj* रसिलो
succumb *v* पराजित हुनु
such *adj* यस्तो
suck *v* चुस्नु
sucker *adj* सजिलै ठगिने व्यक्ति
sudden *adj* अचानक
suddenly *adv* आकस्मत्
sue *v* मुद्दा चलाउनु
suffer *v* पीडित हुनु
suffer from *v* रोगबाट ग्रसित बन्नु
suffering *n* पीडा
sufficient *adj* प्रशस्त
suffocate *n* घाँटी अठ्याउनु
sugar *n* चिनी
suggest *v* सुझाव दिनु
suggestion *n* सुझाव
suggestive *adj* सुझाव दिने
suicide *n* आत्महत्या
suit *n* कपडा सुट
suitable *adj* उपर्यक्त
suitcase *n* चेप्टो झोला
sulfur *n* गन्धक
sullen *adj* विक्षुप्त
sum *n* योग
sum up *v* छोटो सारांश गर्नु
summarize *v* सारांश गर्नु
summary *n* सारांश
summer *n* गर्मी समय
summit *n* शिखर, टाकुरा

summon *v* अदालतमा उपस्थिति हुन आदेश दिनु
sumptuous *adj* बहुमूल्य, महँगो
sun *n* सूर्य
sun block *n* घामबाट बच्ने क्रिम
sunburn *n* घामले डडेको
Sunday *n* शनिवार
sundown *n* घाम अस्ताएको
sunglasses *n* घाममा लगाउने कालो चश्मा
sunken *adj* डुबेको
sunny *adj* घमाइलो
sunrise *n* सूर्य उदाउए
sunset *n* घाम अस्ताएको
superb *adj* उत्कृष्ट
superfluous *adj* फजुल, अनावश्यक
superior *adj* उत्कृष्ट
superiority *n* वरिष्ठता, उत्कृष्टता
supermarket *n* विशालबजार
superpower *n* विशिष्ट शक्ति
supersede *v* उछिन्नु
superstition *n* अन्धविश्वास
supervise *v* निरीक्षण गर्नु
supervision *n* निरीक्षण
supper *n* रातीको खाना
supple *adj* सजिलै बाङ्गिने
supplier *n* आपूर्ति गर्ने व्यक्ति तथा संस्था
supplies *n* आपूति भएका वस्तुहरु
supply *v* आपूति गर्नु
support *v* मद्दत गर्नु, समर्थन गर्नु
supporter *n* मद्दत गर्ने व्यक्ति, समर्थनक
suppose *v* कल्पना गर्नु, अनुमान गर्नु
supposing *c* अनुमानमा, विचारमा
supposition *n* कल्पना, अनुमान
suppress *v* दबाउनु, दमन गर्नु
supremacy *n* वरिष्ठता
supreme *adj* वरिष्ठ
surcharge *n* थपशुल्क
sure *adj* पक्का, निश्चित
surely *adv* निश्चित रुपमा
surf *v* समुद्री छालमा बग्नु
surface *n* सतह
surge *n* लहर, तरङ्ग
surgeon *n* शल्य–चिकित्सक
surgical *adv* शल्यक्रिया सम्बन्धी
surname *n* थर, कुलनाम
surpass *v* उछिन्नु, जित्नु
surplus *n* उब्रको, अतिरिक्त
surprise *v* अचम्म मान्नु
surprise *n* अचम्म, आश्चर्य
surrender *v* आत्मसमर्पण गर्नु
surrender *n* आत्मसमर्पण
surround *v* घेर्नु, घेरा हाल्नु
surroundings *n* सेरोफेरो
surveillance *n* शंकास्पद व्यक्तिलाई रेखदेख गर्नु
survey *n* सर्वेक्षण
survival *n* जिउने स्थिति
survive *v* जिउनु
survivor *n* जीवित
susceptible *adj* असर गर्ने, हानि पुर्याउनु
suspect *v* शंका गर्नु
suspect *n* शंका
suspend *v* अस्थायी रुपमा निस्क्रिय बनाउनु
suspense *n* स्थगन, निलम्बन

S

suspension *n* स्थगन, निलम्बन
suspicion *n* आशंका
suspicious *adj* शंकाजनक
sustain *v* दिगो रहनु
sustenance *n* भरण–पोषण
swallow *v* निल्नु
swamp *n* सिमसार जग्गा
swamped *adj* धापिलो भएको
swan *n* हाँस
swap *v* साट्नु; थप्पड हान्नु
swap *n* चोट; मार
swarm *n* बथान, हुल
sway *v* शासन गर्नु; घुम्नु
swear *iv* शपथ लिनु
sweat *n* पसिना
sweat *v* पसिना आउनु
sweater *n* ऊनी गन्जी
Sweden *n* स्वीडेन देश
Swedish *adj* स्वीडेनको नागरिक
sweep *iv* बढार्नु
sweet *adj* गुलियो
sweeten *v* गुलियो पार्नु
sweetheart *n* प्रियसी
sweetness *n* मधुरता
sweets *n* मिठाईहरु
swell *iv* फुलिनु, सुनिनु
swelling *n* सुनिएको अवस्था
swift *adj* द्रुत गतिले
swim *iv* पौडिनु
swimmer *n* पौडिने व्यक्ति
swimming *n* पौडिने काम
swindle *v* ठगेर लिनु
swindle *n* ठग्ने काम
swindler *n* ठग, जालसाज
swing *iv* पिङ्ग खेल्नु
swing *n* हल्लाउने काम
Swiss *adj* स्वीडेनको नागरिक
switch *v* नियन्त्रन गर्नु
switch *n* विद्युत प्रवाह नियन्त्रक
switch off *v* बन्द गर्नु
switch on *v* खोल्नु
Switzerland *n* स्वीजरल्याड देश
swivel *v* घुम्नु वा घुमाउनु
swollen *adj* सुनिएको
sword *n* तरवार
swordfish *n* तरवारको जस्तो नाक भएको माछा
syllable *n* पदांश, अक्षर, पद, मात्रा
symbol *n* चिन्ह, संकेत
symbolic *adj* सांकेतिक
symmetry *n* सामञ्जस्य
sympathize *v* समवेदना प्रकट गर्नु
sympathy *n* समवेदना
symphony *n* स्वरमेल
symptom *n* लक्षण
synagogue *n* उपासक मण्डली
synchronize *v* समकालीन गराउनु
synod *n* पादरीहरुको सभा
synonym *n* पर्यावाची शब्द
synthesis *n* संश्लेषण
syphilis *n* गर्मी रोग, भिरिंगी
syringe *n* पिचकारी
syrup *n* खुदो, सर्बत
system *n* प्रणाली, व्यवस्था, पद्धति
systematic *adj* व्यवस्थित, प्रणालीबद्ध

S

T

table *n* तालिका; टेबुल
tablecloth *n* टेबूलमा ओछ्याउने कपडा
tablespoon *n* टेबूलमा राख्ने चम्चा
tablet *n* गोली, चक्की
tack *n* व्यवहार गर्ने तरिका
tackle *v* हल गर्नु
tact *n* कौशल, चातुर्य, निपुणता
tactful *adj* समझदार, निपुण, कुशल
tactical *adj* नीतिगत
tactics *n* रणनीतिहरु
tag *n* अंकित गर्ने काम
tail *n* पुच्छर
tail *v* डाँठ हटाउनु
tailor *n* सूचिकार; लुगा बनाउने ठाउँ
tainted *adj* कलंकित
take *iv* लिनु
take apart *v* भाग लिनु
take away *v* हटाउनु, कतै लैजानु
take back *v* फिर्ता लिनु
take in *v* स्वीकार्नु
take off *v* फुकाल्नु
take out *v* बाहिर निकाल्नु
take over *v* उछिन्नु
tale *n* कथा
talent *n* प्रतिभाशाली
talk *v* कुरा गर्नु
talkative *adj* गफाडी
tall *adj* अग्लो
tame *v* घरपालुवा बनाउनु
tangent *n* सतह स्पर्श रेखा
tangerine *n* सुन्तला
tangible *adj* स्पर्शबाट थाहा पाउने
tangle *n* गुजुल्टिएको धागो
tank *n* पानी जमाउने ठाउँ
tanned *adj* खैरो भएको
tantamount to *adj* बराबर
tantrum *n* खराब मनस्थितिको अभिव्यक्ति
tap *n* हल्का प्रहार
tap into *v* सम्बन्ध स्थापना गर्नु
tape *n* जोड्ने फित्ता
tape recorder *n* ध्वनि संग्रह गर्ने उपकरण
tapestry *n* चित्रपट
tar *n* अलकत्रा
tarantula *n* ठूलो विषादी माकुरो
tardy *adv* लोसे
target *n* लक्ष्य, उद्देश्य
tariff *n* महशुल
tarnish *v* चमक हटाउनु
tart *n* वेश्या; कचौडी
tartar *n* दाँतमा जमेको फोहोर
task *n* उद्देश्य, लक्ष्य
taste *v* स्वाद लिनु
taste *n* स्वाद
tasteful *adj* आकर्षक तथा गुणस्तरीय
tasteless *adj* स्वाद नभएको
tasty *adj* स्वादिलो
tavern *n* भट्टी
tax *n* कर
tea *n* चिया
teach *iv* पढाउनु
teacher *n* शिक्षक

T

team *n* समूह
teapot *n* चियादानी
tear *iv* च्यात्नु
tear *n* आँसु
tearful *adj* आँसुले भरिएको
tease *v* जिस्क्याउनु
teaspoon *n* चिया चम्चा
technical *adj* प्राविधिक सम्बन्धि
technicality *n* प्राविधिकता
technician *n* प्राविधिज्ञ
technique *n* तरिका
technology *n* प्रविधि विज्ञान
tedious *adj* दिक्कलाग्दो
tedium *n* थकाई
teenager *n* किशोरकिशोरी
teeth *n* दाँत
telegram *n* तार सन्देश
telepathy *n* दूरसंवेदन
telephone *n* टेलिफोन
telescope *n* दूरदर्शक यन्त्र
televise *v* दूरदर्शनका लागि सन्देश संग्रह गर्नु
television *n* दूरदर्शक यन्त्र
tell *iv* भन्नु
teller *n* भन्ने व्यक्ति
telling *adj* प्रभाव पार्ने काम
temper *n* मिजास, स्वभाव
temperature *n* तापक्रम
tempest *n* आँधीबेरी, तुफान
temple *n* मन्दिर
temporary *adj* अस्थायी
tempt *v* प्रलोभन देखाउने
temptation *n* प्रलोभन
tempting *adj* प्रलोभन देखाउने
ten *adj* दश
tenacity *n* कौशल, सीप
tenant *n* भाडामा बस्ने व्यक्ति
tendency *n* प्रवृत्ति
tender *adj* कोमल
tenderness *n* कोमलपन
tennis *n* टेनिस खेल
tenor *n* उच्च स्वर
tense *adj* तनावपूर्ण
tension *n* तनाव
tent *n* पाल
tentacle *n* स्पर्शक
tentative *adj* परिक्षण गर्ने; विश्वस्त भएर नगर्ने
tenth *n* दशौ
tenuous *adj* पातलो, झिनो
tepid *adj* मनतातो
term *n* सीमित, काल, अवधि
terminate *v* समात्त गर्नु; सीमा बाँध्नु
terminology *n* परिभाषिक शब्दावली
termite *n* धमिरो
terms *n* शर्त, करार
terrace *n* सिढीदार
terrain *n* भूमि–प्रदेश
terrestrial *adj* पृथ्वीसँग सम्बन्धित
terrible *adj* भयनाक, डरलाग्दो
terrific *adj* भयंकर
terrify *v* आतंकित बनाउनु, तर्साउनु
terrifying *adj* आतंकित बनाउने, तर्साउने
territory *n* भूभाग
terror *n* सन्त्रास, डर
terrorism *n* आतंकवाद

terrorist *n* आतंकवादी
terrorize *v* आतंक बनाउनु
terse *adj* संक्षिप्त; रुखो
test *v* परीक्षा लिनु
test *n* परिक्षण, जाँच
testament *n* इच्छापत्र
testify *v* साबित गर्नु, प्रमाण गर्नु
testimony *n* प्रमाणपत्र
text *n* मूल लेख
textbook *n* पाठ्य पुस्तक
texture *n* बनोट, रचना, विन्यास
thank *v* धन्यवाद दिनु
thankful *adj* आभार
thanks *n* धन्यवाद
that *adj* त्यो
thaw *v* पग्लनु वा पगाल्नु
thaw *n* पगाल्ने क्रिया; उष्णता
theater *n* रङ्गमञ्च
theft *n* चोरी कार्य
theme *n* विषयवस्तु, प्रशंग
themselves *pro* उनीहरु आफैं
then *adv* त्यसपछि
theologian *n* धर्मशास्त्री
theology *n* धर्मविज्ञान
theory *n* सिद्धान्त
therapy *n* चिकित्साविज्ञान
there *adv* त्यहाँ
therefore *adv* तसर्थ
thermometer *n* तापमापक यन्त्र
thermostat *n* तापक्रम नियन्त्रण गर्ने प्रणाली
these *adj* यिनीहरु, उनीहरु
thesis *n* शोधपत्र
they *pro* उनीहरु
thick *adj* बाक्लो
thicken *v* बाक्लो बनाउनु
thickness *n* बाक्लोपन
thief *n* चोर
thigh *n* तिघ्रा
thin *adj* पातलो
thing *n* वस्तु
think *iv* सोच्नु
thinly *adv* पातलोसँग
third *adj* तेस्रो
thirst *v* तिर्खाउनु
thirsty *adj* तिर्खा
thirteen *adj* तेह्र
thirty *adj* तीस
this *adj* यो
thorn *n* काँडा
thorny *adj* काँडा भएको
thorough *adj* पूर्ण, सम्पूर्ण
those *adj* तिनीहरु
though *c* यद्यपि, तथापि
thought *n* सोच, विचार
thoughtful *adj* सोचपूर्ण, विचारपूर्ण
thousand *adj* हजार
thread *v* सियोमा धागो छिराउनु
thread *n* धागो
threat *n* धम्की, त्रास
threaten *v* धम्की दिनु
three *adj* तीन
thresh *v* छाँट्नु; हराउनु; पिट्नु; चुट्नु
threshold *n* प्रवेशमार्ग
thrifty *adj* किफायती, मितव्ययी

T

thrill *v* रोमाञ्चित हुनु
thrill *n* रोमाञ्च
thrive *v* मौलानु, फस्टाउनु
throat *n* घोक्रो
throb *n* धड्कन, कम्पन
throb *v* धड्कनु, काम्नु
thrombosis *n* धमनीमा रगत जम्नु
throne *n* गद्दी, सिंहासन
throng *n* मानिसहरुको भीड
through *pre* मार्फत, द्वारा
throw *iv* फ्याक्नु, फाल्नु
throw away *v* काम नलाग्ने कुरालाई फाल्नु
throw up *v* त्याग्नु, छोड्नु
thug *n* ठग, डाँका, हत्यारो
thumb *n* बुढी औंला
thumbtack *n* सूचना पाटीमा हातले ठोक्ने किला
thunder *n* मेघगजर्न
thunderbolt *n* बज्रपात
thunderstorm *n* मेघगजर्नका साथ हुरी चाल्ने काम
Thursday *n* बिहीवार
thus *adv* यसरी
thwart *v* व्यर्थ वा निरर्थक बनाउनु
thyroid *n* कुकुरेहाड; गलग्रन्थि
tickle *v* दिल बहलाउनु, कुतकुती लाग्नु
tickle *n* काउकुती लगाउने काम
ticklish *adj* काउकुती लाग्ने
tidal wave *n* अपवादमा देखा पर्ने ज्वारभाटा
tide *n* ज्वारभाटा
tidy *adj* सफा
tie *v* बाँध्नु
tie *n* घाँटीमा बाँध्ने टाई
tiger *n* बाघ
tight *adj* कसिलो, दरिलो, मजबुत
tighten *v* कसिलो बनाउनु
tile *n* झिंगडी
till *adv* सम्म, जबसम्म, त्यो समयसम्म
till *v* खन्नु, जोत्नु
tilt *v* कोल्टे पार्नु वा पर्नु
timber *n* तयार काठ
time *n* समय
time *v* उचित समयमा काम गर्नु
timeless *adj* अनन्त
timely *adj* समसामयिक
times *n* अवधि, काल
timetable *n* समय तालिका
timid *adj* डरपोक, कायर
timidity *n* कायरता
tin *n* टिन धातु
tiny *adj* सुक्ष्म
tip *n* टुप्पो; किनारा; टुसो
tiptoe *n* खुट्टाको औंलाको टुप्पो
tire *n* गाडी चक्का
tire *v* थाक्नु
tired *adj* थाकेको
tiredness *n* थकान
tireless *adj* नथाकिकन
tiresome *adj* दिक्कलाग्दो
tissue *n* तन्तु
title *n* शिर्षक
to *pre* तिर; सम्म; अनुसार; सम्बन्धमा
toad *n* भ्यागुतो
toast *v* आगोमा रोटी सेक्नु
toast *n* आगोमा सेकाएको रोटी

T

toaster *n* सेक्के उपकरण
tobacco *n* सुर्ती
today *adv* आज
toddler *n* टुक–टुक हिड्नु
toe *n* गोडाको औंला
toenail *n* गोडाको औंलाको नङ
together *adv* सँगसँगै
toil *v* कठोर परिश्रम गर्नु
toilet *n* शौचालय
token *n* संकेत वा प्रतिक
tolerable *adj* सहन सकिने
tolerance *n* सहनशील; सहिष्णुता
tolerate *v* सहनु
toll *n* महशुल, कर
toll *v* समयको घन्टी बज्नु
tomato *n* गोलभेंडा
tomb *n* चिहान
tombstone *n* चिहानको ढुंगा
tomorrow *adv* भोलि
ton *n* सय किलो बारबारको तौल
tone *n* ध्वनि, स्वर, लय
tongs *n* चिम्टा
tongue *n* जिब्रो
tonic *n* तागत दिने औषधि
tonight *adv* आजराती
tonsil *n* जिब्रोको फेदको दुवैतिर भएको तन्तु
too *adv* धरै, प्रशस्त
tool *n* औजार, उपकरण
tooth *n* दाँत
toothache *n* दाँत दुखाई
toothpick *n* दाँतेखोदनी
top *n* शिर्ष
topic *n* शिर्षक
topple *v* भत्काउनु, लडाउनु, गिराउनु
torch *n* प्रकाश बत्ती
torment *v* कष्ट वा पीडा दिनु
torment *n* कष्ट, पीडा
torrent *n* पानी वा ज्वालामुखीको मुस्लो
torrid *adj* धेरै गर्मी वा सुख्खा
torso *n* मानवशरीरको मुख्य भाग
tortoise *n* कछुवा
torture *v* यातना दिनु
torture *n* यातना
toss *v* उफार्नु
total *adj* जम्मा, योग
totalitarian *adj* सर्वसत्तावादी
totality *n* पूर्णता, कूल योगफल
touch *n* छुने काम
touch *v* छुनु
touch on *v* प्रसंगवश छोटकारीमा उल्लेख गर्नु
touch up *v* अन्तिम रुप दिनु
touching *adj* कारुणीक; छुने
tough *adj* कठिन
toughen *v* कठिन हुनु
tour *n* यात्रा
tourism *n* पर्यटकीय
tourist *n* पर्यटक
tournament *n* प्रतियोगिता
tow *v* गाडी तथा जहाजलाई डोरीले तान्नु
tow truck *n* बिग्रेका गाडी तान्ने गाडी
towards *pre* सम्बन्धमा, लागि, निम्ति
towel *n* तौलिया
tower *n* किल्ला, धरहरा
towering *adj* एकदमै अग्लो

T

town *n* शहर
town hall *n* सभागृह
toxic *adj* विषालु
toxin *n* विषालु पदार्थ
toy *n* खेलौना
trace *v* अवलोकन गर्नु वा पत्ता लगाउनु
track *n* मार्ग, पथ
track *v* बाटो पछ्याउनु
traction *n* सतहमा कुनै वस्तु तान्ने कार्य
tractor *n* खेत जोत्ने गाडी
trade *n* व्यापार
trade *v* व्यापार गर्नु
trademark *n* व्यापार चिन्ह
trader *n* व्यापारी
tradition *n* परम्परा
traffic *n* यातायात
traffic *v* विनिमय गर्नु, व्यापार गर्नु
tragedy *n* दुखान्त अवस्था
tragic *adj* दुखान्त
trail *v* लत्तिनु
trail *n* व्यक्ति वा वस्तु हिड्दा बन्ने बाटो
trailer *n* ट्र्याक्टरको सामान हाल्ने पछाडिको भाग
train *n* रेल
train *v* तालिम दिनु
trainee *n* प्रशिक्षार्थी
trainer *n* प्रशिक्षक
training *n* प्रशिक्षण
trait *n* गुण
traitor *n* देशद्रोही
trajectory *n* रकेटको मार्ग
tram *n* बिजुलीबाट चल्ने रेल
trample *v* कुल्चनु
trance *n* लट्ठाउनु
tranquility *n* शान्त
transaction *n* कारोबार
transcend *v* सीमा बाहिर जानु
transcribe *v* प्रतिलिपि लेख्नु
transfer *v* स्थानान्तर गर्नु
transfer *n* स्थानमन्तर गर्ने कार्य
transform *v* आकार बदल्नु
transformation *n* परिवर्तन
transfusion *n* रगत सार्ने काम
transient *adj* अल्पकालिक
transit *n* मार्ग, गमन
transition *n* संक्रमण अवस्था
translate *v* अनुवाद गर्नु
translator *n* अनुवादक
transmit *v* सार्नु
transparent *adj* पारदर्शी
transplant *v* प्रत्यारोपण गर्नु
transport *v* देश निकाला गर्नु
trap *n* पासो
trap *v* पासोमा पार्नु
trash *n* फोहोर
trash can *n* फोहोर फाल्ने डब्बा
traumatic *adj* दीर्घकालीन बेचैन
traumatize *v* दीर्घकालीन बेचैन हुनु
travel *v* यात्रा गर्नु
traveler *n* यात्री
tray *n* किस्ती
treacherous *adj* धोका
treachery *n* धोकेबाज
tread *iv* विशेष तरिकाले हिड्नु

T

treason *n* देशद्रोह
treasure *n* बहुमुल्य वस्तु
treasurer *n* कोषाध्यक्ष
treat *v* व्यवहार गर्नु; उपचार गर्नु
treat *n* भोजन
treatment *n* व्यवहार; उपचार
treaty *n* सन्धि
tree *n* रुख
tremble *v* काम्नु
tremendous *adj* विशाल
tremor *n* हल्लिनु
trench *n* खाडल
trend *n* लहर, चलन, प्रवृत्ति
trendy *adj* बढी प्रचलनमा आउने
trespass *v* निजी सम्पत्तिमा अतिक्रमण गर्नु
trial *n* मुद्दा चलाउनु
triangle *n* त्रिभुज
tribe *n* वंश, जाति
tribulation *n* दुःख, कष्ट
tribunal *n* न्यायलय
tribute *n* सौगात, कोसेली; सम्मान
trick *v* जुक्ति लगाउनु
trick *n* जुक्ति
trickle *v* तपतप चुहिनु
tricky *adj* चलाखी
trigger *v* अघि बढाउनु
trigger *n* बन्दुकको घोडा
trim *v* काँटछाँट गर्नु
trimester *n* त्रैमासिक
trimmings *n* काँटछाँट गरेका टक्राहरु
trip *n* यात्रा
trip *v* यात्रा गर्नु
triple *adj* तेब्बर
tripod *n* तीन खुट्टा भएको स्टुल
triumph *n* विजय
triumphant *adj* विजयी
trivial *adj* कम महत्वको
trivialize *v* कम महत्व बनाउनु
trolley *n* सामान राखेर तान्ने यन्त्र
troop *n* सैनिक फौज
trophy *n* विजय चिन्ह
tropic *n* उष्ण प्रदेश
tropical *adj* उष्ण प्रदेशीय
trouble *n* कठिनाइ, दुःख
trouble *v* कठिनाइ हुनु, दुःख हुनु
troublesome *adj* कठिन
trousers *n* सुरुवाल
trout *n* ट्रउट माछा
truce *n* युद्ध विराम
truck *n* माल बोक्ने गाडी
trucker *n* गाडी चलाउने व्यक्ति
trumped-up *adj* गलत आरोप
trumpet *n* बिगुल, सहनाई
trunk *n* रुखको मुख्य काण्ड; मढो; हात्तीको सुँड; ठूलो बाकस
trust *v* विश्वास गर्नु
trust *n* विश्वास
truth *n* सत्य
truthful *adj* सत्यपूर्ण
try *v* कोसिस गर्नु
tub *n* स्नानपात्र
tuberculosis *n* क्षयरोग
Tuesday *n* मंगलबार
tuition *n* अध्यापन, पढाउने काम

T

173 **ultimatum**

tulip *n* टुलिप फुल
tumble *v* पछारिनु, ठेस लाग्नु
tummy *n* पेट
tumor *n* मासु बढ्ने रोग
tumult *n* खैलाबैला
tumultuous *adj* खैलाबैला मचाउने
tuna *n* टुना माछा
tune *n* ध्वनि, राग, लय
tune *v* लय दिनु
tune up *v* ध्वनि सन्तुलन गर्नु
tunic *n* खुकुलो लामो वस्त्र
tunnel *n* सुरुङ
turbine *n* इन्जिन
turbulence *n* तलमाथि हुने काम
turf *n* चपरा
Turk *adj* टर्कीको नागरिक
Turkey *n* टर्की चरा
turmoil *adj* गन्जगोल
turn *n* पालो, घुम्ती
turn *v* फर्किनु
turn back *v* पछाडि फर्किनु
turn down *v* अस्वीकार गर्नु
turn in *v* प्रवेश गर्नु
turn off *v* बन्द गर्नु
turn on *v* सुरुवात गर्नु
turn out *v* बन्द गर्नु
turn over *v* पल्टिनु
turn up *v* आयतन बढाउनु
turret *n* बुर्जा
turtle *n* कछुवा
tusk *n* हात्तीको दाँत
tutor *n* सिकाउने व्यक्ति
tweezers *n* रौं उखेल्ने चिम्टा
twelfth *adj* बाह्रौं
twelve *adj* बाह्र
twentieth *adj* बीसौं
twenty *adj* बीस
twice *adv* दुईपटक
twilight *n* गोधूली
twin *n* जुम्लिया
twinkle *v* धिपधिप गरेर चम्किनु
twist *v* बंग्याउनु
twist *n* बटार्ने वा घुमाउने कार्य
twisted *adj* बटारिएको, बंग्याएको
twister *n* बंग्याउने उपकरण
two *adj* दुई
tycoon *n* अति धनी व्यक्ति
type *n* प्रकार
type *v* वर्गीकृत गर्नु, टाइपराइटरले लेख्नु
typical *adj* विशेष लक्षण भएको
tyranny *n* क्रूर शासन
tyrant *n* क्रूर शासक

U

ugliness *n* कुरुपता
ugly *adj* कुरुप
ulcer *n* पेटमा आउने घाउ
ultimate *adj* अन्तिम
ultimatum *n* समय अवधि

U

ultrasound *n* पराश्रव्य ध्वनि
umbrella *n* छाता
umpire *n* निर्णाक
unable *adj* असक्षम
unanimity *n* एकमत
unarmed *adj* निशस्त्र
unassuming *adj* आनन्द नदिने
unattached *adj* नजोडिएको
unavoidable *adj* अनिवार्य
unaware *adj* असावधान
unbearable *adj* सहन नसकिने
unbeatable *adj* अपराजय
unbelievable *adj* अविश्वासनीय
unbiased *adj* पक्षपात रहित
unbroken *adj* नफुट्ने, नटुक्रने
unbutton *v* बटन खोलेर खुकुलो पार्नु
uncertain *adj* अनिश्चित
uncle *n* मामा–काका
uncomfortable *adj* आरामदायी नहुने
uncommon *adj* असामान्य
unconscious *adj* अचेत
uncover *v* पत्ता लगाउनु
undecided *adj* निर्णय नभएको
undeniable *adj* स्वीकार्य
under *pre* तल, मुनि
undercover *adj* छद्मभेष
underdog *n* उपेक्षित
undergo *v* हुँदै गर्नु
underground *adj* भूमिगत
underlie *v* सतह मुनि रहनु
underline *v* रेखांकन गर्नु
underlying *adj* कारण देखाउने
undermine *v* होच्याउनु
underneath *pre* मुनि, तल
underpass *n* उपमार्ग
understand *v* बुझ्नु
understandable *adj* बुझ्न सकिने
understanding *adj* बुझाइ
undertake *v* काम गर्न जिम्मा लिनु
underwear *n* कट्टु
underwrite *v* जिम्मेवारी लिनु
undeserved *adj* आर्जित नहुनृ
undesirable *adj* इच्छा नहुने खालको
undisputed *adj* विवाद रहित
undo *v* नगर्नु
undoubtedly *adv* शंका रहितले
undress *v* लुगा फुकाल्नु
undue *adj* अयोग्य, अनुचित
unearth *v* खोतल्नु
uneasiness *n* असजिलोपन
uneasy *adj* असजिलो
uneducated *adj* अशिक्षित
unemployed *adj* बेरोजगार
unemployment *n* बेरोजगारीता
unending *adj* कहिलै नसकिने
unequal *adj* असमान
unequivocal *adj* स्पष्ट; शंका रहित
uneven *adj* असमतल
uneventful *adj* असमतलीय
unexpected *adj* अचानक
unfailing *adj* उत्रिण हुने
unfair *adj* इमानदारी नभएको, अस्पष्ट
unfairly *adv* इमानदारीका साथ, स्पष्टसँग
unfairness *n* इमानदारीता, स्पष्टता

175 **unreliable**

unfaithful *adj* अविश्वासी
unfamiliar *adj* अपरिचित
unfasten *v* खोल्नु, खुकुलो पार्नु
unfavorable *adj* प्रतिकूल
unfit *adj* अयोग्य
unfold *v* प्रकाशित गर्नु, प्रकट गर्नु; फैलाउनु
unforeseen *adj* आशा गर्न नसकिने
unforgettable *adj* अविस्मरणीय
unfounded *adj* आधारहीन
unfriendly *adj* मित्रतापूर्ण नभएको
unfurnished *adj* असज्जित
ungrateful *adj* अकृतज्ञ, अनादर गर्ने
unhappiness *n* बेखुश
unhappy *adj* बेखुशी
unharmed *adj* नोक्सान नगर्ने
unhealthy *adj* अस्वस्थ
unheard-of *adj* नसुनिने
unhurt *adj* चोट नपुग्ने
unification *n* एकीकरण
uniform *n* पोसाक
uniformity *n* समानता
unify *v* एकीकरण गर्नु
unilateral *adj* एकतर्फी
union *n* संघ; मिलाप
unique *adj* विलक्षण
unit *n* एकाइ, एक संख्या
unite *v* एकत्र गर्नु, मिलाउनु
unity *n* एकता
universal *adj* विश्वव्यापी
universe *n* विश्व, संसार
university *n* विश्वविद्यालय
unjust *adj* अन्याय
unjustified *adj* प्रमाणित गर्न अयोग्य
unknown *adj* थाहा नभएको
unlawful *adj* गैरकानूनी
unleaded *adj* सिसा बिनाको
unleash *v* छोडिदिनु
unless *c* नभएसम्म
unlike *adj* असमान
unlikely *adj* असम्भव
unlimited *adj* असीमित
unload *v* सामान खसाल्नु वा निकाल्नु
unlock *v* ताला खोल्नु
unlucky *adj* दुर्भाग्य
unmarried *adj* अविवाहित
unmask *v* नकाब उतार्नु
unmistakable *adj* गल्ती नहुने
unnecessary *adj* अनावश्यक
unnoticed *adj* नदेखिने
unoccupied *adj* नढाकेको
unofficially *adv* अनौपचारिक
unpack *v* माल उतार्नु
unpleasant *adj* अप्रिय
unplug *v* छुट्याउनु
unpopular *adj* चर्चित नभएको
unpredictable *adj* अविश्वासनीय
unprofitable *adj* नफा नहुने
unprotected *adj* संरक्षण नगरिएको
unravel *v* फुकाउनु
unreal *adj* असत्य
unrealistic *adj* अवास्तविक
unreasonable *adj* प्रमाणहीन, तर्कहीन
unrelated *adj* असम्बन्धित
unreliable *adj* भर नपर्दो

U

unrest *n* अस्थिर
unsafe *adj* असुरक्षित
unselfish *adj* निस्वार्थ
unspeakable *adj* बोल्न नसकिने
unstable *adj* अस्थिर
unsteady *adj* अस्थिर
unsuccessful *adj* असफल
unsuitable *adj* अनुचित, अनुपयुक्त
unsuspecting *adj* आशंका रहित
unthinkable *adj* अविचारणीय
untie *v* फुकाल्नु
until *pre* जब, सम्म, जबसम्म
untimely *adj* समयभन्दा पूर्व
untouchable *adj* अछुत
untrue *adj* असत्य
unusual *adj* असामान्य
unveil *v* उद्घाटन गर्नु; उघार्नु
unwillingly *adv* इच्छा रहित
unwind *v* खोल्नु
unwise *adj* बुद्धिहीन, अज्ञानी
unwrap *v* फुलाल्नु
upbringing *n* प्रारम्भिक शिक्षा
upcoming *adj* आउने
update *v* नयाँ बनाउनु
upgrade *v* नयाँ संस्करण निकाल्नु
upheaval *n* उतलपुथल
uphill *adv* माथि चढ्ने
uphold *v* रक्षा गर्नु; सहायता गर्नु
upholstery *n* सोफाको खोल
upkeep *n* सहायताको साधन
upon *pre* माथि; मा; बाहेक; सिवाय
upper *adj* माथिल्लो
upright *adj* ठाडो; सीधा
uprising *n* विद्रोह
uproar *n* कोलाहल
uproot *v* उखेलेर फ्याक्नु
upset *v* निराश पार्नु
upside-down *adv* पल्छिने, उल्टेको
upstairs *adv* माथिल्लो तला
uptight *adj* अधीर, कट्टर परम्परावादी
up-to-date *adj* नवीनतम, हाल सम्मको
upturn *n* उल्टाउनु
upwards *adv* मास्तिरपट्टि
urban *adj* शहरीय
urge *n* दृढ चाहना
urge *v* दृढ चाहना हुनु
urgency *n* आवश्कीय
urgent *adj* तत्काल आवश्यक
urinate *v* पिसाब गर्नु
urine *n* पिसाब
urn *n* अस्थिपात्र
us *pre* हाम्रो
usage *n* प्रचलन, व्यवहार
use *v* प्रयोग गर्नु
use *n* प्रयोग
used to *adj* बानी परेको
useful *adj* उपयोगी
usefulness *n* उपयोगीता
useless *adj* काम नलाग्ने
user *n* प्रयोग कर्ता
usher *n* द्वारपाल
usual *adj* प्रायजसो
usurp *v* हडप्नु
utensil *n* भाँडाकुँडा

U

uterus *n* पाठेघार, गर्भाशय
utilize *v* प्रयोग गर्नु
utmost *adj* अति विशाल
utter *v* उच्चारण गर्नु

V

vacancy *n* रिक्त पद
vacant *adj* खाली
vacate *v* खाली हुनु वा गर्नु
vacation *n* छुट्टी
vaccinate *v* खोप लगाउनु
vaccine *n* खोप
vacillate *v* झुल्नु
vagrant *n* डुलुवा, फिरन्ते
vague *adj* अस्पष्ट
vain *adj* व्यर्थ
vainly *adv* व्यर्थसँग
valiant *adj* साहसी, वीर
valid *adj* लागू, सदर
validate *v* लागू हुनु, सदर हुनु
validity *n* लागू हुने, सदर हुने
valley *n* उपत्यका
valuable *adj* मूल्यवान्
value *n* मूल्य
value *v* मूल्य तोक्नु; मूल्यांकन गर्नु
valve *n* तरल वा वायु रोधक
vampire *n* पिचाश
van *n* भ्यान गाडी
vandal *n* असभ्य
vandalism *n* तोड्फोड्
vandalize *v* तोड्फोड् गर्नु
vanguard *n* अगुवा
vanish *v* लोप हुनु
vanity *n* देखावटीपन
vanquish *v* जित्नु, हराउनु
vaporize *v* वाष्पिकरण हुनु
variable *adj* परिवर्तनीय
varied *adj* फरक
variety *n* विविधता
various *adj* विभिन्न प्रकारका
varnish *v* चम्काउनु
varnish *n* विविधता
vary *v* विविधता ल्याउनु
vase *n* फूलदान
vast *adj* बृहत
veal *n* बाच्छा–बाच्छीको मासु
veer *v* एक्कासी दिशा बदल्नु
vegetable *v* सागसब्जी
vegetarian *v* शाकाहारी
vegetation *n* बोटबिरुवा
vehicle *n* यातायातका साधन
veil *n* घुम्टो
vein *n* नशा
velocity *n* वेग, गति
velvet *n* मखमल
venerate *v* सम्मान गर्नु
vengeance *n* बदला, प्रतिशोध
venison *n* हरिणको मासु
venom *n* सर्पको विष

vent *n* निकास
ventilate *v* शुद्ध हावा पस्न दिनु
ventilation *n* स्वच्छ वायुको प्रवेश
venture *v* साहसिक कार्य गर्नु
venture *n* साहसिक कार्य
verb *n* क्रिया
verbally *adv* शाब्दिक रुपमा
verbatim *adv* ठीक उही शब्दमा
verdict *n* निर्णय, फैसला
verge *n* किनारा, छेउ
verification *n* प्रमाणित
verify *v* प्रमाणित गर्र्नु
versatile *adj* बहुमुखी प्र्रतिभाशाली
verse *n* छन्द
versed *adj* निपुण
version *n* वृत्तान्त; अंश
versus *pre* को विरुद्ध
vertebra *n* मेरुदण्ड
very *adv* धेरै
vessel *n* जालयान
vest *n* गन्जी
vestige *n* अवशेष
veteran *n* अनुभवी
veterinarian *n* पशुचिकित्सक
veto *v* निषेधाधिकार
viaduct *n* सडक वा रेल मार्ग
vibrant *adj* कम्पनशील
vibrate *v* कम्पित हुनु
vibration *n* कम्पन
vice *n* अनैतिक आचरण
vicinity *n* वरिपरिको क्षेत्र
vicious *adj* रिसाहा
victim *n* पिडित
victimize *v* पिडित हुनु
victor *n* विजेता
victorious *adj* जिते पछि
victory *n* विजय
view *n* दृष्य
view *v* हेर्नु
viewpoint *n* दृष्टिकोण
vigil *n* जागरण
village *n* गाउँ
villager *n* गाउँले
villain *n* खलनायक
vindicate *v* प्रमाणित गर्नु
vindictive *adj* प्रतिशोधी
vine *n* अंगुरको लहर
vinegar *n* चूक
vineyard *n* अंगुरबारी
violate *v* हनन गर्नु
violence *n* हिंसा
violent *adj* हिंसात्मक
violet *n* बैगनी फूल
violin *n* भायलिन
violinist *n* भायलिन बाधक
viper *n* विषालु सर्प
virgin *n* कुमार; कुमारी
virginity *n* कुमारीत्व
virile *adj* प्रजनन शक्ति भएको
virility *n* पुरुर्षोत्व
virtually *adv* यर्थाथ
virtue *n* सद्गुण
virtuous *adj* पुरुषमा रहेको यौन शक्ति
virulent *adj* अति विषालु

V

virus *n* जीवाणु
visibility *n* प्रष्ट भएको
visible *adj* देख्न सकिने
vision *n* दृष्टि
visit *n* भ्रमण
visit *v* भ्रमण गर्नु
visitor *n* पाहुना, आगन्तुक
visual *adj* दृष्य
visualize *v* छायांकन गर्नु
vital *adj* महत्वपूर्ण
vitality *n* सजीवता
vitamin *n* भिटामिन
vivacious *adj* जीवन्त, सजीव
vivid *adj* स्पष्ट
vocabulary *n* शब्दभण्डार
vocation *n* व्यवसाय; पेशा
vogue *n* प्रचलित रीति
voice *n* आवाज
void *adj* खाली
volatile *adj* परिवर्तनशील
volcano *n* ज्वालामुखी
volleyball *n* हातले भकुन्डो खेल्ने खेल
voltage *n* परिणाम
volume *n* आयतन
volunteer *n* स्वयंसेवक
vomit *v* उल्टी गर्नु
vomit *n* उल्टी
vote *v* मतदान दिनु
vote *n* मत
voting *n* मतदान
vouch for *v* जिम्मा लिनु
voucher *n* रसिद
vow *v* प्रतिज्ञा गर्नु
vowel *n* स्वर
voyage *v* समुद्रयात्रा
voyager *n* अन्तरिक्ष वायुयान
vulgar *adj* अश्लील
vulgarity *n* अश्लीलता
vulnerable *adj* असक्त
vulture *n* गिद्ध

W

wafer *n* पातलो खरो रोटी
wag *v* हल्लनु, झुल्नु
wage *n* ज्याला, पारिश्रमिक
wage *v* प्रतिस्पर्धा व संघर्ष गर्नु
wagon *n* मालडिब्बा
wail *v* बिलौना गर्नु
wail *n* बिलौना
waist *n* कम्मर
wait *v* पर्खनु
waiter *n* चाकर
waiting *n* पर्खाई
waitress *n* चाकर्नी
waive *v* त्याग गर्नु; छोड्नु
wake up *iv* बिउँझनु, जाग्नु
walk *v* पैदल यात्रा गर्नु
walk *n* गति; चाल
walkout *n* विरोध, बडताल, असहमति

wall *n* पर्खाल
wallet *n* पैसा राख्ने थैली
walnut *n* ओखर
walrus *n* समुन्द्री घोडा
waltz *n* एक प्रकारको नाच
wander *v* टहलिनु; घुमफिर गर्नु
wanderer *n* भ्रमणकर्ता, टहलिने व्यक्ति
wane *v* कम्ति हुनु; घट्नु
want *v* चहानु
war *n* युद्ध
ward *n* विभाग
warden *n* पाले; संरक्षक
wardrobe *n* कपडा राख्ने दराज
warehouse *n* गोदाम
warfare *n* सैन्य युद्ध
warm *adj* न्यानो
warm up *v* न्यानो पार्नु
warmth *n* न्यानो
warn *v* चेतावनी दिनु
warning *n* चेतावनी
warp *v* बंग्याउनु
warped *adj* बाङ्गिएको
warrant *v* पक्राउ पुर्जी जारी गर्नु
warrant *n* पक्राउ पुर्जी
warranty *n* वचन, प्रतिज्ञा
warrior *n* लडाकु
warship *n* युद्धबहाक
wart *n* मुसो; कोठी
wary *adj* सचेत
wash *v* धुनु
washable *adj* धुन योग्य
wasp *n* बारुलो
waste *v* खेर फाल्नु
waste *n* काम नलाग्ने; बाँझो
waste basket *n* काम नलाग्ने टोकरी
wasteful *adj* काम नलाग्दो
watch *n* नारी घडी
watch *v* हेर्नु
watch out *v* सर्तक हुनु
watchful *adj* चनाखो
watchmaker *n* घडी मर्मत गर्ने मान्छे
water *n* पानी
water *v* पानीले भिजाउनु
water down *v* पानी मिसाउनु
water heater *n* पानी तताउने उपकरण
waterfall *n* झरना
watermelon *n* खर्बुजा
waterproof *adj* पानी नछिर्ने
watershed *n* पानी विभाजन हुने ठाउँ
watertight *adj* नचुहिने
watery *adj* पानीयुक्त
watt *n* विद्युत शक्तिको एकाई
wave *n* छाल; तरंग
wave *v* फरफराउनु; तरगिंत हुनु
waver *v* कम्पित हुनु
wavy *adj* कम्पित, डगमगाउँदो
wax *n* मैन
way *n* बाटो; तरिका
way in *n* बाटो लाग्ने काम
way out *n* उपाय
we *pro* हामी
weak *adj* कमजोर
weaken *v* कमजोर हुनु
weakness *n* कमजोरी

wealth *n* धन, सम्पत्ति
wealthy *adj* धनी
weapon *n* हातहतियार
wear *n* पोसाक, कपडा
wear *iv* कपडा लगाउनु
wear down *v* गल्नु
wear out *v* थकाउनु
weary *adj* थकित
weather *n* मौसम
weave *iv* बुन्नु
web *n* जालो
web site *n* वेवसाइट
wed *iv* विवाह गर्नु
wedding *n* विवाह
wedge *n* फेसो
Wednesday *n* बुधवार
weed *n* झारपात
weed *v* झारपात उखेल्नु
week *n* हप्ता
weekday *adj* काम हुने बार
weekend *n* सप्ताहान्त
weekly *adv* साप्ताहिक
weep *iv* रुनु, आँसु खसाल्नु
weigh *v* तौलनु
weight *n* तौल
weird *adj* अनौठो
welcome *v* स्वागत गर्नु
welcome *n* स्वागतम्
weld *v* तापले पगालेर जोड्नु
welder *n* धातु जोड्ने व्यक्ति वा उपकरण
welfare *n* कल्याण
well *n* इनार
well-known *adj* प्रसिद्ध, प्रख्यात
well-to-do *adj* सम्पन्न, समृद्ध
west *n* पश्चिम
westbound *adv* पश्चिमतिर
western *adj* पश्चिमतिर
westerner *adj* पश्चिमी
wet *adj* भिजेको
whale *n* ह्वेलमाछा
wharf *n* बन्दरगा
what *adj* के
whatever *adj* जेसुकै
wheat *n* गहुँ
wheel *n* पाङ्ग्रा
wheelbarrow *n* ठेलगाडा
wheelchair *n* पहियेदार कुर्सी
wheeze *v* स्वाँ–स्वाँ गर्नु
when *adv* कहिले
whenever *adv* जहिलेसुकै
where *adv* कहाँ
whereabouts *n* कहाँ कुन ठाउँमा
whereas *c* तर; जबकि
whereupon *c* त्यसपश्चात
wherever *c* जहिलेसुकै
whether *c* जे भएता पनि
which *adj* कुन
while *c* जतिखेर
whim *n* लहर; तरङ्ग
whine *v* गुनासो गर्दै रुनु
whip *v* कोर्रा हान्नु
whip *n* कोर्रा
whirl *v* चक्कर मार्नु
whirlpool *n* पानीको भुमरी

W

whiskers *n* दारी; जुँगा
whisper *v* कानेखुसी गर्नु
whisper *n* कानेखुसी
whistle *v* सिट्ठी बजाउनु
whistle *n* सुसेली, सिट्ठी
white *adj* सेतो
whiten *v* सेतो बनाउनु
whittle *v* तास्नु; छाँट्नु
who *pro* को, जो
whoever *pro* जोसुकै
whole *adj* सबै, पुरै
wholehearted *adj* तनमनले
wholesale *n* थोक बिक्री
wholesome *adj* स्वास्थ्यकर
whom *pro* कसलाई; जसलाई
why *adv* किन
wicked *adj* अनैतिक; खराब
wickedness *n* अनैतिकता
wide *adj* फराकिलो
widely *adv* विशाल रुपमा
widen *v* फराकिलो हुनु
widespread *adj* चारैतिर फैलिएको
widow *n* विधुवा
widower *n* विधुर
width *n* चौडाइ
wield *v* शासन गर्नु
wife *n* श्रीमति, स्वास्नी
wig *n* नक्कली कपाल
wiggle *v* छट्पटाउनु
wild *adj* जंगली
wild boar *n* बँदेल
wilderness *n* जंगलीपन
wildlife *n* जंगली जीव
will *n* इच्छा
willfully *adv* इच्छा पूर्वक
willing *adj* इच्छुक
willingly *adv* इच्छुकताका साथ
willingness *n* इच्छुकता
willow *n* बैंसको रुख
wily *adj* कपटी, छली
wimp *adj* नामर्दो
win *iv* विजय प्राप्त गर्नु
win back *v* फेरि जित्नु
wind *n* बतास
wind *iv* धेरै गुम्ति हुनु
wind up *v* दम दिनु; खतम गर्नु; समाप्त गर्नु
winding *adj* कम गर्नु
windmill *n* वायुमिल
window *n* झ्याल
windpipe *n* श्वासनली
windshield *n* गाडी अगाडि पट्टिको सिसा
windy *adj* हावा चल्ने
wine *n* मदिरा
winery *n* वाइन बनाउने ठाउँ
wing *n* पखेटा
wink *n* आँखा झिम्क्याइ
wink *v* आँखा झिम्क्याउनु
winner *n* विजेता
winter *n* जाडो याम
wipe *v* पुछ्नु
wipe out *v* मेटाइदिनु
wire *n* तार
wireless *adj* तार रहित
wisdom *n* बुद्धिमानी

W

183 **wrapping**

wise *adj* बुद्धिमान्
wish *v* इच्छा गर्नु वा चहानु
wish *n* इच्क्षा, चहान
wit *n* कुरा गर्न चलाख व्यक्ति
witch *n* बोक्सी
witchcraft *n* बोक्सी विद्या
with *pre* सँग; ले
withdraw *v* झिक्नु
withdrawal *n* झिक्ने व्यक्ति
withdrawn *adj* झिकेको
wither *v* आइलिनु, सुकाउनु
withhold *iv* अड्काउनु
within *pre* समयअवधि भित्र
without *pre* बिना
withstand *v* प्रतिरोध गर्नु
witness *n* प्रत्यक्षदर्शी, साक्षी
witty *adj* चलाखी
wives *n* श्रीमतिहरु
wizard *n* झाँक्री; बोक्सी
wobble *v* हल्लने गरी चलाउनु
woes *n* दुःख तथा कष्टहरु
wolf *n* ब्वाँसो
woman *n* महिला
womb *n* गर्भाशय
women *n* महिलाहरु
wonder *v* अचम्म लाग्नु
wonder *n* अचम्म
wonderful *adj* अचम्म लाग्दो
wood *n* काठ; जंगल, वन
wooden *adj* काठको
wool *n* भेडाको ऊन
woolen *adj* ऊनको
word *n* शब्द
wording *n* शाब्दिक
work *n* कार्य
work *v* कार्य गर्र्नु
work out *v* व्यायाम गर्नु
workable *adj* कार्य गर्न योग्य
workbook *n* अभ्यास पुस्तिका
worker *n* कामदार
workshop *n* कार्यशाला
world *n* विश्व, संसार
worldly *adj* संसारिक
worldwide *adj* विश्वभरि, संसारभरि
worm *n* जुका
worn-out *adj* खुइलेको
worrisome *adj* चिन्ता गर्ने
worry *v* चिन्तित हुनु
worry *n* चिन्ता
worse *adj* झन् खराब वा नराम्रो
worsen *v* खराब भएको
worship *n* पुजा
worst *adj* एकदमै खराब
worth *adj* मुल्य
worthless *adj* मुल्यहिन
worthwhile *adj* उपयोगी
worthy *adj* उपयुक्त
would-be *adj* हुन खोजेको तर नभएको
wound *n* घाउ; चोट
wound *v* चोट लाग्नु; घाउ पार्नु
woven *adj* चुलो
wrap *v* बेर्नु; पट्याउनु
wrap up *v* न्याना लुगाहरु लगाउनु
wrapping *n* बेरेको; पट्याएको

W

wrath *n* क्रोध; रिस
wreath *n* फूलको माला
wreck *v* बिग्रनु
wreckage *n* बिग्रेको
wrench *n* बटार्ने वा घुमाउने औजार
wrestle *v* कुश्ती खेल्नु
wrestler *n* कुश्ती बाज
wrestling *n* कुश्ती खेल
wretched *adj* दयनीय
wring *iv* बटार्नु
wrinkle *v* चाउरी पर्नु
wrinkle *n* चाउरी
wrist *n* हातको नारी
write *iv* लेख्नु
write down *v* लेख्नु
writer *n* लेखक
writhe *v* छटपटाउनु
writing *n* लेखाई
written *adj* लेखेको
wrong *adj* गलत

X

X-mas *n* ईसा मसीहको जन्मदिन
X-ray *n* क्ष–किरण

Y

yacht *n* खेल–डुङ्गा
yam *n* तरुल
yard *n* आँगन; खेल्ने ठाउँ; गज
yarn *n* लामो कथा
yawn *n* हाइ तथा मुख बाउने काम
yawn *v* हाइ गर्नु, मुख बाउनु
year *n* वर्ष
yearly *adv* वार्षिक
yearn *v* अति चहानु
yeast *n* मर्चा
yell *v* चिच्याउनु
yellow *adj* पहेंलो
yes *adv* हो; हुन्छ
yesterday *adv* हिजो
yet *c* अझै; अझ सम्म; अझ पनि
yield *v* प्रतिफल दिनु
yield *n* उब्जनी
yoke *n* जुवा (पशुको काँधमा प्रयोग गरिने)
yolk *n* अण्डाको पहेंलो भाग
you *pro* तिमी; तिमीहरु; तपाई; तपाईहरु
young *adj* वयस्क
youngster *n* अल्पवयस्क
your *adj* तिम्रो; तिमीहरुको; तपाईको; तपाईहरुको
yours *pro* तिम्रो; तिमीहरुको; तपाईको; तपाईहरुको
yourself *pro* तिमीआफैं; तपाईआफैं
youth *n* युवावस्था
youthful *adj* बैंस; योवनपूर्ण

Z

zap *v* बलपूर्वक हिर्काउनु
zeal *n* उत्सुकता
zealous *adj* उत्साही
zebra *n* वनघोडा
zero *n* शुन्य
zest *n* रमाइलो र उत्साह
zinc *n* जस्ता
zip code *n* जिप कोड
zipper *n* फस्नर
zone *n* अञ्चल
zoo *n* चिडियाखाना
zoology *n* जीवविज्ञान

Nepali-English

Abbreviations

a - article
n - noun
e - exclamation
pro - pronoun
adj - adjective
adv - adverb
v - verb
iv - irregular verb
pre - preposition
c - conjunction

अ

अक्टोबर महिना *n* October
अक्सिजन ग्याँस *n* oxygen
अंक *n* digit
अंक प्रदान गर्नु *v* grade
अंक प्राप्त गर्नु *v* score
अंकमाल *n* embrace
अंकमाल गर्नु *v* embrace
अकस्मत् बढ्नु *v* boom
अकस्मत् वृद्धि *n* boom
अंकित गर्ने काम *n* tag
अंकुसे लठ्ठी *n* crook
अंकुश *n* hook
अर्को *adj* another, next
अर्को दिशा लाग्नु *v* divert
अर्को शब्दमा *adv* namely
अकृतज्ञ *adj* ungrateful
अकृतज्ञता *n* ingratitude
अखण्ड *n* stand
अग्निक्रिडा *n* fireworks
अग्निमय *adj* fiery
अग्निपरीक्षा *n* ordeal
अग्निनियन्त्रक *n* firefighter
अग्नि–चेतावनी *n* firearm
अग्ला भवनहरु *n* block
अग्लो *adj* high, tall
अग्लो डाँडाबीचको समुद्र *n* fjord
अग्लोपन *n* altitude, Highness
अगाडि बढ्नु *v* proceed
अगाडि बढ्न नदिनु *v* hold back
अगाडि नै *adv* beforehand
अगाडि तिर *adv* onwards
अगस्ट महिना *n* August
अंग काट्ने काम *n* amputation
अंग प्रत्यारोपण गर्नु *v* implant
अंग विच्छेद गर्नु *v* amputate
अंग चिर्ने विद्या *n* anatomy
अंगभंग गर्नु *v* maim
अंगरक्षक *n* lifeguard
अर्गन बाजा बादक *n* organist
अग्रस्थानको *adj* front
अग्रसर हुनु *v* advance
अग्रदूत *n* precursor
अग्रभाग *n* front
अग्रगति *n* advance
अगाडि निस्किनु *v* protrude
अग्रिम *adv* forward
अग्रिमभुक्तानी *n* down payment
अंगिकृत *adj* adoptive
अगुवा *n* vanguard
अंगुर *n* grape
अंगुरको लहर *n* grapevine, vine
अंगुरबारी *n* vineyard
अंग्रेज *adj* English
अंग्रेजी वर्णमालाको पहिलो अक्षर *a* a
अंग्रेजीको ठूलो वर्णनमाल *n* capital
अघि *adv* before
अघि बढ्नु *v* come forward, go ahead, go on, move forward
अघि बढ्ने प्रेरणा *n* springboard
अघि बढेर जानु *v* exceed

अघि बढाउनु *v* trigger
अघि नै *adv* already
अघिको *adj* prior
अघिल्तिर *pre* ahead
अघिल्लो भाग *adv* head-on
अघिल्लो भाग *n* front
अघुलनशील *adj* insoluble
अचम्म *n* surprise, wonder
अचम्म मान्नु *v* surprise
अचम्म लाग्दो *adj* wonderful
अचम्म लाग्नु *v* wonder
अचम्मित *adj* astounding
अचम्मित हुनु *v* stun, astound
अचल *adj* firm, immobile, still, steady, stagnant, stationary
अचानक *adj* sudden, unexpected
अचानक भेट्नु *v* bump into
अचानक रिसाउनु *v* flare-up
अचानक धेरै मानिस वा वस्तुको प्रवेश *n* influx
अचेल *adv* nowadays
अचेतन *adj* unconscious, stunning
अचेतनावस्था *n* coma
अचेतपन *n* numbness
अछुत *adj* untouchable
अझ उन्नति गर्नु *v* keep up
अझ पनि *c* yet
अझ बढी *c* even more
अझ बढी प्रसन्न हुनु *v* cheer up
अझ धेरै *adv* moreover
अझ सम्म *c* yet
अझै *adv* still
अझै अगाडि *adv* further
अझै अगाडि तन्नु *v* pull ahead
अञ्चल *n* zone
अटल *adj* staunch, firm
अठार *adj* eighteen
अठारौ *adj* eighth
अड्डा *n* station
अड्काउनु *iv* withhold
अडान लिनु *v* persist
अडेस लाग्नु *v* recline
अण्डा *n* egg
अण्डाको पहेंलो भाग *n* yolk
अण्डाकोष बढ्ने रोग *n* hernia
अण्डा फिटेर पकाएको परिकार *n* omelet
अण्डाकार *adj* oblong, oval
अण्डाको सेतो भाग *n* egg white
अणु *n* molecule
अत्यचारी *adj* despotic
अत्यन्त सुन्दर *adj* exquisite
अत्यन्त महत्वपूर्ण *adj* paramount, indispensable
अत्यावश्यक *adj* essential
अत्याचार *adj* outrageous
अत्याचार *n* atrocity
अत्याधिक *n* extravagance
अत्याधिक *adj* exorbitant, most
अत्याधिक *adv* highly
अत्यधिक आपूर्ति *n* glut
अत्यधिक चम्किनु *v* outshine
अत्तिएको *adj* awkward
अति उत्तेजित *adj* frantic
अति आकर्षक र मनोरम *adj* scenic

अति आश्चर्य *n* bombshell
अतिक्रमण *n* outrage, excess, breach, intrusion
अतिक्रमण गर्नु *v* intrude, overstep
अतिक्रमण गर्ने व्यक्ति *n* intruder
अति क्रूर *adj* atrocious
अति घृणा *n* rancor, loathing
अति चहानु *v* yearn
अतिथिसत्कार गर्ने महिला *n* hostess
अतिथिसत्कार *n* hospitality
अति धनी व्यक्ति *n* tycoon
अति प्यारो *adj* darling
अति महत्वपूर्ण *adj* momentous
अतिसंवेदनशील *adj* meticulous, susceptible
अतिरिक्त *adv* furthermore, farther, else
अतिरिक्त *adj* redundant, subsidiary
अतिरिक्त *n* surplus
अतिरिक्त सैन्य *n* reinforcements
अतिरिक्त समय *adv* overtime
अति व्यय *n* extravagance
अति विषालु *adj* virulent
अति विशाल *adj* immense, massive, utmost, prodigious, stupendous
अतिरञ्जन गर्नु *v* exaggerate
अति रंजित गर्नु *v* overstate
अतिशय *adj* ascetic
अति संकुचन *n* spasm
अति सुन्दर *adj* gorgeous
अति संवेदशील *adj* susceptible
अर्थ *n* meaning, key, significance
अर्थ हिन *adj* meaningless
अर्थ हुनु *v* matter, mean
अर्थपूर्ण *adj* significant, meaningful
अर्थशास्त्र *n* economy
अथवा *c* or
अथवा होइन *c* nor
अदालत *n* courthouse
अदालतमा उपस्थिति हुन आदेश दिनु *v* summon
अदालतमा गरिने दाबी *n* lawsuit
अदालतले आदेश पत्र दिनु *v* brief
अदुवा *n* ginger
अदूरदृष्टि *adj* myopic, nearsighted
अदृष्य *adj* invisible
अध्यापन *n* tuition
अध्याय *n* chapter
अध्यक्ष *n* chairman, foreman
अध्यक्षता ग्रहण गर्नु *v* chair
अध्ययन प्रमाण पत्र *n* diploma
अध्ययन गर्नु *v* study
अर्ध निद्रा *adj* drowsy
अधर्मी मानिस *n* heathen
अर्धव्यास *n* radius
अर्धविराम *n* colon
अधिक *n* excess
अधिक टाढा *adv* farther
अधिक बोल्ने *adj* outspoken
अधिक वर्ष *n* leap year
अधिकताले *adv* exceedingly
अधिकार *n* right
अधिकार पत्र *n* charter
अधिकार पत्र प्रदान गर्नु *v* charter

अधिकार प्राप्त *n* authorization
अधिकारिक *adj* authoritarian
अधिकार दिनु *v* authorize, crown
अधिकारबाट बञ्चित हुनु *v* forfeit
अधिकारच्युत गर्नु *v* expropriate
अधिकांश *n* majority
अधिकृत *n* officer
अधिक्तम *adj* maximum
अधिपत्य *n* domination, dominion
अधिवक्ता *n* attorney
अधिशुल्क *n* royalty
अधीर *adj* uptight
अधीन गर्नु *v* master
अधैर्य *adj* impatient, restless, nervous
अधैर्यता *n* impatience
अन्त्यानुप्रास *n* rhyme
अन्त्य *n* end
अन्त्य नहुने *adj* endless
अन्त्य गर्नु *v* end
अन्त्य हुने *n* ending
अन्त्यमा *adv* lastly
अन्तर्गत हुनु *v* contain
अन्त *n* annulment
अन्त गर्नु *v* conclude
अन्तर *n* contrast
अन्तर देखाउनु *v* discern
अन्तर कलह *n* odds
अन्र्तदृष्टि *n* intuition
अन्र्तमुखी *adj* introvert
अन्तरीक्ष *n* space
अन्तर्वाता *n* interview
अन्तरिक्ष वायुयान *n* voyager
अन्तरिक्ष यात्री *n* astronaut
अन्तरिक्षमा पठाउने यान *n* rocket
अन्तिम *adj* extreme, conclusive, final, last, ultimate
अन्तिम रुप दिनु *v* finalize, touch up
अन्तिम रुपरेखा *n* blueprint
अन्तिम छनौट *n* showdown
अन्तिम म्याद *n* deadline
अन्तिम नाम *n* last name
अन्दाजी *n* presumption
अन्दाजी *adv* about
अन्धभक्त *adj* bigot
अन्धभक्ति *n* bigotry
अन्धविश्वास *n* superstition
अन्धाकार *n* gloom
अन्धोपन *n* blindness
अन्न *n* grain
अन्ननली *n* esophagus
अन्नको ढुकुटी *n* barn
अन्नबाली *n* crop
अन्नबाली थन्क्याउने काम *n* harvest
अन्याय *n* injustice
अन्याय *adj* unjust
अन्वेषण *n* exploration, probing
अन्वेषण गर्नु *v* explore, probe
अन्वेषक *n* explorer
अन्याययुक्त दण्ड दिनु *v* lynch
अन्यत्र *adv* elsewhere
अन्यथा *adv* otherwise
अनन्त *adj* timeless
अनभिज्ञ *adj* ignorant

अनभिज्ञता *n* ignorance
अनगिन्ती *adj* countless, numerous
अर्नो *n* bison
अनार *n* pomegranate
अनादर गर्नु *v* desecrate
अनादर गर्ने *adj* ungrateful
अनावश्यक *adj* needless, unnecessary, redundant, superfluous
अनावश्यक आलोचना *adj* nitpicking
अनिच्छा *n* aversion
अनिच्छुक *adj* averse
अनिर्णीत *adj* pending
अनियन्त्रित *adj* arbitrary
अनिवार्य *adj* mandatory, compulsory, obligatory, unavoidable; indispensable, unavoidable
अनिवार्य रुपले *adj* compulsive
अनिर्णित *adj* indecisive
अनिश्चित *adj* indefinite, uncertain, precarious, irregular
अनुग्रह *n* favor
अनुकरणीय *adj* exemplary
अनुकूल *adj* favorable, opportune, congenial
अनुकूलता *n* adaptation
अनुकूल बनाउनु *v* accommodate, qualify
अनुकूल बनाउन योग्य *adj* adaptable
अनुकूल पार्नु *v* adapt
अनुकूलक *n* adapter
अनुच्छेद *n* paragraph
अनुचित *adj* unsuitable, improper, undue, unfair
अनुचितपूर्ण *adv* unfairly
अनुत्तरदायी *adj* irrefutable
अनुदान *n* aid, allowance, subsidy, grant
अनुदान दिनु *v* subsidize, aid
अनुनय–विनय गर्नु *v* plead
अनुपात *n* ratio
अनुपयोगी *adj* inept
अनुपयुक्त *adj* misfit, unsuitable
अनुभव *n* experience
अनुभवी *n* veteran
अनुभव नभएको *adj* inexperienced
अनुभव गर्नु *v* sense, go through
अनुभूति *n* sensation
अनुमान *n* estimation, assumption, conjecture, guess, hypothesis, supposition
अनुमान लगाउनु *v* guess
अनुमान गर्नु *v* estimate, predict, suppose
अनुमानमा *c* supposing
अनुमानित *adj* tentative
अनुमानित गर्नु *v* presume
अनुमति *n* sanction, permission
अनुमति पत्र *n* license, pass
अनुमति दिनु *v* sanction, allow, let, license, permit
अनुमोदन *n* approval, approbation, compliance, ratification, endorsement, sanction
अनुमोदन गर्नु *v* approve, ratify, sanction, endorse
अनुयायी *n* follower, partisan

अनुराग *n* fondness, passion, affection
अनुरागी *adj* passionate, affectionate
अनुरुप *adj* consistent
अनुरुपता *n* analogy, conformity
अनुरोध *n* request
अनुरोध गर्नु *v* request, entreat, solicit
अनुवाद गर्नु *v* translate
अनुवादक *n* translator
अनुशासन *n* discipline
अनुसरण गर्नु *v* catch up
अनुसन्धान *n* research
अनुसन्धान गर्नु *v* look into, research
अनुसन्धन कर्ता *n* detector
अनुसन्धनात्मक *n* detective
अनुसार *pre* according to, to
अनुहार *n* countenance, face, complexion
अनुहार बिगार्नु *v* deface
अनेक *adj* diverse, multiple, several
अनेकता *n* diversity
अनैतिक सम्बन्ध *n* liaison
अनौठो *adj* peculiar, strange, weird, odd, queer, bizarre
अनौठो वा विचित्र वस्तु *n* oddity
अनौठो लाग्दो *adj* grotesque
अनैतिक *adj* wicked, sleazy, amoral, immoral
अनैतिक आचरण *n* vice
अनैतिकता *n* immorality, wickedness
अनौपचारिक *adj* informal, folksy
अनौपचारिक *adv* unofficially

अनौपचारिकता *n* informality
अप्ठ्यारो *adj* hard
अप्ठ्यारो अवस्थामा पार्नु *v* corner
अप्ठ्यारोपन *n* difficulty
अप्सरा *n* fairy
अपच *n* indigestion
अर्पण *n* offer
अर्पण गर्नु *v* offer
अपराजय *adj* unbeatable
अपदस्त गर्नु *v* depose
अपमान *n* insult, affront, disgrace
अपमान योग्य *adj* dishonorable
अपमान गर्नु *v* disgrace
अपमानजनक *adj* abusive, derogatory, disgraceful, insolent, offensive
अपमानित गर्नु *v* insult, denigrate, affront
अपवाद *n* exception, calumny
अपवादमा देखा पर्ने ज्वारभाटा *n* tidal wave
अपवित्र *adj* foul
अपवित्र *n* indecency
अपवित्र पार्ने काम *n* sacrilege
अपराध *n* crime, culpability
अपराध भएको तथ्य *n* smoking gun
अपराध गर्नु *v* perpetrate
अपराधी *adj* criminal
अपराधी *n* culprit, felon
अपराधीको गिरोह *n* gangster
अपराधीको गुट *n* gang
अपरिवर्तनशील *adj* immutable
अपरिवर्तनीय *adj* definitive, implacable, irrevocable

अपरिवर्तनिय *adj* immutable
अपरिपक्क *adj* premature, raw
अपरिपक्कता *n* immaturity
अपरिचित *adj* unfamiliar
अपरिहार्य *adj* inevitable
अपर्याप्त *adv* poorly
अपहरण *n* abduction, kidnapping, deprivation, hijack
अपहरण गर्नु *v* deprive, hijack, kidnap, abduct
अपहरण गरिएको *adj* deprived
अपहरणकारी *n* hijacker, kidnapper
अपहेलित *adj* downtrodden
अपहेलना गर्नु *v* disregard
अपारदर्शी *adj* opaque
अपांग बनाउनु *v* maim
अपांगता *n* disability
अपूर्ण हुनु *v* continue
अपूर्ण *n* imperfection, continuation
अपूर्ण *adj* incomplete
अपेक्षा गर्नु *v* stipulate
अपेक्षाकृत *adv* rather
अप्रकाशित रहनु *v* lurk
अप्रचलित *adj* obsolete
अप्रत्याशित रुपले *adv* abruptly
अप्रत्यक्ष *adj* indirect
अप्रत्यक्ष सम्बन्ध *n* innuendo
अप्रत्यक्ष रुपमा सहमत हुनु *v* connive
अप्रतिकार्य *adj* irreparable
अप्रभावकारी *adj* ineffective
अप्रवासी *n* immigrant
अप्रासंगिक *adj* irrelevant
अप्रासंगिक प्रश्न गर्नु *v* heckle
अप्रिय *adj* unpleasant
अफ्रिकी वनमान्छे *n* gorilla
अफीमको बोट *n* poppy
अबफदारी *n* disloyalty
अर्बुद रोग *n* leukemia
अबेरसम्म *adv* late
अभद्र *adj* impertinent
अभद्रता *n* impertinence
अभाव *n* shortage, lack, defect, deficiency
अभाव हुनु *v* lack
अभ्यास *n* exercise
अभ्यास पुस्तिका *n* workbook
अभ्यास गर्नु *v* exercise, practice
अभ्यासरत *adj* practicing
अभिनय *n* act
अभिनेता *n* actor
अभिनेत्री *n* actress
अभिप्रेरणा *n* inspiration
अभिप्राय *n* significance
अभिभावक *n* guardian, parents
अभियान *n* campaign, mission
अभियान थाल्नु *v* campaign
अभियुक्त *n* felon
अभियोग *n* allegation
अभियोग लगाउनु *v* allege
अभियोग लगाउने व्यक्ति *n* plaintiff
अभिरुचि *n* interest, option, hobby
अभिरुचि भएको *adj* interesting
अभिरुचिपूर्ण *adj* interested
अभिलाषा *n* craving

अभिलाषा गर्नु *v* crave
अभिलेख *n* archive, record
अभिलेख राख्नु *v* log, record
अभिलेख राख्ने यन्त्र *n* recorder
अभिलेख राख्ने काम *n* recording
अभिव्यक्त गरेको *adj* opinionated
अभिव्यक्ति *n* expression, nuance, articulation
अभिवादन *n* greetings
अभिवादन गर्नु *v* greet
अभिशाप *n* scourge
अभिषेक *n* consecration
अभिषेक समारोह *n* ordination
अम्ल *n* acid
अम्लीय *n* acidity
अमर *adj* immortal
अमरत्व *n* immortality
अमानवीय *adj* inhuman
अमूल्य *adj* precious
अमेरिकाको सिक्का *n* dime
अमेरिकी सदन *n* congress
अमेरिकी डलर *n* buck
अमेरिकी मुद्रा *n* dollar; cent
अमेरिकी नागरिक *adj* American
अमान्य हुनु *v* invalidate
अमिल्दो *adj* eccentric
अमिलो *adj* sour
अमिलो फलबाट बनाएको जाम *n* marmalade
अयोग्य *adj* undue, inefficient, unfit
अयोग्य हुनु *v* disqualify
अरबी भाषा *n* anarchist
अराजक *adj* Arabic
अरु *adj* other
अरु देशले घेरिएको प्रदेश *n* enclave
अरुचि *n* distaste
अरुचिकर *adj* distasteful
अराजकता *n* anarchy
अल्कोहल युक्त तरल पदार्थ *n* liqueur
अल्छी *adj* bored, sluggish, idle, lazy
अल्छी व्यक्ति *n* bum
अल्छी लाग्दो *adj* boring
अल्छी लाग्नु *v* bore
अल्छी हुनु *v* loaf
अल्छीपन *n* boredom, laziness
अल्झाउनु *v* entangle
अल्झिनु *v* halt
अल्प *adj* petite
अल्पसंख्या *n* minority
अल्पविराम *n* comma
अल्पकालिक *adj* transient
अल्पकालीन भेटघाट गर्नु *v* stop by
अल्पवयस्क *n* youngster, minor
अल्पाहार *n* refreshment
अलकत्र *n* tar, asphalt
अलंकार *n* metaphor
अलग्याउनु *v* isolate, segregate
अलग्याउने काम *n* isolation, segregation
अलग *adj* aloof
अलग *n* separation
अलग राख्नु *v* earmark
अलग गर्नु *v* disintegrate
अलग हुनु *v* secede

अलगिएको *adv* asunder, apart
अलमल्ल पार्नु *v* baffle
अलमल्ल पर्नु *v* bewilder
अलमलिने *adj* puzzling
अलमलिने अवस्था *n* puzzle
अलि कति *n* little bit
अलि होचो *adj* lower
अलिकति चोर्नु *v* pilfer
अलिकति खोलिएको *adj* ajar
अलौकिक *adj* sublime
अव्यक्त *adj* pent-up
अव्यय *n* preposition
अव्यवस्था *n* disorder
अव्यवसायी वा सौखिन *adj* amateur
अव्यवस्थित *adj* chaotic
अव्यवहारिक *adj* impractical
अवउपरान्त *adv* hereafter
अवकाश *n* retirement
अवकाश पाउनु *v* step down
अवकाश हुनु *v* retire
अवकर्तन *n* circumcision
अवकर्तन गर्नु *n* circumstance
अवगत गराउनु *v* acquaint
अवतरण *n* landing
अवतरण गर्नु *v* come down, disembark
अवतरण हुनु *v* land
अवधि *n* period, times, duration, stage, term
अवनति *n* descent, degeneration, deterioration, declension
अवमूल्यन *n* devaluation
अवरोध *n* resistance, barrier, blockade, constraint, barricade, disruption, interruption, hindrance, jam
अवरोध पुर्याउनु *v* inhibit
अवरोध गर्नु *v* detain, resist; interrupt, disrupt
अवरोध हुनु *v* jam, halt
अवरोहण गर्नु *v* descend
अवलोकन *n* observation, overview
अवलोकन गर्नु *v* go through, look over
अवलोकन गर्नु वा पत्ता लगाउनु *v* trace
अवश्य *adj* certain
अवशेष *n* relic, vestige, remains
अवस्था *n* position, stage, condition, situation, phase, state
अवस्थित *adj* seated, situated, located
अवस्थित हुनु *v* locate
अवसर *n* opportunity, chance, occasion
अवसर गुमाउनु *v* miss
अवसाद *n* depression
अवज्ञा *n* disobedience
अवज्ञा गर्नु *v* defy, disobey
अवज्ञाकारी *adj* defiant, disobedient
अवास्तविक *adj* unrealistic
अविचारणीय *adj* unthinkable
अविरल *adj* continuous
अविवाहित *adj* unmarried, single
अविवाहित पुरुष *n* bachelor
अविवाहित स्त्री *n* maiden
अविवेक *n* indiscretion

अविवेकी *adj* indiscreet, irrational, impetuous
अविश्वास *n* disbelief, distrust, mistrust
अविश्वास गर्नु *v* distrust
अविश्वासनीय *adj* incredible, mind-boggling, unbelievable, unpredictable
अविश्वासी *adj* unfaithful
अविश्वासिलो *adj* distrustful
अविश्वासिलो *n* infidelity
अविष्कार *n* discovery
अविस्मरणीय *adj* unforgettable
अवैध *adj* clandestine, fraudulent, inept
अवैध धन्दा *n* racket
अवैध धन्दा गर्ने काम *n* racketeering
अवैध धन्दाको प्रमुख व्यक्ति *n* ringleader
अवैधानिक *adj* illegible
अवैयक्तिक *adj* impersonal
अश्लील *adj* obscene, vulgar, blue
अश्लीलता *n* obscenity, vulgarity
अंश *n* portion, share, bit; version
अशिष्ट *adj* impertinent, barbaric, disrespectful
अशिष्टता *n* impertinence
अशिक्षित *adj* illiterate, uneducated
अशुद्ध *adj* erroneous, impure
अशुभ *n* sinister
अशुभ लक्षण *n* omen
अस्ताउनु *v* go down
अस्तव्यस्त पार्नु *v* confound, shuffle
अस्तव्यस्त गर्नु *v* disperse
अस्तित्व *n* existence
अस्थिर *adj* fickle, unstable, unsteady, indecisive
अस्थिर *n* unrest
अस्थिर अवस्था *n* turbulence
अस्थिर गति *n* reel
अस्थिर हुनु *v* space out
अस्थिरता *n* instability
अस्थिबन्ध *n* ligament
अस्थिपञ्जर *n* skeleton
अस्थिपात्र *n* urn
अस्थायी *adj* temporary
अस्थायी रुपमा निस्क्रिय बनाउनु *v* suspend
अस्थायी बसोबास गर्नु *v* put up
अस्थायी बासस्थान *n* lodging
अस्पष्ट *adj* ambiguous, imprecise, obscure, vague; intricate; unfair; dim
अस्पष्टसँग *adv* unfairly
अस्पष्ट रुपमा संकेत गर्नु *v* imply
अस्पष्ट रुपमा बोल्नु *v* mumble
अस्पष्ट रुपले देख्नु *v* loom
अस्पष्ट हुनु *v* blur
अस्पष्ट किसिमले बोल्नु वा लेख्नु *v* slur
अस्पष्टता *adj* blurred
अस्पष्टता *n* obscurity
अस्पताल *n* hospital
अस्पतालमा भर्ना गर्नु *v* hospitalize
अस्वस्थ *adj* ailing, unhealthy
अस्वस्थता *n* ailment, sickness
अस्वाभाविक *adj* abnormal; strained

अस्वाभाविक सानो *n* midget
अस्वाभाविकता *n* abnormality
अस्वस्थ दिमाग *adj* sane
अस्वाभाविक हुनु *v* strain
अस्वीकृति *n* objection, refusal, disapproval, refuse, rejection
अस्वीकार गर्नु *v* retract, deny, disown, refuse, reject, repudiate, turn down
अस्वीकार्नु *v* repel
अस्वीकार्य *adj* disagreeable
असंक्रमक *v* disinfectant
असंख्य *adj* innumerable
असंगठित *adj* disorganized
असज्जित *adj* unfurnished
असजिलो *adj* uneasy
असजिलोपन *n* discomfort, uneasiness
असत्य भनाई *n* falsehood
असत्य *adj* unreal, untrue
असत्य प्रमाणित गर्नु *v* disprove
असक्त *n* handicap
असक्त *adj* vulnerable, cripple
असन्तुष्ट *adj* dissident
असन्तुष्ट *n* displeasure
असन्तुष्ट भएको *adj* disgruntled
असन्तुष्ट पार्नु *v* displease
असन्तुष्टी *adj* displeasing, grouchy, dissatisfied
असन्तुलन *n* imbalance
असन्तोष *adj* discontent
असन्तोष जनाउनु *v* complain
असफल *adj* unsuccessful

असफल नहुने *adj* infallible
असफल व्यक्ति *n* failure
असफल हुनु *v* fail, flunk, fall through, go under
असफलता *n* flop
असभ्य *adj* disrespectful, rude, brute, savage, coarse
असभ्य *n* barbarian, vandal
असभ्यता *n* indecency, barbarism, rudeness, savagery
असभ्य ठिटो *adj* brat
असम्बन्धित *adj* unrelated
असम्भव *adj* impossible, unlikely
असम्भाव्य *adj* improbable
असम्भाव्यता *n* impossibility
असम्मान *n* disrespect
असमतल *adj* uneven
असमतलीय *adj* uneventful
असमर्थ *adj* indisposed, impotent
असमर्थ हुनु *v* incapacitate
असमर्थता *n* incompetence
असमान *adj* dissimilar, unequal, unlike
असमानता *n* disparity, inequality, contrast
असमायिक *adj* untimely
असमायोजन *adj* disinterested
असंयम *n* incontinence
असंयमत *adj* extravagant
असंयमी *adj* inconvenient
असंलग्न *adj* neutral
असंलग्न हुनु *v* neutralize

असलीरुप देखाउनु *v* debunk
असंवेदनशील *adj* insensitive
असंशोधनीय *adj* incorrigible
असहमत *adj* dissident
असहमत हुनु *v* dissent
असहमति *n* disagreement, discord, opposition, walkout, division
असहमति प्रकट गर्नु *v* disapprove
असहमति हुनु *v* disagree
असहाय *adj* destitute
असहनीय *adj* intolerable
असह्य पीडा दिने *adj* excruciating
असहयोग *adj* helpless
असहिष्णुता *n* intolerance
असक्षम *adj* incapable, unable
असक्षमता *n* inability, inexcusable
असावधान *adj* reckless, unaware
असाधारण *adj* abnormal, peculiar, particular, special
असाधारण क्षमता वा प्रतिभा *n* genius
असाधारणता *n* abnormality
असामान्य *adj* exceptional, uncommon, unusual
असाध्य *adj* malignant, detrimental, harmful, injurious, pernicious
असाध्यता *n* malignancy
असिना *n* hail
असिना पर्नु *v* hail
असी *adj* eighty
असीमित *adj* boundless, infinite, unlimited
असुरक्षित *adj* precarious, unsafe
असुरक्षित *n* insecurity
अहम् गर्ने व्यक्ति *n* egoist
अहंकारी *adj* conceited, domineering
अहम्कारी *adj* overbearing
अहम्कारी *n* arrogance
अहम्ता *n* egoism
अहिले *adj* current
अहिले *adv* now
अहिलेसम्म *adv* hitherto
अक्ष *n* axis
अक्षर *n* syllable; letter
अक्षदण्ड *n* axle
अक्षांश *n* latitude
अज्ञानी *adj* unwise
आइतबार *n* Sunday
आइपुग्नु *v* arrive
आइल्र्यान्ड देश *n* Ireland
आइल्र्यान्ड देशको नागरिक *adj* Irish
आउँदै *n* coming
आउनु *iv* come
आउने *adj* upcoming
आउने काम *adj* coming
आँकलन गर्नु *v* size up
आकर्षण *n* charm, attraction
आकर्षण जवान महिला *n* chick
आकर्षण गर्नु *v* charm, attract
आकर्षक *adj* attractive, catching, glamorous, cute, exotic
आकर्षक व्यक्तित्व *adj* outgoing
आकर्षक व्यक्तित्व भएको *adj* handsome
आकर्षक तथा गुणस्तरीय *adj* tasteful
आकर्षित गर्नु *v* fascinate, mesmerize

आकस्मिक *adj* accidental, casual, contingent
आकस्मिकता *n* contingency
आकस्मत *adv* incidentally
आकस्मित घटना *n* contingency
आकस्मित प्रतिक्रिया *n* revulsion
आकस्मत तिखो विष्फोट *n* crack
आकस्मत् *adv* suddenly
आकार *n* format, shape, size, figure
आकार घटाउनु *v* downsize
आकार घटाएको वस्तु *n* miniature
आकार बदल्नु *v* transform
आकार दिनु *v* mold, shape
आकार दिन लायक *adj* sizable
आकार दिएको वस्तु *n* mold
आकारमा ढाल्न साँचोमा राख्नु *v* frame
आकाश *n* space, sky
आकाश तिर उड्नु *v* soar
आकाशवाणी *n* oracle
आकाश–गंगा *n* galaxy
आकांक्षा *n* ambition, aspiration
आकांक्षा राख्नु *v* aspire
आक्रमक *n* aggression
आक्रमक *adj* aggressive, berserk
आक्रमण *n* assault, attack, invasion, onset, descent, aggression
आक्रमण *v* overrun
आक्रमण गर्न लुक्नु *v* lurk
आक्रमण तथा लुट्नु *v* mug
आक्रमण तथा लुट्ने काम *n* mugging
आक्रमण गर्नु *v* assail, assault, attack, best
आक्रमण गर्नु(एक देशले अर्को देशलाई) *v* invade
आक्रमणकारी *n* aggressor, attacker, invader
आक्रान्त *n* assailant
आकृति *n* feature, semblance
आकृति बिगार्नु *v* deform
आँखा *n* eye
आँखा तिरमिर पार्नु *v* dazzle
आँखा तिरमिर पार्ने *adj* dazzling
आँखा तिर्मिराउने प्रकाश *n* glare
आँखाको नानी *n* pupil
आँखामा पट्टी बाँध्नु *v* blindfold
आँखामा पट्टी बाँध्ने काम *n* blindfold
आँखालाई लोभ्याउने *adj* eye-catching
आखिरी *adj* extreme
आँखी भौ खुम्च्याउनु *v* frown
आँखीभौं *n* eyebrow
आग्लो *adj* lofty
आग्लो हाल्नु *v* bolt
आगन्तुक *n* visitor
आँगन *n* court, yard, courtyard
आँगनमा खाना खाने ठाउँ *n* patio
आगमन *n* appearance, Advent, arrival, approach
आगमन *adj* incoming
आगमनको सन्देश दिनु *v* herald
आग्रह *n* appeal
आगलागी *n* arson
आगामी *adj* forthcoming
अँगालो *n* hug
अँगालो हाल्नु *v* cuddle

अँगालो हाल्नु *v* hug
आगो *n* fire
आगो डडेको आवाज *n* firecracker
आगो बाल्नु *v* fire
आगो निभाउनु *v* quench
आगो निभाउने व्यक्ति *n* fireman
आगो निकाल्ने यन्त्र *n* lighter
आगो निकाल्ने उपकरण *n* spark plug
आगो लगाउने व्यक्ति *n* arsonist
आगोमा रोटी सेक्नु *v* toast
आगोमा सेकाएको रोटी *n* toast
आघात *n* concussion; coup
आचार सम्बन्धी *adj* ethical
आचरण *n* conduct, demeanor, manners, behavior, manner, habit
आज *adv* today
आजराती *adv* tonight
आर्जन गर्नु *v* deserve
आर्जित नहुनृ *adj* undeserved
आँटिलो *adj* gallant
आठ *adj* eight
आड दिनु *v* stake
आडम्बर *n* pomposity
आणाविक *adj* atomic
आणविक *adj* nuclear
आत्म इच्छा *n* self-interest
आत्मकथा *n* memoirs
आत्मग्लानि *n* qualm
आत्मचेतन *adj* self-conscious
आत्मरक्षा गर्नु *v* fend
आत्म संरक्षण गर्नु *v* fend off
आत्म सम्मान *n* self-respect
आत्मसमर्पण *n* surrender
आत्मसमर्पण गर्नु *v* relinquish, surrender
आत्म विश्वास *n* self-esteem
आत्मविश्वास *n* confidence, bounce
आत्म संयमी *adv* highly
आत्महत्या *n* suicide
आत्मा *n* soul, spirit
आतंकवाद *n* terrorism
आतंकवादी *n* terrorist
आतंकित बनाउनु *v* terrify
आतंकित बनाउने *adj* terrifying
आतंकित हुनु *v* terrorize
आत्तिनु वा डराउनु *v* apprehend
आदर *n* reverence
आदर वा सम्मान *n* respect
आदर वा सम्मान गर्नु *v* respect
आदर गर्नु *v* regard
आदरणीय *adj* dear
आदार वा सम्मान नगर्ने *adj* irrespective
आदानप्रदान *n* interchange
आदर्श *adj* ideal
आदर्श *n* model
आदर्श नमूना *n* prototype
आदर्श नारी *n* heroin
आदर्शता *n* heroism
आदिमानव *n* antiquity
आदेश *n* mandate, order
आदेश (अख्तियारले) *n* decree
आदेश दिनु *v* command
आदेश दिने व्यक्ति *n* commander

आदेशात्मक *n* commandment
आदेशक *adj* mandatory
आर्द्रता *n* humidity
आर्दश *n* pattern
आद्र्र *adj* humid
आद्र्रता *n* clam; moisture
आद्र्रता *adj* damp
आर्थिक *adj* economical, financial
आर्थिक सुधार गर्नु *v* refinance
आध्यामिक *adj* spiritual
अँध्यारा *n* darkness
अँध्यारो *adj* dark, somber, murky
अँध्यारो हुनु वा पार्नु *v* darken
आधा *adj* half
आधा बोतल *n* pint
आधा भाग *n* half
आधा गर्नु *v* halve
आधार *n* backing, foundation, base, basis
आधार दिनु *v* base
आधारभूत *adj* basic, fundamental
आधारभूत कुराहरु *n* basics
आधारहिन *adj* baseless
आधारहीन *adj* groundless, unfounded
आधा–आधा *adv* fifty-fifty
आधिपत्य *n* lordship, mastery
आधिकारिक पदमा रहनु *v* preside
आँधी *n* gale, storm
आँधीबेरी *n* tempest, hurricane, hail
आँधीको क्रियाकलाप बीचको शान्त अवस्था *n* lull
आधुनिक *adj* latter, modern
आधुनिकीकरण गर्नु *v* modernize
आन्द्रामा भएको एक किसिमको बिरामी *n* appendicitis
आन्द्राभुँडी *n* bowels, intestine, gut
आन्दोलन *n* movement
आन्दोलनकारी *n* agitator
आनन्द *n* enjoyment, joy, recreation
आनन्द नदिने *adj* unassuming
आनन्द लिनु *v* enjoy, relish, chill out, recreate
आनन्ददायक *adj* pleasing, exhilarating, pleasant, ecstatic
आनन्दमय *adv* joyfully
आनन्दपूर्ण होहल्ला *adj* boisterous
आनन्दले बिताउनु *v* fleet
आनन्दयुक्त *adj* enjoyable
आनन्दको लागि हिड्ने ठाउँ *n* promenade
आनन्दित *adj* merry
आनन्दित हुनु *v* rejoice
आनन्द दायक *adj* pleasing
आपतकालीन *n* emergency
आपतकालीनको लागि सञ्चित सामाग्री *n* stockpile
आपत्ति जनाउनु *v* mind
आपत्तिजनक *adj* disastrous
आपूति भएका वस्तुहरु *n* supplies
आपूति गर्नु *v* supply
आपूर्ति गर्ने व्यक्ति तथा संस्था *n* supplier
आपेक्षा *n* expectation
आपेक्षा गर्नु *v* expect
आपेक्षित *n* expectancy
आफ्नो *adj* own

आफ्नो साथमा राख्नु *v* possess
आफ्नो पक्षमा पार्नु *v* incline
आफ्नो तहमा कायम हुन नसक्नु *v* lapse
आफन्त *adj* relative
आफन्तजन *n* relative
आफूलाई बढी प्रशसा गर्ने व्यक्ति *adj* pushy
आफैं *pre* oneself
आफैं चल्नु *v* glide
आफैंसँग हाँस्नु *v* chuckle
आफैंलाई बेफाइदा हुनु *v* backfire
आभार *adj* thankful
आभार व्यक्त गर्नु *v* acknowledge
आभारी हुनु *iv* ought to
आभास *n* inkling
आम्दानी *n* income
आममाफी *n* amnesty
आमा *n* mom, mother; mummy
आमा सम्बन्धी *adj* maternal
आमोद–प्रमोद *n* revelation
आमोद–प्रमोद गर्नु *v* revel
आमन्त्रण गर्नु *v* convene
आय *n* proceeds
आयात *n* rectangle
आयात कार्य *n* importation
आयात गर्नु *v* import
आयातकार *adj* rectangular
आयतन *n* volume
आयतन बढाउनु *v* turn up
आयोग *n* commission
आरधना *n* adoration
आरधना गर्नु *v* adore
आरनमा काम गर्ने व्यक्ति *n* blacksmith
आरम्भ *n* inception, outset, inauguration
आरम्भ *adj* initial
आरम्भ गर्नु *v* inaugurate, initial
आरम्भिक अक्षर वा वर्ण *n* initial
आरक्षण *n* sanctuary
आरा *n* saw
आराम *n* relief, comfort, relax, rest
आराम व्यंग्यात्मक चित्र *adj* comical
आराम पूर्वक पल्टनु *v* repose
आराम गर्नु *v* relax, rest
आरामदायी *n* luxury
आरामदायी *adj* comfortable, relaxing, restful
आरामदायी नहुने *adj* uncomfortable
आरामदायी कुर्सी *n* sofa
आरामपूर्वक बस्नु *v* lounge
आराले चिर्नु *iv* saw
आरु *n* peach
आरोप *n* accusation, charge
आरोप लगाउनु *v* accuse
आल्मोनियम धातु *n* aluminum
आलु *n* potato
आलुबखडा *n* plum
आलोचना *n* reproach, criticism, condemnation
आलोचना गर्नु *v* reproach, criticize, condemn
आलोचनात्मक *adj* sarcastic
आवाज *n* voice
आवाज मधुरो पार्नु *v* muffle
आवाज निकालेर रुनु *v* cry

आवाज निकालेर पढेर लेख्नु v dictate
आवाज निकालेर कराउनु v howl
आवाज निकाल्नु v sound
आवद्ध n engagement
आवद्ध हुनु v engage
आवरण n shell, cap
आवरण लगाउनु v cap
आवरण तथा खोल झिक्नु v shell
आवश्यक adj intrinsic, necessary
आवश्यक वा छोड्न नै नमिल्ने भागको रुपमा समावेश गर्नु v entail
आवश्यक गराउनु v necessitate
आवश्यक हुनु v need, require, ought to
आवश्यकीय adj needy
आवश्यकता n need, necessity, requirement
आवश्यकता भन्दा बढी पकाएको adj overdone
आवासी कोठाहरुको सेट n apartment
आवारा adj dissolute
आविष्कार n invention, concoction
आविष्कार गर्नु v invent, concoct
आवेदन n application
आवेदन वा निवेदन दिनु v apply
आवेदक n applicant
आवेश n furor
आश्चर्य n awe, surprise, amazement
आश्चर्य adj astonishing
आश्चर्य पार्नु v astonish
आश्चर्यजनक adj marvelous
आश्चर्यजनक वस्तु n marvel
आशंका n consternation, suspicion

आशंका रहित adj unsuspecting
आशा n hope, prospect, anticipation
आशा नगर्ने adj irrespective
आशा गर्नु v look forward, hope
आशा गर्न नसकिने adj unforeseen
आशा गर्नु वा राख्नु v anticipate
आशावाद n optimism
आशावादी adj hopeful, optimistic
आशापूर्ण adv hopefully
आंशिक adj partial
आंशिक रुपमा adv partially
आंशिक निर्जीविकरण गर्नु v pasteurize
आर्शिवाद n blessing
आर्शिवाद दिनु v bless
आस्था n creed
आसन्न adj impending
आँसु n tear
आँसु खसाल्नु iv weep
आँसुले भरिएको adj tearful
आर्सेनिक ग्यास n arsenic
आश्राम n cloister
आश्रय n recourse
आश्रय वा सहारा दिनु v recourse
आश्रित adj dependent
आह्वान n call
आहार n diet
आहार खानु v diet
आज्ञा पालन गर्नु v obey
आज्ञापालन गर्नु v comply
आज्ञाकारी adj obedient, submissive, docile

आज्ञाकारिता *n* obedience
ओइलिनु *v* wither
ओखर *n* walnut
ओखरको आवरण *adv* nut-shell
ओगटेको स्थान *n* coverage, cover-up
ओछ्यान मिलाउने काम *n* bedding
ओजस्वी *adj* energetic
ओझेल परेको बाटो *n* mall
ओठ *n* lip
ओत *n* shelter
ओत लाग्नु *v* shelter
ओरालो लाग्नु *v* decline
ओरालो तिर जाने *adj* downturn
ओर्लनु *v* descend
ओसिनु *v* dampen
ओसिलो *n* dam
ओसिलो बनाउनु *v* moisten
औसत अवस्था *n* mediocrity
औंठाछाप *n* fingerprint
औंठी *n* ring
औचित्य *n* decorum, fitness, reason, expediency
औजार *n* tool, appliance
औजार तथा सामाग्री *n* hardware
औपचारिक *adj* formal
औपचारिक सुरुवात गर्नु *v* launch
औपचारिक रुपमा *adv* formally
औपचारिकता *n* formality
औपचारिकता दिनु *v* formalize
औलाले अथवा चुच्चो वस्तुले घोच्नु *v* prod
औंला *n* finger
औंलाको टुप्पो *n* fingertip
औषधि *n* drug
औषधि बनाउने तथा बिक्री गर्ने व्यक्ति *n* chemist
औषधि मात्रा *n* dosage
औषधि भण्डार *n* drugstore
औषधि उपचार *n* recipe
औषधिको अधिक मात्रा *n* overdose
औषधिको गोली *n* pill
औषधिको गोली वा चक्की *n* capsule
औषधी *n* medicine
औषधी बेच्ने तथा बनाउने व्यक्ति *n* pharmacist
औषधी अपचार *n* medication
औषधी वा उपचार सम्बन्धी सिफारिस गर्नु *v* prescribe
औषधी पसल *n* pharmacy
औषधीय *adj* medicinal
औसत *n* average
औसत *adj* mediocre

इ

इंगित *n* indication
इंगित गर्नु वा देखाउनु *v* indicate
इच्छा *n* liking, longing, will, option, wish
इच्छा रहित *adv* unwillingly
इच्छा नहुने खालको *adj* undesirable
इच्छा पूर्वक *adv* willfully

इच्छा पत्र *n* legacy
इच्छा पत्र लेखी आफ्नो सम्पत्ति दिनु *v* bequeath
इच्छा गर्नु *v* intend
इच्छा गर्नु वा चहानु *v* wish
इच्छापूर्ण *adj* desirable
इच्छुक *adj* eager, willing
इच्छुकता *n* eagerness, willingness
इच्छुकताका साथ *adv* willingly
इज्जत *n* prestige
इटाली देश *n* Italy
इटालीको नागरिक *adj* Italian
इतिहास *n* history
इतिहासपूर्व *adj* prehistoric
इतिहासकार *n* historian
इन्द्रेणी *n* rainbow
इन्कार गर्न नसकिने *adj* irrefutable
इन्कार *n* denial
इन्कार गर्नु *v* ignore, refuge
इन्जिन *n* turbine
इन्जिनको गतिलाई नियन्त्रण गर्ने उपकरण *n* gear
इन्धन *n* fuel
इन्धन भर्नु *v* fuel
इनाम *n* present, gratuity
इनार *n* well
इमानदार *adj* cordial, honest, scrupulous, sincere
इमानदारीता *n* sincerity, honestly, integrity
इशार *v* insinuation, allusion
इस्पात *n* steel
इस्तिरी लगाउनु *v* iron
इस्लामी *adj* Islamic

ई

ईकाई *n* unit
ईटा *n* brick
ईटाका तह *n* bricklayer
ईश्वरीय *n* divinity
ईश्वरको निन्दा गर्नु *v* blaspheme
ईष्र्या *n* envy, spite
ईष्र्या *adj* jealous
ईष्र्या गर्नु *v* envy
ईष्र्यालु *adj* envious, malevolent
ईष्र्यालु *n* jealousy
ईसा मसीहको जन्मदिन *n* X-mas
ईसा मृत्युको सम्झनामा मनाइने पर्व *n* Easter

उ

उक्साउनु *v* rouse, incite
उक्लिने काम *n* climbing
उक्साउने *adj* rousing
उकुसमुकुस *n* asphyxiation
उकुसमुकुस हुने *adj* stifling, stuffy
उकुसमुकुस हुनु *v* asphyxiate

उखान *n* proverb
उखेलेर फ्याक्नु *v* uproot
उग्र *adj* rampant
उग्रवादी *adj* radical, extremist
उग्राउनु वा विस्तारै चपाउनु *v* munch
उघार्नु *v* unveil
उच्च प्रहरी अधिकारी *n* sergeant
उच्च मध्यमवर्गिय *adj* bourgeois
उच्च वर्गको *adj* classy
उच्च शिक्षालय *n* college
उच्च स्वर *n* tenor
उच्च समस्थली *n* plateau
उच्चारण *n* accent
उच्चारण गर्नु *v* pronounce, utter, spell
उच्चता *n* Highness
उच्छृङ्खल *adj* rampant
उचाल्नु *v* hoist, lift; instigate
उचाल्नु वा उठाउनु *v* raise
उचाल्ने वा उठाउने काम *n* raise
उचाल्ने उपकरण *n* hoist
उचाई *n* height
उचाई बढाउनु *v* heighten
उचित *adj* deserving, relevant
उचित समयमा काम गर्नु *v* time
उचित रुपले *adv* properly
पछाडि वा विगततिर फर्किएको *adj* backward
उछिन्नु *v* surpass, outrun, overtake, supersede, take over
उछिन्नु वा नाघ्नु *v* skip
उज्ज्वल *adj* lucid
उज्यालो *n* light, shine
सेतो पार्ने वा हुने कला *n* bleach
उज्यालो पार्ने विस्फोटक *n* flare
उज्यालो पार्नु वा निखार्नु *v* bleach
उर्जा *n* drive, power
उजाड *adj* desolate
उजाड *n* bleak
उजुरी *n* complaint
उठ्नु *v* stand up, get up, rise
उठेको भाग *n* bulge
उठाउनु *v* hoist
उठाउने काम *n* pickup
उडुस *n* bug, flea
उड्डयन *n* aviation
उड्नु *iv* fly
उडान *n* flight
उडान भर्नु *v* lift off
उडान भर्ने काम *n* lift-off
उडान गर्ने व्यक्ति *n* flier
उद्धरण *n* excerpt
उद्धृत अनुच्छेद वा वाक्य *n* quotation
उद्धृत गर्नु *v* quote
उद्धार *n* rescue, redemption
उद्धार गर्नु *v* rescue, extricate, redeem, salvage
उद्धार गर्ने व्यक्ति *n* savior
उद्धार सामाग्री *n* chute
उद्गम *n* origin
उद्गार गर्नु *v* exclaim
उद्घोषक *n* announcer
उद्घाटन *n* opening
उद्घाटन गर्नु *v* unveil
उद्भव *n* appearance

उदाउनु *iv* rise, arise
उदार *adj* lenient, indulgent
उदारो *n* debt
उदारता *n* generosity, leniency
उदास *adj* gloomy, despondent, down, downcast, sorrowful
उदास हुनु *n* despair
उदासी *n* depression, melancholy
उदाहरण *n* example, instance, case
उद्यम *n* enterprise
उद्यम परिश्रम *n* exertion
उद्यमी *n* entrepreneur
उद्योग *n* industry
उद्योगधन्दा *n* enterprise
उद्यान *n* park
उद्देश्य *n* mission, ambition, goal, task, intention, motive, motto, purpose, object, target
उद्देश्य राख्नु *v* aim
उद्देश्यका साथ *adv* purposely
उत्कर्ष *n* elevation
उत्कृष्ट *adj* sublime, classic, fantastic, excellent, outstanding, superb, superior
उत्कृष्ट प्रदर्शन तथा कार्य गर्नु *v* outperform
उत्कृष्टता *n* excellence, superiority
उत्खनन गर्नु *v* excavate
उत्पन्न हुनु *v* proceed, stem, emanate
उत्पन्न गर्नु *v* procreate, evoke
उत्पन्न गराउनु *v* originate
उत्पादन *n* produce, output
उत्पादन गर्नु *v* produce

उत्पादित *adj* productive
उत्पादित वस्तु *n* production
उत्पीडक *adj* harrowing
उत्सव *n* festivity, celebration
उत्सव मनाउनु *v* celebrate
उत्साह *n* ardor, gusto, enthusiasm
उत्साह *adj* ecstatic
उत्साह प्रकट गर्नु *v* enthuse
उत्साहपूर्ण स्वागत *n* ovation
उत्साहपूर्वक *adj* lively
उत्साहको कमी *n* apathy
उत्साही *adj* zealous, ardent, hearty
उत्सुक *adj* curious, avid, fervent
उत्सुक्तपूर्वक ग्रहण गर्नु *v* devour
उत्सुक हुनु *v* aspire
उत्सुकता *n* aspiration, curiosity, zeal, intensity, enthusiasm
उतलपुथल *n* upheaval
उत्तम *adv* fine
उत्तम *adj* fine
उत्तम भाग *adj* prime
उत्तर *n* answer; north
उत्तर दिनु *v* answer
उत्तरदायित्व *n* liability
उत्तरदायी *adj* accountable, amenable
उत्तरदक्षिण *n* northeast
उत्तरमा बस्ने बासिन्दा *adj* northerner
उत्तराधिकार *n* inheritance
उत्तराधिकार पाउनु *v* inherit
उत्तराधिकारी *n* heir, successor
उत्तराधिकारिणी *n* heiress
उत्तरी *adj* northern

उ

उत्तरधुरवीय *adj* arctic
उत्तीर्ण *n* pass
उत्त्रीर्ण हुने *adj* unfailing
उत्तीर्ण हुनु *v* pass
उत्तेजना *n* excitement, incitement, provocation
उत्तेजनात्मक *adj* exciting
उत्तेजक पदार्थ *n* stimulant
उत्तेजित गराउने वस्तु *n* stimulus
उत्तेजित गर्नु *v* aggravate, exasperate
उत्तेजित होहल्ला *n* fuss
उत्तेजित हुनु *v* excite
उत्तोलक *n* crane, lever
उन्नत *v* flourish
उन्नाइस *adj* nineteen
उन्नति *n* headway, progress; elevation
उन्नति गर्नु *v* move up, progress
उन्नति गर्ने *adj* progressive
उन्माद *n* ecstasy, frenzy
उन्मत *adj* frantic, crazy
उन्मत *adv* berserk
उन्मत्त *adj* deranged, intoxicated, frenzied
उन्मत्त भएको *adj* intravenous
उन्मतयुक्त *n* drunkenness
उनको *adj* her
उनको *pro* hers
उनी *pro* she
उनीआफैं *pro* herself
उनीहरु *pro* they
उनीहरु आफैं *pro* themselves
उपद्वीप *n* peninsula
उपकरण *n* appliance, component, tool, device
उपखण्ड *n* compartment
उपगृह *n* annex
उपग्रह *n* asteroid, satellite
उपचार *n* remedy, treatment
उपचार विधि *n* prescription
उपचार गर्नु *v* treat, redress
उपत्यका *n* valley
उपदेश *n* gospel, homily, precept
उपदेश दिनु *v* exhort
उपद्र *adj* outrageous, boisterous
उपद्रो गर्नु *v* overdo
उपन्यास *n* novel
उपन्यासकार *n* novelist
उपनिवेशिक *adj* colonial
उपनिवेशिन *n* colonization
उपनिवेश *n* colony
उपनिवेशीकरण गर्नु *v* colonize
उपमार्ग *n* underpass, bypass
उपभोग *n* consumption
उपभोग गर्नु *v* consume
उपभोक्ता *n* consumer
उपयुक्त *adj* convenient, suitable, proper, decent, worthy, pertinent, fitting, relevant
उपयुक्त *n* convenience
उपयुक्त नभएको *adj* inappropriate
उपयुक्त ठान्नु *v* deign
उपयोग *n* expediency
उपयोगी *adj* conducive, handy, useful, worthwhile, appropriate

उपयोगीता *n* usefulness
उपर *pre* upon
उपराजदूत *n* envoy
उपलब्ध गराउनु *v* provide
उपलब्ध गर्नु *v* procure
उपवाक्य *n* clause
उपशिर्षक *n* subtitle
उपस्थिति *n* presence, attendance; Advent
उपस्थिति भएको व्यक्ति *n* attendant
उपस्थिति हुनु *v* attend, come up, present
उपसर्ग *n* prefix
उपहार *n* present, bounty, gift, offering
उपहार पाएको *adj* gifted
उपहास *n* ridicule
उपहास गर्नु *v* hiss, ridicule, humiliate
उपार्जन *n* attainment
उपाधि *n* degree
उपाय *n* way out, device
उपासक मण्डली *n* synagogue
उपेक्षित *n* underdog
उफार्नु *v* bounce, toss
उफ्रनु *v* bounce, bound, jump, leap
उफ्राई *n* jump, leap
उफ्रनु वा उफार्नु *v* buck
उफ्रने *n* bounce
उफ्रने *adj* jumpy
उफ्रिनु *iv* spring
उब्जनी *n* yield
उब्जाउनु *iv* grow

उब्रेको *n* surplus
उभ्याउनु *v* pitch
उभयचर *adj* amphibious
उभिनु *iv* stand, stand up
उम्किनु *v* elude
उम्किने *adj* elusive
उम्लिनु *v* overflow
उम्लेर पोखिनु *v* boil over
उमंग *n* enthusiasm
उमाल्नु *v* boil
उमाल्ने भाँडो *n* boiler
उमेर *n* age
उल्ट्याउनु *v* capsize
उल्टाउनु *v* overturn
उल्टी *n* vomit
उल्टी गर्नु *v* vomit
उल्टेको *adv* upside-down
उल्टो *n* reverse
उल्टो पट्टीबाट कपडाको किनारा *n* hem
उल्टो पारिएको *adv* inside out
उल्टो गणना *n* countdown
उल्का *n* meteor
उल्लेख्य कार्य *n* feat, merit
उल्लेख *n* reference
उल्लंघन *n* infraction
उल्लासपूर्ण *adj* hilarious
उर्वर *adj* fertile
उर्वराशक्ति नभएको *adj* infertile
उर्वरता *n* fertility
उष्ण *adj* torrid
उष्ण प्रदेश *n* tropic
उष्ण प्रदेशीय *adj* tropical

उष्णता *n* calorie; thaw
उस्तै *adj* alike, same, similar
उस्तै भएको *n* similarity
उसको *adj* his
उसको *pro* his
उही रुपले *adv* likewise
उत्रनु (घोडाबाट) *v* dismount

ऊ

ऊ *pro* he
ऊँठ *n* camel
ऊन द्धारा बनाइएको कपडा *n* felt
ऊनको *adj* woolen
ऊनको लुगा *n* jersey
ऊनी कपडा बनाउनु *v* felt
ऊनी गन्जी *n* sweater

ऋ

ऋण *n* credit, loan, debit
ऋण दिएको *n* Lent
ऋण दिने व्यक्ति *n* pawnbroker
ऋण लिनु वा दिनु *v* credit, loan
ऋण तिर्नु *v* owe
ऋण चुक्ता गर्नु *v* amortize
ऋणी *n* creditor

ए

एउटा आँखा झिम्क्याइर् *n* wink
एउटा आँखा झिम्क्याउनु *v* wink
एउटा माथि अर्को जोडेर बनाएको ओछ्यान *n* bunk bed
एउटा वस्तुबाट विभिन्न वस्तु निर्माण हुने *n* by-product
एउटै समयमा पर्नु *v* coincide
एक्का *n* ace
एक्कासी दिशा बदल्नु *v* veer
एक्लै *adv* lonely, solely
एक्लैले गरिएको *adj* singlehanded
एक्लो *adj* single, lonesome, alone
एकल *n* single
एक *adj* one, single
एक अर्को *adj* each other
एक आपसमा काट्ने *adj* cross
एक चम्चा *n* spoonful
एकचोटि *adv* once
एक छेउमा *adv* aside
एक टक्कले हेर्नु *v* stare
एक ठाउँबाट अर्को ठाउँमा जान अवरोध गर्नु *v* intercept
एक प्रकारको गाडी *n* caravan
एकता *n* unity
एकतर्फी *adj* unilateral
एकनासको *adj* identical
एकमत *n* unanimity
एकदम अप्रिय *adj* nasty
एकदम नयाँ *adj* brand-new

एकमतीय *adj* concurrent
एक मुस्ठ *n* lump sum
एकदमै आकर्षक *adj* adorable
एकदमै अग्लो *adj* towering
एकदमै चिसो *adj* ice-cold
एकदमै तिखो र कठोर चीत्कार गर्नु *v* screech
एकदमै खराब *adj* worst
एकत्र गर्नु *v* unite
एकनासको नभएको *adj* inconsistent
एकपतिव्रत *n* monogamy
एकपत्नीव्रत *n* monogamy
एक पाउन्डको सय खण्ड *n* penny
एक प्रकारको समूह *n* brethren
एक प्रकारको समुद्री चरा *n* gull, seagull
एक प्रकारको साग *n* celery
एक प्रकारको भकुण्डो खेल *n* baseball
एक प्रकारको नाच *n* waltz
एक प्रकारको परिकार *n* sandwich
एक प्रकारको चिचिन्डो *n* marrow
एक प्रकारको चितुवा *n* jaguar
एक प्रकारको खेल *n* billiards
एक प्रकारको खर्बुजा *n* cantaloupe
एक फुटको बाह्रौं भाग *n* inch
एक मिटरको एकसयौ भाग *n* centimeter
एकवचन *adj* singular
एकसाथ *n* simultaneous
एकसाथ रहनु *v* coexist
एकसाथ बसोबास गर्नु *v* cohabit
एकत्रित *n* congregation
एकत्रित हुनु *v* congregate
एकान्त *adj* lonesome
एकान्त स्थान *n* solitude
एकान्त मनपराउने *adj* secluded
एकान्तवास *n* retreat, seclusion
एकान्तवासी *adj* loner, solitary
एकान्तपन *n* loneliness
एकातिर *adv* aside
एकाधिपत्य *n* monopoly
एकाधिपत्य गर्नु *v* monopolize
एकाधिकार *n* patent
एकाइ *n* unit
एकीकरण *n* unification
एकीकरण गर्नु *v* unify
एकैचोटि घट्नु *v* plummet
एकै चोटि गरिएको आक्रमण *n* hail
एकैछिन निदाउनु *v* nap
एकै ठाउँमा सम्मिलित गर्नु *v* incorporate
एघार *adj* eleven
एघारौं *adj* eleventh
एप्रिल महिना (अंग्रेजीको) *n* April
एलर्जी भएको *adj* allergic
एसियाली *adj* oriental

ऐ

ऐक्यबद्धता *n* solidarity
ऐच्छिक *adj* optional
ऐंठन *n* spasm, cramp
ऐतिहाासिक अभिलेख *n* chronicle
ऐतिहाासिक अभिलेख राख्ने शास्त्र *n* chronology

ऐन *n* act
ऐन अनुसार संग्रह गर्नु *v* codify
ऐना *n* looking glass, mirror, glass
ऐनले रक्षा गर्न नसक्नु *v* outlaw
ऐन–कानून बनाउनु *v* legislate

क

क्यानरी चरी *n* canary
क्लिपले च्याप्नु *v* clip
क्यान्सर रोग *n* cancer
क्यान्सरबाट प्रभावित *adj* cancerous
क्याफेन निकालेको कफी *adj* decaf
क्याथिलिक धर्म *adj* catholic
कर्कश *adj* harsh, husky
कर्कश *n* austere
कर्कश स्वर *adj* hoarse
कर्कश आवाज *n* jar
कर्कश आवाज निकाल्नु *v* honk
कंगारु *n* kangaroo
कच्चा धातु *n* ore
कचकच गर्नु *v* haggle
कचकच गरेर दिक्क पार्नु *v* nag
कचौरा *n* bowl
कछुवा *n* tortoise, turtle
कर्जा *n* debt
कर्जादार *n* debtor
कट्टर *adj* strict, staunch, fanatic
कट्टर परम्परावादी *adj* uptight

कट्टरपन्थी *adj* orthodox, radical
कट्टी गर्नु *v* deduct
कटुस *n* chestnut
कट्टु *n* shorts, underwear
कटुआलोचना *n* sarcasm
कुटकुट टोक्नु *v* nibble
कटुता *n* bitterness
कटुतापूर्वक *adv* bitterly
कटौती *n* deduction
कठपुतली *n* puppet
कठालो *n* collar
कठालो हड्डी *n* collarbone
कठिन *adj* arduous, hard, strenuous, tough, troublesome, relentless, strict, difficult, awkward
कठिन हुनु *v* toughen
कठिनाइ *n* trouble
कठिनाइ हुनु *v* trouble
कठिनता *n* difficulty
कठोर *adj* rigid, stern
कठोर *n* austere, rigor
कठोर बनाई राख्ने *n* holdup
कठोर परिश्रम गर्नु *v* toil
कठोरपूर्वक *adv* harshly
कठोरता *n* austere, austerity, harshness
कठोरता वा कठिनाइ *n* hardship
कठोरतापूर्ण *adv* sternly
कड माछा *n* cod
कडा *adj* stark, stiff
कडा हुनु *v* harden, stiffen
कडापन *n* hardness, stiffness

कडा मानसिक स्वास्थ्य समस्या *n* psychopath
कडा प्रकाशका किरणहरु उत्पादन गर्ने उपकरण *n* laser
कडा परिश्रम गर्नु *iv* strive
कडा चट्टान *n* granite
कडा खोल वा बोक्रा *n* crust
कडा खालको काठ *n* hardwood
कण *n* pollen, particle, corpuscle
कत्ला *n* scale
कर्तव्य *n* duty, obligation
कर्तव्यबद्ध हुनु *iv* ought to
कतै लैजानु *v* take away
कदर *n* appreciation
कदर गर्नु *v* appreciate
कदम *n* pace, step
कदम चाल्नु *v* pace
कथन *n* idiom, statement
कथा *n* story, tale
कथांश *n* episode
कथित रुपले *adv* allegedly
कन्चटको रौं *n* sideburns
कन्जुस *adj* stingy
कन्दरा *n* cavern
कन्दनी *n* briefs
कपट *n* hypocrisy
कपटी *adj* wily
कपडा *n* dress; cloth
कपडा राख्ने दराज *n* wardrobe
कपडा सुट *n* suit
कपडा लगाउनु *v* clothe, dress, wear
कपडा धुने ठाउँ *n* laundry
कपडाको मुजा *n* pleat
कपडाको धार *n* crease
कपडाहरु *n* clothes
कपाल *n* hair
कपाल कटाई *n* haircut
कपाल कोर्नु *v* comb
कपालको चाया *n* dandruff
कपासको धागो वा कपडा *n* cotton
कफीमा रहने मादक पदार्थ *n* caffeine
कब्जा (झ्यालढोकाको) *n* hinge
कब्जा (झ्यालढोकाको) लगाएर जडान गर्नु *v* hinge
कब्जा गर्ने काम *n* seizure
कब्जियत *n* constipation
कम्बल *n* blanket
कम्मर *n* loin, waist
कम्मरपेटीको टुप्पो *n* buckle
कम्पन हुनु *v* pulsate
कम्पन *n* vibration, convulsion, throb, tremor
कम्पित *adj* wavy
कम्पित हुनु *v* vibrate, waver
कम्पनशील *adj* vibrant
कम्पोष्ट मल *n* manure
कम्प्युटरमा संग्रह गरिएको तथ्यांक *n* database
कम्प्युटरको सुचना सञ्जाल हेर्नु *v* browse
कम महत्व बनाउनु *v* trivialize
कम महत्वपूर्ण *adj* minor
कम महत्वको *adj* trivial
कम महत्वको विषय लिनु *v* minor
कम गुणस्तर पार्नु *v* debase

कम गुणस्तरको *adj* inferior, low-key
कम गर्नु *v* mitigate
कम गहिरो *adj* shallow
कम खर्च गर्नु *v* economize
कम हुनु वा गराउनु *v* diminish
कर्मचारी *n* staff
कर्मचारी भर्ना गर्नु *v* staff
कर्मचारीलाई दिएको तलबको अभिलेख *n* payroll

कमाई *n* earnings
कमाउनु *v* earn
कमजोर *adj* fragile, feeble, weak, breakable, frail
कमजोर वा दुर्बल हुनु *v* languish
कमजोर पार्नु *v* impair, dilute
कमजोर हुनु *v* atrophy, weaken
कमजोरपन *n* frailty
कमजोरी *n* weakness, drawback
कमिला *n* ant
कमी *n* decrease, defect, deficiency
कमी हुनु *v* wane
कमीकमजोरी *n* flaw
कमलो *adj* flimsy
कमलो हुने *adj* pliable
कर *v* levy
कर *n* tax, toll
करङ् *n* flank, rib
करविभाग *n* customs
करार *n* terms
कराउनु *v* call out
कराँते खेल *n* karate
करिब *adv* almost
करिब १६०९ कि.मि. को दुरी *n* mile
करौती *n* saw
करौतीले काट्दा निस्कने आवाज *n* rash
कल्पना *n* hypothesis, supposition, imagination
कल्पना गर्नु *v* suppose
कल्याण *n* welfare
कल्पित *adj* fictitious
कलंक *adj* boisterous
कलंकित पार्नु *v* blot
कलम *n* pen
कलमी *n* graft
कलमी गर्नु *v* graft
कलश *n* pitcher
कलह *n* quarrel
कलह गर्नु *v* quarrel
कला *n* art
कला प्रदर्शन *n* acrobat
कलासंग्रहलय *n* gallery
कलाकृति *n* artwork
कलाकार *n* artist
कलात्मक *adj* artistic
कलिलो पात *n* leaflet
कलेजो *n* liver
कवज *n* shield
कवाज *n* armor
कवाज खेल्नु *v* drill
कवि *n* poet
कविता *n* poem, poetry, lay
कुश्ती खेल्नु *v* wrestle
कष्ट *n* grievance, torment, distress, tribulation, pang, agony

कष्ट वा पीडा दिनु *v* torment
कष्ट दिनु *v* agonize
कष्टदायक *adj* agonizing
कस्नु *v* cram
कसरी *adv* how
कसलाई *pro* whom
कसिंगर *n* filth
कसिलो *adj* tight
कसिलो बनाउनु *v* tighten
कसिएको नड *n* linchpin
कसेर समात्नु *v* grasp, seize
कसैलाई अचेत बनाउन औषधि खुवाउनु *v* drug
कहाँ *adv* where
कहिले *adv* when
कहिलेकाँही *adv* occasionally, sometimes
कहिलेकाँही *adj* infrequent
कहिलै नसकिने *adj* unending
कहिलै पनि *adv* never
कक्षा कोठा *n* class
कक्षाकोठा *n* classroom
काँइयो *n* hairbrush
काँक्रो *n* cucumber
काँच *n* glass
काँचो *adj* raw
काँचो रेसमको धागो *n* floss
काँचो तरकारी *n* salad
काँचको भाँडा *n* glassware
काट्नु *v* hack, cut
काट्ने मानिस *n* chopper
काट्ने मानिस वा वस्तु *n* cutter
काट्ने काम *n* cut
काटेर छाँट्नु *v* prune
काँट्छाँट गर्नु *v* crop
काँटछाँट गरेका टक्राहरु *n* trimmings
काँटछाँट गर्नु *v* trim
काँटहरु *n* cutlery
काटिनु *v* cross
काठ *n* wood
काठ सम्बन्धीको काम *n* carpentry
काठबाट नरम पत्र निकाल्नु *v* sap
काठको *adj* wooden
काठको बस्ने चौकी *n* stool
काठको मुढो *n* log
काठी (घोडोको) *n* saddle
काँडा *n* thorn
काँडा भएको *adj* thorny
काँतर व्यक्ति *adj* sissy
काँतरपूर्ण *adv* cowardly
काँतरता *n* cowardice
काँध *n* shoulder
कान *n* ear
कान दुखाई *n* earache
कान नसुन्ने *adj* deaf
कानमा राखेर सुन्ने साधन *n* earphones
कानमा लगाउने गहना *n* earring
कानको जाली *n* eardrum
कानून *n* law
कानून द्धारा अधिकार बिहिन पार्नु *v* evict
कानूनी *adj* lawful, legal
कानूनी रुप दिनु *v* ordain
कानूनी रुपमा जिम्मेवार *adj* liable
कानूनी बाटो *v* litigate

क

कानूनको पालन गर्ने *adj* law-abiding
काने गुजी *n* earwax
कानेखुसी *n* whisper
कानेखुसी गर्नु *v* whisper
काम्नु *v* tremble, throb, shiver
काम्ने काम *n* shiver
काम गराइ *n* performance
काम गर्दा लगाउने कपडा *n* apron
काम गर्न जिम्मा लिनु *v* undertake
काम चलाऊ प्रबन्ध गर्नु *v* improvise
काम ठग्नु *v* shirk
काम नलाग्ने वस्तु *n* waste
काम नलाग्दो *adj* wasteful
काम नलाग्ने *n* waste, damage
काम नलाग्ने *adj* incompetent, useless
काम नलाग्ने टोकरी *n* waste basket
काम नलाग्ने ठानेर फ्याक्नु *v* scrap
काम नलाग्ने वस्तुबाट छुट्कारा लिनु *v* junk
काम नलाग्ने कुरालाई फाल्नु *v* throw away
काम नलाग्ने हुनु *v* damage
काम पर सार्नु *v* procrastinate
काम हुने बार *adj* weekday
कामदार *n* employee, worker
कामकारबाही *n* proceedings
कामुत्ता *adj* lewd
कामुक *adj* amorphous, lustful
कामुक हुनु *v* lust
कामोत्तेजक *adj* aphrodisiac
काम्रो *n* splint
काल (समय) *n* term, times, epoch, period
कालो *adj* black
कालो बयर *n* blackberry
कालो धन्दा *n* blackmail
कालो धन्दा गर्नु *v* blackmail
कालोपाटी *n* blackboard
कालोपन *n* blackness
कालोनिलो *adj* livid
काल्पनिक आख्यान *n* fiction
काल्पनिक जीव *n* dragon
काल्पनिक विचार *adj* fancy
काली आईमाई *n* gypsy
कालकोठारी *n* dungeon
कायर *adj* timid
कायरता *n* timidity
कार्य *n* function, act, work
कार्य दक्ष *adj* efficient
कार्य जारी राख्नु *v* pursue
कार्य क्षेत्र *n* scope
कार्य गर्नु *v* perform
कार्य गर्न नसक्नु *v* malfunction
कार्य गर्न योग्य *adj* workable
कार्य गर्र्नु *v* work
कार्यसूची *n* agenda
कार्यन्वयन गर्नु *v* implement, execute
कार्य–क्षेत्र *n* field
कार्यप्रणाली *n* procedure
कार्यलय सहायक *n* clerk
कार्यक्रम *n* program, event
कार्यक्रम सञ्चालक *n* programmer
कार्यक्रम गर्नु *v* program
कार्यक्रमको घोषणा पत्र *n* bill
कार्यकारी व्यक्ति वर्ग *n* personnel
कार्यतालिका *n* routine

क

कार्यशाला *n* workshop
कार्यालय *n* office
कार्यालय सम्बन्धी *adj* official
काइँयो *n* comb
काउली *n* cauliflower
काउकुती लाग्ने *adj* ticklish
काउकुती लगाउने काम *n* tickle
काका वा मामाका छोरा–छोरी *n* cousin
काकी *n* aunt
काख *n* lap
काखी *n* armpit
काग *n* crow, raven
कागज *n* paper
कागज च्याप्ने कुरा *n* paperclip
कागजमा प्वाल पार्ने औजार *n* punch
कागजातको कार्य *n* paperwork
कागजको ताउ *n* sheet
कागती *n* lemon
कागतीपानी *n* lemonade
कारखाना *n* factory, mill, firm
कारण *pre* because of
कारण *n* cause, reason
कारण *adv* owing to
कारण देखाइ व्याख्या गर्नु *v* attribute
कारण देखाउने *adj* underlying
कारण हुनु *v* cause
कारागार *n* custody, prison, jail
कारागारको प्रमुख *n* jailer
कारोबार *n* transaction
कारुणीक *adj* touching
कारुणिक *adj* pathetic
काँसा *n* bronze
कात्रो *n* shroud
कात्रोले बेरिएको *adj* shrouded
किटाणुबाट मुक्त बनाउनु *v* sterilize
किटनाशक औषधी *n* pesticide
किताब *n* book
किताब व्यपारी *n* bookseller
किताब खाना *n* bookstore
किताबको तख्ता *n* bookcase
किन्नु *iv* buy
किन्ने व्यक्ति *n* buyer
किन *adv* why
किनकी *c* inasmuch as
किनमेल *n* shopping
किनमेल गर्नु *v* shop
किनभने *c* because, since, as
किनार *n* side
किनार पट्टी *adv* sideways
किनारमा *adv* ashore
किनारमा रुख र घरहरुको लहर भएको बाटो *n* boulevard
किनारमा जहाज चलाउनु *v* coast
किनारा *n* verge, brim, fringe, edge, margin, rim, tip
किनारा लगाउनु *v* edge
किनाराहरु *n* extremities
किफायतसँग *adv* sparingly
किफायती *adj* thrifty, spare, frugal
किरण *n* ray
किराना पसलका सरसामान *n* groceries
किराफट्यांग्रा *n* insect
किल्ला *n* castle, tower, fort, fortress, garrison

किला *n* nail
किलोग्राम *n* kilogram
किशमिश *n* raisin
किशोर *n* adolescent
किशोरावस्था *n* adolescence, puberty
किशोरकिशोरी *n* teenager
किस्ता *n* installment
किस्ती *n* tray
किसान *n* farmer, peasant
कीला वा पेच *n* screw
कीला वा पेच कस्ने औजार *n* screwdriver
कीला वा काँट ठोक्नु *v* nail
कीराहरुले आक्रान्त परेको *adj* infested
कुकुर *n* dog
कुकुर भुकाई *n* bark
कुकुर कराएको आवाज *n* howl
कुकुरेहाड *n* thyroid
कुकुरको बच्चा *n* puppy
कुकुरको खोर *n* kennel
कुर्कुचो *n* heel
कुख्यात *adj* notorious
कुखुरा *n* hen
कुखुरा जुधाउने ठाउँ *n* cockpit
कुखुराको भाले *n* cock, rooster
कुखुराको चल्ला *n* chicken
कुच्याई *n* dent
कुच्याउनु वा कुच्चिनु *v* dent
कुचालक मार्फत प्रवाह रोक्नु *v* insulate
कुचरित्र गर्नु *v* malpractice
कुचो *n* broom
कुँजो *n* hump, hunch
कुटी *n* cottage, grotto, hut, booth
कुण्ड *n* pool
कुण्डल *n* stub
कुतकुती लाग्नु *v* tickle
कुँदेको *n* engraving
कुद्नु वा लेख्नु *v* engrave
कुंद्नु *v* carve
कुनिउँ *n* stack
कुनिउँ लगाउनु *v* stack
कुन *adj* which
कुना *n* corner
कुनै एउटा लक्ष्यमा दृढ हुनु *adj* single-minded
कुनै ठाउँबाट आउनु *v* come from
कुनै ठाउँमा पनि होइन *adv* nowhere
कुनै दुई मध्य यो वा त्यो *adj* either
कुनै पनि *adj* any
कुनैपनि होइन *pre* none
कुनै पत्थर वा आभूषणको खण्ड *n* facet
कुनै प्रान्तको सर्वोच्च पादरी *n* archbishop
कुनै बेला *c* once
कुनै यन्त्रको रोक्ने उपकरण *n* brake
कुनै व्यक्ति *pro* anybody
कुनै वस्तु फाल्ने काम *n* cast
कुनै स्थानमा राख्नु *v* spot
कुनै संस्था विधिवत् रुपमा बन्द गर्ने काम *n* liquidation
कुनै समय *c* once
कुनै सामान राख्ने भाँडो *n* container
कुनै सिद्धान्तमा विश्वास राख्ने *n* cult
कुपोषण *n* malnutrition
कुप्रो *n* hunchback
कुप्रिएको *adj* hunched

कुभावना *n* malice
कुम्लो *n* bundle, bale
कुम्लो पार्नु *v* bundle
कुम खुम्च्याउनु *v* shrug
कुमार *n* virgin
कुमार वा कुमारी *adj* chaste
कुमारत्व वा कुमारीत्व *n* chastity
कुमारी *n* maiden, virgin
कुमारी केटी *n* maid
कुमारीत्व *n* virginity
कुरा गर्नु *v* chat, talk
कुरा गर्न चलाख व्यक्ति *n* wit
कुरिलो *n* asparagus
कुरुम–कुरुम गर्ने *adj* crunchy
कुरो लुकाउनु *v* mince
कुरौटे *adj* garrulous
कुल्चिनु *v* run over
कुलपति *n* chancellor, patriarch
कुलीन *n* clan, ancestry, nobility
कुलीनता *n* nobility
कुलीन व्यक्ति *adj* nobleman
कुलीन स्त्री *n* countess
कुलो *n* aqueduct, duct
कुशलता *n* efficiency
कुश्ती बाज *n* wrestler
कुश्ती खेल *n* wrestling
कुष्ठरोग *n* leprosy
कुष्ठरोगी *n* leper
कुर्सी *n* chair
कुहिएको *n* decay
कुहिएको *adj* putrid, rotten
कुहिने प्रक्रिया *n* rot
कुहिनो *n* elbow
कुहिरो *n* fog
कुहिरोले ढाकेको *adj* foggy
कुहिनु *v* decompose, decay, rot
क्रुर *adj* relentless, ruthless
क्रुर *n* felon
कूटनीतिक *adj* diplomatic
कूटनीति *n* diplomacy
कूटनीतिज्ञ *n* diplomat
कूटनीतिक शिष्टाचार *n* protocol
कूरुपता *n* deformity, ugliness
कुरुप पार्नु *v* disfigure
कूरुप *adj* ugly, crooked
कूल योगफल *n* amount, totality
के *adj* what
केटा *n* lad
केटा प्रेमी *n* boyfriend
केटो *n* boy, guy, lad
केटौले अवस्था *n* boyhood
केटाकेटीपन *adj* childish
केटी *n* girl, lady
केटी वा महिला *n* gal
केतली *n* kettle
केन्द्र *n* center
केन्द्रविन्दु *adj* concentric
केन्द्रविन्दुमा पार्नु *v* center, centralize
केन्द्रित गर्नु *v* focus on
केन्द्रीकरण *n* focus
केवल *adv* only, simply, merely
केवल *adj* sole; just
केशसज्जा *n* hairdo
केरकार पार्नु *v* scribble

केरा *n* banana
केराउ *n* pea
केहि थोरै *adj* fewer
केही *adj* some
केही समय पछि *adv* later
केही समय गाडी कुनै ठाउँमा रोक्नु *v* park
केही समयको लागि छाड्नु *v* step out
केही अप्ठ्यारो *n* hitch
केही पनि *adj* any
केही पनि *pro* anything
केही पनि होइन *n* nothing
केही सित सम्बन्धित नहुने *adj* disoriented
केही दिन *adv* someday
केही कुरा *pro* something
केही तरिकाले *adv* someway
केही हद सम्म *adv* quite, somewhat
केहीमात्रामा *adv* partly
कैची *n* scissors
कैंचीले छाँट्न *iv* shear
कैद *n* confinement
कैद गर्नु *v* incarcerate
कैदी *n* inmate, prisoner, captive, captivity
को *pro* who
को सम्पत्ति हुनु *v* belong
को बारेमा *pre* of
को विरुद्ध *pre* versus
कोइला *n* charcoal, coal
कोइला माथि पकाउनु *adj* charbroil
कोक्रो *n* cradle, crib
कोच्नु *v* ram, stuff
कोचिनु *v* squeeze
कोठा *n* chamber, room
कोठा वा भवनमा रहेका फर्निचरहरु *n* furnishings
कोठी *n* wart
कोण *n* angle
कोतर्नु *v* bruise, scratch
कोदालो *n* spade
कोपिला *n* bud
कोपिला हाल्नु *v* germinate
कोमल *adj* pitiful, frail, delicate, tender
कोमल हुनु *v* relent
कोमलो *n* frailty
कोमलपन *n* tenderness
कोमलता *n* delicacy
कोरेको *n* scratch
कोरेको चोट *n* scratch
कोर्रा *n* lash, whip
कोर्रा ठोक्नु *v* lash
कोर्रा हान्नु *v* flog, whip
कोल्टे पार्नु वा पर्नु *v* tilt
कोलाहल *n* racket, ferment, fireworks, uproar
कोष्ठ बन्द गर्नु *v* constipate
कोष्ठ भित्रको शब्द वा वाक्य *n* parenthesis
कोष्ठबद्धता *adj* constipated
कोष *n* fund
कोषमा राख्नु *v* fund
कोषाध्यक्ष *n* treasurer
कोसिस *n* attempt, effort, pursuit
कोसिस गर्नु *v* attempt, try
कोसेली *n* tribute

क

कोही *pro* anybody
कोही व्यक्ति *pro* someone
कोही पनि व्यक्ति *pro* no one, nobody
कोहीव्यक्ति *pro* somebody
क्रसमा टाँसिएको अवस्था *n* crucifixion
क्रसमा टाँगेर मार्नु *v* crucify
क्रम *n* order, sequence
क्रम मिलाउनु *v* order
क्रमबद्ध गर्नु *v* rank
क्रमविकास *n* evolution
क्रमविकास हुनु *v* evolve
क्रमिक *adj* consecutive, gradual
क्रमिक प्रगति *n* graduation
क्राइस्टको मूर्ति *n* crucifix
क्रिया *n* verb
क्रियावाचक संज्ञा *n* gerund
क्रियाविशेषण *n* adverb
क्रिश्चियन धर्मग्रन्थ *n* bible
क्रिश्चियन बनाउनु *v* christen
क्रिश्चियन बनाउने काम *n* christening
क्रिश्चियन धर्म *n* Christianity
क्रिश्चियन धर्मको वार्षिक उत्सव *n* Christmas
क्रिश्चियन धर्मावलम्बी *adj* Christian
क्रिश्चयन धर्म ग्रन्थ *n* catechism
क्रोध *n* wrath, fury
क्रोध *adj* angry
क्रोधपूर्वक *adv* furiously
क्रोधको आवेश *n* rage
कौशल *n* tenacity; tact
कृतिम *adj* artificial
कृतिम बन्दरगाह *n* pier
क्रिया रुप बनाउनु *v* conjugate
कृतिम निद्रा *n* hypnosis
कृतिम बनाउनु *v* counterfeit
कृतज्ञ *adj* grateful
कृतज्ञ हुनु *v* owe
कृतज्ञता *n* gratitude
कृदन्त *n* participle
कृपापूर्वक *adv* kindly
कृपापत्न बन्नु *v* ingratiate
कृपालु *adj* gracious
कृषि *n* agriculture
कृषिसम्बन्धी *adj* agricultural
कृषिक्षेत्न *n* farm
कृषियोग्य *adj* arable

ख

ख्याति *n* fame
ख्याति प्राप्त व्यक्ति *n* celebrity
खग्रास *n* eclipse
खगोल *n* observatory
खगोल विज्ञान *n* astronomy
खगोल विज्ञान सम्बन्धी *adj* astronomic
खगोल शास्त्री *n* astronomer
खगोलीय *adj* celestial
खच्चर *n* mule
खर्च *n* expense, spending, expenditure
खर्च बेहोर्नु *v* defray
खर्च गर्नु *iv* spend, afford, disburse

ख

खर्च गर्न सकिने *adj* affordable
खर्चिलो *adj* extravagant
खटखट्याउने आवाज आउनु *v* rattle
खटिरा *n* blister
खडा गर्नु *v* pitch
खडेरी *n* drought
खण्ड *n* segment
खण्डन गर्नु *v* rebut, refute
खत *n* speck, scar, seam
खत्तम हुनु *v* perish
खतरा *n* peril, danger
खतरानाक *adj* alarming, dangerous
खतरानाक स्थान *n* death trap
खतरापूर्ण *adj* grave
खतराको चिन्ह *n* buoy
खतम गर्नु *v* wind up
खन्नु *v* dig
खन्चुवा *n* glutton
खन्याउनु *v* pour
खनिज जलको स्रोत *n* spa
खनिज पदार्थ *n* mineral
खनिज तेल *n* petroleum
खप्पर *n* scalp, skull
खप्टिनु *v* overlap
खपत *n* consumption
खम्बा *n* stake, mast, pillar, pole, post
खरब पति *n* billionaire
खराब *adj* evil, bad, naughty, wicked
खराब बनाउनु *v* worsen
खराब मनस्थितिको अभिव्यक्ति *n* tantrum
खराब वा नराम्रो *adj* awful, worse
खराब काममा सहयोग गर्नु *v* pander
खर्बुजा *n* melon, watermelon
खरानी *n* cinder, ash
खरानी रंग *adj* gray
खरायो *n* rabbit, hare
खरिद *n* purchase
खरिद गर्नु *v* purchase
खरी *n* chalk
खरीपाटी *n* chalkboard
खलबल *n* mayhem
खलबल्याउनु *v* disrupt
खलनायक *n* villain
खलो *n* farmyard
खस्कँदो अवस्था *adj* degrading
खस्नु *iv* fall
खस्नु वा झर्नु *v* drop
खस्ने *n* drop
खस्ने प्रक्रिया *n* fall
खसाल्नु *iv* shed, cast
खसी नपारेको भेडो *n* ram
खस्रो *adj* coarse, rough
खस्रो नभएको *adj* smooth
खस्रो कपडा *n* canvas
खाइलाग्दो *adj* chubby
खाक्सी *n* sandpaper
खाँका *n* lay-out, framework
खाजा *n* refreshment, snack
खाजा खानु *v* snack
खाट *n* bed
खाडल *n* trench
खाडी *n* gulf
खाँद्नु *v* ram
खाद्यान्न *n* cereal

ख

खाद्यवस्तु *n* foodstuff
खाद्यकक्ष *n* pantry
खान योग्य *adj* edible
खानदानी *n* aristocrat
खानदानी व्यक्ति *n* duke
खाना *n* food, meal
खाना खानु *v* dine
खाना खाने कोठा *n* dining room
खाना खाने काँटा *n* fork
खानाको सूची *n* menu
खानाको परिकार *n* fries
खानी *n* mine
खानी कामदार *n* miner
खानी खन्नु *v* mine
खानु *iv* eat
खानेकुरा सजावट *n* garnish
खानेकुरा सजाउनु *v* garnish
खाम *n* envelope
खोरमा थुन्नु *v* impound
खारिज गर्नु *v* abolish
खारेज *n* repeal, annulment
खारेज वा रद्द भइसकेको *adj* null
खारेज वा रद्द गर्नु *v* nullify
खारेज वा रद्द गर्न नसकिने *adj* irreversible
खारेज गर्नु *v* annul, repeal
खाल्डो *n* pit
खाली *adj* blank, empty, vacant, void
खाली ठाउँ *n* gap, space
खाली गराउनु *v* evacuate, evict
खाली खुट्टा *adj* barefoot
खाली हुनु वा पार्नु *v* empty
खाली हुनु वा गर्नु *v* vacate
खालीपन *n* emptiness
खास आकार दिने साँचो *n* cast
खास व्यक्तिसँग गरिने मैथुन *n* monogamy
खिटिक्क आवाज निकाल्नु *v* click
खितित हाँस्नु *v* giggle
खिन्न *adj* dismal, despondent, down, downcast
खिया *n* rust
खिया लागेको *adj* rusty
खिया लागेको छाना *adj* rust-proof
खिया लाग्नु *v* rust
खियाउनु *v* eat away
खिल्ली उडाउने *n* prank
खिसी गरेर बोल्नु *v* scoff
खीर *n* pudding
खुइलेको *adj* faded, worn-out
खुइलिनु *v* fade
खुर्कनु *v* rash
खुर्कनु वा चिर्नु *v* scrape
खुकुलो *adj* baggy, slack, loose
खुकुलो पार्नु *v* loosen, slacken, unfasten
खुकुलो लामो वस्त्र *n* tunic
खुकुलो लुगा *n* robe
खुकुलो हुनु *v* loose
खुट्टा *n* leg
खुट्टा वा बाहिरी अंग *n* limb
खुट्टाको औंलाको टुप्पो *n* tiptoe
खुड्किलो *n* stair
खुँडे मुख *n* cleft
खुदो *n* syrup
खुर्पानी *n* apricot

ख

खुम्चिनु *iv* shrink
खुम्चेको *adj* pleated
खुराक *n* diet, dosage
खुर *n* hoof
खुल्लापन *n* openness
खुल्ला हावामा राख्नु *v* air
खुलस्त *adj* frank
खुलस्त भएको *adj* revealing
खुलस्त पार्नु *v* reveal
खुलस्तसँग *n* frankness
खुलस्तले *adv* frankly
खुलदुली *n* quandary
खुलासा गर्नु *v* divulge
खुला–मनको *adj* open-minded
खुलेको *adj* open
खुवाउनु *iv* feed
खुशी *adj* happy
खुशी वा आनन्दित *adj* jolly
खुशी हुनु *v* please
खुशीले चिच्याउनु वा रुनु *v* crow
खेत *n* farm, field
खेती *n* cultivation, farming
खेती गर्नु *v* farm
खेल्नु *v* play
खेल्ने ठाउँ *n* yard
खेदो गर्नु *v* persecute
खेर फाल्नु *v* waste
खेल *n* play, sport
खेल प्रशिक्षक *n* coach
खेल–डुङ्गा *n* yacht
खेलमा हुने झगडा *n* stuffing
खेलकूद *n* play
खेलकूद सम्बन्धी *adj* athletic
खेलकूद मैदान *n* playground
खेलका लागि योग्य हुने *adj* sporty
खेलक्षेत्र *n* arena
खेलाडी *n* player, sportsman
खेलौना *n* toy
खेस्रा बनाउनु *v* sketch
खैरो *adj* brown, gray
खैरो रंगको *adj* grayish
खैरो भएको *adj* tanned
खैलाबैला *n* tumult
खैलाबैला मचाउने *adj* tumultuous
खोक्नु *v* cough
खोकी *n* cough
खोक्रो *adj* hollow
खोच्याउनु *v* limp
खोंच *n* gorge
खोज्नु *v* look for, search, seek
खोज *n* quest, search
खोज तथा अनुसन्धान *n* investigation
खोज तथा अनुसन्धान गर्नु *v* investigate
खोजी *n* pursuit
खोजी गर्नु *v* detect
खोट *n* blemish
खोटो *n* gum
खोतल्नु *v* unearth
खोप *n* vaccine
खोप लगाउनु *v* vaccinate
खोलाको किनार *n* bank
खोलेको आवाज निकाल्नु *v* pop
खोल्नु *v* unfasten, open, switch on, unwind

खोस्नु *v* snatch
खौरिनु *v* shave

ग

गइरहेको यानमा गरिएको यात्रा *v* hitchhike
गंगटो *n* crab
गगनचुम्बी महल *n* skyscraper
गज *n* yard
गर्जन *n* roar
गर्जनु *v* roar
गठबन्धन *n* alliance
गठन *n* formation
गठन गर्नु *v* constitute
गड्याङ्गड्युङ *n* rumble
गड्याङ्गड्युङ आवाज आउनु *v* rumble
गणतन्त्र *n* republic
गणना *n* count
गणित *n* arithmetic, math
गणितको स्थिर राशी *n* parameters
गत राती *adv* last night
गत्ता *n* cardboard
गति *n* walk, move, motion, speed, velocity; song, chant
गति बढाउनु *v* accelerate
गति बढाउने यन्त्र *n* accelerator
गति कम गर्नु *v* slow down
गतिरोध *adj* standstill, deadlock
गतिरोध *n* setback, stalemate
गतिविधि *n* action, activity
गतिशील *adj* mobile
गद्दा *n* padding
गद्दा राख्नु *v* pad
गद्दावाल कुर्सी *n* sofa
गद्दी *n* throne
गद्दी छोड्नु *v* abdicate
गद्दी परित्याग *n* abdication
गद्दीले सुसज्जीत् हुनु *v* cushion
गद्य *n* prose
गधा *n* donkey
गन्नु *v* enumerate
गन्जगोल *adj* turmoil
गन्जी *n* vest
गन्तव्य *n* destination
गन्ती गर्नु *v* count
गन्ध *n* smell
गन्धयुक्त *adj* smelly
गन्धक *n* sulfur
गर्नु *iv* do
गर्नुपर्छ *v* have to
गर्नै पर्ने काम वा कर्तव्य *iv* must
गफाडी *adj* talkative, garrulous
गफगाफ *n* gossip
गफगाफ गर्नु *v* gossip
गर्भ रहनु *v* conceive
गर्भाधान *n* gestation
गर्भाधान गर्नु *v* fertilize
गर्भपतन *n* abortion
गर्भपतन गराउनु *v* abort
गर्भपात हुनु *v* miscarry
गर्भावस्था *n* pregnancy

गर्भवती *adj* pregnant
गर्भाशय *n* ovary, womb, uterus
गम्भिर *adj* grave, serious, severe, profound
गम्भीर अपराध *n* felony
गम्भीरता *n* seriousness, severity
गम्भीरता नभएको *adj* frivolous
गम्भीरताले *adv* gravely
गम्भीरताका साथ *adv* earnestly
गमन *n* transit
गमन मार्ग *n* passage
गमला *n* flowerpot
गर्मी रोग *n* syphilis
गर्मीयम *n* summer
गरगहना *n* ornament
गरगहनासँग सम्बन्धी *adj* ornamental
गरा *n* fence
गरिएको काम *n* deed
गरिब *adj* indigent, penniless
गरिब भएको *adj* impoverished
गरिबी *n* poverty
गरीब *n* poor
गल्छी *n* chasm
गल्ती *n* error, oversight
गल्ती *adj* mistaken
गल्ती स्वीकार *n* confession
गल्ती स्वीकार्नु *v* confess
गल्ती स्वीकार्ने व्यक्ति *n* confessor
गल्ती ठानेर छोडि दिनु *v* recant
गल्ती नहुने *adj* unmistakable
गल्ती गर्नु *v* err, falsify
गल्ती हुन नसक्ने खालको *adj* foolproof
गल्ती स्वीकारात्मक *n* confessional
गल्नु *v* wear down
गलग्रन्थि *n* thyroid
गलगाँठ *n* mumps
गलत आचरण गर्नु *v* malpractice
गलत *n* fault, mistake
गलत *adj* mistaken, incorrect, wrong, misleading, erroneous; penniless, indigent
गलत छपाई *n* misprint
गलत ठाउँमा राख्नु *v* misplace
गलत निर्देशन *adj* misguided
गलत आरोप *adj* trumped-up
गलत अर्थ लगाउनु *v* misconstrue
गलत नेतृत्व गर्नु *v* mislead
गलत व्याख्या गर्नु *v* misinterpret
गलत प्रबन्ध गर्नु *v* mismanage
गलत प्रयोग *n* misuse
गलत निर्णय गर्नु *v* misjudge
गलत हिसाब गर्नु *v* miscalculate
गलत् हुनु *iv* mistake
गलबन्दी *n* muffler; scarf
गलैंचा *n* rug, carpet
गर्व *adj* proud
गर्वका साथ *adv* proudly
गहना पसल *n* jeweler, jewelry store
गहना *n* jewel
गहनाको आवरण *pre* facing
गहिरो *adj* deep
गहिराई *n* depth
गहिरो र साँघुरो गल्छी *n* ravine
गहिरो सोचाई *adj* heartfelt

गहिरो चट्टाने उपत्यका *n* canyon
गहिरो खाडल *n* abyss
गहुँ *n* wheat
गह्रुँगो *n* heaviness
गह्रौ *adj* cumbersome
गह्रौं *adj* heavy
गह्रौं हुनु *v* outweigh
गहिरो हुनु *v* deepen
गाई *n* cow
गाईवस्तु डोरीले बाँध्नु *v* lasso
गाईवस्तु बाँध्ने डोरी *n* lasso
गाउँ *n* village
गाउँले मानिस *n* villager
गाउँले मान्छे *n* countryman
गाउँले *adj* rustic
गाउँखानेकथा *n* riddle
गाउनु *iv* sing
गाग्री *n* pitcher
गाँठ *n* bale
गाँठो *n* knot
गाँठो नपार्नु *v* disentangle
गाडी हिड्ने बाटो *n* driveway
गाडी चालक *n* chauffeur
गाडीको पाङ्ग्रा पड्केको *n* blowout
गाढा सिम्रिक रंग *adj* moron
गाढा निलो रङ *adj* navy blue
गाढा खैरो केश भएको *adj* brunette
गाह्रो *adj* difficult, strenuous
गाडा *n* cart
गाडामा हाल्नु *v* cart
गाडी *n* bus
गाडी राख्ने काम *n* parking
गाडी अगाडि पट्टिको सिसा *n* windshield
गाडी चलाउनु *iv* drive
गाडी चलाउने व्यक्ति *n* trucker
गाडी चक्का *n* tire
गाडी तथा जहाजलाई डोरीले तान्नु *v* tow
गाडीबाट ओर्लनु *v* get off
गाडीमा दूरी नाप्ने यन्त्र *n* odometer
गाडीमा सिट बेल्ट लगाउनु *v* buckle up
गाडीमा गरिने यात्रा *n* drive
गाडीहरु राख्ने ठाउँ *n* garage
गाँस *n* morsel
गाँजा *n* hashish
गाज *n* lather
गाजर *n* carrot
गाला *n* cheek
गालाको हड्डी *n* cheekbone
गाली तथा हप्काउने काम *n* scolding
गाली गर्नु *v* malign, scold, cuss
गायब गरिदिनु *v* dissipate
गायल *n* absence
गायल भएको *adj* absent
गायक *n* singer
गायक समूह *n* chorus
गाढा *n* condensation
ग्रिनल्यान्ड देश *n* Greenland
गिजा *n* molar
गिर्जाघर *n* church
गिर्जाघर सदस्य *n* parishioner
गिर्जाघर भित्र पस्ने बाटो *n* aisle
गिट्टी *n* pebble
गिद्ध *n* vulture
गिटी *n* rubble

गिरावट *n* slump
गिरावट हुनु *v* slump, fall
गिराउनु *v* demoralize, topple
गिरफ्तार *n* arrest, capture
गिरफ्तार गर्नु *v* apprehend, arrest, catch up, capture
गिल्ला *n* ridicule
गीलो *adj* humid, soggy
गुजारा गर्नु *v* get by, live off
गुजुल्टिएको धागो *n* tangle
गुड्नु *v* bowl
गुड्नु वा गुडाउनु *v* roll
गुँड *n* nest
गुडिया *n* puppet
गुडेको गति *n* roll
गुण्डा *n* hoodlum
गुण *n* trait, characteristic
गुणस्तर *n* quality, caliber
गुणन *n* multiplication
गुणन गर्नु *v* multiply
गुणनफल *n* product
गुणयुक्त *adj* fit
गुणयुक्त हुनु *v* fit
गुणनखण्ड *n* coefficient
गुदी *n* pulp
गुदीको नरम क्रिम जस्तो वस्तु *n* puree
गुन्डा *n* hooligan
गुन्डाको नाइके *n* mobster
गुन्द्री *n* mat
गुनगुन आवाज निकाल्नु *v* hum
गुनगुन गरेर बोल्नु *v* murmur
गुनगुन गर्ने काम *n* murmur
गुनासो *n* grievance
गुनासो गर्दै रुनु *v* whine
गुनासो गर्नु *v* grouch
गुनासो गर्ने *adj* nagging
गुप्त *adj* stealthy
गुप्तचर *n* spy, scout, informant
गुप्तद्धार *n* backdoor
गुप्त रुपमा हत्या *n* assassin
गुप्त रुपमा हत्या गर्नु *v* assassinate
गुफाशायी हुनु *v* cave in
गुफा *n* cave, den
गुम्नु *v* miss
गुमाउनु *iv* lose
गुमेको *adj* missing
गुलियो *adj* sweet
गुलियो पार्नु *v* sweeten
गुन्जयमान *adj* resounding
गुरुत्व बल *n* gravity
गुरुत्वाकर्षण हुनु *v* gravitate
गुलाफी रंग *adj* pink
गुलाब *n* rose
गुलाबी रंगको *adj* rosy
गुलाबको बोट वा फूल *n* rosary
गुलामी *n* bondage
गोजी *n* pocket
गोठालो *n* cowboy
गोड्मेल गर्नु *v* cultivate
गोडाको औंला *n* toe
गोडाको औंलाको नङ *n* toenail
गोदाम *n* store, warehouse
गोधूँली *n* dusk, twilight
गोप्य *adj* covert, occult

गोप्य *n* secret
गोप्य राख्नु *v* conceal
गोप्य सम्झौता *v* debrief
गोप्य कुरा विश्वास गरेर भन्नु *v* confide
गोप्य कोठा *n* closet, cubicle
गोप्यता *adj* confidential
गोप्यताका साथ *adv* secretly
गोपनीय *n* secrecy
गोपनीयता *n* privacy
गोबर *n* dung
गोरु *n* ox
गोरुको मासु *n* beef
गोरुहरु *n* oxen
गोलमाल पार्नु *v* embroil
गोलभेंडा *n* tomato
गोलरक्षक *n* goalkeeper
गोला *n* sphere; shot
गोला बारुद *n* munitions
गोलाबारुद्ध *n* ammunition
गोलाकार रुपमा जम्मा भएको *n* roundup
गोलाकार कपाल कटाई *n* bun
गोली *n* tablet; bullet
गोली वा कन्तुरको व्यास *n* caliber
गोली चलाउनु *iv* shoot
गोली हानाहान *n* crossfire
गोली हान्नु *v* gun down
गोली हान्ने काम *n* gunshot
गोली हानी झार्नु *v* shoot down
गोलीगठ्ठा बनाउने ठाउँ *n* arsenal
गोलीगाँठो *n* ankle
गोलो बनाउनु *v* encircle
गोष्ठी *n* club

गोही *n* crocodile
गेडागुडी *n* bean
गैरकानूनी *adj* illegal, illicit, unlawful, illegitimate
गैरकानूनी प्रति बनाउने काम *n* forgery
गैरकानूनी काम *n* offense
गैंडा *n* rhinoceros
गैर प्रमुख धर्मावलम्बी *adj* pagan
गौचरण *n* pasture
गौरव *n* glory
गौरवशाली *adj* glorious
गौरवशाली बनाउनु *v* glorify
गौशाला *n* dairy farm
ग्रन्थी *n* gland
ग्रन्थहरुको संग्रह *n* bibliography
ग्रह *n* planet
ग्रहण *n* adoption; eclipse
ग्रहण गर्नु *v* adopt, clench, derive
ग्रहण गर्ने काम *n* intake
ग्रहणशील *adj* receptive
ग्रहण गर्न छोड्नु *v* desist
ग्रहको अक्षय *n* orbit
ग्रामीण क्षेत्र *n* countryside
ग्रामीण *adj* country, rural
ग्रसित *adj* addicted
ग्राहक *n* client, customer
ग्राहकसँग प्रत्यक्ष कारोबार गर्ने ठाउँ *n* counter
ग्राहकवर्ग *n* clientele
ग्रीस देश *n* Greece
गृह *n* home
गृहकार्य *n* homework, housework

गृहनगर n homeland, hometown
गृहप्रबन्धक n housekeeper
गृहस्मरण adj homesick
गृहिणी n housewife

घ

घचघच गरेर चल्नु v jolt
घट्नु v come about, decrease, degrade, dwindle, wane
घटबढ हुनु v fluctuate
घटाउनु v deduct, cut down, deplete, lessen, reduce, subtract
घटाउनु वा घट्नु v diminish
घटाउनु योग्य adj deductible
घटना n case, event, happening, incident
घटना स्थाल n scene
घटना घट्नु v run into
घटना चक्र n cycle
घटाऊ adj minus
घटाऊ n subtraction
घटिया adj shoddy
घटी n decrease
घडियाल गोही n alligator
घडी मर्मत गर्ने मान्छे n watchmaker
घडीको सम्मुखको भाग n dial
घण्टा n hour
घण्टाघर n belfry
घण्टी n bell
घण्टी बजाउनु iv ring
घण्टीको आवाज n ring
घन (गणितमा) n cube
घनत्व n density
घना adj dense
घनाकार adj cubic
घनिष्ठ adj intimate
घनिष्ठ साथी n crony
घनिष्ठ हुनु v intimidate
घनिष्ठता n intimacy
घम्साघम्सी पर्नु n scuffle
घमण्ड adj arrogant
घमण्ड n pride
घमण्डी adj cocky
घमण्डी n vanity
घमण्ड वा सेखी गर्नु v brag
घमन्ड गर्नु v boast
घमन्डी adj haughty
घमाइलो adj sunny
घर n home, house
घरमा जनावर पाल्नु v pet
घरजम गर्नु v settle, settle down
घरधन्दा n chore
घर पालुवा जनावर n pet
घरपालुवा बनाउनु v tame
घर फोरी चोर्नु v burglarize
घर फोरी चोर्ने काम n burglary
घर फोर्ने चोर n burglar
घरबेटिनी n landlady
घर भित्र छिर्नु v break in
घरबार विहिन adj homeless

घरमा निर्मित *adj* homemade
घरमालिक्नी *n* mistress
घरयसी वा घरेलु काममा रुचि बनाउनु *v* domesticate
घरको अनुभव गराउने *adj* homely
घरको नक्सा बनाउने व्यक्ति *n* architect
घरको याद *n* nostalgia
घर पछाडिको भाग *n* backyard
घर भित्र *adv* indoor
घर्रा *n* drawer
घर्रा आदिको बिँड *n* knob
घरायसी *adj* domestic
घरायसी *n* household
घरेलु *adj* domestic
घर्षण *n* friction
घस्रदै उक्लने काम *adj* scrambled
घस्रनु *v* crawl, creep
घस्रने *adj* creepy
घस्रने जनावर *n* reptile
घस्रिने *adj* cripple, lame
घाइते *n* injury
घाइते हुनु *v* injure
घाउ *n* incision, wound
घाउ पार्नु *v* wound
घाउ पाक्नु *v* fester
घाउ धुने ओखती *n* lotion
घाउमा पट्टी बाँध्ने प्रकृया वा कपडा लगाउने प्रकृया *n* dressing
घाउको खत *n* gash
घाँघर *n* skirt
घाटा *n* loss
घाँटी *n* neck
घाँटी दुखेको *n* angina
घाँटी अठ्याउनु *n* suffocate
घाँटी अँठ्याउनु *v* smother
घाँटी थिचेर मार्नु *v* strangle
घाँटीमा बाँध्ने टाई *n* tie
घाँटीमा लगाउने टाई *n* necktie
घाँटीमा लगाउने सिक्री *n* necklace
घातक *adj* fatal, deadly, malignant
घाम अस्ताएको *n* sundown, sunset
घाम वा आगो ताप्नु *v* bask
घामबाट बच्ने क्रिम *n* sun block
घाममा लगाउने कालो चश्मा *n* sunglasses
घामले डडेको *n* sunburn
घाँस *n* gulp, grass
घाँस जम्मा गर्ने यन्त्र *n* rake
घाँस काट्नु *v* mow
घाँस काटेको मैदान वा चउर *n* lawn
घाँसे मैदान *n* meadow
घिर्नी *n* pulley
घिनलाग्दो *adj* disgusting, hateful
घिसार्नु *v* drag
घुट्की *n* sip
घुड्को *n* gulp
घुँडा *n* knee
घुँडा टेक्नु *iv* kneel
घुँडा पाङ्ग्रा *n* kneecap
घुडुक्क निल्नु *v* gulp
घुम्टो *n* veil
घुम्नु *v* roam, sway
घुम्नु वा घुमाउनु *v* swivel
घुम्ती *n* turn
घुमफिर गर्नु *v* wander

घ

घुमन्ते *n* migrant
घुमाउरो बाटो *n* labyrinth
घुम्रिनु *v* curl, curve
घुम्रिएको *adj* curly
घुम्रिएको केश *n* curl
घुम्रेको ठाउँ *n* curb
घुलित पदार्थ *adj* solvent
घुलनशील *adj* soluble
घुसार्ने कार्य *n* insertion
घूस *n* kickback, bribe
घूस खानु *v* corrupt
घूस खुवाउनु *v* buy off, bribe
घूस खुवाउने काम *n* bribery
घेरा *n* rim
घेरा लगाउनु *iv* beset, enclose, encompass
घेरा हाल्नु *v* surround
घेराबन्दी गर्नु *v* siege
घेर्नु *v* surround
घोक्रो *n* larynx, throat
घोच्नु *v* prick
घोच्नु वा छेड्नु *iv* stick
घोडचडी सेना *n* cavalry
घोडा *n* horse
घोडा बस्ने ठाउँ *n* stable
घोडा चढ्ने काम *n* mount
घोडाले पाइला सार्नु *v* gallop
घोडाको खुरमा लगाउने साधन *n* spur
घोडाको खुरमा लगाउने साधन हाल्नु *v* spur
घोर *adj* heinous
घोल्नु *v* dissolve, compound
घोल *n* compound, solution
घोषणा *n* declaration, proclamation, announcement, notification
घोषणा गर्नु *v* announce, declare, proclaim; deliver
घोषित *adj* avowed
घृणा *n* antipathy, disgust, hatred, contempt
घृणा गर्नु *v* abhor, hate, despise, loathe
घृणा गर्न लायक *adj* despicable
घृणास्पद *adj* repugnant
घृणाले *adj* obnoxious
घृणित *adj* odious
घृणित व्यक्ति *n* bum

ङ

ङिच्च हँसाई *n* grin
ङिच्च हाँस्नु *v* grin

च

च्याउ *n* fungus
च्याउँ *n* mushroom
च्याँखे *n* jackpot
च्वाट्ट काट्नु *v* snap
च्यात्युत पार्नु *v* rip off

घ

च्यात्नु *v* rip, tear
च्यादर *n* sheet
च्याप्रे क्लिप *n* clip
च्याप्रे काम *n* clipping
च्याप्प समात्नु *v* grip
च्यापच्याप लाग्ने *adj* adhesive
चउर *n* ground
चक्कर मार्नु *iv* spin, whirl, circle
चक्कर *adj* round, circular, winding
चक्कर लगाउनु *iv* wind
चक्का पड्किने *n* puncture
चक्कु *n* knife
चक्कु तथा बन्चरोले काट्नु *v* chop
चक्की *n* tablet
चक्कुले घोच्नु *v* stab
चर्कनु *v* crack
चकचके *n* rascal
चक्रव्यूहर् *n* labyrinth
चकित *n* amazement
चकित वा जिल्ल पार्ने *adj* amazing
चकित पर्नु वा पार्नु *v* amaze
चक्रिय *adj* coronary
चर्केको *n* creak
चर्को वा ठूलो स्वरले *adv* aloud
चङ्गा *n* kite
चर्च *n* Catholicism
चर्चको मध्य भाग *n* nave
चर्चराउनु *v* creak
चर्चको प्रमुख व्यक्ति *n* Pope
चर्चित नभएको *adj* unpopular
चट्टान *n* cliff; rock
चट्टानयुक्त *adj* rocky

चटनी *n* sauce, condiment
चटक *n* circus
चढ्नु *v* board, ride
चढ्नु *v* climb
चतुर *adj* deft, tactful, discreet, subtle, shrewd, judicious
चन्द्रामा *n* moon
चन्दा दिनु *v* donate
चना *n* gram
चनाखो *adj* watchful, careful, awake
चनाखो *n* alert
चप्पल *n* sandal, slipper
चपरा *n* turf
चपाउनु *v* mince, chew
चम्किनु *v* glow
चम्किलो *adj* bright, shiny
चम्किलो पार्नु *v* brighten
चम्किलोपन *n* brightness
चम्चा *n* spoon
चर्म *n* skin
चर्मपत्र *n* parchment
चमक *n* shine, splendor
चमक हटाउनु *v* tarnish
चम्काउनु *v* varnish
चम्कनु *iv* shine, sparkle
चम्कनु वा दन्कनु *v* blaze
चमत्कार *n* miracle
चमत्कारिक *adj* miraculous
चमेना गृह *n* canteen
चमेरो *n* bat
चमेली *n* jasmine

च

चयन गर्नु *v* elect
चरण *n* phase
चरण–चरण गरेर *adv* step-by-step
चरम–सीमा *n* climax
चरा *n* bird
चराउनु *v* graze
चराउने काम *n* graze
चराको चुच्चो *n* bill, beak
चरित्र *n* character
चरित्रभ्रष्ट *adj* deprave
चरित्रहिनता *n* depravity
चल्नु *v* move
चलन *n* custom, trend
चलचित्र *n* film, cinema, movie
चलचित्र बनाउनु *v* film
चलाक कक्ष *n* cab, cabin
चलाख *adj* shrewd, subtle, clever, astute, bright
चलाखी *adj* cunning, tricky, witty
चलाखी गर्ने *adj* stealthy
चलाउनु *v* paddle; stir
चलाएर पुरै घोल्नु *v* stir up
चलायमान भर्याङ् *n* escalator
चस्मा *n* glasses, goggles
चश्मा *n* eyeglasses
चश्मा बनाउने तथा बेच्ने मानिस *n* optician
चहानु *v* desire, want
चाउरी *n* wrinkle, seam
चाउरी पर्नु *v* wrinkle
चाकर *n* waiter
चाकर्नी *n* waitress
चाख्नु *v* savor
चाट्नु *v* lick
चाड *adj* festive
चाँडै *adv* early, soon
चाँडै थाक्ने *adj* grueling
चाँडो बढ्नु *v* outgrow
चातुर्य *n* tact
चाँदी *n* silver
चाँदीका भाँडाकुँडा *n* silverware
चाँदीको जलप लगाएको *adj* silver plated
चाँदीको काम गर्ने मानिस *n* silversmith
चाना पारेर काटेनु *v* slice
चाना पारेर काटेको भाग *n* slice
चाप *n* arc, pressure
चाप दिनु *v* pressure
चापलुसीपन *n* adulation
चापलूसी *v* insinuation
चामल *n* rice
चार *adj* four
चारैतिर घेर्ने *n* enclosure
चारैतिर फैलिएको *adj* widespread
चारा वा आहारा *n* bait
चाल *n* motion, pace, move, walk
चालमा ल्याउनु *v* move, motion
चाल्नु *v* sift
चालक *n* driver
चालक दल *n* crew
चालक कक्ष *n* cockpit
चालनी *n* filter, strainer
चालीस *adj* forty
चालू राख्नु *v* maintain
चासो *adj* lax, curious
चासो *n* concern

च

चासो लिनु *v* concern
चाहना *n* desire, predilection, craving
चाहना गर्नु *v* crave
चिउँडो *n* chin
चिकित्सा परिचारिका *n* nurse
चिकित्साविज्ञान *n* therapy
चिकित्सालय *n* clinic
चिकित्सक *n* doctor, physician
चिच्याइ *n* shout
चिच्याएर भन्नु *v* exclaim
चिच्याउनु *v* scream, shout, yell, call out, clamor
चिच्याउने काम *n* shouting
चिठ्ठा *n* lottery, raffle
चिठ्ठी *n* letter
चिठी *n* epistle
चिडाउनु *v* chide
चिडियाखाना *n* zoo
चिढाउदो *adj* annoying
चिढाउनु *v* annoy
चिढिएको *adj* fed up
चित्कार *n* outcry
चित्त बुझाउनु *v* settle for
चित्ताकर्षण *adj* enthralling
चितुवा *n* leopard, panther
चिथर्नु *v* bruise
चिप्लो *adj* greasy
चिप्लो पदार्थ *n* grease
चिप्लो पार्नु *v* grease
चिम्टी *n* pincers
चिन्नु *v* recognize
चिनजान नभएको व्यक्ति *n* stranger
चिन्ता *n* worry, anxiety
चिन्ता नभएको *adj* carefree
चिन्ता गर्नु *v* bother
चिन्ता गर्ने *adj* worrisome
चिन्तन गर्नु *v* contemplate, speculate
चिन्तनशील *adj* considerate
चिन्तनशील हुनु *v* preoccupy
चिन्तनशीलता *n* preoccupation
चिन्तग्रस्त *adj* anxious
चिन्तित *adj* apprehensive, nervous
चिन्तित पार्नु *v* distress
चिन्तित पार्ने *adj* distressing
चिन्तित हुनु *v* worry
चिन्ह *n* icon, symbol, badge, sign, emblem
चिनियाँ माटोको भाँडो *n* ceramic
चिनी *n* sugar
चिनीयाँ माटोको भाँडो *n* porcelain
चिनो *n* memento, souvenir
चिनो लगाउनु *v* sign
चिनो लगाउने काम *n* notation
चिप्लेकिरा *n* snail
चिप्लनु *iv* slide, slip
चिप्लने *adj* slippery
चिम्टा *n* tongs
चिमट्नु *v* pinch
चिमट्ने काम *n* pinch
चिया *n* tea
चिया चम्चा *n* teaspoon
चियो गर्नु *v* eavesdrop, spy
चियादानी *n* kettle, teapot

चियाउनु *v* peep
चिरकालिन *adj* long-standing
चिरस्थायी *adj* lasting
चिरा *n* split
चिरा परेर काट्ने काम *n* slash
चिरा पार्नु *iv* slit
चिरा पार्ने काम *v* slash
चिरा पर्नु *iv* split
चिलाउनु *v* itch
चिलाउने *n* itchiness
चिल्लो *n* gloss
चिल्लो खालको *adj* glossy
चिल्लोपन *n* lubrication, smoothness
चिसो *adj* cool, chilly, cold
चिसो *n* chill
चिसो पारेको *adj* freezing
चिसो पार्ने साधन *n* freezer
चिसो पार्नु *iv* freeze
चिसो हुनु *v* cool, chill
चिसो हुने *adj* cooling
चिसोपन *n* coldness, coolness
चिहान *n* grave, tomb
चिहानमा लेखिएको ढुंगा *n* gravestone
चिहानको ढुंगा *n* tombstone
चित्र अंकित गर्नु *v* depict
चित्र कोर्नु *iv* draw
चित्रण *n* illustration
चित्रण गर्नु *v* illustrate, picture, portray
चित्रमय *adj* picturesque
चित्रित *n* portrait
चित्रपट *n* tapestry

चित्रकार *n* painter
चित्रकला *n* drawing, painting
चीत्कार *n* shriek, scream
चीत्कार निकाल्नु *v* shriek
चील *n* eagle
चुइँचुइँ आवाज आउने *adj* squeaky
चुइँक्याउने आवाज निस्कनु *v* squeak
चुकुल *n* latch
चुच्चोले ठुङ्नु *v* peck
चुच्चोले च्याप्नु *v* bill
चुच्चोको ठुङ्गाई *n* peck
चुचुरो *n* peak
चुटकी *n* nip
चुट्नु *v* thresh
चुट्किला *n* anecdote
चुढ्नु *v* pluck
चुक्ता *n* repayment
चुक्ता गर्नु *v* pay off, reimburse
चुनौति *n* challenge, menace
चुनौति हुनु *v* challenge
चुनौतिपूर्ण *adj* challenging
चुपचाप *n* hush
चुम्बन *n* kiss
चुम्बन गर्नु *v* kiss
चुम्बक *n* magnet
चुम्बकीय *adj* magnetic
चुम्बकीय सम्बन्धी विद्या *n* magnetism
चुरोट *n* cigar, cigarette
चुरोटको खरानी राख्ने भाँडो *n* ashtray
चुस्नु *v* suck
चुस्की *n* sip
चुस्की लगाउनु *v* sip

चुल्हो *n* fireplace, stove
चुहावट *n* leak, leakage
चुहिनु *v* leak
चूक *n* vinegar
चून *n* lime
चून ढुंगा *n* limestone
चूलो *n* oven
चेतना *n* consciousness
चेतनापूर्ण *adj* conscious
चेतावनी *n* alarm, warning
चेतावनी घण्टी दिने घडी *n* alarm clock
चेतावनी दिनु *v* warn
चेप्टो *adj* flat
चेप्टो पार्नु *v* flatten
चेपिनु *v* squeeze up
चेस खेल *n* chess
चोइटो *n* splinter, chip
चोइटिनु *v* splinter
चोखो *adj* blessed
चोटपूर्ण *adj* hurtful
चोट *n* swap, wound
चोट *adj* hurt
चोट नपुग्ने *adj* unhurt
चोट पुर्याउनु *v* harm
चोट लाग्नु *v* wound, hurt
चोटपटक लाग्नु *v* maul
चोटपटक तथा रोगले असक्त व्यक्ति *n* invalid
चोर्नु *iv* steal; snitch
चोर *n* thief, robber
चोरी कार्य *n* theft
चोलो *n* blouse
चौकोस *n* frame
चौकीदार *n* sentry
चौडा *adj* broad
चौडाइ *n* width
चौडाई *n* breadth
चौथो *adj* fourth
चौथाई *n* quarter
चौध *adj* fourteen
चौपाया *n* cattle
चौबाटो *n* crossing

छ

छ *adj* six
छक्याएर भाग्नु *v* dodge
छक्क *n* amazement
छक्क पार्ने *adj* astounding
छक्क पर्नु *v* astound
छक्क पर्नु वा पार्नु *v* amaze
छर्कनु *v* spray
छकाउने *adj* evasive
छर्किनु *v* sprinkle
छड *n* rod
छडी *n* baton
छद्म *adj* phony
छद्म नाम *n* pseudonym
छद्मभेष *n* guise
छद्मभेष *adj* undercover
छदम्भेष *n* disguise

छदम्भेष धारण गर्नु *v* disguise
छन्द *n* verse
छन्दको एकाई *n* foot
छर्नु *iv* sow
छनौट *n* choice, selection
छनौट गर्नु *iv* choose
छरिनु *v* scatter
छर्रा *n* pellet
छल *n* guile, imposition, deception, ruse
छल्नु *v* shirk, cheat, elude, duck
छलपूर्ण *adj* deceitful, deceptive
छली *adj* wily
छलकपट *n* hoax, scam, masquerade, sham
छलफल *n* discussion
छलफल गर्ने ठाउँ वा केन्द्रविन्दु *n* hub
छाउनी *n* quarters, barracks
छाँट्नु *v* thresh, whittle
छाड्नु *v* drop out
छाता *n* umbrella
छाती *n* chest
छान्नु *iv* choose, filter, select, sift
छान्ने *n* filter
छान्ने प्रक्रिया *n* infiltration
छान्नी *n* strainer
छाना *n* roof
छानिनु *v* infiltrate
छानोमा भएको झ्याल *n* skylight
छाप्नु *v* print
छाप्ने मेसिन *n* printer
छाप लगाउनु *v* brand
छापा *n* print
छापा मार्नु *n* raid
छापामार समूह *n* guerrilla
छाँया *n* shadow, shade
छायांकन गर्नु *v* visualize
छाँयामय *adj* shady
छाँयाचित्र *n* silhouette
छाँयाको भाग *n* shadow
छारे रोग *n* epilepsy
छारेरोग *n* hysteria
छारेरोग सम्बन्धी *adj* hysterical
छाल *n* wave
छाला *n* skin; leather
छालाको काला दागहरु *n* freckle
छाला दाग परेको *adj* freckled
छाला निकाल्नु *v* skin
छात्रवृत्ति *n* scholarship
छिटै गर्नु *v* hurry up
छिटो *adj* fast, quick, rapid
छिटो जानु *iv* speed
छिटो गर्नु *v* hurry, quicken, hasten
छिटोसँग *adv* quickly, speedily
छिटोछिटो पिउनु *v* guzzle
छिटो घस्रदै उक्लनु *v* scramble
छिटपुट *adj* sporadic
छिर्नु *v* squeeze in
छिद्र *n* pore, incision
छिद्र पार्ने औजार *n* bit
छिद्रैछिद्र युक्त *adj* porous
छिमेक *n* neighbor
छिमेकी *n* neighborhood
छिँडी *n* basement, cellar

छ

छिनो *n* chisel
छिनाल्नु *v* cut off
छिस्किनी *n* latch
छुट्टै *adv* apart
छुट्टी *n* vacation
छुट *n* rebate, discount
छुट दिनु *v* discount
छुट्कारा दिनु *v* let go
छट्पटाउनु *v* wiggle
छुट्याउनु *v* separate, sever, unplug
छुट्याउन नसकिने *adj* inseparable
छुट्याउएको *adj* separate
छुट्कारा पाउनु *v* dispose, break free
छुटाउनु *v* extricate
छुटकारा *n* acquittal, discharge, redemption, exemption
छुटकारा *adj* exempt
छुटकारा दिनु *v* acquit, discharge, release
छुटाउने काम *n* omission
छुट्टिनु *v* cut out, depart
छटपटाउनु *v* writhe
छुटिनु *v* break off
छुचुन्द्रो *n* mole
छुनु *v* touch
छुने *adj* touching
छुने काम *n* touch
छुरा प्रहार *n* stab
छुरा *n* blade
छेउ *n* side; verge, brink
छेउमा *pre* beside, alongside, lateral
छेउमा हिड्नु *v* sidestep
छेउमै *adj* nearby
छेक्नु *v* block
छेकबार *n* bar, fence
छेड्नु *v* perforate, pierce
छेड्नु काम *n* perforation
छेड्ने काम *n* piercing
छेडेर भित्र पस्नु *v* penetrate
छेपारो *n* lizard
छेस्को *n* splinter
छोट्याउनु *v* abridge, compress
छोटो *adj* brief, short
छोटो जामा *n* miniskirt
छोटो तरिका *n* shortcut
छोटो दुरीमा गोली हान्ने बन्दुक *n* shotgun
छोटो निद्रा *n* doze
छोटो निद्रा पर्नु *v* snooze
छोटो पार्नु *v* cut back
छोटो बनाउनु *v* shorten
छोटो बिँड भएको बन्चरो *n* hatchet
छोटो भेटघाट गर्नु *v* call on
छोटो रुपमा *adv* shortly
छोटो समाचार विवरण *n* bulletin
छोटो समय सम्म मात्र रहने *adj* short-lived
छोटो समयको लागि *adv* momentarily
छोटो सारांश गर्नु *v* sum up
छोटो सुताई *n* nap
छोड्नु *iv* leave, forsake, quit, waive; throw up
छोडेर जानु *v* go away
छोडेको *adv* left
छोडिदिनु *v* drop off, lay off, unleash
छोप्नु *v* cover, envelop

छोरा *n* son
छोराछोरीका सन्तान *n* grandchild
छोरी *n* daughter
छोरीज्वाइँ *n* son-in-law

ज

ज्यादै ठूलो *adj* enormous
ज्यादै ठूलो समूह *n* battalion
ज्यादै चहानु *v* long for
ज्यादै तातो पार्नु *v* ignite
ज्यादा हुनु *v* excel
ज्यामिति *n* geometry
ज्याला *n* wage
ज्योतिष विज्ञान *n* astrology
ज्योतिषी *n* astrologer
ज्यमितिको औजार *n* ruler
ज्वारभाटा *n* tide
ज्वानु *n* parsley
ज्वाला *n* flame
ज्वालामुखी *n* volcano
ज्वालामुखीको मुख *n* crater
ज्वलन *n* combustion
ज्वलनशील *n* combustible
ज्वरो *n* fever
ज्वाला निस्कनु *v* flare-up
ज्वराक्रान्त *adj* feverish
जग्गा धनी *n* landlord
जग *n* basis, jug, foundation
जगमग *adj* luminous
जंगल *n* jungle; wood
जंगली *adj* savage, wild
जंगली जीव *n* wildlife
जंगलीपन *n* wilderness
जगेडा *n* backup
जगेडा सामाग्री *n* spare part
जगंल *n* forest
जगाउनु *v* rouse, evoke, awake
जगाउने *adj* rousing
जघन्य *adj* hideous
जटिल *adj* intricate, complex
जटिल *n* complication
जटिल मार्गहरु भएको ठाउँ *n* maze
जटिल हुनु *v* complicate
जटिलता *n* complexity
जडवादी *n* agnostic
जडान *n* installation
जडान गर्नु *v* install
जडिया *adj* drunk
जडीबुडी *n* herb
जतिखेर *c* while
जत्तिको *adv* as
जथाभावी *adj* crass
जथाभावी रुपले *adv* randomly
जन्तु *n* creature
जन्म *n* birth
जन्मेको *adj* born
जन्मदिन *n* birthday
जन्मिनु *v* be born
जनमत संग्रह *n* referendum
जनचेतना *n* awareness

जनता *n* people
जनताको विशाल संख्या *n* multitude
जनगणना *n* census
जनशक्ति *n* manpower
जनसंख्या *n* population
जनसमूह *n* procession, party
जनसाधारण हिड्ने बाटो *n* mall
जनसाधारण *n* layman
जनावर *n* animal
जनावर बाँध्ने डोरी वा सिक्री *n* leash
जनावर वा गाडी राख्ने ठाउँ *n* padlock
जनावरले जमिनमा बनाएको प्वाल *n* burrow
जनावरलाई खाना तथा पानी दिने भाँडो *n* manger
जनाउनु *v* denote
जनवरी महिना *n* January
जफत *n* seizure, confiscation
जफत गर्नु *v* confiscate, expropriate
जब *c* as
जबरजस्ती असूल *n* extortion
जबरजस्ती असूल गर्नु *v* extort
जब की *adv* as
जबसम्म *adv* till
जबसम्म *pre* until
जर्बजस्ती गर्नु *v* constrain
जबकि *c* whereas
जम्नु *v* condense
जम्मा *adj* total
जम्मा पाउनु *v* amount to
जम्मा गर्नु *v* collect, amass, aggregate
जम्मा गर्नु *n* deposit
जम्माजम्मी *adv* overall
जर्मन देशको *adj* German
जर्मनी देश *n* Germany
जर्मनको शहर *n* cologne
जमानत *n* bail
जमानतमा छोड्नु वा छुटाउनु *v* bail out
जमिनदार *n* landlord
जमीन *n* land
जमीनको सानो टुक्रा *n* plot
जमेको *adj* frozen
जर्वजस्ती *adj* stubborn
जरा *n* root
जरिवाना *n* fine
जरिवाना तिराउनु *v* fine
जरुरत *n* urgency
जल्नु *iv* burn, char
जलकुण्ड *n* reservoir
जलचर *adj* aquatic
जलन *n* inflammation
जलपरी *n* mermaid
जलप्रताप *n* cataract
जलपान *n* refreshment
जलमार्ग *n* gutter
जलयात्रा *n* navigation
जलाशय *n* cascade, cistern
जलवायु सम्बन्धी *adj* climatic
जलवायु अनुकूल हुनु *v* acclimatize
जलवाही *adj* hydraulic
जवान *n* grown-up
जवान *adj* juvenile
जवान अवस्था *n* juvenile
जवाफ *v* report
जवाफ *n* answer

जस्ता *n* zinc
जस्ता तस्तै पार्नु *v* retaliate
जस्तै *pre* like
जस्तो *c* as
जसरी पनि *pro* anyhow
जसरी पनि *adv* somehow
जसलाई *pro* whom
जसुसी केन्द्र *n* manhunt
जलसेना *n* navy
जहाँ *n* whereabouts
जहाज प्रयोग गरिने पाल *n* sail
जहाज निर्माण स्थल *n* shipyard
जहाज चालक *n* sailor
जहाज चलाउनु *v* navigate, sail
जहाज ध्वस्त भएर बाँचेको व्यक्ति *n* castaway
जहाजबाट पानीमा *adv* overboard
जहाजमा राखेर पठाउनु *v* ship
जहाजमा राखेर पठाउने काम *n* shipment
जहाजमा चढ्नु *v* embark
जहाजको सामान *n* cargo
जहाजको ढोका *n* port
जहाजको ढाँचा *n* hull
जहाजको अग्रभाग *n* prow
जहाजको पछिल्लो भाग *n* stern
जहाजको विनाश *n* shipwreck
जहिलेसुकै *adv* whenever
जहिलेसुकै *c* wherever
जागरण *n* vigil, awakening
जागरुक *adj* aware, awake
जागृति *n* awakening
जाग्रत *adj* awake
जागिर *n* job
जाँच *n* test, examination
जाँच पड्ताल *n* inquest
जाँच्नु *v* revise
जाडो याम *n* winter
जात *n* caste
जाति *n* breed, tribe
जातिवाद *n* racism
जातिवादी *adj* racist
जादु *n* magic
जादूमय *adj* magical
जादूगर *n* juggler; magician, sorcerer
जादूगरी *n* sorcery
जानु *v* bypass, go
जानीबुझीकन *adv* knowingly
जानकारी दिनु *n* briefing
जानकारी लुकाउनु *v* hush up
जानकारी गराउनु *v* inform
जानकारीमा ल्याउनु *v* divulge
जानकारी संकलन गर्नु *v* get together
जानकारी दिने व्यक्ति *n* informer
जापान देश *n* Japan
जापानको नागरिक *adj* Japanese
जाम *n* condensation
जाम हुनु *v* condense
जामा *n* cloak
जारी राख्नु *v* carry on
जाल *n* mesh
जालयान *n* vessel
जालसाज *n* swindler
जालसाजी *n* fraud
जाली *n* net, mesh

जाली दस्तावेज बनाउनु *v* fabricate
जाली नोट बनाउनु *v* forge
जालीमा मासु सेकाउनु *v* grill
जालो *n* cobweb, spider web, web
जासुस *n* scout
जासूसी *n* espionage
जिउनु *v* survive
जिउने स्थिति *n* survival
जित्नु *v* vanquish
जिद्दी *adj* stubborn, adamant, obstinate
जिद्दी *n* insistence
जिद्दी गर्नु *v* insist
जिद्दीपन *n* obstinacy
जिनको कपडा *n* jeans
जिब्रो *n* tongue
जिब्रोको फेदको दुवैतिर भएको तन्तु *n* tonsil
जिम्मेवार हुनु *v* account for
जिम्मेवारी *n* liability, duty
जिम्मेवारी *adj* responsible
जिम्मेवारी लिनु *v* underwrite
जिम्मेवारिता *n* responsibility
जिम्मा लिनु *v* vouch for
जिरीको साग *n* lettuce
जिल्ला *n* district
जिल्लाको मुख्य गिर्जाघर *n* Catholicism
जिस्क्याउनु *v* tease
जीर्ण *adj* emaciated
जीन (साइकल वा घोडाको) *n* saddle
जीव *n* being
जीवन *n* life
जीवन रहित *adj* lifeless
जीवन शैली *n* lifestyle
जीवनदर्शन *n* creed
जीवनी *n* biography
जीवनकाल *adj* lifetime
जीवन्त *adj* vivacious
जीवविज्ञान *n* biology, zoology
जीवविज्ञान सम्बन्धी *adj* biological
जीविका *n* livelihood
जीविका चलाउनु *v* subsist
जीवित *adj* live, alive
जीवित *n* survivor
जीवाणु *n* bacteria, germ, virus
जीवाणुनाशक *n* antibiotic
जीवात्मा *n* organism
जीवाशेष *n* fossil
जुका *n* worm
जुँगा *n* mustache, whiskers
जुत्ता *n* boot, shoe
जुत्ता पसल *n* shoe store
जुत्तामा लगाउने पालिस *n* shoe polish
जुत्ताचप्पल *n* footwear
जुत्ताको तुना *n* shoelace
जुक्ति *n* trick
जुक्ति निकाल्नु *v* devise
जुक्ति लगाउनु *v* trick
जुन सुकै *adj* any
जुम्लिया *n* twin
जुम्सो *adj* awkward
जुम्रे *adj* lousy
जुम्रा *n* lice, louse
जुलाफ *adj* laxative
जुलाई महिना *n* July

जुलुस *n* rally
जुवा घर *n* casino
जुवा (पशुको काँधमा प्रयोग गरिने) *n* yoke
जुवा खेल्नु *v* gamble
जून महिना *n* June
जूही *n* jasmine
जेठो *n* elder
जे भएता पनि *c* whether
जेलमा हाल्नु *v* imprison
जेसुकै *pro* anything
जेसुकै *adj* whatever
जैतुन वा भद्राक्ष *n* olive
जो *pro* who
जोखिम हुनु *v* jeopardize, risk
जोखिम *adj* hazardous
जोखिम *n* risk, peril
जोखिमी *adj* risky
जोखिमता *n* hazard
जोगाउनु *v* spare
जोड *n* addition, emphasis
जोड दिनु *v* emphasize
जोडसँग धकेल्नु *v* shove
जोड्नु *v* link, add, affix, lump together, solder, connect
जोड्ने फित्ता *n* tape
जोडले प्रहार गरेको धक्का *n* knock
जोडले फ्याक्नु *v* hurl
जोडले हानेर फुटाउनु *v* smash
जोडले हल्लाउनु *v* convulse
जोडा *n* set
जोडा मिलाउनु *v* match
जोडाई *n* connection
जोडिएको *adj* adjoining
जोडिनु *v* adjoin
जोडी *n* bracket, couple, pair, peer
जोडेको घर *n* annex
जोत्नु *v* plow, till
जोतेको डोब *n* furrow
जोर *adj* even
जोल्टिने *n* jolt
जोस *n* ardor
जोसुकै *pro* anyone, whoever
जोसिलो *adj* ardent
जौ *n* barley, oatmeal

झ

झ्याल *n* window
झ्यालढोका बन्द गर्नु *v* shut up
झ्याउ *n* moss
झ्याउँकीरी *n* cricket
झ्याउलाग्दो *adj* lousy
झ्वाट्ट देखिने वा बुझिने *adj* apparent
झ्वाट्ट देखिने वा बुझिने गरी *adv* apparently
झर्को *n* harassment
झगडा *n* quarrel, brawl, fallout, fight, feud
झगडा वा रिस शान्त पार्ने *v* appeasement
झगडा वा रिस शान्त पार्नु *v* appease
झगडा गर्नु *v* quarrel, fight, haggle
झगडालू *adj* quarrelsome, rowdy

झगडाको लागि षड्यन्त्रको अन्तिम तयारी *n* showdown
झड्का दिनु *v* jerk
झड्का *adj* jerk
झड्का *n* shock, impulse
झड्का लाग्नु *v* shock
झण्डा *n* flag
झण्डा उठाउने खम्बा *n* flagpole
झण्डाको डन्डा *n* mast
झन् राम्रो *adj* better
झन्डै *adv* nearly
झनक्क रिसाउनु *n* outburst
झपार्ने *n* rebuke
झपार्नु *v* rebuke
झम्टेर लिनु *v* snatch
झमेला *n* quandary
झरना *n* fountain, waterfall
झरी *n* shower, rain, rainfall
झलमल्ल हुनु *v* glitter
झलक *n* glimpse
झलक देखाउनु *v* glimpse
झाँक्री *n* wizard
झाडु लगाउनु *v* brush
झाडी *n* bush, shrub
झार्नु *iv* shed
झापड *n* slap
झापड हान्नु *v* slap
झारपात *n* weed
झारपात उखेल्नु *v* weed
झिक्नु *v* withdraw
झिक्ने व्यक्ति *n* withdrawal
झिकेको *adj* withdrawn
झिंगे माछा *n* prawn
झिंगडी *n* tile
झिंगा *n* fly
झिनो *adj* slim, tenuous
झिरमा हालेर मासु सेक्नु *v* broil
झिल्ली *n* membrane
झिल्का *n* spark
झुक्याउने यन्त्र *n* gimmick
झुकाव *n* inclination, leaning
झुकाव भएको *adj* slanted
झुकाव वा प्रवृत्ति *n* propensity
झुकाउनु *v* incline
झुकेको *adj* prone
झुकेको वा ढल्केको *adj* steep
झुटो *n* lie
झुटो *adj* phony, fake
झुटो कुरा बनाउनु *v* fabricate
झुठो तथा गलत विश्वास *n* fallacy
झुन्ड्याउने साधन *n* hanger
झुन्डिनु *iv* cling, hang, hang up
झुन्डिने *adj* baggy
झुप्पो *n* cluster, bunch
झुपडी *n* shack; slum
झुम्रो *n* rag
झुरुम–झुरुम *adj* crisp
झुसेल कीरा *n* moth
झुरिएको *adj* crispy
झुसिलकिरा *n* caterpillar
झुमिनु *v* cluster
झुल्नु *v* vacillate, wag
झुत्रो *adj* shabby
झूटो साक्षी *n* perjury

झ

झूल *n* hammock
झोक्का *n* shock
झोक्का लाग्नु *v* shock
झोक्किएर बोल्नु *v* growl
झोक्किएर गुनासो गर्नु *v* grumble
झोल *n* soup
झोला *n* bag
झोलामा हाल्नु *v* bag

ट

टर्की देश *n* Turkey
टर्कीको नागरिक *adj* Turk
टल्किनु *iv* shine
टहरो *n* shed
टहलिनु *v* wander
टहलिने व्यक्ति *n* wanderer
टहल्नु *v* stroll
टाइपराइटरले लेख्नु *v* type
टाउको *n* head
टाउको दुखाई *n* headache
टाउको दुख्ने रोग *n* migraine
टाउको काट्नु *v* decapitate, behead
टाउकोमा लगाएर सुन्ने श्रवण यन्त्र *n* headphones
टाउकोले ठक्कर दिनु *n* butt
टाउकोले इसारा गर्नु *v* nod
टाउको काट्ने मेसिन *n* guillotine
टाँक *n* button
टाँकको प्वाल *n* buttonhole
टाँका *n* stitch
टाँका लगाउनु *v* stitch
टाकुरा *n* summit
टाँग्नु *v* pitch
टाट पल्टिसकेको अवस्था *n* bankruptcy
टाट पल्टिनु *v* bankrupt
टाट पल्टेको *adj* bankrupt
टाटेपाङ्ग्रे भएको *adj* striped
टाढा *adv* away, far, off
टाढा *adj* aloof
टाढा सम्म *adv* afar
टाढा जानु *v* drive away
टार्नु *v* evade
टापु *n* island
टालो *n* rag
टाँस्नु *v* glue, paste
टाँस्न प्रयोग गरिने पदार्थ *n* glue
टाँसिने *adj* sticky
टिक्नु *v* outlast
टिकट *n* stamp
टिकट टाँस्नु *v* stamp
टिकटघर *n* box office
टिकाउ *adj* durable
टिन धातु *n* tin
टिप्नु *v* pick
टिप्पण–पुस्तिका *n* notebook, diary
टिप्पणी गर्नु *v* remark
टिप्पणी गर्ने कार्य *n* remark
टिपाई *n* pick
टीकाटिप्पणी *n* annotation
टीकाटिप्पणी गर्नु वा लेख्नु *v* annotate

टुक्रा *n* chip, piece, segment, morsel
टुक्राटुक्रा पार्नु *v* mangle
टुक्राटुक्रा पर्ने गरी च्यात्नु *v* rip apart
टुक्राटुक्री *n* scrap
टुक्राउनु *v* hack
टुक–टुक हिड्नु *n* toddler
टुक्रिएर जानु *v* break away
टुना माछा *n* tuna
टुप्पो *n* tip, apex
टुलिप फुल *n* tulip
टुसा *n* asparagus
टुसा निस्कनु *v* germinate
टुसो *n* tip
टुहुरो *n* orphan
टुहुरोपन *n* orphanage
टेको *n* stake
टोड्को *n* cavity
टेबूलमा राख्ने चम्चा *n* tablespoon
टेबूलमा ओछ्याउने कपडा *n* tablecloth
टेबुल *n* desk, table
टेनिस खेल *n* tennis
टेनिसको ब्याट *n* racket
टेनिसको मैदान *n* court
टेलिफोन *n* phone, telephone
टेलिभिजन प्रसारण केन्द्र *n* channel
टोक्नु *iv* sting, bite
टोकरी *n* basket
टोकाई *n* bite
टोपी *n* cap, beret, hat
ट्र्याक्टरको सामान हाल्ने पछाडिको भाग *n* trailer
ट्राउट माछा *n* trout

ठ

ठक्कर *n* collision; concussion
ठक्कर वा ठोकाई *n* bump
ठक्कर खानु *v* collide, stumble
ठग्नु *v* cheat
ठग्ने काम *n* swindle
ठग *n* cheater, con man, swindler, thug
ठगिनु वा छलिनु *v* dupe
ठगी *n* deceit
ठगेर लिनु *v* swindle
ठट्टा *n* joke
ठट्टा पूर्ण *adv* jokingly
ठट्टा गर्नु *v* joke
ठट्टामा हाँस्नु *v* deride
ठट्यौलो *adj* playful
ठठ्टा गर्नु *v* kid
ठड्याउनु *v* erect
ठडेको *n* stand
ठाडो *adj* upright, erect
ठण्डा *adj* frigid
ठण्डा पार्नु *v* quell
ठण्डा गर्नु *v* refrigerate
ठन्डा *adj* cool
ठन्डा हुनु *v* cool
ठम्याउनु *v* identify
ठाउँ तोक्नु *v* allocate
ठीक *adv* okay, alright
ठीक *adj* right, correct
ठीक वा उपयुक्त तरिकाले *adv* duly

ठीक उही शब्दमा *adv* verbatim
ठीक नभएको *adj* inaccurate
ठीक बनाउनु वा पार्नु *v* redress
ठीक बनाउनु *v* remedy
ठूलो *adj* large, big
ठूलो अंग्रेजी वर्णमाला *n* capital letter
ठूलो आँधी *adj* stormy
ठूलो आवाजले *adv* loudly
ठूलो आवाज *adj* loud
ठूलो आवाज निस्किने गरी हिर्काउनु वा बन्द गर्नु *v* bang
ठूलो आवाज निकाल्ने यन्त्र *n* loudspeaker
ठूलो आवाजले पड्कनु *v* detonate
ठूलो घाँसे मैदान *n* prairie
ठूलो पानी जहाज *n* launch
ठूलो परिणाममा उत्पादन गर्ने *adj* lavish
ठूलो बाकस *n* trunk
ठूलो बनाउनु *v* enlarge, magnify
ठूलो बलियो बाकस *n* chest
ठूलो मानिसको हूल अघि बढ्नु *v* march
ठूलो र गह्रौं *adj* bulky
ठूलो विषादी माकुरो *n* tarantula
ठूलो संख्या *n* host
ठूलो हिस्सा *n* bulk
ठेउला *n* measles
ठेक्का लिने व्यक्ति *n* lessee
ठेक्का–पट्टा *n* lease
ठेक्का–पट्टा लिनु *v* lease
ठेकी *n* pail
ठेगाना *n* address
ठेगाना लेख्नु *v* address
ठेलगाडा *n* wheelbarrow
ठेस लाग्नु *v* tumble
ठोकाइ वा प्रहार वा धक्का वा पड्कँदा निस्कने आवाज *n* bangs
ठोकिने *adj* bumpy
ठोस *adj* solid
ठोस पदार्थमा परिणत गर्नु *v* coagulate
ठोस पदार्थमा परिणत कार्य *n* coagulation

ड

डकर्मी *n* mason
डकार *n* belch, burp
डकार्नु *v* belch, burp
डर *n* phobia, fear, scare, terror, fright, awe
डर *adj* daunting
डर लाग्दो *n* scarcity
डर लाग्दो *adj* scary
डर उत्पन्न गराउने *adj* formidable
डराउनु *v* frighten, scare, daunt
डरले भाग्नु *v* scare away
डरले काम्ने *n* shudder
डरपोक *adj* timid
डरलाग्दो *adj* ferocious, awesome; grim, dreadful, fearful, frightening, horrible, terrible, awful, eerie
डरलाग्दो सपना *n* nightmare
डरलाग्दो हमला *n* onslaught

डरलाग्दोपन *n* ferocity
डराएको *adj* afraid, jumpy, apprehensive
डल्लो *n* lump, bulb
डलफिन माछा *n* dolphin
डस्नु *iv* sting
डस्ने काम *n* sting
डसना *n* mattress
डाँक *n* mail
डाँक पेटी *n* mailbox
डाँक पठाउनु *v* mail
डाँक खर्च *n* postage
डाँका *n* thug
डाँकु *n* bandit
डाकू *n* robber
डाँठ *n* cane, stalk, stem
डाँडा *n* hill
डाँफे *n* pheasant
डाम *n* scar
डाह *n* spite, envy
डाह गर्नु *v* envy
डिब्बा *n* container, canister, can
डिसेम्बर महिना *n* December
डुंगा *n* boat
डुंगा खियाउनु *v* row
डुंगा खियाउने काठ *n* rudder
डुङ्गा *n* ark, canoe
डन्डी *n* rail
डन्डीफोर *n* pimple
डुब्नु *v* go down, drown, sink, set
डुबाउनु *n* deluge
डुबाउनु *v* immerse, soak in, submerge

डुबुल्की *n* immersion, plunge
डुबुल्की मार्नु *v* dive, plunge
डुबुल्की मार्ने व्यक्ति *n* diver
डुबुल्की मार्ने काम *n* diving
डुबेको *adj* sunken
डुलुवा *n* vagrant
डेजी फूल *n* daisy
डेरा *n* quarters
डेनमार्क देश *n* Denmark
डेनमार्कको चाँदीको सिक्का *n* guild
डोरी *n* string, rope
डोजरले सफा गर्नु वा भत्काउनु *v* bulldoze

ढ

ढ्याम्म गरी थुन्नु *v* slam
ढकन *n* cover
ढकना *n* cap
ढंग नभएको *adj* awkward
ढल्काउनु *v* angle
ढल *n* ditch
ढल निकास *n* drainage, sewer
ढाँक्नु *v* occupy
ढाकछोप गर्नु *v* cover up, shield
ढाँचा *n* makeup, setting, design, format, fad; dummy; fabric
ढाँचा तयार पार्नु *v* frame
ढाँट्नु *iv* lie
ढाँटुवा *adj* liar

ढाल्नु v pull down
ढिपी adj perverse
ढिला सुस्त adj dull
ढिला सुस्त हुनु v dull
ढिला गर्नु v hold up
ढिलो चाल n slow motion
ढिलो गर्नु v put off
ढिलो हुनु v delay
ढिलाई n delay
ढीलो adj belated
ढुकुर n dove
ढुंगा n stone
ढुंगामा परिणत भएको adj petrified
ढुंगाले हान्नु v stone
ढुंगाको खानी n quarry
ढुंगा खियाउने व्यक्ति n oar
ढुँसी परेको adj moldy
ढेडु n ape
ढोका n knob; gate, door
ढोका जाने बाटो n doorway
ढोकाको घण्टी n doorbell
ढोकाको सिंढी n doorstep
ढोंगी adj hypocrite
ढोलक n drum

त

त्याग n avoidance
त्याग गर्नु v waive
त्यस बेला देखि pre since
त्याग्नु iv forsake, quit, abandon, desert, give up, relinquish; throw up
त्यागी दिनु v discard
त्यतातिर जानु v drive at
त्यहाँ adv there
त्यसपछि adj later
त्यसपछि adv meanwhile, since then, then
त्यसपश्चात c whereupon
त्यो adj that
त्यो समयसम्म adv till
तकसंगत adj reasonable
तर्क n reason, logic
तर्क संगत adj rational, sensible
तर्क संगत बनाउनु v rationalize
तर्क गर्नु v reason, debate
तर्करहित adj illogical
तर्कवितर्क n debate, hassle
तर्क–वितर्क n argument
तर्कवितर्क गर्नु v hassle
तर्क–वितर्क गर्नु v argue
तर्कयोग्य adj debatable
तर्कहीन adj unreasonable
तखता n shelf
तखताहरु n shelves

तगडा *adj* sturdy
तटरेखा *n* coastline
तटवर्ती *adj* coastal
तटस्थ *adj* neutral
तटस्थ हुनु *v* neutralize
तडकभडकपूर्ण *adj* posh
तत्काल *adj* prompt
तत्काल आवश्यक *adj* urgent
तत्कालै *adv* immediately
तत्व *n* element
तताउनु *v* heat
तताउने उपकरण *n* heater
तथ्य वा द्दश्य घटना *n* phenomenon
तथ्यांक *n* data, statistic
तथापि *c* though
तथापि *adv* nevertheless
तन्दुरुस्ती *n* bounce
तन्न *n* bedspread
तन्नु *v* pull
तन्ना *n* sheet
तन्काई *n* strain
तन्तु *n* tissue
तन्तुरस *n* hormone
तनमनले *adj* wholehearted
तनाव *n* tension
तनावपूर्ण *adj* tense
तपतप चुहिनु *v* trickle
तपाई *pro* you
तपाईआफैं *pro* yourself
तपाईको *adj* your
तपाईको *pro* yours
तपाईहरु *pro* you
तपाईहरुको *adj* your
तपाईहरुको *pro* yours
तबेला *n* stable
तय गरेको दुरी *n* mileage
तयार *adj* bound, ready
तयार पारिएको पोको *n* parcel post
तयार काठ *n* timber
तयार गर्नु *v* prepare
तयार हुनु *v* brace for
तयारी *n* preparation
तयारीपूर्ण *n* readiness
तर (दुधको) *c* whereas, but
तर युक्त(दुधको) *adj* creamy
तरंगित *adj* wavy
तर काट्नु *v* skim
तरंग *n* wave
तरङ्ग *n* whim
तरङ्ग *n* surge
तराजु *n* scale
तरवार *n* sword
तरवारले आक्रमण गर्ने कला *n* fencing
तरवारको जस्तो नाक भएको माछा *n* swordfish
तरपनि *c* however
तरगिंत हुनु *v* wave
तरल *n* liquid
तरल नाप्ने एकाई *n* liter
तरल वा वायु रोधक *n* valve
तरल पदार्थ *n* fluid
तरल पदार्थ नाप्ने एकाई *n* gallon
तरिफ *n* compliment
तरिका *n* method, technique, way

तरुल *n* yam
तल्लो तल *adv* downstairs
तल *pre* below, under, underneath
तल *adv* down, below
तल झरेको वा खस्केको *adj* degenerate
तल झार्नु *v* bring down
तल झर्नु *v* get down, let down
तल निहुरिनु *v* bend down
तलब *n* salary
तलब वृद्धि *n* increment
तलब दिन काटेको चेक *n* paycheck
तलाउ *n* pool
तलाशी गर्नु *v* prowl
तस्कर *n* smuggler
तस्वीर *n* likeness, image, photo, picture
तस्वीर सम्बन्धी *n* photography
तस्वीर खिच्नु *v* photograph
तस्वीर खिच्ने व्यक्ति *n* photographer
तस्करी *n* contraband
तस्तरी *n* saucer
तसर्थ *adv* therefore
तर्साउनु *v* haunt, horrify, terrify, appall, bulldoze
तर्साउने *adj* eerie, terrifying, bully
तर्सिनु *v* startle
तर्सिको *adj* startled
तर्सेको *adj* afraid
तह *n* grade, layer, level, plane
तहसनहस पार्नु *v* dismantle
ताई *n* pan
तार्किक *adj* logical
तार्किक *n* reasoning
तागत *n* strength
तागत दिने औषधि *n* tonic
ताजा *adj* fresh, refreshing
ताजा बनाउनु *v* refresh
ताजा पार्नु *v* freshen
ताजापन *n* freshness
तामा *n* copper
तारा *n* star
ताँती *n* queue
तातो *adj* hot
तातो पानीले पोल्नु *v* scald
तातो पानीको झरना *n* geyser
तातो हावा *n* heat wave
तातोपन *n* heating
तातोपन गर्दा उत्पन्न हुने ज्वरो *n* heatstroke
तातोले बाहिरी भाग डढ्नु *v* scorch
तानेर बाहिर निकाल्नु *v* pull out
तार्नु *v* roast
तानाशाही *adj* dictatorial
तानाशाही तन्त्र *n* dictatorship
ताप्के *n* pan, saucepan
ताप *n* heat
ताप उत्पादन गर्ने उपकरण *n* radiator
तापमापक यन्त्र *n* thermometer
तापनि *c* nonetheless, although
तापले पगालेर जोड्नु *v* weld
तापक्रम *n* temperature
तापक्रम नियन्त्रण गर्ने प्रणाली *n* thermostat
तार *n* wire
तार रहित *adj* cordless, wireless

त

तार सन्देश *n* telegram
तार काट्ने औजार *n* pliers
तारा चिन्ह *n* asterisk
तारामण्डल *n* constellation
तारीख *n* date
तारेको परिकार *n* roast
तारेको आलुको चना *n* fries
ताल *n* lake
ताला *n* lock
ताला लगाउनु *v* lock
ताला खोल्नु *v* unlock
तालिम दिनु *v* train
तालिम लिने महाविद्यालय *n* seminary
तालिका *n* table, catalog, inventory, index
ताली बजाएर प्रशंसा गर्नु *v* applaud
ताली बजाएर गरिएको प्रशंसा *n* applause
ताली बजाउनु *v* clap
तालु *n* palate
तालु खुइलेको *adj* bald
तास्नु *v* whittle
तास *n* card
तिर्खा *adj* thirsty
तिर्खा मेटाउनु *v* quench
तिर्खाउनु *v* thirst
तिखो *adj* pointed, sharp
तिखो आवाज *n* shriek
तिखो आवाज आउने गरी प्रहार गर्नु *v* knock
तिखो पार्नु *v* sharpen
तिखो पार्ने औजार *n* sharpener
तिघ्रा *n* thigh
तिघ्राको मासु *n* sirloin
तितर–बितर पार्नु *v* dispel, disband
तितो *adj* bitter
तितो बनाउनु *v* embitter
तितोपना *n* bitterness
तिर्न लायक *adj* payable
तिनीहरु *adj* these, those
तिर्नु *iv* pay
तिर्नु पर्ने *n* pay
तिर्मिराउनु *v* daze
तिर्मिराउने *adj* dazed
तिमी *pro* you
तिमीआफैं *pro* yourself
तिमीहरु *adj* your
तिमीहरु *pro* yours
तिम्रो *adj* your
तिम्रो *pro* yours
तिर *pre* to, at
तिरस्कार *n* contempt, disdain, insult
तिरस्कार गर्नु *v* humiliate, detest, scorn
तिरस्कार गर्न योग्य *adj* detestable
तिरस्कारपूर्ण *n* scornful
तिरस्कारले *adj* obnoxious
तिव्र पार्नु *v* escalate
तित्रा चरा *n* partridge
तीर्थ *n* shrine
तीर्थयात्रा *n* pilgrimage
तीर्थयात्री *n* pilgrim
तीन *adj* three
तीन खुट्टा भएको स्टुल *n* tripod
तीर *n* arrow
तीव्र *adj* rapid

तीव्रता n intensity
तीव्रता बनाउनु v intensify
तीव्रता हुने adj intensive
तीस adj thirty
तीक्ष्ण adj acute
तुच्छ adj paltry, mean
तुच्छता n banality, meanness
तुफान n tempest
तुरुन्त n instant
तुरुन्तै adv instantly
तुवाँलो n haze, mist
तुवाँलो वा हुस्सु लागेको adj hazy
तुवाँलोले ढाकेको adj misty
तुलना n comparison
तुलना गर्नु v compare
तुलना गर्न मिल्ने adj comparable
तुलनात्मक adj comparative
तुलनात्मक n proportion
तुलनात्मक अनुपात n proposition
तुषारो n frost
तुषारोले चिसेको adj frosty
तुसारो हटाउनु v defrost
तूफानी adj gusty
तेज adj brisk, edgy
तेज n spanking
तेजिलो adj lucid
तेब्बर adj triple
तेल n oil
तेलले मालिश गर्नु v anoint
तेलले चल्ने पार्नु v lubricate
तेस्रो adj third
तेर्सो adj horizontal
तेर्सो ढल्केको adj oblique
तेह्र adj thirteen
तैनाथ n deployment
तैनाथ गर्नु v deploy
तैरिनु v drift, float
तैरिने adv adrift, afloat
तोकिएको समयमा नै गर्ने वा हुने adj punctual
तोड्फोड् n sabotage, vandalism
तोड्फोड् गर्नु v vandalize
तोडफोड गर्नु v sabotage
तोप n artillery, cannon
तोरण n banner
तोरी n mustard
तौल n weight
तौलनु v weigh
तौलिया n towel

थ

थकित adj weary
थकान n tiredness
थकाई adj exhausting
थकाई n exhaustion, tedium
थर्थराउनु v shudder
थकाउनु v wear out
थप adv extra, also
थप adj additional
थप्पड n smack, slap
थप्पड मार्नु v spank

थप्पड लगाउनु *v* slap
थप्पड हान्नु *v* smack
थपथपाउनु *n* pat
थपशुल्क *n* surcharge
थर *n* last name, surname
थरथराउनु *v* quiver
थाल *n* plate
थाक्नु *v* exhaust, tire
थाक्नु *n* fatigue
थाकेको *adj* tired
थाङ्नो *n* diaper
थाम्नु *v* uphold
थारो *adj* sterile
थाहा नभएको *adj* unknown
थाहा पाउनु *v* fathom out, know
थुक्नु *iv* spit
थुत्नु *v* snatch
थुनिनु *v* clog
थुपार्नु *v* pile up, agglomerate
थुप्रिनु *v* cluster
थुप्रो *n* heap, pile
थुप्रो लगाउनु *v* heap, pile
थोक बिक्री *n* wholesale
थोप्लो *n* dot
थोपा *n* drip, drop
थोपा खसाल्नु *v* drip
थोपा–थोपा गर्दै पानी पर्नु *v* drizzle
थोरै *adj* few, less, meager, spare
थोरै मात्रा *n* ounce
थोरै वा कम *adj* lesser
थोरै थोरै *adv* piecemeal
थोरै–थोरै *adv* little by little

द

दंगा *n* riot
दंगा गर्नु *v* riot
दर्जन *n* dozen
दर्जा *n* rank, standard, degree, class
दर्जा घटाउनु *v* demote
दण्ड *adj* corporal; fine
दण्ड *n* fine, penalty, sentence
दण्ड दिनु *v* sentence
दण्ड तिराउनु *v* charge
दण्डनीय ठहराउनु *v* penalize
दण्डहीनता *n* impunity
दर्ता *n* registration
दर्ता गर्नु *v* register
दन्द्व *n* conflict
दन्द्व हुनु *v* conflict
दन्द्वात्मक *adj* conflicting
दन्त चिकित्सक *n* dentist
दन्त्यकथा *n* fable
दर्पण *n* looking glass
दबाब *n* press, stress
दबाब दिनु *v* press
दबाब दिने *adj* pressing
दबाबपूर्ण *adj* stressful
दबाबकारी *adj* overbearing
दबाउनु *v* quell, suppress, cram, overpower, repress, restrain, boss around, stifle, trample
दबाउने काम *adj* stifling
दम रोग *n* asthma

दम रोग सम्बन्धी *adj* asthmatic
दमन *n* oppression, restraint
दमन गर्नु *v* oppress, suppress
दमनकारी *n* repression
दया *n* pity, clemency, mercy
दया *adj* kind, indulgent, gracious
दयालु *adj* benign
दयालुपन *n* goodness
दयाको भावना *n* kindness
दयनीय *adj* wretched, merciful, miserable
दयपूर्ण *adj* affectionate
दरवार *n* palace
दराज *n* furniture, cupboard
दरिद्र *adj* destitute, indigent
दरिलो *adj* tight
दल *n* band, caravan
दल वा पक्ष त्याग्नु *v* defect
दलदल *n* quagmire, quicksand
दलदल *adj* swamped
दलाल *n* agent
दलिन *n* beam
दल्नु *v* smear
दश *adj* ten
दश लाख *n* one million
दश गैलन भन्दा कम नापको पीपा *n* keg
दश खरब *n* billion
दर्शक बस्ने ठाउँ *n* grandstand
दर्शक *n* audience, onlooker, spectator, bystander
दशक *n* decade
दशमलव *adj* decimal
दशौं *n* tenth
दस्तुर *v* charge
दस्तुर तिराउनु *n* charge
दस्तावेज *n* document
दस्तावेजहरुको अभिलेखीकरण *n* documentation
दस्तवेजको तसदीक गर्ने व्यक्ति *n* notary
दह–संस्कार गर्नु *v* cremate
दह्रो गरी समात्ने काम *n* clutch
दह्रोसँग पकड्नु *v* clinch
दही जमाउनु *v* curdle
दक्ष *adj* expert, efficient
दक्षता *n* ability
दक्षिण *n* south
दक्षिणपूर्व *n* southeast
दक्षिणपश्चिम *n* southwest
दक्षिणी *n* southerner
दक्षिणतिर *adj* southern
दक्षिणतिर जाने *adv* southbound
दीक्षान्त टोपी *n* hood
दाइजो *n* dowry
दाउ *n* jackpot
दाउरा *n* firewood
दाउमा राख्नु *v* pawn
दाग लागेको *adj* tainted
दाता *n* donor
दाग *n* stain, spot, blemish
दाग नभएको *adj* spotless
दाग लगाउनु *v* stain, blemish, blot
दाँत *n* teeth, tooth
दाँत सम्बन्धी *adj* dental
दाँत दुखाई *n* toothache

दाँत भर्न प्रयोग गरिने पदार्थ *n* filling
दाँतमा जमेको फोहोर *n* tartar
दाँतले कुटकुट टोक्नु *v* gnaw
दाँतेखोदनी *n* toothpick
दादुरा *n* chicken pox
दादुरा रोग *n* smallpox
दान *n* alms, donation, gratuity
दान दिनु *v* donate
दानवीय *adj* satanic
दानी *adj* charitable
दाबी *n* claim
दाबी छोड्नु *v* disclaim
दाबी गर्नु *v* claim
दायाँ पट्टी *adv* right
द्वारमण्डप *n* porch
द्वारा *pre* by, through, per
द्वारपाल *n* usher
दालचिनी *n* cinnamon
दारी *n* whiskers
दावक *n* runner
दार्शन *n* philosophy
दार्शनिक *n* philosopher
दास *n* slave
दास बनाउनु *v* enthrall
दासकारी *adj* enthralling
दासता *n* slavery
दासताबाट मुक्त पार्नु *v* emancipate
दाहसंस्कार *n* funeral
दाह्री *n* beard
दाह्री भएको *adj* bearded
दाह्री काट्ने मेसिन *n* razor
दाह्री काटे पछी लगाउने पदार्थ *n* cologne
दिउँसो *n* afternoon
दिउँसो वा साँझ तिर खाने खाना *n* dinner
दिउँसोको खाना *n* lunch
दिक्क पार्ने *adj* ragged, nagging
दिक्क लाग्दो *adj* bored, disgusting
दिक्कलाग्दो *adj* monotonous, tedious, tiresome
दिक्क पार्नु *v* pester, harass
दिक्कलाग्दो अवस्था *n* monotony
दिगो रहनु *v* sustain
दिन *n* day
दिनु *iv* give
दिनु पर्ने बाँकी *n* due
दिनु पर्ने बाँकीहरु *n* dues
दिदीबहिनी *n* sister
दिमाग *n* mind
दिमागमा राख्ने काम *n* know-how
दिमागमा घुसाउनु *v* instill
दिल बहलाउनु *v* tickle
दिशा *n* direction
दिशा परिवर्तन *n* diversion
दिशा पत्ता लगाउन प्रयोग गरिने यन्त्र *n* compass
दिशा दिनु *iv* drive
दीर्घकालीन *adj* chronic, long-term
दीर्घकालीन बेचैन *adj* traumatic
दीर्घकालीन बेचैन हुनु *v* traumatize
दुई *adj* two
दुई रेखाहरु काटेर बनाएको चिन्ह वा संकेत *n* cross
दुई आँखा झिक्याउनु *v* blink
दुई मध्ये कुनै पनि होइन *adj* neither

दुई भाषा बोल्ने *adj* bilingual
दुईपटक *adv* twice
दुःख दिने काम *n* harassment
दुःख गर्नु *v* afflict
दुःख *n* affliction, misery, tribulation, trouble
दुःख रहित *adj* painless
दुःख दिनु *v* put out
दुःख दिने *adj* bothersome
दुःख दिने व्यक्ति *n* nuisance
दुःख तथा कष्टहरु *n* woes
दुःख हुनु *v* trouble
दुःखदायी *adj* bitter
दुःखत अवस्था *n* tragedy
दुखान्त *adj* tragic
दुखाइ कम गर्ने मलहम *n* balm
दुखाई *n* ache
दुखित पार्नु *v* sadden
दुखित तुल्याउनु *v* grieve
दुखित तुल्याउने व्यक्ति *n* sadist
दुःखी *adj* dismal, sorrowful, sad, blue
दुःखीपन *n* sadness
दुखेको शान्त गर्ने औषधि *n* aspirin
दुर्गम *adj* remote
दुर्गन्ध *n* stench, stink, stagnation
दुर्गन्ध हटाउने पदार्थ *n* deodorant
दुर्गन्ध हुनु *iv* stink
दुर्गन्धयुक्त *adj* fetid
दुर्गन्धित *adj* stagnant
दुर्गन्धित हुनु *v* stagnate
दुगन्र्धित *adj* stinking
दुर्गुणता *n* bestiality
दुर्घटना *n* accident, crash
दुर्घटना हुनु *v* crash
द्रुत *adj* speedy
द्रुत गति *n* express
द्रुत गतिले *adj* swift
द्रुत गतिले *adv* expressly
दुर्दशा *n* predicament
दुधको तर *n* cream
दुर्बलता *n* infirmary
दुब्लो *adj* emaciated, lean
दुर्भावपूर्ण *adj* hostile
दुर्भावता *n* hostility
दुर्भाग्य *n* adversity, misfortune, doom
दुर्भाग्य *adj* unlucky
दुम्सी *n* porcupine
दुराचार *n* misconduct
दुराचार गर्नु *v* malpractice
दुरी *n* distance
दुरी *adj* distant
दुलही *n* bride
दुर्लभ *adj* extinct, scarce
दुर्लभता *adv* scarcely
दुलाहा *n* bridegroom, groom
दुलाही सुसारे *n* bridesmaid
दुलो *n* hole
दुवै *adj* both, dual
दुवै खुट्टाले उफ्रनु *v* hop
दुवैतिर धार भएको छुरा *n* dagger
दुर्व्यवहार *n* abuse, mistreatment, outrage
दुर्व्यवहार गर्नु *v* abuse, manhandle, misbehave, mistreat

दुविधा *n* dilemma, quandary
दुविधात्मक *n* suspense, suspension
दुष्ट *adj* mischievous
दुष्ट *n* sinister
दुष्टपूर्ण *adj* malevolent, evil
दुष्टता *n* evil
दुष्मनी *n* animosity
दुष्कर्म *n* misdemeanor
दुष्कर्म गर्न साथ दिने व्यक्ति *n* accomplice
दूरसंवेदन *n* telepathy
दूषित तुल्याउनु *v* defile
दूरद्दष्टि *n* foresight
दूरदर्शनका लागि सन्देश संग्रह गर्नु *v* televise
दूरदर्शक यन्त्र *n* telescope; television
दूरवीन *n* binoculars
दूरुपयोग *adj* pervert
दूरुपयोग गर्नु *v* pervert
दूषित *n* contamination, pollution
दूषित पार्नु *v* infect, spoil
दूषित हावा तथा धूवाँ *n* fumes
दूषित हुनु *v* pollute
दूषित हुनु वा गर्नु *v* contaminate
दूत *n* envoy
दूध *n* milk
दूध र अण्डाबाट बनाएको परिकार *n* custard
दूधालु *adj* milky
देख्नु *v* notice, see
देख्न सकिने *adj* noticeable, visible
देख्दामा आकर्षक *adj* flamboyant
देखा पर्नु *v* appear, show up, seem
देखावट *n* looks
देखावटी *adj* flashy, ostentatious
देखावटी गर्नु *v* flaunt
देखाउनु *v* point, show
देखिनु *v* appear
देवदूत *n* angel
देवदारु रुख *n* elm
देवी *n* goddess
देवता *n* deity
देहान्त *n* demise
देश *n* country
देश निकाला *n* banishment, deportation
देश निकाला गर्नु *v* banish, transport
देशद्रोह *n* treason
देशद्रोही *n* traitor
देशभक्तिको गीत वा गाथा *n* anthem
देशभक्त *adj* patriotic
देशभक्ती *n* patriot
देशान्तर *n* longitude
देशनिकाला गर्नु *v* relegate
देशवासी *n* compatriot
द्वेषपूर्ण *adj* spiteful
दैत्य *n* monster
दैनिक *adv* daily
दैनिक घटनाहरुको अभिलेख *n* journal
दैविक *adj* angelic, divine
दैविक प्रकोपा *n* casualty
द्वैमासिक वा पाक्षिक *adj* bimonthly
दोधार *n* confusion, indecision
दोधार *adj* confusing
दोधार पार्नु *v* confuse
दोब्बर *adj* double

द

दोब्बर पार्नु *v* double
दोबाटो *n* crossing
दोबार्नु *v* fold
दोबार्ने वस्तु *n* folder
दोलक *n* pendulum
दोष *n* blemish, delinquency, guilt
दोष *adj* faulty, guilty
दोष देखाएर सताउने *adj* nagging
दोष मुक्त गर्नु *v* exonerate
दोष वा आरोप *n* blame
दोष लगाउनु *v* blame, incriminate, indict, recharge
दोषरहित *adj* blameless, immaculate
दोषारोपन गर्नु *v* attribute
दोषपूर्ण *adj* defective, faulty
दोषी *n* delinquent
दोषी प्रमाण *n* conviction
दोषी प्रमाणित गर्नु *v* convict
दोषयुक्त *adj* deficient
दोस्रो *adj* second
दोस्रो स्थान *n* second
दोहाराइ *n* repetition
दोहोरो संघर्ष *n* duel
दोहोरो परिक्षण *v* double-check
दोहो¥याउनु *v* revise, repeat
दौड प्रतियोगितामा *n* race
दौड प्रतियोगितामा भाग लिनु *v* race
दौडनु *iv* run
दौडिने र गफ्रिने खेल *n* athlete
द्दढ *adj* staunch, resolute, persistent, stark
द्दढ चाहना *n* urge
द्दढ चाहना हुनु *v* urge
द्दढता *n* constancy, persistence
द्दढता पूर्वक भन्नु *v* profess
द्दढताले भन्नु *v* affirm
द्दढताका साथ लागि पर्नु *v* persevere
द्दश्य *n* scenario
द्दश्य अवलोकन गर्नु *v* sightseeing
द्दष्टान्त दिनु *v* exemplify
द्दष्टि *n* sight, vision
द्दष्टि सम्बन्धी *adj* optical
द्दष्टि शक्ति बिगार्नु *v* blind
द्दष्टिबिहिन *adj* blind
द्दष्टिकोण *n* outlook, perspective, standpoint, viewpoint
द्दष्टिशक्ति *n* eyesight
द्दष्य *n* view
द्दष्य *adj* visual

ध

ध्यान *n* meditation
ध्यान पुर्याउने *adj* caring
ध्यान आकर्षण गर्नु *iv* draw
ध्यान आकर्षण गर्ने *adj* engrossed
ध्यान नदिनु *v* neglect
ध्यान दिनु *v* regard, notice
ध्यान दिएर सुन्नु *v* heed
ध्यान दिएर हेर्नु *v* look through
ध्यान केन्द्रित *adj* attentive
ध्यान केन्द्रित गर्नु *v* concentrate

ध्यान गर्नु *v* meditate
ध्यान खलबलाउनु *v* distract
ध्यानरहित *adj* mindless
ध्यानाकर्षण *n* attention, concentration
ध्यानपूर्वक छिटोछिटो हेर्नु *v* scan
ध्वस्त *n* collapse
ध्वस्त हुनु *v* collapse
ध्वंस *n* devastation, desolation
ध्वंस कर्ता *n* destroyer
ध्वनि *n* tune, tone, sound
ध्वनि सम्बन्धी *adj* acoustic
ध्वनि सम्प्रेसक *n* speaker
ध्वनि सन्तुलन गर्नु *v* tune up
ध्वनि बढाउने उपकरण *n* amplifier
धकेल्नु *v* push
धर्को *n* line
धड्कन *n* throb
धड्कन बढ्नु *v* pound
धड्किनु *v* throb
धन्यवाद *n* thanks
धन्यवाद दिनु *v* thank
धन *n* wealth
धनसम्पत्ति *n* assets
धनात्मक *adv* plus
धनुष *n* bow
धनी *adj* rich, wealthy
धपाउनु *v* repel
धम्की *n* menace, threat
धम्की दिनु *v* threaten
धम्कीपूर्ण *adj* ominous
धम्क्याउने *adj* bully
धर्म *n* religion
धर्म आन्दोलन गर्ने व्यक्ति *n* crusader
धर्म प्रचारक *n* apostle
धर्म प्रचारक सम्बन्धी *adj* apostolic
धर्म विरोध *adj* profane
धर्म युद्ध *n* crusade
धर्मप्रचारक *n* missionary
धर्मपरिवर्तन *n* conversion
धर्मविज्ञान *n* theology
धर्मशास्त्री *n* theologian
धमनी *n* artery
धमनीमा रगत जम्ने *n* thrombosis
धमिरो *n* termite
धमिलो *adj* dim
धमिलो हुनु *v* dim
धमिल्याउनु *v* blur
धर्मोपदेश *n* sermon
धरहरा *n* tower
धराप *n* pit
धरै *adv* enough, too
धर्सो *n* stripe
धाई *n* nanny
धाक लगाउनु *v* bluff
धाक लगाउने काम *n* bluff
धागो *n* thread, string
धातु *n* metal
धातु जोड्ने व्यक्ति वा उपकरण *n* welder
धातु पगाल्ने भट्टी *n* furnace
धातुजस्तो *adj* metallic
धातुका टुक्राहरु जोड्ने काम *adj* riveting
धातुका टुक्राहरु जोड्ने कीलो *v* rivet
धातुको टुक्रा *n* ingot

ध

धातुको ढाल *n* shield
धातुको काम गर्ने व्यक्ति *n* smith
धारण *n* retention
धारणा *n* conception, concept, notion, opinion, idea
धार्मिक *adj* religious
धार्मिक संसर्गले पवित्र भएको *adj* sacred
धार्मिक निष्ठता *n* piety
धार्मिकता *n* holiness
धावन मार्ग *n* runway
धार भएको *adj* edgy
धाराप्रवाह *adv* fluently
धाराको टुटी *n* faucet
धारा *n* tap
धातुको काम गर्ने कायशाला *n* foundry
धिक्कार्नु *v* damn
धितो *n* mortgage
धिपधिप गरेर चम्किनु *v* twinkle
धीर *adj* placid, steady
धुजाधजा पारेर काट्नु *v* shred
धुजाधजा पारेर काट्ने काम *n* shred
धुन *n* tune
धुनु *v* wash
धुन योग्य *adj* washable
धुनी *n* bonfire
धुम्रपान नगर्ने व्यक्ति *n* nonsmoker
धुम्रपान गर्नु *v* smoke
धुम्रपान गर्ने *adj* smoked
धुम्रपान गर्ने व्यक्ति *n* smoker
ध्रुवीय *adj* polar
धूर्त *adj* astute, sly
धूप *n* incense
धूलो *n* dust, powder
धूलो पारेको *adj* shattering
धूलो पार्नु *v* shatter
धूलोले भरिएको *adj* dusty
धूँवा जाने ठाउँ *n* chimney
धूवाँ लगाउनु *v* fumigate
धेरै *adj* lots, many, more, several
धेरै *adv* very, dearly; lot, much
धेरै टाढा *adj* faraway
धेरै मोटो *adj* obese
धेरै जनाको बीचमा *pre* among
धेरै वर्षसम्म जीवित रहनु *v* outlive
धेरै प्रकाश दिने शक्तिशाली बत्ती *n* floodlight
धेरै खराब *adj* abysmal
धैर्य *adj* patient
धैर्यता *n* patience
धोद्रो स्वर *n* bass
धोक्रो *adj* baggy
धोकेबाज *n* treachery
धोकेवाज *n* betrayal
धोका *adj* treacherous
धोका दिनु *v* blindfold, betray, deceive, defraud, double-cross
धोका दिने काम *n* deception

ध

न

न्याना लुगाहरु लगाउनु v wrap up
न्यानो adj warm
न्यानो n warmth
न्यानो पार्नु v warm up
न्यायिक जाँचबुझ n inquisition
न्याय n justice
न्यायसंगत adj reasonable
न्यायो आरामदायी adj cozy
न्यायोचित adj fair, just
न्यायालय n court
न्यायपूर्वक adv justly
न्यायलय n tribunal
न्यनतम n minimum
न्युनता n deficit
न्यूनता n degradation, drop
नशा n vein
नकरात्मक n negative
नक्सा n map
नक्सामा देखाउनु v map
नर्क n hell
नर्कट n reed
नकाब उतार्नु v unmask
नक्कल n copy, duplication, imitation, mockery
नक्कल गरी व्यंग्य गर्नु v mime
नक्कल बनाउनु v duplicate
नक्कल गर्नु v imitate, mock, copy
नक्कल गर्ने व्यक्ति अथवा नक्कल गर्ने मेसिन n copier
नक्कल गर्ने काम n cloning
नक्कली adj fake, counterfeit, phony
नक्कली बनाउनु v counterfeit
नक्कली दाँत n dentures
नक्कली वा जाली काम गर्नु v fake
नक्कली कपाल n hairpiece, wig
नगद n cash
नगद गन्ती गर्ने व्यक्ति n cashier
नगर्नु v undo
नगर n borough
नगर प्रमुख n mayor
नगरको बाहिरी परिसर n suburb
नङ n nail, fingernail
नचाहिँदो गल्ती गर्नु v goof
नचुहिने adj watertight
नजिक n closure
नजिक adj close
नजिक pre near
नजिकमा pre beside
नजिक राख्नु वा हुनु v close
नजिक देखिने adj shortsighted
नजिक भएको adj closed
नजिक पुग्नु वा आउनु v approach
नजिक हुनु pre close to
नजिकै adv closely
नजिकै adj nearby
नजोडिएको adj unattached
नटुक्रने adj unbroken
नड n bolt
नड लगाउनु v bolt
नढाकेको adj unoccupied
नत्थी गर्नु v staple

नत्थी गर्ने औजार *n* stapler
नत्थी गर्ने काम *n* staple
नतिजा *n* outcome
नथाकिकन *adj* tireless
नदी *n* river
नदीमुख *n* estuary
नदेखिने *adj* unnoticed
ननिदाएको *adj* awake
नफुट्ने *adj* unbroken
नबुझ्नु *v* misunderstand
नबुझिने गरी बोल्नु *adj* incoherent
नबुझिकन *adv* blindly
नब्बे *adj* ninety
नभए सम्म *c* providing that
नभएसम्म *c* unless
नमस्कर *e* hello
नम्र *adj* humble, affable, polite, lowly
नम्रता *n* politeness, modesty, clemency, humility
नम्रता नभएको *adj* impolite
नम्रतापूर्वक *adv* humbly, gingerly
नमिल्ने *adj* incompatible
नमूना *n* model, dummy, sample, pattern
नमूना वा ढाँचा *adj* dummy
नमूना तयार पार्नु *iv* model
नयाँ *adj* new
नयाँ दिशा दिनु *v* branch out
नयाँ बनाउनु *v* update
नयाँ रुपमा वा नयाँ तरिकाले *adv* anew
नयाँ स्थानमा स्थान्तर गर्नु *v* relocate
नयाँ सुरुवात *adv* afresh
नयाँ संस्करण निकाल्नु *v* upgrade
नयाँ सतहले ढाक्नु *v* resurface
न यो *adv* neither
न त *c* nor
न त्यो *adv* neither
नरक–यातना *n* damnation
नरम *adj* mellow, soft
नरम बनाउनु *v* soften
नरमाइलो *adj* grim
नरमपन *n* softness
नरभक्षी *n* cannibal
नरसंहार *n* carnage, genocide, slaughter, assassination
नरसंहार गर्नु *v* slaughter
नरहत्या *n* homicide, manslaughter
नराम्रो *adj* bad
नराम्रो अवस्थामा खस्कनु *v* degenerate
नराम्रो गतिविधिबाट टाढा रहनु *v* put away
नराम्रोसँग *adv* badly
नराम्रोसित *adv* bitterly
नरिवल *n* coconut, nut
नरुत्साहित गर्नु *v* discourage
नरोकिने *adv* nonstop
नल *n* straw, duct, pipe
नल लाइन(पानी तथा तेल) वितरणको लागि) *n* pipeline
नवजात *n* newborn
नवदम्पत्तिले बिताएको समय *n* honeymoon
नवरन *n* baptism
नवरन गर्नु *v* baptize

नवागन्तुक *n* newcomer
नविनता *n* novelty
नविकरण गर्नु *v* renew
नविकरण गर्न लायक *n* renewal
नवीनतम *adj* up-to-date
नवीनता *n* innovation
नर्वे देश *n* Norway
नर्वेको नागरिक वा भाषा *adj* Norwegian
नशा खुम्चिने *n* spasm
नष्ट *n* devastation, annihilation
नष्ट पारेको *adj* devastating
नष्ट गर्नु *v* destroy, devastate, deteriorate, overthrow
नसा *n* nerve
नसालु वा उत्तेजक औषधि मिसाउनु *v* dope
नसालाई असर गर्ने चिल्लो पदार्थ *n* cholesterol
नसिलाएको *adj* seamless
नसुन्ने पार्नु *v* deafen
नसुन्ने पारिएको *adj* deafening
नसुनिने *adj* unheard-of
नहर *n* channel, aqueduct
नहर बनाउनु *v* channel
नत्र *adv* otherwise
नाइट्रजन ग्याँस *n* nitrogen
नाइटो *n* belly button
नाउँ वा ढुंगा *n* raft
नाक *n* nose
नाकले श्वास तान्नु *v* sniff
नाकको प्वाल *n* nostril
नाके *adj* nosy
नागरिक *adj* civil, civic

नागरिक *n* citizen
नागकिता *n* citizenship
नाघ्नु *v* overrun
नाघेर जानु *v* elapse
नाङ्गो *adj* bare, naked, nude
नाङ्गो सम्बन्धी *n* nudism
नाङ्गो व्यक्ति *n* nudist
नाङ्गो गर्नु *v* strip
नाङ्गोपन *n* nudity
नाटक तयार पार्नु *v* dramatize
नाटक तथा चलचित्रको मध्यान्तर *n* interlude
नाटकघर *n* opera
नाटकीय *adj* dramatic
नाच्नु *v* dance
नाच *n* dancing
नाचघर *n* ballroom
नाप्नु *v* calibrate, measure
नाती *n* grandson
नातेदार *adj* akin
नाप *n* dimension, measurement
नापको एकाई *n* feet
नाफा *n* profit
नाफा नहुने *adj* unprofitable
नाफा हुनु *v* profit
नाफायुक्त *adj* profitable
नाबालिग *n* minor
नाभि *n* navel
नाम *n* name; noun
नाम राख्नु *v* name
नाम विहीन *adj* anonymous
नाम चलेको *adj* notable

नाम थाहा नभएको *adj* anonymous
नामर्दो *adj* wimp
नामर्दो *n* coward
नामविहीनता *n* anonymity
नामयोगी *n* preposition
नामको प्रारम्भिक अक्षरहरु *n* initials
नामांकित गर्नु *v* enlist
नायक *n* hero, skirmish
नायिका *n* heroin
नारा *n* slogan
नारा लेखेर प्रदर्शन गर्ने कार्ड *n* placard
नारी सम्बन्धी *adj* feminine
नारी घडी *n* watch
नाला *n* ditch
नाश *n* decadence, downfall, annulment
नाश गर्नु *v* corrode
नाश हुनु *v* perish
नाशवान् *adj* perishable
नास्तिकवादी *adj* skeptic
नास्तिकतावादी *n* atheist
नास्तिकता *n* atheism, blasphemy
नासपति *n* pear
निकट *adj* adjacent
निकट भविष्यमा हुने *adj* imminent
निकाली दिनु *v* cross out
निकाय *n* agency
निकास *n* exit, outlet, vent
निकै डराउनु *v* dread
निको पार्नु *v* cure
निको हुनु *v* recover
निको हुन सक्ने *adj* curable

निगरानी राख्नु *v* care about
निगरानी राख्नु *n* surveillance
निगरानी गर्नु *v* oversee
निर्गमन *n* exodus
निगम *n* corporation
निगालो *n* reed
निर्चनु *v* squash
निचोड निकाल्नु *v* deduce
निजी *adj* private, intrinsic
निजी सम्पत्तिमा अतिक्रमण गर्नु *v* trespass
निडर *adj* bold, intrepid, audacious
निडर बनाउनु *v* bolster
निडरता *n* boldness
निर्णय *n* verdict, decision, judgment, arbitration
निर्णय *adj* deciding
निर्णय अधिकारी *n* judge
निर्णय नभएको *adj* undecided
निर्णय गर्नु *v* decide, judge, opt for
निर्णयक *adj* decisive
निर्णाय कर्ता *n* referee
निर्णायक मण्डल *n* jury
निर्णाक *n* umpire
नितम्ब *n* hip
निर्देशन *n* direction
निर्देशन गर्नु *v* direct
निर्देशक *n* director
निर्देशिका *n* manual, directory, guidebook
निर्देशन सिद्धान्त *n* guidelines
निर्दयी *adj* ruthless, brutal, cruel, merciless, relentless, callous

निर्दयी *n* atrocity
निर्दयी बन्नु *v* brutalize
निर्दयीपूर्ण *n* brutality
निर्दयीता *n* cruelty
निदाएको *adj* numb
निद्रा *n* sleep
निद्रा भंग गर्नु *iv* awake
निद्रा नलाग्ने रोग *n* insomnia
निद्राबाट बिउँझाउनु *v* arouse
निर्दिष्ट *n* assignment
निर्दिष्ट गर्नु *v* assign
निर्दोष *adj* innocent
निर्दोष ठहर्याउनु *v* absolve
निर्दोष तथा सरल *adj* naive
निर्दोषी *n* innocence
निन्दा *n* calumny, slander
निन्दा गर्नु *v* denounce, malign, lash out
निधार *n* brow, forehead
निर्धारित मूल्य *n* rate
निर्धारित गर्नु *v* allot
निपुण *adj* versed, tactful, expert
निपुणता *n* ingenuity, tact
निबन्ध *n* essay
निर्भर रहनु *v* depend
निर्भर रहन योग्य *adj* dependable
निर्भरता *n* dependence
निभाउनु *v* extinguish, blow out
निम्ति *pre* regarding, towards
निम्न *adj* junior
निम्नस्तरीय *adj* substandard
निमन्त्रणा *n* invitation
निमन्त्रणा गर्नु *v* invite
निर्मल *adj* immaculate, serene
निर्माण *n* formation, construction
निर्माण कर्ता *n* maker
निर्माण गर्नु *iv* build, construct, fabricate
निर्माण तथा उत्पादन गर्नु *v* manufacture
निर्माण गरेको *n* buildup
निर्माणधिन *adj* constructive
निर्माणकर्ता *n* builder
निर्मित वस्तु *n* output
निर्मूल *n* annihilation
निर्मूल पार्नु *v* eradicate
निर्मूल गर्नु *v* annihilate
नियम *n* norm, regulation, rule
नियम मान्नु *v* rule
नियमसंगत *adj* fair
नियमानुरुपता *n* regularity
निर्यात गर्नु *v* export
नियालेर हेर्नु *v* gaze
नियन्त्रण *n* clutch, restraint, control
नियन्त्रण गर्नु *v* repress, restrain, captivate, control, predominate, rein
नियन्त्रण गर्ने साधन *n* helm
नियन्त्रन गर्नु *v* switch
नियमित रुपमा *adv* regularly
नियमित यात्रा गर्नु *v* commute
नियमित गर्नु *v* regulate
नियुक्ति *n* appointment
नियुक्ति गर्नु *v* appoint
नियुक्त भएको *adj* engaged

नियुक्त गर्नु *v* engage
निरंकुश शासक *n* tyrant
निरंकुशता *n* tyranny
निरङ्कुश शासक *n* dictator, despot
निरन्तर *adj* continuous, incessant
निरन्तरता *n* continuity
निरन्तरता नदिनु *v* discontinue
निरन्तरता दिनु *v* keep on, stick to
निराकार गर्नु *v* resolve
निराधार *n* fantasy
निराश *n* despair, chagrin, frustration, dismay
निराश *adj* hopeless, gloomy, desperate
निराश पार्नु *v* depress, disappoint, dismay, frustrate, upset
निराश लाग्दो *adj* depressing, subdued
निराशा *n* disappointment
निराशाजनक *adj* disappointing
निराशावाद *n* cynicism
निराशावादी *adj* cynic
निराशवाद *adj* pessimistic
निराशवादी *n* pessimism
निरिक्षण *n* inspection
निरिक्षण गर्नु *v* go over, inspect
निरिक्षक *n* inspector
निरीक्षण *n* supervision; outlook
निरीक्षण गर्नु *v* monitor, supervise, oversee
निरुत्साहित *adj* discouraging
निरुत्साहित तुल्याउने *adj* dejected
निरुत्साहिता *n* discouragement
निल्नु *v* engulf, shallow
निलम्बन *n* suspense, suspension
निलो *adj* blue
निवर्तमान *adj* outgoing
निवृत्ति *v* desist
निवृत्तिभरण *n* pension
निवारण गर्नु *v* avert, redress
निवारण गर्र्नु *v* alleviate
निवास *n* residence, quarters
निवास गर्नु *v* populate; lodge
निर्वासन *n* deportation, exile
निर्वासिन गर्नु *v* exile
निर्वासित गर्नु *v* deport
निर्वाचन *n* election
निर्वाह गर्नु *v* perform
निवेदन *n* application
निवेदक *n* informant, applicant
निश्चिय *n* confirmation, determination
निश्चिय नै *adv* really
निश्चिय गर्नु *v* confirm, determine
निश्चियता *n* certainty
निश्चित *adj* specific, clear-cut, sure, definite
निश्चित रुपमा *adv* surely
निश्चित ठाउँमा टाँस्नु *v* post
निश्चित आसनमा रहनु *v* pose
निश्चित दिशा तिर जाने *adj* bound for
निश्चित दिशामा नलाग्नु *v* space out
निश्चित ग्राहकलाई तयार पारिएको (पहिरन) *adj* custom-made
निश्चित गर्नु *v* conform, dissuade, ascertain

निश्चयपूर्वक *n* firmness
निश्चयी *adj* firm
निःशस्त्रीकरण *n* disarmament
निशस्त्र *adj* unarmed
निशान *n* mark, sign
निशान लगाउनु *v* mark
निशुल्क *adj* free
निशुल्क प्रदान गरिएको *adj* complimentary
निशुल्क हुनु *v* free
निष्कासन *n* expulsion
निष्कर्ष *n* sequel
निष्कर्ष निकाल्नु *v* deduce, infer
निष्कपट *adj* candid
निष्क्रिय *adj* passive, sluggish
निष्क्रिय पार्नु *v* defuse
निष्क्रिय हुनु *v* stagnate
निष्ठावन् *adj* faithful
निष्पक्ष *adj* impartial, fair
निष्ठुर *adj* stern
निष्ठुरीपूर्वक *adv* sternly
निषेध *n* prohibition
निषेध गर्नु *iv* forbid, prohibit, veto
निस्वार्थ *adj* unselfish
निस्कनु *v* bow out
निस्तेज पार्नु *v* overrule
निस्तेज गर्नु *v* revoke
निसानबाज *n* marksman
निसन्तान *adj* childless
निहित वस्तु *n* content
निहुरनु *v* incline; bow
निहुरिनु *iv* bend

नीच *adj* mean, paltry, pitiful
नीच अभिलाषाको *adj* prurient
नीचता *n* meanness
नीति *n* policy
नीतिकथा *n* allegory
नीतिगत *adj* tactical
नीतिशास्त्र *n* ethics
नीरस भएको *adj* fed up
नीलमणि *n* sapphire
नुन *n* salt
नुनिलो *adj* salty
नुहाउनु *v* bathe
नुहाउन जाने बेला लगाउने गाउन *n* bathrobe
नुहाउने भाँडो *n* bathtub
नुहाउने कोठा *n* bathroom
नुहाउने काम *n* bath
नेतृत्व *n* initiative, lead
नेतृत्व कर्ता *n* leader
नेतृत्व गर्नु *v* conduct, lead, spearhead
नेतृत्व गर्ने काम *n* leadership
नेतृत्व गरिएको *adj* leaded
नेतृत्वकर्ता *n* captain, commander
नेदरल्यान्ड देश *n* Netherlands
नेभेम्बर महिना *n* November
नेभारो *n* fig
नेर *pre* at
नेल *n* lash
नेल ठोक्नु *v* lash
नैतिक *adj* moral
नैतिक सम्बन्धी *adj* ethical
नैतिकता *n* moral, morality

नैसर्गिक *adj* innate
नोकर *n* servant
नोकरी *n* career
नोकर्नी *n* maid
नोक्सान *n* detriment
नोक्सान नगर्ने *adj* unharmed
नौ *adj* nine
नौऔ *adj* ninth
नौनी *n* butter
नौसेना अधिकारी *n* admiral
नृत्य *n* dance
नृत्यशाला *n* ball

प

प्याट्ट भाँच्नु *v* snap
प्यान्ट वा सुरुवाल *n* pants
प्यानक्रियाज ग्रन्थी *n* pancreas
प्लेटिनम धातु *n* platinum
प्लाष्टिक *n* plastic
प्वाँख *n* feather
प्वाल टाल्नु *v* patch
प्वाल टाल्ने वस्तु *n* patch
प्वाल पार्नु *v* drill
प्वाल पार्ने मेसिन *n* drill
प्याज *n* onion
प्याला *n* cup, chalice, mug
पक्का *adj* sure
पकड्ने काम *n* grasp
पकाउनु *v* cook
पकाउने व्यक्ति *n* baker
पकाउने काम *n* cooking
पक्का गर्नु *v* seal
पक्रनु *iv* hold, nail
पक्राउ *n* capture
पक्राउ पुर्जी *n* warrant
पक्राउ पुर्जी जारी गर्नु *v* warrant
पक्राउ गर्नु *v* capture
पक्रेर राख्नु *v* hold on to
पर्खनु *v* await, wait
पर्खाल *n* wall
पर्खाई *n* waiting
पखाला *n* diarrhea
पखाल्नु *v* rinse
पखेटा *n* wing
पखेटा वा कुनै वस्तु फटफट्याउनु *v* flutter
पखेटा चलाउनु *v* flip
पग्न सकिने *n* reach
पग्लनु वा पगाल्नु *v* thaw
पग्लने वा टुक्रने प्रक्रिया *n* fusion
पग्लिनु *v* melt
पग्लिएको पदार्थबाट झरेको थोपो *n* globule
पगाल्ने क्रिया *n* thaw
पंखा *n* fan
पङ्क्ति मिलाउनु *v* align
पङ्क्तिबद्ध *n* alignment
पंजा समाल्नु *v* claw
पंजा(जनावरको) *n* claw
पंक्ति *n* array, row, file, rank
पंक्तिबद्ध गर्नु *v* rank
पचास *adj* fifty

पर्चा *n* pamphlet, poster
पचाउनु *v* digest
पचाउन सकिने *adj* digestive
पछ्याउनु *v* follow
पछारिनु *v* tumble
पछाडि *n* back
पछाडि *pre* behind
पछाडि रहेको *adj* rear
पछाडि सर्नु *v* back
पछाडि ढल्किनु *v* lean back
पछाडि बोक्ने झोला *n* backpack
पछाडि परेका कामहरु *n* backlog
पछाडि फर्किनु *v* turn back
पछाडिपट्टि *adv* backwards, back
पछाडिको भाग *n* rear
पछाडि झुक्नु *v* recline
पछि *pre* after
पछि आउने *adj* subsequent
पछि भएको वृद्धि *n* hindsight
पछि पैसा तिर्ने काम *n* refund
पछि पार्नु *v* outdo
पछि हट्नु *v* move back, retreat, fall back
पछितिर तान्नु *v* recede
पछिल्तिर *adv* backwards
पछुतो *n* contrition, regret
पछुताउनु *v* regret
पछुताउने खालको *adj* regrettable
पत्याउनु *v* wrap
पत्याएको *n* wrapping
पट्टी *adv* blindly
पठाउनु *iv* send, refer to
पठाउने व्यक्ति *n* sender
पड्कनु *iv* burst
पढ्न सकिने स्पष्ट *adj* legible
पढ्ने काम *n* reading
पढ्नु *iv* read
पढाउनु *iv* teach
पढाउने काम *n* tuition
पञ्जा *n* glove
पञ्चभुजी *n* pentagon
पञ्चाङ्ग पात्रो *n* almanac
पत्याउनु *v* entrust
पत्थर *n* boulder
पतन *n* deterioration, downfall, overthrow
पत्ता लगाउनु *v* discover, find out, uncover
पथ *n* path, track
पथभ्रष्ट *adj* devious
पथभ्रष्ट हुनु *v* astray
पथ–प्रदर्शन गर्नु *v* guide
पथ–प्रदर्शक *n* guide
पद *n* degree, state, syllable, article, class
पद वा शक्ति उच्च पार्नु *v* exalt
पद हस्तान्तरण गर्नु *v* hand down
पदक *n* medal
पदसमष्टि *n* phrase
पदश्रेणी *n* stepladder
पदमा निम्न स्तर *adj* junior
पदार्थ *n* substance, matter
पदचिन्ह *n* footstep
पदच्युति *n* dismissal

पदच्युत गर्नु *v* depose
पर्दा *v* screen
पर्दा *n* curtain, screen
पर्दाले सजाउनु वा बन्द गर्नु *v* curtail
पदांश *n* syllable
पद्धति *n* system, mode
पन्जा (जनावरको) *n* paw
पन्ध्र *adj* fifteen
पन्छिनु *v* avert
पन्जिका *n* file
पन्जिका हाल्नु *v* file
पनि *adv* also, either
पनिर *n* cheese
पम्प *n* pump
पम्पमा काम गर्नु *v* pump
पर *adv* beyond, off
परजीवी *n* parasite
पराजय *n* overthrow, defeat
पराजित गर्नु *v* overthrow
पराजित हुनु *v* succumb
परमाणु *n* corpuscle, atom
परमान्द *n* ecstasy
परस्पर *adj* reciprocal
परस्पर संगति *n* consistency
परस्पर विरोधी *adj* discordant
परस्परविरोधी भाव भएको *adj* ambivalent
परस्त्रीगमन *n* adultery
पर्यटक *n* tourist
पर्यटकीय *n* tourism
पर्यावरणशस्त्र *n* ecology
पर्यावाची *n* synonym
पर्याप्त *adj* substantial, affluent, ample
पर्याप्त ठाउँ भएको *adj* spacious
पर्याप्त नभएको *adj* insufficient
पराग *n* pollen
पराल *n* hay, straw
परालको कुन्यौ *n* haystack
पराई बनाउने काम *adj* estranged
पराश्रव्य ध्वनि *n* ultrasound
परामश *n* counsel
परामर्श *n* consultation
परामर्श दिनु *v* advise, counsel
परामर्श दिने व्यक्ति *n* counselor
परामर्श लिनु *v* consult
परावर्तन *n* reflection
परम्परा *v* converge
परम्परा *n* tradition
परम्परावादी *adj* conservative
परम्परागत *adj* customary, conventional
परम्परागत शैली *adj* classic
परिक्रम *n* rotation
परिक्रम गर्नु *v* revolve, rotate
परिच्छेद *n* section
परिचारिका *n* stewardess
परिचालन गर्नु *v* mobilize
परिचय *n* identity, introduction
परिचय विवरण पुस्तिका *n* brochure
परिचय गराउनु *v* identify
परिचय गर्नु *v* introduce
परिचित *n* acquaintance
परिपूर्ण *adj* perfect, ingrained, replete
परिपूर्ति *n* fulfillment

परिपूर्ति गर्नु *v* fulfill
परिपक्क *adj* mature, mellow
परिपक्क नभएको *adj* immature
परिपक्क हुनु *v* mellow
परिपक्कता *n* maturity
परिपथ *n* circuit
परिवर्तन *n* change, transformation, convert, alteration
परिवर्तन गर्नु *v* change, convert
परिवर्तनीय *adj* reversible, variable
परिवर्तनशील *adj* dynamic, volatile
परिवार *n* family
परिभाषा *n* definition
परिभाषिक शब्दावली *n* terminology
परिषद् *n* conference, council
परिस्थिति *n* estate, atmosphere
परिस्थितिजन्य *adj* circumstantial
परिमिति *n* perimeter
परिशिष्ट (किताबको) *n* appendix
परिक्षण *n* test, check, analysis
परिक्षण वा जाँच गर्नु *v* check, check in
परिक्षण गर्नु *v* examine
परिकल्पना *n* scheme
परित्याग *adj* derelict, abandonment
परित्याग गर्नु *v* renounce, leave out, move out; shun, shut off, cast
परिणम *n* sequel
परिणाम *n* quantity, amount; consequence, sequel, corollary; voltage; dimension; product; degree
परिणाम *adj* consequent
परिणाम स्वरुप *adv* eventually
परिणाम स्वरुप *adj* conclusive
परिणाम पूर्वक *n* eventuality
परिभाषा दिनु *v* define
परिश्रम *n* diligence
परिश्रमी *adj* diligent, industrious
परी *n* fairy
परीक्षण *n* experiment
परीक्षणको लागि मात्र आउने बिरामी *n* outpatient
परीक्षा *n* examination
परीक्षा लिनु *v* test
परीक्षामा दिएको अंक *n* grade
परीक्षाफल *n* result
परेवा *n* pigeon
परेला *n* eyelash, eyelid
परेशान *adj* distraught
परोपकार *n* benevolence
परोपकारी *adj* charitable, benevolent
परोपकारी *n* benefactor
परोपकारी संस्था *n* charity
पल्टिनु *v* turn over
पल्टाउनु *v* flip
पल्टेको *adv* upside-down
पलास मखमली *adj* plush
पलाङ्गा जस्ता सजावट सामानहरु *n* furniture
पल्काउनु *v* entice
पर्व *n* festivity
पर्वत श्रेणी *n* ridge, range
पवित्र *adj* blessed, holy, pious, solemn

पवित्र बनाउनु *v* consecrate
पवित्र गर्नु *v* sanctify
पवित्रता *n* sanctity, piety
पश्चात् *adv* afterwards
पश्चाताप *n* penitent, remorse, repentance, lament
पश्चाताप पूर्ण *adj* remorseful
पश्चाताप गर्नु *v* lament, repent
पश्चिम *n* west
पश्चिमेली *adj* westerner
पश्चिमी *adj* western
पश्चिमतिर *adv* westbound
पशु फर्म *n* ranch
पशुचिकित्सक *n* veterinarian
पसल *n* kiosk, shop
पसलबाट सामान चोर्ने काम *n* shoplifting
पसिना *n* sweat
पसिना आउनु *v* perspire, sweat
पसिना आउने *n* perspiration
पहरा *n* patrol
पहाड *n* mount, hill
पहाड डाँडाको अग्लो स्थान *n* hilltop
पहाड क्षेत्र *n* hillside
पहाडी *adj* hilly
पहिचान *n* recognition
पहिचान हुनु *v* recognize
पहिरन *n* costume
पहिले नै सचेत गर्नु *v* forewarn
पहिले नै विचार पुर्याउनु *iv* foresee
पहिले गरिएको दाबी फिर्ता लिनु *v* back down
पहिलेकै अवस्थामा फर्किनु *v* recycle, revert
पहिलेकै स्थितिमा फर्कने *adj* resilient
पहिलेको *adj* prior
पहिलेको वा पूर्ववर्ती घटना *n* antecedent
पहिलेको वा पूर्ववर्ती घटनाहरु *n* antecedents
पहिलै *adv* previously
पहिलै नै विकसित भएको *adj* precocious
पहिलो *adj* first
पहिलाको *adj* previous
पहियेदार कुर्सी *n* wheelchair
पहँुच *n* access
पहुँच *n* approach
पहुँच योग्य *adj* approachable
पहेंलो *adj* pale, yellow
पहेंलो फल *n* grapefruit
पहेंलोपन *n* paleness
पक्ष *n* aspect
पक्षघात *n* paralysis
पक्षघात हुनु *v* paralyze
पक्षपात *n* bias, prejudice
पक्षपात रहित *adj* unbiased
पत्र *n* epistle
पत्रिका *n* newspaper
पत्रचार *adj* corresponding
पत्रपत्रिका *n* magazine
पत्रचार गर्नु *v* correspond
पत्रकार *n* journalist
पत्रे चट्टान *n* slate
पत्रेदार *adj* crusty
पाई रोटी *n* pie
पाइप सम्बन्धी काम *n* plumbing
पाइप मिस्त्री *n* plumber
पाइप वा नलीको अघिल्लो भाग *n* nozzle
पाइला *n* step, footprint

पाइला चाल्नु *v* step
पाउहरु *n* feet
पाउरोटी पसल *n* bakery
पाउरोटीको डल्लो *n* loaf
पाउरोटीको बीचमा हालिने पदार्थ *n* filling
पाउनु *v* bag, get
पाउरोटी *n* bread
पाउरोटी वाला *n* baker
पाक्नु *v* ripen
पाकेटमार *n* pickpocket
पाकेको *adj* ripe
पाखा लगाउनु *v* brush aside
पाखुरा *n* arm
पागल *adj* demented, insane, lunatic, mad, maniac, deranged, crazy
पागल बनाउनु *v* madden
पागल भएर *adv* madly
पागल व्यक्ति *n* madman
पागलपन *n* craziness, insanity, lunacy, madness
पाङ्ग्रा *n* wheel
पाङ्ग्रा घुम्ने तर्कु वा धुर *n* axle
पाँच *adj* five
पाचनप्रक्रिया *n* digestion
पाँचौ *adj* fifth
पाठ *n* lesson
पाठ्य सूची *n* course
पाठ्य पुस्तक *n* textbook
पाठक *n* reader
पाठेघार *n* uterus
पाठो *n* lamb
पाण्डित्याइँ *adj* pedantic
पाण्डुलिपि *n* manuscript
पात *n* leaf
पातहरु *n* leaves
पातलो *adj* tenuous, skinny, sparse, thin, lean, slim
पातलो बाटुलो पाता *n* disk
पातलो बनाउनु *v* attenuate
पातलो बनाउने *adj* attenuating
पातलो गर्नु *v* dilute
पातलो खरो रोटी *n* wafer
पातलोसँग *adv* thinly
पादरी सम्बन्धी *adj* pastoral
पादरी .वर्ग सम्बन्धी *adj* clerical
पादरी *n* chaplain, clergy, pastor, bishop
पादरीको क्षेत्र *n* diocese
पादरीको कार्यालय *n* papacy
पादरीहरुको सभा *n* synod
पादटिप्पणी *n* footnote
पाना *n* page
पानी *n* water
पानी सोस्ने नरम वस्तु *n* sponge
पानी सुकाउनु *v* dehydrate
पानी छम्किनु *v* splash
पानी नपर्ने *adj* arid
पानी नछिर्ने *adj* waterproof
पानी जमाउने ठाउँ *n* tank
पानी जहाज *n* ship
पानी जहाज अड्याउने वस्तु *n* anchor
पानी वा ज्वालामुखीको मुस्लो *n* torrent
पानी परेको वा पर्ने *adj* rainy
पानी पर्दा ओड्ने कपडा *n* raincoat

पानी पर्नु *v* rain
पानी बिरालो *n* otter
पानी मिसाउनु *v* water down
पानी विभाजन हुने ठाउँ *n* watershed
पानी वितरण गर्ने पाइप *n* pipe
पानी ऐंसेलु *n* raspberry
पानी तताउने उपकरण *n* water heater
पानी हाँस *n* goose
पानी हाँसहरु *n* geese
पानीबाट अलग्याउनु *v* drop out
पानीमा मिसाएर खाने शक्तिवर्धक औषधि *n* glucose
पानीजहाजको समूह *n* fleet
पानीजहाजको तला वा छत *n* deck
पानीले भिजाउनु *v* water
पानीयुक्त *adj* watery
पानीको छाल *n* ripple
पानीको भुमरी *n* whirlpool
पानीको प्रवाह *n* stream
पानीको प्रवाहले पखाल्नु *v* flush
पानीको फोका *n* bubble
पाप *n* sin
पाप गर्नु *v* sin
पापमोचन स्थान *n* purgatory
पापपूर्ण *adj* sinful
पापी *n* sinner
पारमाणविक *adj* atomic
पार गर्नु *v* cross
पारिश्रम दिनु *v* remunerate
पारिश्रमिक *n* wage
पाल *n* tent
पाल टाँग्नु *v* camp
पालन पोषण गर्नु *v* nourish
पालना गर्नु *v* adhere, abide by
पालनपोषण *n* nourishment
पालनपोषण गर्नु *v* bring up, nurture, maintain
पालन–पोषण गर्नु *v* cherish
पालयुक्त डुंगा *n* sailboat
पालिस *n* polish
पालिस लगाउनु *v* polish
पाले *n* warden, guard; janitor
पालैपाला *adj* alternate
पालैपालो गर्नु *v* alternate
पालो *n* turn
पशुवत् *adj* bestial
पारस्परिक रुपले *adv* mutually
पारदर्शक पातलो कागज *n* cell phone
पारदर्शक काँच *n* crystal
पारदर्शी *adj* transparent
पारो *n* mercury
पासा खेल *n* dice
पासा खेल्नु *v* dice
पासो *n* noose, trap
पासोमा पार्नु *v* trap
पाहुना *n* visitor, guest
पात्र *n* character
पिउनु *iv* drink
पिउन योग्य *adj* drinkable
पिउने मान्छे *n* drinker
पिङ्ग खेल्नु *iv* swing
पिचकारी *n* syringe, pump
पिचाश *n* vampire
पिछा लाग्ने *n* chase

पिछा गर्नु *v* tail
पिछाडिएको *adj* backward
पिंजडा *n* cage
पिट्नु *iv* beat, thresh
पिटाई *n* beating
पिटेको *adj* beaten
पिठो *n* flour
पिडित *n* victim
पिडित हुनु *v* victimize, suffer from
पिँडौला *n* calf
पिण्ड *n* mass
पित्त *n* bile
पित्त–थैली *n* gall bladder
पितृसदृश *adj* fatherly
पितृत्व *n* fatherhood
पिँध्नु *iv* grind
पिंधिनु *v* crush
पिंधिने *adj* crushing
पिँध *n* bottom
पिँध बिनाको *adj* bottomless
पिनले गाँस्नु वा सिउनु *v* pin
पियनो बजाउने व्यक्ति *n* pianist
पिलपिल गरेर बल्नु *n* glimmer
पिस्नु *v* mince
पिसाब *n* urine
पिसाब गर्नु *v* urinate
पिसाब–थैली *n* bladder
प्रिय *adj* dear, favorite
प्रियसी *n* sweetheart
पीठो तथा घिउँबाट बनाएको परिकार *n* pastry
पीडा कम गर्ने औषधि *n* sedation, painkiller
पीडा *adj* sore
पीडा *n* pain, suffering, torment, agony, ache
पीडा वा दुखाई *adj* stinging
पीडादायक *adj* painful
पीडाले कराउनु *v* groan
पीडाले गर्दा निस्केको आवाज *n* groan
पीडित हुनु *v* suffer
पीप *n* pus
पुख्र्यौली *n* paternity
पुग्नु *v* reach
पुच्छ्रेतारा *n* comet
पुच्छर *n* tail
पुछ्नु *v* mop, wipe
पुछेर मेट्नु *v* obliterate
पुजा *n* worship
पुर्जी *n* note
पुण्य *n* merit
पुण्यस्मरण गर्नु *v* commemorate
पुत्ला *n* effigy
पुतली *n* butterfly, doll, pupil
पुदिना *n* mint
पुनः अधिकार जमाउनु *v* recover
पुनःअनुभव गर्नु *v* relive
पुनःअभिनय गर्नु *n* reenactment
पुनःआरम्भ *n* resumption
पुनःआरम्भ गर्नु *v* pick up, resume
पुनःआश्वस्त पार्नु *v* reassure
पुनःइन्धन भर्नु *v* refuel
पुनःउफ्रनु *v* rebound
पुनःउत्पादन *n* reproduction
पुनःउत्पादन गर्नु *v* reproduce

पुनः देखा पर्नु *v* reappear
पुनः गणना गर्नु *n* recount
पुनःपाठ गर्नु *n* revision
पुनर्जन्म *n* resurrection, rebirth
पुनर्जीवन *n* regeneration
पुनर्जीवन पाउनु *v* relive
पुनर्जीवित हुनु *v* resuscitate, revive
पुनः दाबी गर्नु *v* reclaim
पुनर्नवीकरण *n* renovation
पुनर्निर्वाचन गर्नु *v* reelect
पुन प्रयोग गर्नु नसकिने *n* disposal
पुनः प्रहार गर्नु *v* strike back
पुनःप्राप्ति *n* recovery
पुनःपूर्ण गर्नु *n* reenactment
पुनःपूर्ति गर्नु *v* replenish
पुनःनिर्माण *v* remake
पुनःनिर्माण गर्नु *v* rebuild, reconstruct
पुनःनियन्त्रणमा लिनु *v* recapture
पुनः भन्नु *v* reiterate
पुनःभर्नु *v* refill
पुर्नमिलन *n* reunion
पुनर्मुद्रण *n* reprint
पुनर्मुद्रण गर्नु *v* reprint
पुनःमैत्री बनाउनु *v* reconcile
पुनःयौवन प्राप्त गर्नु *v* rejuvenate
पुनरवृत्ति *n* recurrence
पुनरवृत्ति हुनु *v* recur
पुनःराख्नु *v* replace
पुनःरुप दिनु *v* remodel
पुनर्लाभ *n* retrieval
पुनःविवाह *v* remarry
पुनर्विचारशील *adj* appealing
पुनर्विचार *n* review
पुनर्विचार गर्नु *v* review
पुनःस्थापना *n* replacement, retrieval
पुनःस्थापना गर्नु *v* rehabilitate
पुनस्थापना *n* restoration
पुनस्थापना गर्नु *v* restore
पुनःसंक्षेप गर्नु *v* recap
पुनःसंगठित गर्नु *v* reorganize
पुनःसफा गर्नु तथा चम्काउनु *v* refurbish
पुनः सुरुवात *n* kickoff
पुर्नु *v* bury
पुरस्कृत गर्नु *v* award
पुरस्कृत गरिने *adj* rewarding
पुरस्कृत हुनु *v* reward
पुरस्कार *n* gratuity, award, prize, reward
पुरस्कार वा दण्डको भोगी बनाउनु *v* merit
पुरस्कार दिनु *v* remunerate
पुरातन *adj* archaic
पुरातत्वविज्ञान वा शास्त्र *n* archaeology
पुरानो *adj* shabby, antiquated, old
पुरानो भइसकेको *adj* outdated
पुरानो परम्परा *adj* old-fashioned
पुरानो परम्परा तथा शैली *adj* outmoded
पुरुष *n* male
पुरुष बीर्य *n* prostate
पुरुष पादरी *n* clergyman
पुरुषमा रहेको यौन शक्ति *adj* virtuous
पुरुर्षोत्व *n* virility
पुरुषत्व *n* manliness
पुरुषत्व *adj* masculine
पुरुषत्वका साथ *adj* manly

पुरै *adj* whole
पुरोहित *n* priest
पुरोहित कार्य *n* priesthood
पुल *n* bridge
पुलपुल्याउनु *v* pamper
पुलुक्क हेराई *n* glance
पुलुक्क हेर्नु *v* glance
पुष्ट *adj* plump
पुष्टि *n* assertion, confirmation
पुष्टि गर्नु *v* corroborate, assert
पुस्तक व्यवस्थापन *n* bookkeeping
पुस्तक व्यवस्थापन गर्ने व्यक्ति *n* bookkeeper
पुस्तकालय *n* library
पुस्तकालयको व्यक्ति *n* librarian
पुस्ता *n* generation
पूर्खज *n* ancestor
पूँजीवाद *n* capitalism
पूँजीको प्रबन्ध मिलाउनु *v* finance
पूँजी *n* capital
पूजा गर्दा घुँडा खुम्च्याउनु *v* genuflect
पूर्ण *adj* thorough, absolute, complete, full
पूर्ण रुपमा *adv* completely
पूर्ण रुपमा बुझ्नु वा महशुस गर्नु *v* sink in
पूर्ण भएको *adv* in depth
पूर्ण नभएको *adj* sketchy
पूर्ण वाक्य *n* period
पूर्ण पार्नु *v* cap
पूर्ण परिक्षण *v* overhaul
पूर्ण हुनु *v* complete
पूर्णरुपमा *adv* fully
पूर्णविवरण *n* detail
पूर्णविवरण दिनु *v* detail
पूर्णता *n* totality, completion, perfection
पूरा जाँच *v* overhaul
पूरातत्व *n* heritage
पूरक *n* complement
पूरुष जननेन्द्रिय *n* groin
पूरै कालो वा अँध्यारो *adj* pitch-black
पूल खेल *n* pool
पूर्व *n* east
पूर्वअभ्यास *n* rehearsal
पूर्वअभ्यास गर्नु *v* rehearse
पूर्वअभ्यासबिना *adv* impromptu
पूर्वअनुभव *n* foretaste
पूर्व अनुमान *n* presupposition
पूर्व अनुमान गर्नु *v* presuppose
पूर्वकालले *adv* formerly
पूर्वाग्रह *n* prejudice
पूर्वगामी *n* precedent
पूर्वगामी भएको *adj* preceding
पूर्वगामी हुनु *v* precede
पूर्व चिन्तन *n* premeditation
पूर्व चिन्तन गर्नु *v* premeditate
पूर्वज *n* predecessor
पूवतिर जाने *adj* eastbound
पूर्व दिन वा साँझ *n* eve
पूर्व निर्माण गर्नु *v* prefabricate
पूर्वप्रदर्शन *n* preview
पूर्वस्थितिमा आउनु *n* relapse
पूर्व सर्त *n* prerequisite
पूर्वसूचना *n* premonition

पूर्वज्ञान *n* anticipation
पूर्वीय *adj* oriental, eastern, eastward, oriented
पूर्वीय बासिन्दा *n* easterner
पूर्वीय देशहरु *n* orient
पूर्वीय स्थिति *n* orientation
पेच कास्नु *v* screw
पेट *n* abdomen, belly, stomach, tummy
पेट दुखाई *n* colic
पेट पोल्ने *n* heartburn
पेटसम्बन्धी *adj* gastric
पेट्रोल *n* gasoline
पेटमा आउने घाउ *n* ulcer
पेटमा भोजन हाल्नु *v* ingest
पेटी *n* belt
पेटका भित्री अवयवहरु *n* guts
पेन्गुइन चरा *n* penguin
पेय *n* beverage
पेय पदार्थ *n* drink
पेश गर्नु *v* offer
पेशा *n* occupation, profession, vocation
पेशागत *adj* professional
पेशागत तथा विशिष्ट ज्ञान नभएको व्यक्ति *n* layman
पेशेवर लडाकू *n* gladiator
पेस गर्नु *v* submit
पेसा *n* career
पेसागत स्थिति *n* status
पैजामा *n* pajamas
पैतृक सम्पत्ति *n* patrimony
पैताला *n* foot, sole
पैदल यात्रा *n* hike
पैदल यात्रा गर्नु *v* hike, walk
पैदलयात्री *n* pedestrian
पैदा गर्नु *iv* breed, generate, procreate
पैदा हुनु *v* stem
पैदावार *n* product
पैयुँको बोट *n* cherry
पैसा *n* money
पैसा राख्ने सानो झोला *n* purse
पैसा राख्ने सुँगुर आकारको बाकस *n* piggy bank
पैसा राख्ने थैली *n* wallet
पैसा छाप्नु *v* mint
पैसा छाप्न दिएको आदेश *n* money order
पैसा नभएको *adj* broke
पैसा पठाउनु *v* remit
पैसा फिर्ता गर्नु *v* refund
पैसा तिरेर थुनाबाट निस्कनु *v* ransom
पैत्रिक सम्पत्तिबाट बन्चित पार्नु *v* disinherit
पोको *n* bale
पोको वा कुम्लो *n* pack
पोको वा कुम्लो पार्नु *v* pack
पोको पारिएको सामान *n* parcel
पोख्नु *iv* spill
पोखरी *n* pond
पोखाई *n* spill
पोखिएको *n* outpouring
पोर्चुगल देश *n* Portugal
पोर्चुगलको नागरिक *adj* Portuguese
पोतो *n* freckle

पोतो परेको *adj* freckled
पोथी घोडा *n* mare
पोल्याड देश *n* Poland
पोल्यान्ड देशको नागरिक *adj* Polish
पोशाक *n* apparel
पोषण *n* diet, nutrition
पोषणयुक्त *adj* nutritious
पोसाक *n* garment, uniform
पौडिनु *iv* swim
पौडिने व्यक्ति *n* swimmer
पौडिने काम *n* swimming
पौराणिक *n* legend
पौराणिक कथा *n* myth
पौष्टिक तत्व *n* protein
प्रकट गन *v* unfold
प्रकट गर्नु *v* manifest
प्रकट हुनु *v* show up, emerge
प्रकार *n* item; type, sort, breed, species
प्रकाश *n* light
प्रकाशको प्रभाह *n* flash
प्रकाशित गर्नु *v* unfold; issue
प्रकाश बत्ती *n* torch
प्रकाश पार्नु *v* designate
प्रकाशन *n* publication
प्रकाशन नगरिने *adj* off-the-record
प्रकाशन गर्नु *v* publish
प्रकाशनाधिकार शुल्क *n* royalty
प्रकाशक *n* publisher
प्रकोप *n* catastrophe, disaster, outbreak
प्रक्रिया *n* mechanism, process

प्रक्रिया अपनाउनु *v* process
प्रकृति *n* nature
प्रकृति रंगसँग मेल खाने कपडा लगाएर नदेखिने बन्नु *v* camouflage
प्रकृति रंगसँग मेल खाने कपडा लगाएर नदेखिने बन्ने काम *n* camouflage
प्रकृतिपूजक *adj* pagan
प्रख्यात *adj* prominent, renowned, well-known
प्रख्यात वा सफल *adj* premier
प्रगति *adj* progressive
प्रगति *n* advance
प्रचण्ड *adj* red-hot
प्रचण्ड *n* mammoth
प्रचलित *adj* prevalent, fashionable
प्रचलित रीति *n* vogue
प्रचलित भेषभूषा *n* fashion
प्रचलन *n* usage
प्रचलनमा ल्याउनु *v* issue
प्रचार *n* mission
प्रचार गर्नु *v* canvas
प्रचारप्रसार गर्नु *v* disseminate
प्रचुर *adj* abundant
प्रचुर मात्रामा दिनु वा खर्च गर्नु *v* lavish
प्रचुरता *n* abundance
प्रज्ज्वलन *n* inflammation
प्रज्ज्वलित *adj* ablaze
प्रज्वलनशील *adj* flammable
प्रज्वलीत *adv* alight
प्रजनन गर्नु *v* propagate
प्रजनन शक्ति भएको *adj* virile
प्रजातान्त्रिक *adj* democratic

प्रजातन्त्र *n* democracy
प्रणाली *n* system, mode
प्रत्येक *adv* apiece
प्रत्येक *adj* each
प्रत्येक *pre* per
प्रत्येक घण्टा *adv* hourly
प्रत्येक जना *pro* everyone
प्रत्येक व्यक्ति *pro* everybody
प्रत्येक दिन *adj* everyday
प्रत्येकका लागि *adv* apiece
प्रत्यारोपण गर्नु *v* transplant
प्रत्यक्ष *adj* direct, apparent
प्रत्यक्ष प्रसारण *adj* live
प्रत्यक्षदर्शी *n* witness, eyewitness, bystander
प्रतापी *adj* majestic
प्रति *pre* per
प्रतिक्रिया *v* report, feedback, reaction, response
प्रतिक्रिया जनाउनु *v* respond
प्रतिक्रिया दिनु *v* reply
प्रतिक्रिया दिनु *n* reply
प्रतिक्रिया गर्नु *v* react
प्रतियोगिता *n* tournament
प्रतियोगीताको लागि छान्नु *v* field
प्रतिक्रया *n* comment
प्रतिक्रया दिनु *v* comment
प्रतिक *n* emblem, badge
प्रतिकार गर्नु *v* counter, hit back, hold out
प्रतिकूल *adj* unfavorable
प्रतिकूल प्रतिक्रया *n* allergy
प्रतिकूल प्रतिक्रया पार्ने *adj* allergic
प्रतिकृति *n* replica
प्रतिकृति वा प्रतिरुप बनाउनु *v* replicate
प्रतिघाती *adj* repulsive
प्रतिजैवी वस्तु *n* penicillin
प्रतिदान *n* restitution
प्रतिद्वन्द्वी *n* adversary, opponent, rival
प्रतिध्वनि *n* echo
प्रतिधर्मी *adj* heretic
प्रतिनिधि *n* candidacy, candidate, delegate, proxy
प्रतिनिधि छानेर पठाउनु *v* delegate
प्रतिनिधिमण्डल *n* delegation
प्रतिनिधित्व गर्नु *v* represent, stand for
प्रतिफल *n* product, outcome
प्रतिफल दिनु *v* yield
प्रतिबन्ध *n* censorship
प्रतिबन्ध गर्नु *v* ban
प्रतिबन्ध लगाउनु *n* ban
प्रतिबन्ध लगाउनु *v* censure
प्रतिबिम्बि *n* reflection
प्रतिबिम्बित *adj* reflexive
प्रतिबिम्बित हुनु *v* reflect
प्रतिभोज *n* banquet
प्रतिभावान् *adj* intelligent
प्रतिभाशाली *n* talent
प्रतिभाशाली *adj* bright
प्रतिमा *n* likeness, image
प्रतिमूर्ति *n* idolatry
प्रतिरोध गर्न नसकिने *adj* irresistible
प्रतिरोध *n* prevention

प्रतिरोध गर्नु *v* deter, oppose, prevent, withstand
प्रतिरोधात्मक *adj* preventive
प्रतिरोधक *n* deterrence
प्रतिरक्षा *n* defense
प्रतिरक्षा विहिन *adj* defenseless
प्रतिरक्षा गर्नु *v* champion, defend
प्रतिरक्षक *n* defender
प्रतिरुप *n* counterpart, repetition, replica
प्रतिलिपि *n* photocopy; counterpart
प्रतिलिपि बनाउने काम *adj* engrossed
प्रतिलिपि अधिकार *n* copyright
प्रतिलिपि लेख्नु *v* transcribe
प्रतिवाद *n* contradiction
प्रतिवाद गर्नु *v* contradict
प्रतिवादी *n* defendant
प्रतिवेदन *n* report
प्रतिवेदन अनुसार *adv* reportedly
प्रतिशत *adv* percent
प्रतिशतता *n* percentage
प्रतिशोध *n* reprisal, retaliation, vengeance
प्रतिशोधी *adj* vindictive
प्रतिष्ठा *n* reputation, standing, dignity
प्रतिष्ठान *n* academy
प्रतिष्ठाताका साथ *adv* reputedly
प्रतिस्पर्धा *n* league, match, competition, contest
प्रतिस्पर्धा व संघर्ष गर्नु *v* wage
प्रतिस्पर्धा गर्नु *v* compete
प्रतिस्पर्धा गर्नु *n* rivalry
प्रतिस्पर्धामा भाग लिनु *v* go in
प्रतिस्पर्धात्मक *adj* competitive
प्रतिस्पर्धात्मक खेल *n* game
प्रतिस्पर्धी *n* competitor, contestant
प्रतिक्षा गर्नु *v* relish, look forward, await
प्रतिज्ञा *n* pledge, commitment, guarantee, warranty
प्रतिज्ञा पत्र *n* covenant
प्रतिज्ञा गरेको *adj* committed
प्रतिज्ञा गर्नु *v* commit, guarantee, pledge, vow
प्रतिज्ञा गर्ने व्यक्ति *n* guarantor
प्रर्दशन *n* exhibition
प्रर्दशन गर्नु *v* exhibit
प्रदर्शित *adj* exposed
प्रदर्शित गर्नु *v* expose
प्रदर्शन *n* demon; display
प्रदर्शन गर्नु *v* demonstrate, display, show off
प्रदर्शनी *adj* demonstrative
प्रदान गर्नु *v* confer, hand in, award
प्रदेश *n* province, region
प्रधान *adj* major
प्रधान पादरी *n* pontiff
प्रधानध्यापक *adj* principal
प्रथम आविष्कारक *n* pioneer
प्रथम गायन तथा अभिनय *n* debut
प्रथमतः *adv* primarily
प्रफुल्ल *adj* elated, jovial
प्रबन्ध *n* adjustment

प्रबन्ध *v* organize
प्रबन्ध मिलाउनु *v* mount
प्रबन्ध गर्नु *v* administer
प्रबल *adj* drastic, intense
प्रबल मानसिक झुकाउ *n* penchant
प्रबल हुनु *v* prevail
प्रबलता *n* intensity
प्रबलता बनाउनु *v* intensify
प्रबलता हुने *adj* intensive
प्रभाव *n* leverage, effect, impact, influence
प्रभाव जनाउने *adj* responsive
प्रभाव क्षेत्र *n* realm
प्रभाव पार्नु *v* dominate, impact, impress
प्रभाव पार्न सक्ने *n* reach
प्रभाव पार्ने काम *adj* telling
प्रभावकारी *n* efficiency
प्रभावकारी *adj* effective, impressive, influential
प्रभावकारी रुपले कार्य सम्पदान गर्नु *v* cope
प्रभावकारीता *n* effectiveness
प्रभावशाली *adj* imposing, brilliant
प्रभावित पार्नु *v* affect
प्रभातकालिन *n* dawn
प्रभुता *n* ascendancy
प्रभुत्व *n* mastery, domination, ascendency
प्रमाण *n* evidence
प्रमाण पत्र *n* certificate
प्रमाण गर्नु *v* testify
प्रमाणपत्र *n* testimony
प्रणालीबद्ध *adj* systematic
प्रमाण रहित *adj* self-evident
प्रमाणहीन *adj* unreasonable
प्रमाणित *n* proof, verification
प्रमाणित गरेको *adj* proven
प्रमाणित गर्नु *v* attest, certify, justify, prove, vindicate
प्रमाणित गर्न अयोग्य *adj* unjustified
प्रमाणित गर्र्नु *v* verify
प्रमाणित हुन पुग्नु *v* end up
प्रमुख *adj* principal, main, leading
प्रमुख *n* chief, foreman
प्रमुख भान्से *n* chef
प्रमुख विषयमा अध्ययन गर्नु *v* major in
प्रमुख गिर्जाघर *n* cathedral
प्रमुख हुनु *v* stand out
प्रमुखतः *adv* mainly
प्रयास गर्नु *v* exert
प्रयोग *n* use
प्रयोग नहुने *n* disuse
प्रयोग कर्ता *n* user
प्रयोग गर्नु *v* use, utilize
प्रयोग गर्न सकिने वा लागू हुने *adj* applicable
प्रयोगमा नल्याएको फर्निचर *n* lumber
प्रयोगमा ल्याउनु *v* carry out
प्रयोगात्मक *adj* practical
प्रयोगशाला *n* lab
प्रयजसो *adv* mostly
प्रयत्न *n* effort
प्रयत्न वा कोसिस *n* endeavor
प्रयत्न वा कोसिस गर्नु *v* endeavor

प्रलोभन *n* allure, enticement, temptation
प्रलोभन देखाउने *v* tempt
प्रलोभन देखाउने *adj* tempting
प्रलोभन पार्ने काम *adj* alluring
प्रवचन *n* preaching
प्रवचन दिनु *v* preach
प्रवचन दिने व्यक्ति *n* preacher
प्रवचन दिने व्यक्ति वा प्रवचन *n* pulpit
प्रवचनमा किताब राख्ने तखता *n* lectern
प्रवणशील *adj* predisposed
प्रवासी *n* emigrant, itinerary
प्रवाहित *n* circulation
प्रवाह *n* current
प्रवाह गर्नु *v* circulate
प्रविधि विज्ञान *n* technology
प्रवीण *adj* proficient
प्रवीणता *n* proficiency
प्रवृत्ति *n* tendency, trend
प्रवेश *n* entry
प्रवेश मार्ग *n* gate, drive
प्रवेश योग्य *adj* approachable
प्रवेश गर्नु *v* enter, permeate, turn in
प्रवेशद्धार *n* entrance
प्रवेशद्धार देखि कोठा सम्म जाने बाटो *n* corridor
प्रवेशमार्ग *n* threshold
प्रवेशाज्ञा *n* admittance
प्रवेशाधिकार *n* entree
प्रवेशका लागि अनुमति दिनु *v* let in
प्रश्न *n* question
प्रश्न सोध्नु *v* quiz
प्रश्न गर्नु *v* interrogate, question
प्रश्न गर्न लायक *adj* questionable
प्रश्नावली *n* questionnaire
प्रशस्त *n* excess, handful
प्रशस्त *adj* adequate, plentiful, sufficient, lavish, immense, enough, too
प्रशस्त मात्रामा *adj* excessive
प्रशस्त नभएको *adj* inadequate
प्रशस्त कोठाहरु भएको *adj* roomy
प्रशस्त हुनु *v* abound
प्रशस्तता *n* plenty
प्रशंसा *n* appreciation, admiration, praise, approbation
प्रशंसा गर्नु *v* appreciate, acclaim, admire, praise
प्रशंसा गर्न लायक *adj* praiseworthy
प्रशंसा गर्न योग्य *adj* admirable
प्रशंसक *n* admirer, fan
प्रशंसित व्यक्ति *n* idol
प्रशंग *n* theme
प्रशासनतन्त्र *n* bureaucracy
प्रशासक *n* executive
प्रशासक भएर काम गर्नु *v* administer
प्रशान्तता *n* serenity
प्रशिक्षण *n* training, coaching
प्रशिक्षण दिनु *v* coach
प्रशिक्षार्थी *n* trainee, apprentice
प्रशिक्षार्थीको रुपमा काम गर्नु *v* intern
प्रशिक्षक *n* trainer, instructor
प्रष्ट *adj* definite, apparent, clear, obvious, forthright

प्रष्ट देखिने *v* stick out
प्रष्ट भएको *n* visibility
प्रष्ट वा प्रत्यक्ष वा स्पष्ट रुपले *adv* apparently
प्रष्ट पार्नु *v* designate, clear
प्रष्टसँग *adv* fluently, clearly, obviously
प्रष्टसँग बोल्ने *n* eloquence
प्रष्टता *n* clearness
प्रषित गर्नु *v* dispatch
प्रस्फुटित हुनु *v* erupt
प्रस्ताव *n* proposal
प्रस्ताव राख्नु *v* propose
प्रस्तावना *n* foreword, preamble, preface, prologue
प्रस्तुति *n* presentation, performance
प्रस्तुत गर्नु *v* stage
प्रस्थान *n* departure, exodus
प्रस्थान गर्नु *v* set off, depart, head for
प्रसंग *n* occurrence, subject
प्रसंगवश छोटकारीमा उल्लेख गर्नु *v* touch on
प्रसन्न *adj* genial, joyful, cheerful
प्रसन्न *n* cheers, delight, light
प्रसन्न हुनु *v* cheer, delight
प्रसन्नमुद्रा *adj* delightful
प्रसन्नता *n* happiness, pleasure
प्रसारण *n* broadcast
प्रसारण गर्ने वाला *n* broadcaster
प्रसारण गर्नु *v* broadcast
प्रसिद्ध *adj* renowned, well-known, illustrious, famous
प्रसिद्ध नभएको *adj* infamous
प्रसिद्धले *adv* notably
प्रसूति *n* delivery
प्रहरी *n* police
प्रहरी अधिकारी *n* cop
प्रहरीजवान *n* policeman
प्रहार *n* stroke, blow, chop, strike, hit, striking; hilt
प्रहार गर्नु *iv* strike, strike out, hit
प्रक्षेपण गर्नु *v* propel
प्राकृतिक *adj* natural
प्राकृतिक रुपले *adv* naturally
प्राकृतिक दृश्य *n* landscape, scenery
प्राकृतिक वा कच्चा अवस्थामा रहेको *adj* crude
प्रांगण वा परिसर *n* premises
प्रांगार मिश्रण यन्त्र *n* carburetor
प्राङ्गारिक मल *n* compost
प्राचीन *adj* antiquated, archaic, ancient, primitive
प्राचीन मिस्रका राजकीय स्मारक *n* pyramid
प्राचीन तक्मा *n* medallion
प्राचीन धर्म अनुयायी *adj* conformist
प्राचीनकालिक मानव *n* antiquity
प्राणघातक *adj* lethal
प्राणी *n* creature, being
प्राणीहरुको स्वभाविक प्रवृत्ति *n* instinct
प्रार्थना *n* petition
प्रार्थना विधि *n* liturgy
प्रार्थना गर्नु *v* invoke; pray
प्राथमिक *adj* elementary
प्राथमिक *n* primacy
प्राथमिकता *n* preference, priority

प्रार्थी *adj* appealing
प्राथमिकता दिएको *n* highlight
प्रादेशिक *adj* regional
प्राध्यापक *n* professor
प्रान्त *n* county, province, region
प्रापक *n* addressee
प्राप्त गरेको वस्तु *n* gain
प्राप्त गर्नु *v* acquire, gain, obtain, receive, secure
प्राप्तांक *n* score
प्राप्ति *n* attainment, acquisition
प्रायजसो *adj* usual
प्रायश्चित्त *n* expiation
प्रायश्चित *n* atonement, penance, expiation
प्रायश्चित गर्नु *v* expiate
प्रायश्चित हुनु *v* atone
प्रायोजक *n* sponsor
प्रारम्भ गर्नु *v* institute, set about, launch
प्रारम्भतः *adv* initially
प्रारम्भिक *adj* preliminary
प्रारम्भिक घटना *n* prelude
प्रारम्भिक सिद्धान्तमा आधारित *adj* rudimentary
प्रारम्भिक शिक्षा *n* upbringing
प्रारम्भिक कार्य *n* groundwork
प्राविधिज्ञ *n* technician
प्राविधिक सम्बन्धि *adj* technical
प्राविधिकता *n* technicality
प्रासाद *n* mansion
प्रीति *n* affection
प्रीतिपूर्ण *adj* affectionate

प्रेत *n* phantom
प्रेत वा छाया मूर्ति *n* apparition
प्रेम *n* affection
प्रेम सम्बन्ध *n* affair
प्रेम देखाउनु *v* court
प्रेमको ठट्टा गर्नु *v* flirt
प्रेममय *adj* affectionate
प्रेमालाप *n* romance
प्रेमपूर्वक *adv* dearly
प्रेमी *n* lover
प्रेमी सम्बन्धी सन्ध्याको गीत *n* serenade
प्रेमी (केटी) *n* girlfriend
प्रेयसी *adj* beloved
प्रेरणा *n* provocation, infusion
प्रेरणा दिनु *v* inspire
प्रेरित गर्नु *v* induce, motivate, stimulate
प्रेषण *n* mission
प्रेषित राशि वा रकम *n* remittance
प्रोत्साहन *n* incentive
प्रोत्साहन गर्नु *v* encourage
प्रौढ *adj* elderly
प्रोटिन *n* protein
पृष्ठभूमि *n* background
पृथ्वी *n* earth
पृथ्वीसँग सम्बन्धित *adj* terrestrial
पृथ्वीको संरचना भएको नक्सा *n* globe
पृथक *adj* distinct
पृथककरण *n* resolution

फ

फ्याँक्नु v launch, dump
फ्याउरो n fox
फ्याउरोजस्तो adj foxy
फ्याक्नु v dispose, throw
फर्काउनु v bring back
फर्किनु v fall back, come back, get back, go back, return, turn
फर्किने n comeback
फर्किने काम n return
फर्केर जानु v ebb
फक्रनु v bloom
फजुल adj superfluous
फजुल खर्च गर्नु v squander, lavish
फटाह adj stupid
फटाहा n thug
फटेङ्ग्रो n locust
फतफताउनु v babble
फन्दा n pitfall, snare
फन्दामा पर्नु v snare
फर्निचरका सामानहरुले सजाउनु v furnish
फल्याक n slab
फलबाट तयार पारिएको रक्सी n brandy
फलदायी adj fruitful
फलफूल n fruit
फलस्वरुप adj consequent
फलाम n iron
फलाम तथा धातुको काम गर्ने व्यक्ति n locksmith
फलामको अचानो n anvil
फलामको पट्टी n clamp
फलामको गल n crowbar
फलजस्तो adj fruity
फलेक n board
फरक adj distinct, varied, dissimilar, different
फरक n difference
फरक छुट्याउनु v distinguish
फरक वा भिन्नता n distinction
फरक हुनु v contrast, differ
फरार व्यक्ति n fugitive
फराकिलो adj wide
फराकिलो बनाउनु v broaden
फराकिलो हुनु v widen
फरफराउनु v wave
फस्टाउनु v thrive, prosper
फस्नर n zipper
फर्सी n pumpkin
फाइदा n benefit, advantage
फाइदा वा लाभ हुनु v benefit
फाइदाजनक adj lucrative
फाइल n dossier, file
फाइल हाल्नु v file
फाटेको adj shabby
फ्रान्स देश n France
फ्रान्सेली adj French
फाल्सो n clot
फाल्नु iv throw, pitch
फाल्नलायक adj disposable
फाल्तु adv extra
फारम n form
फाँसी दिने तख्ता n gallows

फिक्का रातो रंगको मासु *n* carnation
फिँज *n* foam, lather
फिजार्नु *v* sprawl
फित्ता वा पट्टी *n* ribbon
फित्ता वा तुना *n* lace
फिर्ता दिनु वा लिनु *v* give back
फिर्ता लिनु *v* revoke, call off, take back
फिर्ता तिर्नु *v* repay
फिर्ता गर्नु *v* reimburse, pay back
फिरन्ते *n* vagrant
फिन्ल्याड देश *n* Finland
फिन्ल्याड देशको नागरिक *adj* Finnish
फुक्नु *iv* blow
फुर्काउनु *v* flatter
फुर्काउने काम *n* flattery
फुकाल्नु *v* dislodge, take off, untie
फुकाउनु *v* unravel
फुकाल्ने काम *n* strip
फुकेको *adj* puffy
फुट *n* disunity
फुट्नु *v* secede
फुट्ने खालको *adj* brittle
फुटबल *n* football
फुटबलमा गोल गर्ने पोष्ट *n* goal
फुत्किने *adj* elusive
फुर्तिलो *adj* hearty, smart, brisk
फुल्नु *v* bloat
फुलाल्नु *v* unwrap
फुलिने *n* inflation
फुर्सद *n* leisure
फूल *n* flower

फूलदान *n* vase
फूलको माला *n* wreath
फूलको पात *n* petal
फेब्रुअरी महिना (अंग्रजीको) *n* February
फेरि *adv* again
फेरि बनाउनु *v* reform
फेरि दोब्बर पार्नु *v* redouble
फेरि नयाँ बनाउनु *v* renovate
फेरि प्राप्त गर्नु *v* regain
फेरि प्रवेश गर्नु *n* reentry
फेरि पाउनु *v* retrieve
फेरि मिल्नु *v* rejoin
फेरि जित्नु *v* win back
फेरि गर्नु *v* redo
फेरि खेल्नु वा बजाउनु वा अभिनय गर्नु *n* replay
फेला पार्नु *iv* find
फेसो *n* wedge
फैलिनु *v* break out, span, spread
फैलावट *n* span, stretch, extension, extent, enlargement, expansion, range
फैलावट *adj* outstretched
फैलाउनु *v* disseminate; diffuse; stretch, unfold, expand
फैसला *n* arbitration, verdict
फैसला सुनाउनु *v* decree
फैसला गर्नु *v* arbitrate
फोक्सो *n* lung
फोटो खिच्नु *v* snap
फोटो खिच्ने यन्त्र *n* camera
फोन काट्ने काम *n* hang-up

फोन गर्नु *v* phone
फोहर फाल्ने ठाँउ *n* landfill
फोनको अंक दबाउँदा निस्कने आवाज *n* dial tone
फोनको अंक दबाउनु *v* dial
फोर्नु *v* break open
फोस्फरस रसायन *n* phosphorus
फोहर *adj* filthy
फोहर मैला *n* litter
फोहोर *n* rubbish, trash, mess
फोहोर बनाउनु *v* soil
फोहोर मैला *n* dirt
फोहोर मैला लागेको *adj* dirty
फोहोर पारेको *adj* soiled
फोहोर पानी *n* sewage
फोहोर फाल्ने डब्बा *n* trash can
फोहोर तथा नचाहिने वस्तु *n* junk
फोहोर गर्नु *v* mess up
फोहोर–मैला *n* garbage
फोहोरी वा मैलो *adj* messy
फोहोरको थुप्रो *n* dump
फौज *n* array
फौजदारी न्यायधीश *n* magistrate

ब

ब्यानर *n* banner
ब्वाँसो *n* wolf, hyena
ब्याज *n* badge; interest
बग्नु *v* flow
बग्ने वा बहने गति *n* flow
बंग्याउनु *v* twist, warp
बंग्याउने उपकरण *n* twister
बंग्याएको *adj* twisted
बंगारा *n* jaw
बगर तथा किनारमा रहेको *adj* stranded
बगैंचाको माली *n* gardener
बगैचा *n* garden
बच्चा *n* child, kid
बच्चाबच्ची सुसारे *n* nanny
बचत गर्नु *v* economize, put aside, save
बचाउनु *v* screen, rescue
बछेडो *n* colt
बज्रपात *n* thunderbolt
बजार *n* bazaar, downtown, market
बजेट *n* budget
बजेट विनियोजन गर्नु *v* allocate
बट्टा *n* canister
बट्टा वा डिब्बामा राखेको *adj* canned
बट्टा खोल्ने वस्तु *n* can opener
बटन खोलेर खुकुलो पार्नु *v* unbutton
बटार्नु *iv* wring
बटार्ने वा घुमाउने औजार *n* wrench
बटार्ने वा घुमाउने कार्य *n* twist
बटारिएका *adj* cramped
बटारिएको *adj* twisted
बटुवा *n* passer-by
बडापत्र *n* charter
बढ्नु *iv* grow, excel, grow up
बढ्नु तथा वृद्धि हुनु *v* run up

बढ्ता हुनु *v* outnumber
बढाईचढाई आकलन गर्नु *v* overestimate
बढाउनु *v* escalate, boost
बढार्नु *iv* sweep
बढुवा *n* promotion
बढुवा गर्नु *v* promote
बढी सडकहरु जोडिएको ठाउँ *n* crossroads
बढी आकांक्ष राख्नु *v* daydream
बढी मूल्य तोक्नु *v* overrate
बढी भएर बग्नु *v* overflow
बढी प्रचलनमा आउने *adj* trendy
बढी तिराउनु *v* overcharge
बढी तौल *adj* overweight
बन्डल *n* bundle, bale
बन्डल बनाउनु *v* bundle
बतास *n* wind
बतासको कडा झोक्का *n* gust
बत्ती *n* lamp
बत्ती धिपधिप गर्नु *v* flicker
बत्तीघर *n* lighthouse
बत्तीको छाँया *n* lampshade
बत्तीको खम्बा *n* lamppost
बथान *n* swarm
बदल्नु *v* alter
बदर गर्नु *v* quash
बदमास *n* scourge, rascal, scoundrel
बदमासी *n* mischief
बदनाम *n* scandal
बदनाम गर्नु *v* denigrate, blemish, discredit, scandalize
बदनामी *n* disgrace, dishonor, calumny
बदनामी गर्नु *v* disgrace
बदला *n* vengeance, revenge
बदला लिनु *v* avenge, revenge
बदाई *n* congratulations
बदाई दिनु *v* congratulate
बदाम *n* hazelnut, peanut
बदामको रुख *n* almond
बँदेल *n* hog, wild boar, boar
बन्द *adv* off
बन्द *n* blockage
बन्द भाडो पकाएको मासु *n* stew
बन्द गर्नु *v* encompass; log off, shut, switch off, turn off, turn out
बन्द हुनु *v* stall
बन्दरगा *n* wharf
बन्दरगाह *n* creek, dock, harbor, haven
बन्दरगाहमा ल्याउनु *v* dock
बन्दोबस्त *n* settlement, arrangement
बन्दाकोबी *n* cabbage
बन्दी *n* captive, captivity, confinement, prisoner
बन्दी बनाउनु *v* jail, lock up, confine
बन्दीकरण *n* detention
बन्दुक *n* gun
बन्दुक पट्किने काम *n* gunfire
बन्दुकदारी *n* gunman
बन्दुकको घोडा *n* trigger
बन्दुकको नाल *n* barrel, muzzle
बन्दुकको नाल तेर्स्याउनु *v* muzzle
बन्चरो *n* ax
बन्धक *n* captivity

ब

बन्धन *n* obstruction, bond
बन्धन *adj* binding
बन्धक राख्नु *v* pawn
बनावट *n* fabric, setting, make, makeup, texture
बनोट *n* texture
बनाउनु *iv* make
बफदार व्यक्ति *n* henchman
बफदारी नभएको *adj* disloyal
बफादारी *n* allegiance, fidelity
बर्बराउनु *v* babble, rave
बमगोला *n* shrapnel
बम पट्काउनु *v* bomb
बम विस्फोटन *n* bombing
बरन्डा *n* balcony
बरफ टुक्रा *n* ice cube
बरफले चिच्याएको बाकस *n* icebox
बरफयुक्त *adj* icy
बरमाले प्वाल पार्नु *v* drill
बराबर *adj* equal, tantamount to
बराबर मान्नु *v* equate
बराबरी *n* parity
बरालिनु *v* loiter, stray
बरालिने *adj* stray
बल *n* emphasis, force, strength, might
बलवान् *adj* sturdy
बलपूर्वक *adj* forceful, potent
बलपूर्वक सेनामा भर्ती *n* conscript
बलपूर्वक निकाल्नु *v* eject
बलपूर्वक हिर्काउनु *v* zap
बलपूर्वक तान्नु *v* extract
बलपूर्वकले *adv* forcibly
बल समातेर फर्काइदिनु *v* field
बल प्रयोग गर्नु *v* force
बल लगाएर तान्नु *v* haul
बल लगाउनु *v* exert
बलात्कार *n* rape
बलात्कार गर्नु *v* rape
बलात्कार गर्ने व्यक्ति *n* rapist
बलिदान *n* sacrifice
बलियो *adj* robust, strong
बलियो बनाउनु *v* consolidate, strengthen
बलियो गरी बनाएको भूमिगत कोठा *n* bunker
बलेको कोइला *n* embers
बलौटे धाप *n* quicksand
बस्नु *v* live; sit
बस्ने ठाउँ *n* seat
बसबाट लैजानु *v* bus
बसाइ *n* sitting
बसाई *n* stay
बसाई सर्नु *v* emigrate, immigrate, migrate
बसाइसराई *n* immigration
बसोबास *n* residence
बसोबास गर्नु *iv* dwell, inhabit, reside
बसोबास गर्न लायक *adj* habitable
बसोबास गर्न योग्य *adj* inhabitable
बहनु *v* flow
बहान वा जहाज भाडामा लिनु *v* charter
बहाना *n* hypocrisy, masquerade, charade, pretense, pretension,

sham
बहाना बनाउनु *v* feign
बहाना गर्नु *v* pretend
बहस *n* discussion, hub
बहस वा छलफल गर्नु *v* discuss
बहादुर *adj* brave, audacious
बहादुर *n* knight
बहादुरीता *n* heroism, bravery
बहादुरका साथ *adv* bravely
बहालीमा रही कामकाज गर्नु *v* officiate
बहिरोपन *n* deafness
बर्हिमुखी *adj* extroverted
बहिष्कार *adj* outcast
बहिष्कार गर्नु *v* exclude
बहीखाता *n* ledger
बहुवचन *n* plural
बहुविवाह *n* bigamy
बहुविवाह प्रथा *n* polygamy
बहुविवाहको पक्षपाती *adj* polygamist
बहुमूल्य *adj* sumptuous
बहुमुल्य ढुंगा *n* gem
बहुमुल्य वस्तु *n* treasure
बहुमुल्य पत्तथर तौलने एकाई *n* carat
बहुमतीय *n* majority
बहुमुखी प्र्रतिभाशाली *adj* versatile
बहुमुखी प्रतिभाशाली *adj* broadminded
बाइबल सम्बन्धि *adj* biblical
बाक्लो *adj* thick
बाक्लो घुँडा सम्म आउने कोट *n* overcoat
बाक्लो ठोस टुक्रा *n* chunk
बाक्लो बनाउनु *v* thicken
बाक्लो ऊनीको टाट *n* rug
बाक्लोपन *n* thickness
बाकस *n* box, case
बाकस भित्र राख्नु *v* box
बाँकी *adj* remaining
बाँकी रहेको *n* leftovers
बाँकी रहेको वस्तु *n* remainder
बाँकी रहनु *v* remain
बाँकी भाग *n* remains
बाँकी या शेष भाग *n* residue
बाख्रा *n* goat
बाघ *n* cub, tiger
बाङ्गिएको *adj* warped
बाङ्गेको *n* hump, hunch
बाङ्गो बाटो *n* detour
बाङ्गो प्रकारको अक्षर *adj* italics
बाँच्न सकिने *adj* breakable
बाच्छो–बाच्छी *n* calf
बाच्छा–बाच्छीको मासु *n* veal
बाँजवृक्ष *n* oak
बाँजफल *n* acorn
बाज चरा *n* hawk, buzzard
बाजा बजाउनेहरुको समूह *n* orchestra
बाजी *n* bet
बाजी ठोक्नु *iv* bet
बाजी लगाउनु *v* gage
बाट *pre* from, per
बाटो *n* way, path
बाटो लाग्ने काम *n* way in
बाटोमा छापेको ढुंगा *n* cobblestone
बाटोको सतहमा बनेको ठूलो प्वाल *n* pothole
बाटो पछ्याउनु *v* track
बाटुलो छाना भएको *n* dome

ब

ब

चोटी *n* braid
बाँड्नु *v* give out
बाँडफाँड *n* dispensation
बाढी *n* flood
बाढी रोक्ने बाँध *n* floodgate
बाढी आउनु *v* inundate
बाढी जानु *v* flood
बाढीपहिरो *n* flooding
बाथरोग *n* gout, rheumatism, arthritis
बाँदर *n* monkey
बाँदर जस्तो जन्तु *n* ape
बादल रहित *adj* cloudless
बादल *n* cloud
बादल लागेर भएको अँध्यारो *adj* overcast
बादल लागेको *adj* cloudy
बाँध्नु *iv* bind, fasten, tie, moor
बाँध्नु वा छोप्नु *v* bandage
बाँध्न वा छोप्न प्रयोग गरिने पट्टि *n* bandage
बाध्य *adj* obliged
बाध्य पार्नु *v* coerce, compel, enforce
बाध्य तुल्याउनु *v* oblige
बाध्य गर्नु *v* constrain
बाध्यकरण *n* coercion
बाध्यकारी *adj* compelling, stringent
बाध्यता *n* compulsion
बाँध *n* reservoir, barrage, dike
बाधा *n* disturbance, obstruction, hurdle, curb, impediment, hindrance, obstacle, constraint, resistance
बाधा वा अवरोध पुर्याउनु *v* hinder
बाधा पार्नु *v* bar
बाधा पार्ने *adj* disturbing
बाधा गर्नु *v* hold up
बाधा हाल्नु *v* resist
बाधाहरु हटाउने कार्य *n* breakthrough
बार्नु *v* enclose
बानी *n* habit
बानी परेको *adj* used to
बानी पर्नु वा लगाउनु *v* accustom
बाफ *n* steam
बाफ हुनेगरी उमाल्नु *v* boil down to
बाफलाई तरलमा परिणत गर्नु *v* distill
बाबु–आमा वा नातागोता *n* folks
बायाँ पट्टी *n* left
बायाँ *adj* left
बारमा पेय पदार्थ दिने मान्छे *n* bartender
बार *n* rail
बार लगाउनु *v* fence
बारम्बार *adj* frequent
बारम्बार नहुनु *adj* infrequent
बारम्बार जानु *v* resort
बारम्बार हुनु *v* recur, frequent
बारम्बारता *n* frequency
बारमा काम गर्ने पूरुष व्यक्ति *n* barman
बारमा काम गर्र्ने महिला *n* barmaid
बरु *adv* rather
बारुद *n* gunpowder
बारुलो *n* wasp
बारेमा *pre* concerning
बाल्नु *iv* light, kindle
बाल्यावस्था *n* childhood, infancy
बाल्टिन *n* bucket

बाल्टी *n* pail
बालबालिका *n* offspring
बालबालिकाहरु *n* children
बालबच्चा हुर्काउनु *v* rear
बालुवा *n* sand
बाली उठाउनु *v* reap
बाली थन्क्याउनु वा उठाउनु *v* harvest
बालशुलभ *adj* puerile
बावजुद *c* despite
बास्केटबल खेल *n* basketball
बास *n* stay
बासना *n* odor
बाँस *n* bamboo
बासिन्दा *n* occupant, inhabitant
बासी *adj* stale
बाँसुरी *n* flute
बाहक *n* bearer
बाहिर *adv* out, outdoor, outside
बाहिर निकाल्नु *v* oust, expel, take out
बाहिर भाग *adj* outer
बाहिर जानु *v* go out
बाहिर निस्कनु *v* secede, get out, bypass, issue
बाहिर निस्कनु वा निकाल्नु *v* emit
बाहिर निस्कने वा निकाल्ने प्रक्रिया *n* emission
बाहिरा आउनु *v* come out
बाहिरपट्टि *adj* exterior
बाहिरी *adj* external, extraneous, outward
बाहिरी भागमा टाँसिने कागन *n* sticker
बाहिनी *n* battalion
बाहिष्कार गर्नु *v* boycott
बाहुला *n* sleeve
बाहुला नभएको *adj* sleeveless
बाहुलाको अन्तिम भाग *n* cuff
बाहेक *adv* aside from
बाहेक *pre* barring, besides, except, upon
बाह्र *adj* twelve
बाह्र आउन्स *n* pint
बाह्र इन्च बराबर *n* foot
बाह्रमासे *adj* perennial
बाह्रौं *adj* twelfth
बाह्रसिंगे *n* reindeer
बिउँझनु *iv* wake up
बिक्रेता *n* salesman, seller
बिक्री *n* sale
बिक्री रसिद *n* sale slip
बिक्री भइसकेको *adj* sold-out
बिक्री गर्नु *v* market
बिर्को *n* cork
बिर्को *n* lid
बिगत *adj* past
बिगार्नु *v* deteriorate, botch, distort, adulterate
बिगार्ने काम *n* distortion
बिगुल *n* trumpet, cornet
बिग्रेका गाडी तान्ने गाडी *n* tow truck
बिग्रेको *n* damage, breakdown, wreckage
बिग्रनु *v* damage, wreck
बिछ्याएको *iv* lay
बिछोड भएको *adj* bereaved

ब

बिजुली सम्बन्धी काम गर्ने व्यक्ति *n* electrician
बिजुली जडान गर्नु *v* electrify
बिजुली लागेर मर्नु *v* electrocute
बिजुली चम्किने *n* lighting; lightning
बिजुलीबाट चल्ने रेल *n* tram
बिजुलीले चल्ने टर्च *n* flashlight
बिजुलीको फ्युज *n* fuse
बिजुलीको चिम *n* bulb
बिजुलीको तार *n* cord
बिजोर *adj* odd
ब्रिटेन देश *n* Britain
बिँड *n* handle
बितु *v* pass away, pass out, elapse
बिताउनु *iv* spend
बिती सकेको कुरासँग सम्बन्ध राख्ने *adj* retroactive
बिदा *n* holiday
बिदाइ *n* farewell
बिदाईको अविभादन *e* bye
बिना *pre* without
बिन्ती गर्नु *v* entreat
बिमा *n* insurance
बिमा गर्नु *v* insure
बिमुख गरेको *adj* estranged
बिरामी *adj* ill, sick
बिरामी *n* illness
बिरामी बोक्ने साधन *n* stretcher
बिरामी बोक्ने बहान *n* ambulance
बिरामी भएको *adj* sickening
बिरामी हुनु *v* sicken
बिरालो *n* cat
बिरालो वर्गको जनावर *n* lynx
बिरालोको बच्चा *n* kitten
बिरुवा रोप्न *v* implant
बिरुवाको रस *n* sap
बिल *n* pay slip
बिलौना *n* mourning, moan, wail
बिलौना गर्नु *v* moan, mourn, wail
बिर्सनु *v* forget
बिर्सने रोग *n* amnesia
बिसोक नहुनु *v* incur
बिसोक नहुने *adj* incurable
बिसोक पार्ने वस्तु *n* healer
बिसोक हुनु *v* heal
बिसौनी *n* stop, station
बिश्राम *n* recess
बिहान *n* morning
बिहीवार *n* Thursday
बीउ *n* seed
बीउ रहित *adj* seedless
बीउ भएको *adj* seedy
बीचमा *pre* amid, between
बीजाङ्कुरण हुनु *v* sprout
बीजकोष *n* core
बीजगणित *n* algebra
बीस *adj* twenty
बीसौं *adj* twentieth
बुइँगल *n* attic
बुच्चो *adj* blunt
बुच्चोपन *n* bluntness
बुर्जा *n* turret
बुजो *n* gag
बुजो लगाउनु *v* plug, gag

बुझ्नु *v* understand
बुझ्न सफल हुनु *v* decipher
बुझ्न सकिने *adj* understandable
बझ्न गाह्रो *adj* ambiguous
बुझ्न धेरै गाह्रो पार्नु *v* baffle
बुझाइ *adj* understanding
बुझिने गरी बोल्नु *v* articulate
बुट्टा काट्नु *v* emboss
बुढेसकालको *adj* senile
बुढेसकालले ल्याएको कमजोरी *adj* decrepit
बुढो *adj* old
बुढी औंला *n* thumb
बुढीकन्या *n* spinster
बुद्धि *n* conscience, ingenuity
बुद्धिमान् *adj* wise
बुद्धिमान *adj* judicious, tactful
बुद्धिमानी *n* wisdom
बुद्धिवान् व्यक्ति *n* mastermind
बुद्धिचाल खेल *n* chess
बुद्धिहीन *adj* unwise
बुधवार *n* Wednesday
बुन्नु *v* knit, weave
बुन्ने यन्त्र *n* loom
बुनेको *adj* woven
बुबा *n* dad, father
बुलबुल चरा *n* nightingale
बुरुस *n* brush
बुरुसले चम्काउनु *v* brush
बुहारी *n* daughter-in-law
बेइमान *adj* stupid, dishonest
बेइमानी *n* dishonesty, stupidity
बेकाममा हल्लिनु *v* hang around
बेकूप मानिस *v* goof
बेखुश *n* unhappiness, resentment
बेखुशी *adj* unhappy
बेग्लै *adv* apart
बेग्लाबेग्लै *adv* apiece
बेच्नु *iv* sell
बेचिसकेको वस्तु *n* sellout
बेथा *n* sickness
बेदना *n* sorrow
बेन्च(बस्ने) *n* bench
बेर्नु *v* envelop, wrap, intertwine
बेफाइदा *n* drawback, disadvantage
बेयर उत्पादन गर्ने ठाउँ *n* brewery
बेरिएको *adj* convoluted
बेरेको *n* wrapping
बेरोजगार *adj* jobless, unemployed
बेरोजगार *n* bum
बेरोजगारीता *n* unemployment
बेल्चा *n* shovel
बेल्चा वा साबेल सामान उठाउनु *v* shovel
बेल्जियम बासी *adj* Belgian
बेल्जियम देश *n* Belgium
बेलबुट्टा *n* embroidery
बेलबुट्टा काट्नु *v* embroider
बेलायत देश *n* England
बेलायती *adj* British
बेलायतको उच्च रइसको महिलाको पदवी *n* duchess
बेलुन *n* balloon
बेलनाकार *n* cylinder
बेली *n* jasmine
बेलुका *n* evening

बेवास्ता *n* negligence, neglect
बेवास्ता *adj* careless
बेवास्ता गर्नु *v* disregard, overlook
बेवास्तापन *n* carelessness
बेस्सरी पकड्ने काम *n* grip
बेस्सरी थिच्नु *v* nip
बेसुर *adj* dissonant
बेसोमती *adj* cheeky
बेहुलीको कपडा *adj* bridal
बेह्नेको मुठो *n* scroll
बेहोशीपन *n* anesthesia
बैंक *n* bank
बैक रसिद *n* checkbook
बैंक नोट *n* note
बैंक खाता *n* account
बैंठक *n* meeting
बैंठक कोठा *n* living room
बैजनी रंग *adj* purple
बैगनी फूल *n* violet
बैंस *adj* youthful
बैंसाखी *n* crutch
बोक्रा *n* bark
बोक्रा छोडाउनु *v* peel
बोक्रा छोडाउने काम *n* peel
बोक्रा निकाल्नु *v* bark
बोक्सी *n* witch, wizard
बोक्सी विद्या *n* witchcraft
बोक्नु *v* carry
बोझ *n* burden
बोझ हुनु *v* burden
बोझले थिच्नु *v* overwhelm
बोझिलो *adj* burdensome
बोटबिरुवा *n* plant, vegetation
बोटबिरुवा रोप्नु *v* plant
बोटबिरुवामा लाग्ने सेतो रोग *n* mildew
बोर्डमा लेख्ने कलम *n* marker
बोडी *n* pulse
बोतल *n* bottle
बोतलमा भर्नु *v* bottle
बोध नहुने *adj* senseless
बोध गर्नु *v* sense
बोधो *adj* pointless
बोधशक्तिसम्बन्धी *adj* comprehensive
बोरा *n* sack
बोरामा राख्नु *v* sack
बोल्दा गरिने हाउबाउ *n* gesture
बोल्नु *iv* speak
बोल्न नसकिने *adj* unspeakable
बोल्न नसक्ने *adj* speechless
बोलाउनु *v* call
बोलाउने नाम *n* nickname
बोलाउने काम *n* calling
बोसो *n* fat
बोसोदार *adj* fatty
बौद्धिक अपांग *adj* retarded
बौलाहा कुकुरले टोक्दा लाग्ने रोग *n* rabies
ब्रम्हाचारी *adj* celibate
ब्रम्हाचर्य *n* celibacy
ब्रहमण्ड *adj* cosmic
बृहत *adj* ample, colossal, vast
बृहत रुपमा *adv* broadly

भ

भ्याकुतो *n* frog
भ्यागुतो *n* toad
भ्यान गाडी *n* van
भइरहेको *adj* ongoing
भएर जानु *v* pass
भएतापनि *c* even if
भकभकाउनु *v* stammer, stutter
भकुण्डो *n* ball
भकुन्डो *n* ball, football
भर्खर उम्लन थाल्नु *v* simmer
भर्खरै *adv* currently, newly
भर्खरै *adj* recent, just
भर्खरै नियुक्त भएको व्यक्ति *n* recruit
भर्खरै विवाह गरेको व्यक्ति *adj* newlywed
भर्खरको *adj* latest
भग्न *adj* broken
भग्नावस्था *n* disrepair
भग्नावशेष *n* debris
भगाउनु *v* chase away, repulse
भगाउने काम *n* repulse
भगवान् *n* lord, God
भगवान् भएको *adj* godless
भगवान्को कृपा *n* providence
भगवती *n* goddess
भंग *n* infraction
भंग गर्नु *v* dismiss
भँगेरा *n* sparrow
भजन *n* chant, hymn
भजन मण्डली *n* choir
भट्टी *n* tavern, fireplace
भड्कावा *n* aggravation
भड्किलो *adj* fussy, flamboyant, lurid
भड्काउनु *v* exasperate, instigate
भड्कीलो हुनु *v* live up
भण्डार *n* store
भण्डार गरी राख्नु *v* stock
भण्डार गर्ने ठाउँ *n* depot
भत्काउने काम *n* demolition
भत्काउनु *v* topple
भत्र्सन *n* reproach
भत्र्सना गर्नु *v* reproach, deplore
भत्सर्ना *n* condemnation
भत्सर्ना गर्नु *v* condemn
भताभंग हुनु *v* come apart
भर्ती *n* enrollment, recruitment
भर्ती गर्नु *v* recruit, enroll
भक्तजन *n* prayer
भतिजो *n* nephew
भतिजी *n* niece
भक्ति *n* cult
भद्रता *n* goodness, decency, courtesy
भद्र *adj* noble, courteous
भद्र महिला *n* madam
भद्दा *adj* clumsy, awkward, dull
भद्दा हुनु *v* dull
भद्दापन *n* clumsiness, banality
भन्नु *iv* say, tell
भन्ने व्यक्ति *n* teller
भन्सार *n* customs
भर्नु *v* fill

भ

भन्दा अघि *pre* before
भन्दा मुनि *pre* beneath
भर्ना *n* admission
भर्ना गर्नु *v* admit, reimburse
भर्ना गर्न अयोग्य *adj* inadmissible
भनाइ *n* saying
भनाइ अनुसार *adv* reportedly
भनाई *n* statement
भनिठान्नु *v* assume
भनिने *adj* so-called
भनिदिनु *v* convey
भय *n* fright, phobia, awe
भयंकर *adj* terrific
भयभीत *adj* aghast, daunting
भयभीत भएको *adj* apprehensive
भयभीत पार्नु *v* appall, daunt
भयभीत पार्ने *adj* spooky
भयानक *adj* monstrous, dire, appalling
भयावह *adj* perilous
भयनाक *adj* terrible, awful, dreaded, ghastly
भयजनक *adj* appalling
भर नपर्दो *adj* unreliable
भर पर्नु *v* reckon on, reckon, lean on, rely on
भर्याङ् *n* ladder, staircase, stairs
भर्याङ्गा समात्ने डन्डा *n* handrail
भरण–पोषण *n* sustenance
भरपूर *adj* replete
भरपाइ गर्नु *v* recoup
भरिया *n* porter
भरोसा *n* reliance
भलाद्मी *adj* gentle, sober
भलाद्मी व्यक्ति *n* gentleman
भलाद्मीपन *n* gentleness
भव्य *adj* fabulous, deluxe
भवन *n* building, edifice; block
भवन भित्रको सानो गल्ली *n* hallway
भवन निर्माण कला वा विद्या *n* architecture
भवन निर्माणको लागि आवश्यक तत्वहरु *n* concrete
भवनको खुला भाग *n* lobby
भविष्य *n* future
भविष्यवाणी *n* prediction, prophecy
भविष्यवाणी गर्नु *iv* forecast
भविष्यवाणी गर्ने व्यक्ति *n* prophet
भविष्यको संकेत गर्नु *v* foreshadow
भविष्यको कुरा पहिले नै भन्नु *v* foretell
भाइ तथा दाजु *n* brother
भाउ *n* quotation
भाग्नु *v* escape, get away, run away
भाग्नु वा भागेर जानु *iv* flee
भाग्ने बाटो *n* loophole
भाग्ने काम *n* escapade
भाग्य *n* destiny, fate
भाग्यमानी *adj* lucky
भाग्यवश भेट्नु *v* run into
भाग्यपूर्ण *adj* fateful
भाग्यशाली *adj* fortunate
भाग *n* portion, share, part, sector, section, division, episode
भाग लिनु *v* take apart
भाग लगाउनु *n* part

भाग लगाउनु *v* share
भाग गर्नु *v* divide
भागमभाग *n* stampede
भागफल *n* quotient
भाँच्नु *iv* break
भाँच्ने काम *n* break
भाज्य *n* factor
भाडा *n* fare, rent
भाडा लिनु *v* hire, rent
भाडामा बस्ने व्यक्ति *n* tenant
भाडामा दिनु *v* let out
भाँडा पखाल्ने मानिस *n* dishwasher
भाँडा तथा हात मुख धुने ठाउँ *n* basin
भाँडो *n* can, jar, bin, pot
भाँडाकुँडा *n* dish, utensil
भान्जी *n* niece
भान्से *n* cook
भान्सा *n* kitchen
भान्सामा प्रयोग गरिने चम्चा *n* cutlery
भान्साको दराज *n* dresser
भान्साखण्ड *n* hearth
भानिज *n* nephew
भायलिन *n* violin
भायलिन बाधक *n* violinist
भारी *n* load
भारी बोकाउनु *v* load
भारी भएको *adj* laden
भारीले भरिएको *adj* loaded
भाला *n* dart, spear
भाला प्रहार गर्नु *v* dart
भालु *n* bear
भालुको बच्चा *n* cub
भाले राजहाँस *n* cob
भाले मृग *n* buck
भाव विहिन *adj* stoic
भावना *n* emotion, feeling
भावनात्मक *adj* emotional
भावनाहरु *n* feelings
भाववाचक *adj* abstract
भावी सन्तति *n* posterity
भावुकता *n* sentiment
भावुकतापूर्ण *adj* effusive, sentimental
भाषण *n* speech
भाषा *n* language
भासिनु *v* bog down
भासिने भूमि *n* bog
भिड *n* congestion, mob
भिड जम्मा हुनु *v* mob
भिडभाड *adj* congested
भिडभाड *v* huddle
भिडभाड भएको *adj* overcrowded
भिन्न बनाउनु *v* diversify
भिन्न अर्थ दिनु *v* connote
भिन्न (गणितको) *n* fraction
भिन्नता *n* discrepancy
भिजेको *adj* wet
भिजाउनु *v* saturate, soak
भिरालो *n* slope
भिरालो परेको *adj* sloppy
भिरालो परेको *adv* downhill
भिक्षु *n* monk
भिक्षुणी *n* nun
भिक्षा *n* alms
भिक्षुनी बस्ने स्थान *n* convent

भ

भित्र *pre* in, inside
भित्र रहेको *adj* inside
भित्र आउनु *v* come in
भित्र जानु *v* get in
भित्र पसाएको वस्तु *n* input
भित्र छिराउनु *v* insert
भित्र निल्नु *v* gulp down
भित्र खस्नु *v* drop in
भित्र श्वास लिनु *v* inhale
भित्ते घडी *n* clock
भित्तेपात्रो *n* calendar
भित्री *adj* inner, inward
भित्री छत *n* ceiling
भित्री भाग *adj* interior
भित्री भागमा अवस्थित *adv* inland
भित्री वस्त्र *n* lingerie, lining
भित्री पट्टी *adj* inland
भित्री निर्माण गरिएको *adj* built-in
भित्री तिर *adv* inwards
भीर *n* precipice
भीड *n* jam, cluster
भीड जम्मा भएको *adj* crowded
भीड जम्मा हुनु *v* crowd
भुँइ *n* floor
भुँइ तिर गएर जोतिको *adv* nosedive
भुँइकटर *n* pineapple
भुँइतला *n* ground floor
भुक्नु *v* bark
भुट्नु वा तार्नु *adj* fried
भुट्नु वा तार्नु *v* fry
भुट्ने वा तार्ने ताइ *n* frying pan
भुँडीफोर चरा *n* stork
भुत्ला *n* fur, feather
भुक्तानी *n* payment, clearance
भुक्तानी दिनु *v* credit
भुक्तानी लिने व्यक्ति *n* creditor
भुनभुन आवाज *n* buzz
भुनभुन आवाज वस्तु *n* buzzer
भुनभुन गर्नु *v* buzz
भुमरी *n* cyclone
भुल *n* slip
भुल हुनु *v* slip
भुवादार *adj* furry
भुवादार छाला *n* seal
भूकम्प *n* earthquake
भूकम्प जानु *v* quake
भूगर्भशास्त्र *n* geology
भूगोल *n* geography
भूत *n* phantom, apparition, ghost
भूत *adj* past
भूतपूर्व *adj* former
भूतपूर्व रुसी शासकको पद *n* czar
भूतकाल *n* past
भूपरिवेषित *adj* landlocked
भूभाग *n* territory
भूमध्य रेखा *n* equator
भूमध्यरेखाको माथिल्लो वा तल्लो भाग *n* hemisphere
भूमि–प्रदेश *n* terrain
भूमिका *n* foreword
भूमिगत *adj* underground
भूल *n* oversight
भूशिर *n* cape
भूसम्पत्ति *n* estate

भेट्नु *iv* meet
भेट्नको लागि छुट्एका समय *n* appointment
भेडा *n* sheep
भेडा गठालो *n* shepherd
भेडाको बथान *n* flock
भेडाको मासु *n* lamb
भेडाको ऊन *n* wool
भेडाहरु *n* fleece
भेदभाव *n* prejudice
भेला *n* assembly, gathering, rally, congress
भेला हुनु *v* assemble, gather
भैंसी *n* buffalo
भोक *n* appetite, hunger
भोक वा रुचि जगाउने कुरा *n* appetizer
भोक लाग्ने पेय पदार्थ *n* aperitif
भोकमरी *n* famine
भोकमारी *n* starvation
भोर्काएको *adj* hungry
भोकाउनु *v* starve
भोज *n* feast
भोजन *n* treat; cuisine
भोजनालय *n* restaurant
भोजको अन्त्यमा खाइने मिठाई *n* dessert
भोलि *adv* tomorrow
भौतिक वा आध्यात्मिक रुपले पवित्र पार्नु *v* purge
भौतिक विज्ञान *n* physics
भौतिकवाद *n* materialism
भ्रम *n* illusion, delusion
भ्रम *adj* paranoid
भ्रम मुक्त *adj* disenchanted
भ्रम पार्नु *v* delude
भ्रमण *n* excursion, visit
भ्रमण गर्नु *v* visit
भ्रमणकर्ता *n* wanderer
भ्रमबाट छुट्कारा *n* disillusion
भ्रममा पर्नु *v* hallucinate
भ्रष्ट *adj* corrupt, sleazy
भ्रष्ट पार्नु *v* adulterate
भ्रष्टाचार *n* corruption
भ्रातृवत् *adj* brotherly
भ्रातृत्व *n* brotherhood, fraternity
भ्रातृत्व सम्बन्धी *adj* fraternal
भ्रुण *n* embryo, fetus

म

म्याद गुज्रिसकेको *adj* overdue
म *pro* I
मआफैं *pro* myself
मर्कनु *v* sprain
मकुन्डो *n* mask
मकुन्डो लगाउनु *v* mask
मकै *n* corn
मकैको फूल *n* popcorn
मखमल *n* velvet
मर्चा *n* yeast
मचान *n* scaffolding
मंगल ग्रह *n* Mars

म

मंगलबार *n* Tuesday
मजबूत पार्नु *v* reinforce
मजबुत *adj* tight
मजा लिनु *v* relish
मंजूरी *n* approval
मञ्च *n* stage
मठ *n* abbey
मठ तथा विहार सम्बन्धी *adj* monastic
मण्डप *n* booth, altar, pavilion
मण्डल *n* club
मत *n* vote
मत नदिनु *v* abstain
मत दिनु *iv* cast
मतदान *n* poll, voting
मतदान पत्र *n* ballot
मतदान दिनु *v* vote
मतभेद *n* strife, rupture, schism
मतप्रचार *n* propaganda
मतलब *n* significance
मताधिकार *n* franchise
मदिरा *n* liquor, wine
मद्य पदार्थ *n* liquor
मद्दत *n* backing
मद्दत माग्नु *v* fall behind
मद्दत गर्नु *v* support
मद्दत गर्ने व्यक्ति *n* supporter
मरिच *n* bell pepper
मठाध्यक्ष *n* abbot
मध्य भाग *n* middle
मध्य गृष्म *n* midsummer
मध्यरात *n* midnight
मध्यस्थ *n* moderation
मध्यस्थ कर्ता *n* middleman, intermediary
मध्यस्थक *n* mediator
मध्यस्थता गर्नु *v* intercede, mediate, arbitrate
मध्यस्थता *n* intercession
मध्यस्थता गर्ने व्यक्ति *n* arbiter
मध्यम *adj* medium, mild, moderate
मध्यभाग *adj* central
मध्यान्तर *n* interval
मध्यान्तर *adv* meantime
मध्यान्ह *n* noon
मध्यदिन *n* midday
मध्यक *n* mean
मध्यकालीन *adj* medieval
मधुरता *n* sweetness
मधुमेह *n* diabetes
मधुमेह लागेको *adj* diabetic
मन्द हावा *n* breeze
मन्दी *n* recession
मन्दिर *n* temple
मन्तर *n* spell
मन्त्रालय *n* ministry
मन्त्री *n* minister
मन्त्री परिषद् *n* cabinet
मन्त्रीमण्डल *n* cafeteria
मन नभएको *adj* heartless
मन नपराई *n* grudge
मन नपराउनु *v* dislike
मन नपराउने *n* dislike
मन नपराउने *adv* grudgingly
मन परिवर्तन गरिदिनु *v* dissuade

मन तातो *adj* lukewarm, tepid
मन परिवर्तन गराउनु *v* dissuade
मनाउनु *v* appease, persuade
मनाउन खोज्नु *v* coax
मनन गर्नु *v* ponder
मनपराउनु *v* like, prefer
मनपर्ने खालको *adj* likable
मनाउन लायक *adj* persuasive
मनाउने *v* appeasement
मनाउने काम *n* persuasion
मर्नु *v* die
मर्न लागेको *adj* dying
मनमा घुसाउनु *v* implant
मनमा त्रास पैदा गराउने *adj* grim
मनमस्तिष्क आइरहनु *v* obsess
मनोरञ्जन *n* entertainment, amusement, recreation
मनोरञ्जन दिने *adj* amusing
मनोरञ्जन गराउनु *v* amuse
मनोरञ्जन गर्नु *v* recreate, entertain
मनोरञ्जनात्मक *adj* entertaining
मनोवेग *n* motion
मनोवाद *n* monologue
मनोव्यथा *n* anguish
मनोस्थिति *n* mood
मनोनित *v* nominate
मनोविज्ञान *n* psychology
मनोचिकित्सा *n* psychiatry
मनोचिकित्सक *n* psychiatrist
मर्मस्पर्शी *adj* poignant
मर्मत *n* maintenance
मर्मत गर्नु *v* mend, repair, maintain
मर्यादा *n* dignity, decorum, estate
मयूर *n* peacock
मरण *n* death
मरणशील *adj* mortal
मरणशीलता *n* mortality
मरमसला *n* ingredient
मरीच *n* pepper
मरुभूमि *n* desert
मरुभूमि वासी *n* deserter
मरुभूमिमा पाइने उर्वर ठाउँ *n* oasis
मरुभूमिकरण *adj* deserted
मरेको बच्चा जन्मेको *n* miscarriage
मल हाल्नु *v* fertilize
मलद्धार *n* rectum
मलम *n* ointment
मलमलको पातलो कपडा *n* gauze
मलाई बरफ *n* ice cream
मस्तिष्क ज्वरो *n* meningitis
मष्तिक सम्बन्धी *adj* cerebral
मस्जिद *n* mosque
मस्यौदा *n* draft
मस्यौदा तयार पार्नु *v* draft
मस्यौदा तयार पार्ने व्यक्ति *n* draftsman
मस्तनिद्रा *adj* asleep
मसला *n* seasoning, spice, condiment
मसानघाट *n* crematorium, graveyard
मसलायुक्त *adj* spicy
मसिना टुक्राहरु जोडेर चित्र बनाउने खेल *n* jigsaw
मसिनो प्वाल *n* loophole
मसी *n* ink

म

मह *n* honey
महल *n* mansion, castle, edifice
महंगो *adj* pricey
महारानी *n* empress
महासेनानी *n* colonel
महार्घ वृक्ष *n* mahogany
महाद्वीप *n* mainland, continent
महाद्वीपीय *adj* continental
महादेश *n* continent
महादेशीय *adj* continental
महादीप *n* chandelier
महामारी *n* outbreak, epidemic, plague
महामहिम *n* majesty
महान् *adj* lofty, great
महान्ता *n* greatness
महानता *n* magnitude
महापुरुष *n* hero
महापुरुषता *adj* heroic
महँगो *adj* costly, expensive, sumptuous
महाशय *n* sir
महत्व *n* significance, importance
महत्व हुनु *v* matter
महत्वाकाङ्क्षी *adj* ambitious
महत्वपूर्ण *adj* leading, crucial, foremost, monumental, vital
महत्वपूर्ण ठाउँ *n* cornerstone
महत्वपूर्ण भाग *n* core
महत्वहीन *adj* insignificant
महशुस गर्नु *iv* feel, realize
महशुल *n* toll, tariff
महशय *n* mister
मष्तिक *n* brain
महिमा *n* splendor
महिना *n* month
महिनावारी *n* menstruation
महिनावारी हुने समय वा अवधि *n* menopause
महिला *n* female, woman
महिला पुरोहित *n* priestess
महिलाले लगाउने सुरुवाल *n* slacks
महिलाले तल भित्र लगाउने कपडा *n* pantyhose
महिलाहरु *n* women
मा *pre* at, on, upon
माक्र्सवादी *adj* Marxist
माकुरा *n* spider
माग्नु *v* beg, solicit
माग्ने *n* beggar
माग *n* demand
माग राख्नु *v* demand
माग पूरा गर्न खोज्नु *v* cater to
माग हुने *adj* demanding
मार्ग *n* track, transit, route, line
मार्गदर्शन *n* guidance
मार्गदर्शन गर्ने किताब *n* guidebook
मार्गदर्शक *n* conductor
मार्गशिला *n* milestone
मार्च महिना *n* March
माछा *n* bass, fish
माछा समाते उपकरण *n* harpoon
माछा मार्नु *v* fish
माछा मार्ने ठाउँ *adj* fishy
माछा मार्ने नाउँ *n* drifter

माछा मार्ने वा बेच्ने व्यक्ति *n* fisherman
माछा वा अन्य जलजन्तु पाल्ने काँचको भाँडो *n* aquarium
माछाका भूराहरु *n* fries
माछाको पखेटा *n* fin
माछाको कत्ला निकाल्नु वा जोख्नु *v* scale
माझ्नु *v* scour, scrub
माझमा *pre* amid
माटो *n* clay, soil
माटो मिसिएको गिट्टी *n* gravel
माटोको चप्परी *n* sod
माटाका भाँडाकुँडा *n* crockery
माँड *n* paste
मातृत्व *n* maternity, motherhood
माथि *pre* upon, on, above, over
माथि तिर जानु *v* ascend
माथि उठाउनु *v* elevate
माथि चढ्ने *adv* uphill
माथि तान्नु *v* hitch up
माथिल्लो *adj* upper
माथिल्लो तला *adv* upstairs
मादक *adj* alcoholic
मादक पद्धार्थको लत *n* alcoholism
मादक पदार्थहरुको मिसावट भएको पेय *n* cocktail
माध्यमिक *adj* secondary
माधुर्य स्वर *adj* melodic
मार्नु *v* kill, decapitate
मान्छे *n* guy, man
मानव *adj* human
मानव जाति *n* human being, humankind, mankind
मानवीकरण गर्नु *v* personify
मानवशरीरको मुख्य भाग *n* torso
मानवशास्त्र *n* humanities
मानसिक *adj* psychic, mental
मानसिक सन्तुलन *n* sanity
मानसिक रुपमा *adv* mentally
मानसिक व्यग्रता *n* anxiety
मानसिक पीडा *n* anguish
मानसिक चिकित्सालय *n* asylum
मानसिकता *n* mentality
मानचित्र *n* model
मानचित्र बनाउनु *v* map
मानहानी *n* libel
मानहानी गर्नु *v* defame
मापदण्ड *n* criterion, module, norm
मापदण्ड नभएको *n* shortcoming
मापन सम्बन्धी *adj* metric
माफ *n* forgiveness
माफ दिनु *v* forgive
मार्फत *pre* through
माफी *n* pardon, apology
माफी *adj* exempt
माफी माग्नु *v* pardon, apologize
मामा–काका *n* uncle
मार *n* swap
मारपिट गर्नु *v* maul
मांसपेशी *n* muscle
मांसपेशी कुहिएको *n* gangrene
मासु पलाएको *n* cyst
मासु काट्ने ठाउँ *n* shambles
मासु *n* meat
मासु सेकाउने जाली *n* grill

म

मासु बेचबिखन गर्ने काम *n* butchery
मासु मसलामा मिसाउनु *v* marinate
मासु काट्ने यन्त्र *n* mincemeat
मासुपसले *n* butcher
मासुको रस *n* broth
मासुको टुक्रा *n* steak
मासु बढ्ने रोग *n* tumor
मासुको बाक्लो रस *n* gravy
मासुको चोक्टा *n* meatball; flesh
मानवीय *adj* manual
मान *n* dignity
मानिसहरु *n* men
मानिसहरुको भीड *n* throng
माया *n* love
माया लाग्ने *adj* loving
माया गर्नु *v* love
माया गर्न लायक *adj* lovable
मायालु *adj* lovely
माल उतार्नु *v* unpack
मालसामान नदीमा वारपार गर्ने जहाज *n* ferry
मालबाहक पानी जहाज *n* barge
मालवाहक द्धारा ओसारेको सामान *n* freight
मालडिब्बा *n* wagon
माला *n* garland
मालामाल *adj* affluent
मालिस *n* massage
मालिस गर्नु *v* massage
मालिस गर्ने महिला *n* masseuse
मालिस गर्ने व्यक्ति *n* masseur
मालिक *n* employer, owner, occupant, boss, lord
मालिक बन्नु *v* own
मालिक तथा स्वामी *n* master
मालिकपन *adj* bossy
मालिकपन देखाउनु *v* boss around
माल बोक्ने गाडी *n* truck
(मांसपेशी) खुम्चिएको *adj* cramped
मास्तिरपट्टि *adv* upwards
मासिक *adv* monthly
माइजु *n* aunt
माउरीको घार *n* hive
मात्र *adv* only
मात्रा *n* quantity, syllable
मात्रा वा संख्यामा कमी हुनु *v* decimate
मात्रा वा मूल्यमा ह्रास *n* fall
मात्रै *adv* merely
मिच्नु *v* overstep
मिठाई (चकलेट) *n* chocolate
मिठाईहरु *n* sweets
मिति *n* date
मिति नागेको *adj* outdated
मिति तोक्नु वा राख्नु *v* date
मिनाहा *n* exemption, rebate
मिलेमतोमा अपराध *n* complicity
मिल्दोजुल्दो *n* resemblance
मिल्दोजुल्दो हुनु *v* border on, resemble
मिलाउनु *v* arrange, mount, merge, add, affix, unite
मिलाउने व्यक्ति वा साधन *n* merger
मिलन *n* connection
मिल्नु *v* mingle, club
मिलनसार *adj* amiable, genial
मिल्काउनु *v* dump
मिस्त्री *n* mason

मिसावट *n* mixture
मिसाउनु *v* compound, mingle, blend, mix
मिश्रण *n* blend, combination
मिश्रण कर्ता वा मिश्रण गर्ने साधन *n* blender
मिश्रण गर्ने उपकरण *n* mixer
मिश्री *n* candy
मिजास *n* temper
मिसिल *n* file, dossier
मिसिल हाल्नु *v* file
मिश्रित तत्व *n* concoction
मिश्रित धातु *n* alloy
मिश्रित *adj* assorted
मिहिन *adj* smooth
मिहिन हुनु *v* smooth
मिहिनसँग *adv* smoothly
मित्र *n* pal, buddy, friend, partner, ally
मित्रता *n* companionship, friendship
मित्रतापूर्ण नभएको *adj* unfriendly
मितव्ययिता *n* frugality
मितव्ययी *adj* thrifty
मुक्केबाज खेल्ने खेलाडी *n* boxer
मुक्केबाजी खेल *n* boxing
मुक्का प्रहार *n* punch
मुक्का प्रहार गर्नु *v* punch
मुक्का हान्नु *v* box
मुकुट *n* crown
मुख्य *adj* main, prevalent, major, prime
मुख्य नोकर *n* butler
मुख्यतय *adv* mainly, chiefly
मुख *n* mouth
मुखपत्र *n* organ
मुख बंग्याउनु *n* grimace
मुख बाउनु *v* yawn
मुख पत्र *n* newsletter
मुखमा पानी हालेर कुल्ला गर्नु *v* gargle
मुखाकृति *n* countenance
मुखिया *n* patriarch
मुङ्ग्राले हान्नु *v* hammer
मुछ्नु *v* batter
मुछेको पिठो *n* dough
मुजा *n* seam
मुटु *n* heart
मुटुसम्बन्धी *adj* cardiac
मुटुसम्बन्धी अध्ययन *n* cardiology
मुट्ठी *n* fist
मुटुको धड्कन *n* heartbeat
मुटुको धमनी सम्बन्धी *adj* coronary
मुठभेट *n* encounter
मुठभेंड *n* skirmish
मुठभेड हुनु *v* clash
मुठभेट गर्नु *v* encounter
मुठभेड *n* clash
मुड्की *n* fist
मुढो *n* trunk
मुक्त *adj* exempt
मुक्त गर्नु *v* release
मुक्त गर्नु वा पार्नु *v* liberate
मुक्त हुनु *v* relieve, overcome, rid of
मुक्ति *n* redemption, salvation
मुक्तिदाता *n* Messiah
मुर्दा पुर्र्ने काम *n* burial
मुर्दा गाड्ने ठाउँ *n* cemetery

मुर्दाघर *n* mortuary
मुद्रक *n* printer
मुद्रण *n* printing, print
मुद्रा *n* pose, currency, money
मुद्दा सुनुवाई *n* trial
मुद्दा दर्ता गर्नु *v* prosecute
मुद्दा दर्ता गर्ने व्यक्ति *n* prosecutor
मुद्दा चलाउनु *v* sue
मुद्दा हाल्ने व्यक्ति *n* plaintiff
मुनि *pre* underneath, below, under
मुरली *n* pipe
मुलायम *adj* compliant; smooth
मुलायम वा नरम वस्तु *n* cushion
मुलायम हुनु *v* smooth
मुल्यांकन *n* assessment
मुल्यांकन गर्नु *v* assess
मुश्किल्ले *adv* hardly
मुस्कुराउनु *v* smile
मुस्कान *n* smile
मुस्किल *adj* arduous
मुस्किलले *adj* hardy
मुस्लिम धर्म अनुयायी *adj* Muslim
मुसलधारे पानी *n* downpour
मुसूर *n* lentil
मुसा *n* rat, mouse
मुसाहरु *n* mice
मुहान *n* estuary
मूर्च्छित हुनु *v* faint
मूर्ख *n* fool, goof, idiot
मूर्ख बनाउनु *v* fool
मूर्खता *n* folly
मूर्खता *adj* idiotic
मूर्खता पूर्ण गल्ती *n* blunder
मूर्छ परेको *adj* faint
मूर्ति *n* sculpture
मूर्तिकार *n* sculptor
मूल्य *n* price, value, cost
मूल्य *adj* worth
मूल्य घटाउनु *v* devalue, mark down
मूल्य निर्धारण गर्नु *v* rate
मूल्य तोक्नु *v* value
मूल्य तथा महत्वमा बढी हुनु *v* outweigh
मूल्य ह्रास *n* depreciation
मूल्य हुनु वा पर्नु *iv* cost
मूल्यमा ह्रास आउनु *v* depreciate
मूल्यांकन *n* appraisal, review
मूल्यांकन गर्नु *v* appraise, evaluate, review, value
मूल्यावान् *n* asset
मूल्यानिर्धारण *n* appraisal
मूल्यानिर्धारण गर्नु *v* appraise
मूल्यवान् *adj* noteworthy, valuable
मूल्यहिन *adj* worthless
मूल्यहीन *adj* invaluable, due
मूलधार परिणत गर्नु *v* capitalize
मूलधन *n* capital
मूल लेख *n* text
मूल कुरा *n* premise
मूला *n* radish
मे महिना *n* May
मेक्सिको नागरिक वा भाषा *adj* Mexican
मेघगजर्न *n* thunder
मेघगजर्नका साथ हुरी चाल्ने काम *n* thunderstorm

मेट्नु *v* erase
मेट्ने वस्तु *n* eraser
मेटाइदिनु *v* wipe out
मेटाउनु *v* delete
मेट्रिक तौलको एकाई *n* gram
मेरो *pro* mine
मेरो *adj* my
मेरुदण्ड *n* backbone, spine, vertebra; axis
मेरुदण्ड नभएको *adj* spineless
मेल *n* association, combination
मेल खाने *n* match
मेष राशी *n* ram
मैदान *n* field, ground
मैदानमा *adv* outdoors
मैन *n* wax
मैनबत्ती *n* candle, candlestick
मैनबाट बनेको रंग *n* crayon
मैलो *n* grime
मैलो बगाउने ठाउँ *n* sink
मैलोफोहोरी *adj* squalid
मैत्रीभाव *n* fellowship
मैत्रीपूर्ण *adj* amicable, cordial
मोजा *n* sock
मोजा अड्याउने वस्तु *n* garter
मोटरकार *n* automobile
मोटर–कार *n* car
मोटरगाडी *n* automobile
मोटो *adj* fat; coarse
मोटो बनाउनु *v* fatten
मोटो किलो *n* bolt
मोटोघाटो *adj* corpulent
मोड्नु *iv* bend
मोतिविन्दु *n* cataract
मोती *n* pearl
मोलतोल *n* bargain
मोलतोल गराई *n* bargaining
मोलतोल गर्नु *v* bargain
मोहक *adj* enchanting
मोहित *n* charm, enthusiasm
मोहित पार्ने *adj* charming
मोहित पार्नु *v* enthrall, bewitch, enchant, charm
मोहित हुनु *v* conjure up
मोक्ष *n* salvation
मौका *n* opportunity
मौखिक रुपमा *adv* orally
मौन *adj* mute, silent
मौनता *n* silence
मौरी *n* bee
मौरीको घार *n* beehive
मौलानु *v* thrive
मौसम *n* climate, season, weather
मौसमी *adj* seasonal
मृग *n* deer
मृगतृष्णा *n* mirage
मृगौला *n* kidney
मृगौला आकारको सिमी *n* kidney bean
मृत्यु *n* expiration, death
मृत्य हुनु *v* pass away
मृत्यु हुनु *v* expire
मृत्यशय्या *n* deathbed
मृत *adj* dead, deceased
मृत शरीर राख्ने सुरुङ *n* catacomb

म

मृत संख्या *n* death toll
मृत गर्नु *v* deaden
मृत शरीर राख्ने बाकस *n* coffin
मृदुभाषी *adj* affable

य

यताउति हल्लिनु *v* dangle
यताउता *pro* around
यर्थावादी *adj* pragmatist
यर्थाथ *adj* precise, concrete, accurate
यर्थाथमा *adv* virtually, really
यर्थाथवाद *n* realism
यर्थाथता *n* accuracy, fact, precision
यर्थाथतालाई स्वीकार्नु *v* concede
यदि *c* if
यद्यापि *c* although, though, inasmuch as
यद्यापि *adv* nevertheless
यन्त्र *n* engine
यन्त्र बनाउने व्यक्ति *n* engineer
यन्त्र प्रयोग गर्नु *v* mechanize
यन्त्रका भित्री सामानहरु *n* guts
यन्त्रिक *n* machine
यन्त्रिक बन्दुक *n* machine gun
यन्त्रिक शक्तिलाई विद्युत शक्तिमा परिणत गर्नु यन्त्र *n* generator
यस्तो *adj* such
यसरी *adv* thus
यसबाहेक *adv* rather
यसकारण *adv* hence
यसैद्धारा *adv* hereby
यहाँ *adv* here
यहाँ आउनु *v* come over
यहाँसम्म *adv* hitherto
यहूदी *n* Jew
यहूदी *adj* Jewish
यहूदीवाद *n* Judaism
यहुदी पण्डित *n* rabbi
यत्रतत्र *pre* about
यत्रतत्र फैलिनु *v* drift apart
याचना गर्नु *v* solicit
यातायात *n* traffic
यातायातका साधन *n* vehicle
यातना *n* damnation, torture
यातना दिनु *v* torture
याद *n* recollection
याद गर्नु *v* recollect
यान्त्रिक *n* mechanic
यात्रा गर्नु *v* travel
यात्रा *n* journey, tour, trip, excursion, outing
यात्राका लागि बोकिने सामानहरु *n* baggage
यात्राको थालनी गर्नु *v* set out
यात्री *n* traveler
यात्रु *n* passenger
युग *n* epoch, era, period
युद्ध *n* war, battle
युद्ध विराम *n* truce
युद्ध उपकरणहरु *n* armaments

युद्ध गर्नु *v* battle
युद्धवहाक *n* battleship, warship
युद्धविराम *n* armistice, cease-fire
युद्धपिचास *adj* belligerent
युनानको मानिस *adj* Greek
युरोप *n* Europe
युरोपवासी *adj* European
युवावस्था *n* youth
यो *adj* this
योग्य *n* fitness; merit
योग्य *adj* expedient, compatible, fit, fitting, competent, opportune, decent, deserving
योग्य गर्नु *v* qualify
योग्य हुनु *v* fit
योग्यता *n* expediency, eligible
योग *n* sum
योग *adj* total
योगदान *n* contribution
योगदान गर्नु *v* contribute
योगदान गर्ने व्यक्ति *n* contributor
योजना *n* strategy, scheme, plan, project, idea
योजना बनाउनु *v* plan, project
योजना बनाउन प्रमुख भूमिका खेल्नु *v* mastermind
योजक चिन्ह *n* hyphen
योवनपूर्ण *adj* youthful
यौन शोषन *n* masochism
यौन सम्पर्कको लागि फकाउनु *v* seduce
यौन सम्पर्कको लागि फकाउने काम *n* seduction
यौन शोषण गर्नु *v* molest
र्याली *n* rally

र

र *c* and
रक्सी *n* booze, liquor
रक्सी पार्नु *v* brew
रकम पाउने व्यक्ति *n* payee
रकम उपलब्ध गराउनु *v* fund
रकमको पुर्जी दिनु *v* bill
रकम *n* funds
रकेटको मार्ग *n* trajectory
रंग्याउनु *v* paint
रंग्याउने बुरुस *n* paintbrush
रङ्गमञ्च *n* theater
रगं *n* color
रगं लगाउनु *v* color
रगड्नु *v* rub
रगत *n* blood
रगत सार्ने काम *n* transfusion
रगत बग्नु *iv* bleed
रगत बग्ने *n* hemorrhage
रगत जमेर निस्केको पानी *n* serum
रगत चुस्ने जुक *n* leech
रगत कम भएको *n* anemia
रगत कम भएको अवस्था *adj* anemic
रगतको सम्बन्ध *n* kinship
रंग *n* paint

र

रंगाउनु *v* dye
रंगिन *adj* colorful
रंगिन सतह *n* mosaic
रचना *n* composition, texture; lyrics
रणनीति *n* strategy
रणनीतिहरु *n* tactics
रक्तस्राव *n* bleeding
रक्ताम्य *adj* gory, bloody
रक्तपिचाशु *adj* bloodthirsty
रथ *n* carriage
रद्द *n* cancellation
रद्द गराउनु *v* override
रद्द गर्नु *v* abrogate, cancel, annul, quash, revoke
रद्दी *adj* crappy, shoddy
रन्केको *adj* red-hot
रमाइलो *n* fun
रमाइलो र उत्साह *n* zest
रस *n* juice
रसायन *adj* chemical
रसायन विज्ञान *n* chemistry
रसाउनु *v* exude
रहस्य *n* mystery
रहस्य खोल्नु *v* disclose
रहस्यमय *adj* mysterious
रहस्यमय बनाउनु *v* mystify
रहस्यवादी *adj* mystic
रसिद *n* invoice, receipt, voucher, bill, pay slip
रसिलो *adj* juicy, lush, succulent, mellow, jovial
रसिया देश *n* Russia
रसियाको नागरिक *adj* Russian
रहदानी *n* passport
रहनु *v* stay, be
रहित *adj* devoid
रक्षक दल *n* convoy
राख्नु *iv* keep, place, put, retain
राज्य *n* kingdom, lordship, state
राज्य परिषद् *n* senate
राज्याभिषेक *n* coronation
राज्यपाल *n* governor
राजकीय *n* monarch
राजकीय *adj* regal, royal
राजकीय शासन *n* monarchy
राजकुमार *n* prince
राजकुमारी *n* princess
राजदुत *n* ambassador
राजदुतावास *n* embassy
राजधानी *n* capital
राजधानी शहर *n* metropolis
राजमार्ग *n* highway
राजनीति *n* politics
राजनीतिज्ञ *n* politician
राजप्रतिनिधि *n* regent
राजस्व *n* revenue
राजा *n* king
राजीनमा *n* resignation
राजीनमा दिनु *v* resign
रात *n* night
रातभर *adv* overnight
रातो *adj* red
रातो हुनु वा पार्नु *v* redden
रातोपिरो हुनु *v* flush

राती बसेर आगो बाल्ने *n* campfire
राती ढिला खाने खाना *n* diner
रातीको खाना *n* supper
राम्ररी बुझ्नु *v* comprehend
राम्रा *adj* subtle
राम्रो *adj* good, nice, pretty, fair
राम्रो दिन *n* heyday
राम्रोसँग *adv* nicely
रामो *n* chisel
रमाइलो गर्नु *v* enjoy
राम्रो बनाउनु *v* season
रानी *n* queen
राल *n* saliva
राष्ट्र *n* nation
राष्ट्रपति *n* president
राष्ट्रपतित्व *n* presidency
राष्ट्रियकरण गर्नु *v* nationalize
राष्ट्रियता *n* nationality
राक्षस *n* devil; giant
राष्ट्रिय *adj* national
रासन वितरण गर्नु *v* ration
रासायनिक पदार्थ सोडियम *n* soda
रासायनिक पदार्थले कपडा धुनु *v* dry-clean
रासायनिक परिवर्तन ल्याउनु *v* ferment
रासायनिक मिश्रण *n* compound
राहत *n* relief
राहत महशुस गर्नु *v* relieve
रात्रिकालीन *adj* nocturnal
रिकापी *n* saucer
रिँगटा *n* dizziness
रिँगटा लाग्ने *adj* dizzy
रिक्तता *n* vacancy
रिस *n* anger, wrath
रिस *adj* angry
रिस उठ्दो *adj* irritating
रिस उठाउदो *adj* annoying
रिस उठाउनु *v* annoy, enrage, goad, offend, provoke, embitter
रिसले क्रुद्ध हुनु *v* infuriate
रिसाउनु *v* anger, burst into, irritate
रिसाएको *adj* fed up, furious, irate
रिसाहा *adj* grumpy, vicious
रीति *n* procession
रीतिअनुसारको *adj* customary
रुख *n* tree
रुखको मुख्य काण्ड *n* trunk
रुखो *adj* husky; barren, brusque, terse, coarse
रुखो वा नराम्रो प्रभाव पार्नु *v* jar
रुखो वा फोहोरी व्यक्ति *adj* slob
रुघा खोकीको ज्वरो *n* influenza
रुघाखोकी *n* flu
रुचि *n* liking, palate
रुचिपूर्ण *adj* elegant
रुचिहीन *n* apathy
रुझाउनु *v* incline
रुपरेखा *n* contour, outline, sketch
रुपरेखा तयार पार्नु *v* outline
रुपक *n* metaphor
रुनु *iv* weep
रुवाई *n* crying
रुष्ट *n* resentment
रुष्ट हुनु *v* resent
रुप *n* complexion

रेखा *n* line
रेखांकन गर्नु *v* underline
रेखाचित्र *n* diagram, figure
रेखाचित्रीय *adj* graphic
रेल *n* train
रेल मार्ग *n* railroad
रेशम *n* silk
रेशमी *adj* silly
रेसा *n* fiber
रोएको अवस्था *n* cry
रोक्नु *v* refrain, brake, deter, cease
रोक्नु गर्नु *v* refrain
रोकिनु *v* stop, stall, desist
रोकाइ *adj* standstill, stop
रोग *n* disease
रोगमुक्त *n* recovery
रोगमुक्त हुनु *v* recuperate
रोगको पहिचान *n* diagnosis
रोगको पहिचान गर्नु *v* diagnose
रोजाहा *adj* choosy
रोजगार *n* employment
रोजगार दिलाउनु *v* employ
रोटी तताउनु *v* bake
रोडा *n* rubble
रोमाञ्च *n* thrill
रोमाञ्चित हुनु *v* thrill
रौं उखेल्ने चिम्टा *n* tweezers
रौयुक्त *adj* hairy

ल

ल्याउनु *iv* bring
लर्खराउनु *v* stagger
लर्खराउने *adj* staggering
लर्खराउँदै हिड्नु *v* linger
लखेट्नु *v* chase
लखेटाई *n* chase
लगभग *adv* about, almost, quite
लगभग *adj* approximate
लगभग *pre* about
लंगडो *n* limp
लँगडो वा असक्त बनाउनु *v* cripple
लगातार *n* continuation
लगातार *adj* constant
लगातार रुपले *adv* ceaselessly
लगातार बदलाव *n* pendulum
लगातार हुनु *v* continue
लगाम *n* bridle, rein
लगानी *n* investment
लगानी कर्ता *n* investor
लगानी गर्नु *v* invest
लगाव *n* obsession
लगाउने सर्ट *n* shirt
लघु *adj* petite
लघुमत्स्य *n* anchovy
लघुकथा *n* parable
लचकदार नभएको *adj* inflexible
लचकदार पाइप *n* hose
लचिलो *adj* elastic, flexible
लचिलो हुनु *v* flex

लजाउने *adj* shy
लज्जा *n* mortification
लज्जित तुल्याउनु *v* mortify
लज्जित हुनु *v* shame
लटाई *n* spool
लट्टाउनु *n* trance
लट्ठी *n* baton, stick
लट्ठिएको *adj* numb
लड्नु *v* fall down
लडाई *v* contend, encounter
लडाई गर्नेवाला *n* contender
लडाउनु *v* pull down, topple
लडाकू *n* combatant, warrior, fighter; infantry
लडाकू *adj* militant
लडाकू जहाज *n* frigate
लत *n* addiction
लत लाग्ने *adj* addictive
लथालिंग पार्नु *n* muddle
लर्बराउदै हिड्नु *v* falter
लबेदा *n* cloak
लम्बाई *n* length
लम्ब्याउनु *v* lengthen, protract
लम्ब्याएको *adj* protracted
लम्पसार परेको *adj* prostrate
लम्पसार पर्नु वा पल्टिनु *iv* lay
लम्बिनु *v* prolong
लम्बिने *adj* lengthy
लय *n* rhythm, tune, tone
लय दिनु *v* tune
लरखरिदै हिड्नु *adj* lingering
लस्करमा बस्नु *v* line up
लसुन *n* garlic
लहर *n* whim, trend; surge, spasm; file, row
लहर वा पंक्ति मिलाउनु *v* file
लक्ष्य *n* object, target, pursuit, task
लक्ष्य हुनु *v* aim
लक्ष्यहिन *adj* aimless
लक्षण *n* symptom, feature
लत्रिनु *v* trail
लाखपति *adj* millionaire
लागि *pre* for, towards
लागिराख्नु *v* hang on
लाज *n* blush, shame, chagrin
लाज नभएको *adj* shameless
लाजमर्दो *n* shyness
लजपूर्ण *adj* ashamed, shameful
लाजले रातोपिरो हुनु *v* blush
लापरवाही *adj* negligent
लाटो *adj* dumb
लाटोपन *n* numbness
लाटोकोसेरो *n* owl
लाठोले पिट्नु वा डर देखाउनु *v* bludgeon
लातले हान्नु *v* kick
लाभ *n* benefit
लाभ उठाउनु *v* avail
लाभदायक *adj* favorable
लाभभोगी *n* beneficiary
लाभांश *n* bonus, dividend
लाभकारी *adj* beneficial
लाम्चो पाउरोटी *n* baguette
लाम *n* queue
लामखुट्टे *n* mosquito

लामो *adj* long
लामो मोजा *n* stocking
लामो पर्दा *n* drape
लामो पातलो *adj* slender
लामो यात्रा *n* odyssey
लामो कथा *n* yarn
लामो श्वास फेर्नु *v* sigh
लामो फड्को मारेर हिड्नु *iv* stride
लायक *adj* fit
लायक हुनु *v* fit
लालयित *n* lust
लालयित हुनु *v* lust
लालच *n* avarice
लालची *adj* avaricious
लाल मणि *n* ruby
लालसा *n* lust
लासको संरक्षण गर्नु *v* embalm
लास *n* carcass, corpse
लागू *adj* valid
लागू गर्नु *v* apply for
लागू हुनु *v* validate
लागू हुने *n* validity
लागूपदार्थ *n* drug, dope
लिंग *n* sex
लिंगको टुप्पो काट्नु *v* circumcise
लिङ्ग *n* gender
लिनु *iv* take
लिपि *n* script
लिफ्ट *n* elevator
लिलाम *n* auction, bid
लिलाम गर्नु *iv* bid, auction
लिलाम गर्ने व्यक्ति *n* auctioneer
लुकेर आक्रमण गर्नु *v* ambush
लुकाउनु *iv* hide
लुक्ने ठाउँ *n* hideaway
लुक्ने काम *n* hide
लुकी लुकी गोली हान्ने मानिस *n* sniper
लुकीछिपी पिछा गर्नु *v* stalk
लुकेको *adj* hidden
लुगा बनाउने ठाउँ *n* tailor
लुगा वा छालाको पेटी *n* strap
लुगा फुकाल्नु *v* undress
लुगाफाटा *n* clothing
लुगाको रफु गर्नु *v* darn
लुट्नु *v* pillage, plunder, ransack, rob
लुट्ने काम *n* loot
लुट्पाट *n* robbery
लुटेर लैजानु *v* loot
लुटेरा *n* bandit
लुटेका सामान *n* booty
लुटेका सामानहरु *n* spoils
ले *pre* with
लेख्नु *iv* write, write down
लेख *n* article
लेखन सामाग्री *n* stationery
लेखेको *adj* written
लेखा परीक्षा गर्नु *v* audit
लेखापाल *n* accountant
लेखाई *n* writing
लेखक *n* author, writer
लेदो *n* paste
लेदो पार्नु *v* mash
लेप *n* ointment

लैंगिकता *n* sexuality
लोकप्रिय *adj* popular
लोकप्रिय हुनु *v* popularize
लोकप्रियता *n* publicity, spotlight
लोखर्के *n* squirrel
लोग्ने *n* husband
लोग्ने स्वास्नी *n* spouse
लोते *adj* idle
लोप *n* annulment, disappearance, dissolution
लोप हुनु *v* disappear, vanish
लोभ्याने *adj* enticing
लोभ्याउनु *v* entice, beguile
लोभ *n* greed, avarice
लोभ देखाउनु *v* lure
लोभ गर्नु *v* covet
लोभले छिटोछिटो खानु *v* gobble
लोभी *adj* avaricious, greedy
लोभी मानिस *n* miser
लोसे *adv* tardy
लौरो *n* staff

व

व्यख्यात्मक टिप्पणी *n* gloss
व्यंग गर्ने काम *n* caricature
व्यंगचित्र *n* caricature
व्यंग्य *n* irony, satire
व्यंग्यात्मक *adj* ironic
व्यङ्ग्य चित्र *n* cartoon
व्यञ्जन *n* consonant
व्यंजन *n* seasoning
व्यभिचारी *adj* promiscuous
व्यस्त *adj* bustling, busy
व्यस्तले *adv* busily
व्युत्पन्न *adj* derivative
व्यक्त गर्नु *v* manifest
व्यक्ति *n* person
व्यक्ति वा वस्तु हिड्दा बन्ने बाटो *n* trail
व्यक्तित्व *n* personality
व्यक्तिगत *adj* personal
व्यक्तिगत सम्पत्तिको चारी *n* larceny
व्यर्थ *adj* vain
व्यर्थ वा निरर्थक बनाउनु *v* thwart
व्यर्थसँग *adv* vainly
व्यय *n* expenditure
व्यग्र *adj* fervent
व्यग्र गराउनु *v* embarrass
व्यवहार *n* treatment, behavior, manner, deal, conduct, usage
व्यवहार गर्नु *v* treat, act, behave
व्यवहार गर्ने तरिका *n* attitude, tack
व्यवहारमा संयमता वा धीरता *n* poise
व्यवहारिक *adj* sensible
व्यवस्था *n* provision, system, arrangement, order, act
व्यवस्था मिलाउनु *v* organize
व्यवस्थापन *adj* provisional, management, lay-out
व्यवस्थापन गर्नु *v* manage, conduct
व्यवस्थापन गर्न योग्य *adj* manageable

व्यवस्थापक *n* manager, settler, executive
व्यवस्थापिका *n* legislature
व्यवस्थित *adj* systematic
व्यवस्थित वा स्थिर हुनु *v* fix
व्यवस्थित गराउनु *v* handle
व्यवस्थित गर्नु *v* adjust, arrange
व्यवस्थित गर्न योग्य *adj* adjustable
व्यवसाय *n* vocation, firm, business
व्यविचार *adj* lewd
व्याकरण *n* grammar
व्याकुल *adj* anxious, nervous, mixed-up
व्याकुल बनाउनु *v* perturb
व्याकुल पार्नु *v* embroil, embarrass
व्याकुलता *n* anxiety, distraction, mix-up
व्याख्या *n* interpretation
व्याख्या गर्नु *v* interpret
व्याख्या गर्न नसकिने *adj* inexplicable
व्याख्यान *n* lecture
व्याख्याकार *n* interpreter
व्याप्त गर्नु *v* overrun
व्यापार *n* merchandise, trade
व्यापार चिन्ह *n* brand, trademark
व्यापार गर्नु *v* trade, traffic
व्यापारी *n* dealer, businessman, merchant, trader
व्यापारिक *adj* commercial
व्यापारिक संस्थान *n* company
व्यापारिक सौदा *n* dealings
व्यायाम गर्नु *v* work out
व्यायामशाला *n* gymnasium
व्यास *n* diameter
वक्ता *n* speaker
वक्तव्य *n* statement
वकालत गर्नु *v* advocate
वकिल *n* lawyer
वक्र बनाउनु *v* curve
वक्ररेखा *n* curve
वर्ग *n* category, square, class, range
वर्गाकार *adj* square
वर्गीकरण गर्नु *v* classify
वर्गीकृत गर्नु *v* type
वचन *n* offer, warranty
वचनवद्ध गर्नु *v* obligate
वज्रपात *n* stroke
वञ्चित गर्नु *v* exclude
वर्णमाला *n* alphabet
वर्णन *n* description
वर्णन गर्नु *v* describe, explain, state, narrate
वर्णनात्मक *adj* descriptive
वर्तमान कालमा *adv* nowadays
वर्तमानकालीन *adj* present, current
वन *n* jungle, forest, wood
वनस्पतिशास्त्र *n* botany
वनघोडा *n* zebra
वनमान्छे *n* chimpanzee
वन मान्छे *n* orangutan
वफदार *adj* loyal
वफदारीता *n* loyalty
वयस्क *adj* young
वयस्क *n* adult

व

वरिष्ठ *adj* senior, supreme
वरिष्ठता *n* superiority, seniority, supremacy
वरिपरि *pro* around
वारिपरि वितरण गर्नु *v* pass around
वरिपरिको निर्वाध दृश्य *n* panorama
वरिपरि रहनु *v* stick around
वरिपरिको क्षेत्र *n* vicinity
वंश *n* species, tribe, clan, ancestry, generation
वशमा राख्नु *v* subject
वशमा राख्नु वा ल्याउनु *v* subdue
वशकारी *adj* enthralling
वंशाणु *n* gene
वंशाणुक्रमले नयाँ परिवर्तन हुनु *v* mutate
वंशाणुगत *adj* hereditary
वंशाणुगत गुण *adj* genetic
वंशज *n* dynasty
वर्ष *n* year
वर्षा *n* shower, rainfall
वर्षाको पानी *n* rainfall
वक्षस्थल *n* bosom, bust
वस्तु *n* thing, stuff, substance, article
वस्तु सूची *n* inventory
वस्तुभाउ *n* livestock
वस्तुभाउ राख्ने छाप्रो *n* chalet
वस्तुस्थिति *n* conditioner
वस्तुलाई चालमा ल्याउन खोज्ने *adj* impulsive
वस्तुको नाप वा मापलाई निश्चित पार्नु *v* gauge
वस्तुतः *c* inasmuch as
वस्तुगत *n* objective
वस्त्र *n* apparel, dress, array
वसन्तयम *n* spring
वसन्त ऋतु *n* spring
वाइन बनाउने ठाउँ *n* winery
वाक्काकी *n* nausea
वाक्य *n* sentence
वाक्यांश *n* clause, article, statement
वाचा *n* promise
वाचन *n* recital
वाचन गर्नु *v* recite
वाटिका *n* orchard
वाणिज्य दूत *n* consul
वाणिज्यदूतावास *n* consulate
वार्तालाप *n* dialogue
वार्तालाप गर्नु *v* communicate, coverse
वातावरण *n* atmosphere, environment
वातावरणीय *adj* atmospheric
वाद *n* doctrine
वायुसेना *n* paratrooper
वायुसेवा *n* airline
वायुरुद्ध *adj* hermetic
वायुबोलाउनु *n* exorcist
वायुमण्डल *n* atmosphere
वायुमण्डलीय *adj* atmospheric
वायुमण्डलको मध्य भाग *n* midair
वायुप्रतिरोधक *adj* airtight
वायुमिल *n* windmill
वायुयान *n* aircraft, airliner
वायुयान चालक *n* aviator

वायुचापमापन यन्त्र *n* barometer
वारपार *adj* cross
वारपार *pre* across
वाष्पिकरण गर्नु *v* evaporate
वाष्पिकरण हुनु *v* vaporize
वार्षिक *adj* annual
वार्षिक *adv* yearly
वार्षिक रुपमा शैक्षिक वर्षको विभाजन *n* semester
वार्षिकी *n* anniversary
वास्ता नगर्नु *v* snub
वास्ता नगर्ने *adv* regardless
वास्ता नगर्ने *n* snub
वास्ता वा दृढ नभएको *adj* lax
वास्तवमा *adv* really, indeed
वास्तविकता *n* authenticity, reality
वास्तविकता महशुस गर्नु *adj* see-through
वास्तविकतामा *adv* actually
वास्तविक *adj* concrete, actual, factual, real, intrinsic
वास्तविक *n* realty
वास्तविक तथा साधारण *adj* down-to-earth
वासस्थान *n* dwelling
वाहिनी *n* brigade
वाहियत *n* nonsense
विकर्ण *adj* diagonal
विकास *n* development
विकास गर्नु *v* develop
विकास हुनु *v* grow up
विकल्प *n* alternative
विकल्प नभएको *n* dead end
विकिरण *n* radiation
विकिरणशील रासायनिक तत्व *n* plutonium
विक्रेता *n* dealer
विख्यात *adj* notable
विखण्डित हुनु *v* split up
विगतको समय *n* pastime
विच्छेद *n* schism
विच्छेद हुनु *v* break up
विच्छेदन गर्नु *v* detach, disconnect
विच्छेदन गर्न योग्य *adj* detachable
विचार *n* consideration, idea, opinion, thought, concept, notion, reflection
विचार बनाउनु *v* size up
विचार गरेर बुझ्नु *v* figure out
विचार गर्नु *v* consider, envisage, intend, imagine, look at, reconsider, reckon, regard
विचारणीय *adj* considerable
विचारमा *c* supposing
विचारपूर्ण *adj* thoughtful
विचारविमर्श गर्नु *v* deliberate, confer
विचारको आदानप्रदान *n* communion
विचलन *n* diversion, aberration, deviation
विचारशील *adj* deliberate
विचित्रको *adj* bizarre
विजय *n* victory, champion, conquest, triumph
विजय प्र्राप्त गर्नु *v* conquer
विजय प्राप्त गर्नु *iv* win
विजय पाउन नसकिने *adj* invincible

व

विजय चिन्ह *n* trophy
विजय हुनु *v* prevail
विजयी *adj* victorious, triumphant
विजेता *n* conqueror, victor, winner
विजेता चुन्ने काम *n* draw
वितरक *n* dealer
वितरण गर्नु *v* dispense, distribute, dole out, hand out
वितरण *n* dispensation, dispersal, distribution, allotment, delivery
वितरण गर्ने पर्चा *n* handout
वित्तिय कारोबार *n* commerce
विद्वान् *n* scholar
विद्यमान हुनु *v* exist
विद्याविभाग *n* faculty
विद्यालय *n* school
विद्यार्थी *n* student
विद्युत *n* electricity, current
विद्युत रोधक *n* insulation
विद्युत सूचक *n* conductor
विद्युत प्रवाह नियन्त्रक *n* switch
विद्युत तार *n* cable
विद्युत शक्ति प्रसार गर्नु *v* charge
विद्युत शक्तिको एकाई *n* watt
विद्युतबाट चल्ने गाडी *n* streetcar
विद्युतीय *adj* electric
विद्युतीय साधन *adj* electronic
विद्युत नियन्त्रक *n* plug
विदेश *adj* foreign
विदेशमा *adv* abroad
विदेशी *n* alien, foreigner, outsider
विदेशी वस्तु *adj* exotic
विद्रोह *n* mutiny, insurgency, uprising, rebel, revolt
विद्रोही *n* insurrection, rebellion
विद्रोह भएको *adj* revolting
विद्रोह गर्नु *v* rebel, revolt
विध्वंस *n* havoc, holocaust, rupture
विध्वंस भएको *adj* dilapidated
विध्वंस हुनु *v* rupture
विधान *n* testament, legislation
विधायेक *n* senator
विधुर *n* widower
विधुवा *n* widow
विधयेक *n* statute
विधि *n* mode, method
विधि सम्बन्धी *adj* methodical
विधि निर्माता *n* lawmaker
विधिवत् रुपमा बन्द गर्नु *v* liquidate
विन्ती गर्नु *iv* beseech
विन्दु *n* point
विनम्र *adj* meek
विनम्र अनुरोध *n* appeal
विनम्र अनुरोध गर्नु *v* appeal
विनम्र नभएको *adj* insincere
विनम्रता *n* meekness
विनम्रपूर्वक *adv* kindly
विनाशकारी जीव *n* pest
विनम्रता नभएको *n* insincerity
विनम्रता पूर्ण *adj* bashful
विनम्रताका साथ सोध्नु *v* implore
विनयशील *adj* humble
विनाश *n* destruction, ravage, annihilation, sabotage

विनाश गर्नु *v* ravage, annihilate
विनाश हुनु *v* ruin
विनाशक *adj* pernicious
विनाशकारी *adj* destructive
विनाशको स्थिति *n* ruin
विनिमय गर्नु *v* traffic
विपरित *adj* contrary, adverse, negative, opposite
विपरित परामर्श दिनु *v* dissuade
विपरीत कार्यबाट बाधा पुर्याउनु *v* counteract
विपरित रुपले *adv* conversely
विपरित दिशा तिर हुने परिवर्तन *n* reversal
विपरितक *n* opposite
विपत्ति *n* calamity, affliction, misery, distress
विफल पार्नु *v* foil
विफलता *n* defection
विभाग *n* segment, department, ward, region, class
विभाजन *n* division, allotment, cataclysm, disintegration, fragment, partition
विभाजन गर्नु *v* sort out, divide
विभाजन गर्न योग्य *adj* divisible
विभाजित *n* parting
विभिन्न *adj* diverse
विभिन्न प्रकारका *adj* various
विभिन्न प्रकारका वस्तु उत्पादन गर्नु *v* itemize
विभिन्न तत्वहरु मिलाएर बनाउनु *v* concoct
विभेद *n* discrimination
विभेद गर्नु *v* discriminate
विमान चालक *n* pilot
विमान तथा जहाजको गति वा स्थिति थाहा पाउने यन्त्र *n* radar
विमानस्थल *n* airfield, airport
वियोग *n* bereavement
विरोध *n* objection, walkout, opposition, backlash, rebuff, protest, contradiction
विरोध गर्नु *v* object, protest, rebuff, contradict
विरोध गर्नु वा शत्रुतालाई उक्साउनु *v* antagonize
विरोधाभास *n* paradox
विरोधको अवज्ञा *n* defiance
विरलै *adv* barely, seldom, rarely
विरलै मात्र देखा पर्ने *adj* rare
विरुद्ध *pre* against
विरुप पार्नु *v* mutilate
विलासी *adj* luxurious
विलासिता *n* luxury
विलक्ष्ण *adj* unique
विलक्षण *adj* remarkable, fantastic
विलक्षण प्रतिभा *n* prodigy
विलयन हुनु *v* dissolve
विवरण *n* account, profile, inventory, story
विवाद *n* feud, controversy, dispute, rift, strife, debate, altercation, argument
विवाद रहित *adj* indisputable, undisputed
विवाद गर्नेवाला *n* contender
विवाद गर्नु *v* dispute

व

विवादस्पद *adj* contentious, controversial
विवाहित *adj* married
विवाह *n* marriage, matrimony, wedding
विवाह गर्नु *v* marry, wed
विवाहमा बेलुहालाई साथ दिने व्यक्ति *n* best man
विवाहको लागि कुरा छिनेका केटा *n* fiancé
विवाहको कुरा छिनेको *n* engagement
विविध *adj* multiple
विविधता *n* range, variety, varnish, diversity
विविधता ल्याउनु *v* vary
विवेक *n* conscience
विवेकी *adj* judicious
विवेकशील *adj* prudent
विवेकशीलता *n* discretion, prudence
विश्लेषण *n* analysis
विश्लेषण गर्नु *v* analyze
विश्व *n* universe, world
विश्वभरि *adj* worldwide
विश्वास *n* faith, belief, trust
विश्वास *adj* confident
विश्वास नगर्नु *v* mistrust
विश्वास दिलाउनु *v* assure, convince, ensure
विश्वास दिलाउने काम *n* assurance
विश्वास गर्नु *v* deem, trust, entrust, believe
विश्वास गर्न योग्य *adj* believable
विश्वास गर्ने व्यक्ति *n* believer
विश्वासनीय *adj* credible, reliable, authentic, plausible
विश्वासनीयता *n* credibility
विश्वासपात्र *n* confidant
विश्वासी *adj* faithful
विश्वासिलो *n* constancy
विश्वव्यापी *adj* universal
विश्वविद्यालय *n* university
विश्वविद्यालयमा भर्ना गर्नु *v* matriculate
विश्वकोष *n* encyclopedia
विशाल *adj* great, enormous, gigantic, grand, huge, tremendous, large
विशाल *n* mammoth
विशाल रुपमा *adv* widely
विशालबजार *n* supermarket
विशालता *n* magnitude, immensity
विशिष्ट *adj* particular, illustrious, distinctive
विशिष्ट सुन्द *n* elegance
विशिष्ट व्यक्तिको हस्ताक्षर *n* autograph
विशिष्ट शक्ति *n* superpower
विशिष्टता *n* specialty, distinction
विशुद्ध *adj* genuine, original, intact
विशुद्ध *adv* alright
विशुद्ध रुपमा *adv* originally
विशुद्धसँग *adv* plainly
विशेष *adj* special
विशेष लक्ष्ण भएको *adj* typical
विशेष तरिकाले हिड्नु *iv* tread
विशेष गरी *adv* particularly, especially
विशेषण *n* adjective

विशेषता *n* specialty
विशेषाधिकार *n* concession, prerogative, privilege, franchise
विशेषज्ञता हासिल गर्नु *v* specialize
विष *n* poison
विष नभएको विशाल सर्प *n* python
विष दिनु *v* poison
विष युक्त *adj* poisonous
विषदी *n* poisoning
विषमार्ने औषधि *n* antidote
विषाद *n* melancholy
विषालु *adj* noxious, toxic
विषालु सर्प *n* viper
विषालु पदार्थ *n* toxin
विषालु ग्यास *n* arsenic
विषय क्षेत्र *n* scope
विषयान्तर हुनु *v* digress
विषयवस्तु *n* theme
विषयगत *n* objective
विषय *n* subject, issue
विस्तृत *adj* ample
विस्तृत गर्नु *v* diffuse
विस्तार गर्नु *v* amplify, extend
विस्तारै *adv* slowly
विस्थापित गर्नु *v* displace
विस्फोट *n* blast, detonation, eruption
विस्फोट गर्ने व्यक्ति *n* detonator
विस्फोट हुनु *iv* blow up, explode
विस्फोटन *n* explosion
विस्फोटक *adj* explosive
विस्फोटक पदार्थ *n* bomb, dynamite
विस्फोटक पदार्थ बिछ्याएको क्षेत्र *n* minefield
विस्फोटित बम *n* bombshell
विस्मृति *n* oblivion
विस्मयकारी *adj* breathtaking
विस्वाद *adj* insipid
विश्राम *n* repose, respite
विश्राम स्थाल *n* lounge
विहार *n* monastery
विहिन *adj* devoid
विक्षुप्त *adj* sullen
विक्षिप्त *adj* demented
विज्ञान *n* science
विज्ञानमा आधारित *adj* scientific
विज्ञापन *n* advertising
विज्ञापन गर्नु *v* advertise
वीणा *n* harp
वीभत्स *adj* grisly
वीर्य *n* sperm
वीर *adj* gallant, valiant
वेग *n* velocity
वेदना *n* agony, grief, anguish, pang
वेदी *n* pew
वेवस्ता गरेको *adj* indifferent
वेवसाइट *n* web site
वेवास्ता *n* indifference
वेश्या *n* tart
वेश्यलय *n* brothel
वैकल्पिक *n* alternative
वैकल्पिक मार्ग *n* bypass
वैद्य *n* leech
वैध बनाउनु *v* legalize
वैधानिक *adj* legitimate

वैधानिकता अपनाउनु *n* litigation
वैधता *n* legality
वैभव *n* state
वैभवशाली *adj* splendid
वैमनस्य *n* rancor, rupture
वैरभाव *n* animosity
वैवाहिक *adj* conjugal, marital
वैवाहिक सम्बन्ध *n* affinity
वैवाहिक सम्बन्धबाट बनेको नातेदार *n* in-laws
वैज्ञानिक अनुसन्धानको वस्तु *n* specimen
वैज्ञानिक *n* scientist
व्रत बस्नु *v* fast
वृच्चिक *n* scorpion
वृत्त *n* circle
वृत्त बनाउनु *v* circle
वृत्तान्त *n* version, episode
वृत्ताकार घेरा *n* ring
वृत्तचित्र *n* documentary
वृत्तकार *adj* circular
वृत्तकार रंगमञ्च *n* amphitheater
वृत्तखण्ड *n* arc
वृत्ति *n* boost
वृद्धावस्था *n* old age
वृद्धि हुने *adj* increasing
वृद्धि *n* enlargement, increase, growth, boost
वृद्धि गराउनु *v* foster
वृद्धि गर्नु *v* augment, increase, step up, boost
वृद्धि गर्नु वा बढाउनु *v* enhance
वृद्धि हुनु *v* go up

श

श्वास *n* breath
श्वास नलीको सुजन *n* bronchitis
श्वास फेर्नु *v* breathe
श्वासनली *n* windpipe
श्वासप्रश्वास *n* breathing
श्वासप्रश्वास प्रक्रिया *n* respiration
शंका *n* indecision, doubt, suspect, misgiving
शंका रहित *adj* unequivocal
शंका लाग्नु *v* doubt
शंका गर्नु *v* suspect
शंकास्पद *adl* doubtful
शंकाजनक *adj* suspicious
शुक्रबार *n* Friday
शंखेकिरा *n* shellfish
शताब्दी *n* century
शतावार्षिकी *n* centenary
शक्ति *n* power, might, energy, strength, leverage
शक्तिहीन *adj* powerless, impotent
शक्तिशाली *adj* potent, energetic, mighty, powerful, overbearing
शनिबार *n* Saturday
शपथ लिनु *iv* swear
शब्द *n* word
शब्दभण्डार *n* vocabulary
शब्दजाल *n* crossword
शब्दकोष *n* glossary
शब्दकोश *n* dictionary

शयनकक्ष *n* berth, dormitory
शरण *n* shelter
शरणार्थी *n* refugee
शरद् ऋतु *n* autumn
शरीरि भित्रका अंगहरु *n* organ
शरीर *n* body
शरीर खुम्च्याउनु *v* crouch
शरीरको स्थिति *n* pose
शल्यक्रिया सम्बन्धी *adv* surgical
शल्य–चिकित्सक *n* surgeon
शव *n* corpse
शव–परीक्षण *n* autopsy
शववहान *n* hearse
शहर *n* city, town
शहरीय *adj* urban
शहनाई *n* clarinet
शहीद *n* martyr
शहीदभाव *n* martyrdom
शत्रु बनाउनु *v* antagonize
शत्रु *n* enemy, foe
शत्रुता *n* hostility, animosity
शाकाहारी *v* vegetarian
शाखा *n* sect, branch
शाखा विस्तार *n* ramification
शाखा कार्यालय *n* branch office
शान्त *n* solace, sedation, lull, hush, calm, tranquility, serenity
शान्त *adj* placid, calm, quiet, silent, serene, mute, cool
शान्त अवस्था *n* repose
शान्त पार्नु *v* mitigate, pacify, quell
शान्त हुनु *v* sedate, silence, calm down, cool down, cool
शान्तमुद्रा *n* composure
शान्तपन *n* quietness
शान्ति *n* peace, silence
शान्ति भंग गर्नु *v* disturb
शान्ति पाठ *n* litany
शान्तिपूर्ण *adj* peaceful
शाब्दिक *adj* literal
शाब्दिक रुपमा *adv* verbally
शाब्दिक वर्णन *n* wording
शारीरिक रुपमा *adj* bodily, physically
शारीरिक *adj* corporal
शालीन *n* grace
शालीनता *adj* graceful
शासन *n* lordship, regime, reign, dominion
शासन गर्नु *v* sway, reign, wield
शासक *n* ruler, lord
शासक वर्ग *n* aristocracy
शिकार *n* quarry; hunting, prey
शिकार गर्नु *v* hunt
शिकार खेल्ने कुकुर *n* hound
शिकारी *n* hunter, prowler
शिकारी कुकुर *n* greyhound
शिखर *n* summit, apex
शिखरमा पुग्नु *v* culminate
शितल *adj* cool
शितल हुनु *v* cool
शिथिल बनाउनु *v* overshadow
शिथिल बनाउने *adj* laxative
शिल्पकार *n* artisan, craftsman
शिला *n* boulder

शिलालेख *n* inscription
शिविर *n* camp
शिष्ट *adj* modest, courteous, ladylike, affable
शिष्टाचारिता *n* mannerism
शिष्टता *n* courtesy
शिष्टाचार *n* etiquette, courtship
शिष्य *n* pupil, disciple
शिर्ष *n* top
शिर्षक *n* title, topic
शिशा *n* lens
शिशु *n* baby, infant
शिशु गृह *n* nursery
शिशु हेरचाह गर्ने व्यक्ति *n* babysitter
शिक्षक *n* instructor, teacher
शिक्षा सम्बन्धी विद्या *n* pedagogy
शिक्षा दिनु *v* educate, instruct
शिक्षावृत्ति *n* fellowship
शीत *n* dew
शीर्ष *n* apex
शीर्षक *n* heading
शीतज्वर *n* malaria
शुद्ध *adj* pure
शुद्ध पार्नु *v* refine
शुद्ध गर्नु *v* cleanse
शुद्ध हावा पस्न दिनु *v* ventilate
शुद्धीकरण *n* purification, purge
शुद्धीकरण गर्नु *v* purify
शुद्धता *n* purity
शुन्य *n* zero
शुभ *adj* auspicious
शुभारम्भ गर्नु *v* commence

शुल्क *n* fee
शुल्क दिनु *v* subscribe
शूरवीर *n* knight
शेषभाग *n* remnant
शैक्षिक *adj* academic, educational
शैतान जस्तो *adj* diabolical
शैली *n* style, mold
शोक *n* sorrow, grief
शोचनीय *adj* deplorable
शोधपत्र *n* thesis
शोषण *n* exploit
शोषण गर्नु *v* exploit
शोषन *adj* downtrodden
शौचालय *n* lavatory, rest room, toilet
शृंगारका सामानहरु *n* cosmetic
शृङ्खला *n* series
शृगांर टेबुल *n* dresser

ष

षड्यन्त्र *n* plot, conspiracy, ploy, intrigue
षड्यन्त्र गर्ने *adj* intriguing
षड्यन्त्र गर्नु *v* conspire, plot
षड्यन्त्रकारी *n* conspirator

स

स्वतः *n* auto
स्टार्च युक्त *adj* starchy
स्तब्ध पार्ने *adj* shocking
स्तब्ध हुनु *v* shock
स्तब्धता *n* shock
स्तम्भ *n* column
स्तन *n* breast
स्तनको मुन्टो *n* nipple
स्तनधारी *n* mammal
स्तुतिगान *n* carol
स्थगन गर्नु *v* put off
स्थान *n* station, lieu, location, place, station
स्थान भूमि *n* site
स्थान दिनु *v* bestow
स्थानबाट हटाउनु *v* dislocate
स्थानमन्तर गर्ने कार्य *n* transfer
स्थानान्तर *n* shift
स्थानान्तर गर्नु *v* shift, transfer
स्थानीय *adj* local, native
स्थानीय पादरी *n* deacon
स्थानीय गिर्जाघर *n* parish
स्थानीय तहहरु *adj* grassroots
स्थानीयकरण गर्नु *v* localize
स्थान्तर *n* relocation
स्थापना *n* setup
स्थापना गर्नु *v* establish
स्थापित गराउनु *v* impose
स्थापित गर्नु *iv* set, institute
स्थायी *adj* permanent
स्थायी हुनु *v* outlast
स्थगित *n* postponement
स्थगित राख्नु *v* defer
स्थगित गर्नु *v* procrastinate, postpone, reprieve, adjourn
स्थलजलचर *adj* amphibious
स्थिर *adj* still, steady, stationary, stagnant, motionless, stable, staunch, firm, resolute
स्थिर बनाउनु *v* immobilize
स्थिरता *n* stagnation, stability
स्थिति *n* site, state, position
स्नायु *n* nerve
स्नातक तह पार गर्नु *v* graduate
स्पन्दन *n* pulse
स्पष्ट वक्ता *n* candor
स्पष्ट *adj* conspicuous, outright, vivid, palpable, explicit, unequivocal, apparent
स्पष्ट सुन्न सकिने *adj* audible
स्पष्ट अभिव्यक्ति नभएको *adj* implicit
स्पष्ट पार्नु *v* set off
स्पष्ट गर्नु *v* clarify
स्पष्टीकरण *n* clarification
स्पष्टता *n* clarity
स्पेन देश *n* Spain
स्पेनमा हुने सेतो प्रकारको मदिरा *n* sherry
स्पेनको नागरिक *n* Spaniard
स्पेनको नागरिक *adj* Spanish
स्पेनिस बोल्ने व्यक्ति *adj* Hispanic
स्फूर्त *adj* spontaneous

स्फुर्ति *n* gusto
स्फूर्तिमय *adj* dashing
स्पर्श इन्द्रिय वा अंग *n* antenna
स्पर्शबाट थाहा पाउने *adj* tangible
स्पर्शक *n* tentacle
स्मरण गर्नु *v* mind
स्मरण गर्न योग्य *adj* remarkable
स्मारक *n* monument, relic
स्मारक चिन्ह *n* relic
स्मृति *n* retention
स्मृतिलेख *n* epitaph
स्याल *n* jackal
स्याउ *n* apple
स्याउको रस *n* cider
स्याहारसुसार गर्नु *v* nurse
स्वर्ग *n* heaven, paradise
स्वर्गदूत *n* angel
स्वर्गीय *adj* heavenly
स्वर्गीय आनन्द *n* bliss
स्वर्गीय आनन्दपूर्ण *adj* blissful
स्वयंसेवक *n* volunteer
स्वच्छ वायुको प्रवेश हुने *n* ventilation
स्वचालित *adj* automatic
स्वतन्त्र *adj* free
स्वतन्त्र बाटो *n* freeway
स्वतन्त्र हुनु *v* free
स्वतन्त्रपूर्वक आनन्द लिनु *v* indulge
स्वतन्त्रता *n* freedom, liberation, sovereignty, liberty
स्वदेश फर्किनु *v* repatriate
स्वभाव *n* temper; mold
स्वभाविकता *n* spontaneity
स्वर *n* vowel; tone
स्वरमाधुर्य *n* melody
स्वरचिन्ह *n* note
स्वरयन्त्र *n* larynx
स्वस्तिवाचन *n* benediction
स्वस्थ *adj* healthy
स्वागतम् *n* welcome
स्वागत गर्नु *v* welcome
स्वागत गर्ने व्यक्ति *n* receptionist
स्वागत गर्ने काम *n* reception
स्वाङ् पार्नु *v* flaunt
स्वाँङ् *n* hypocrisy
स्वार्थी *adj* selfish
स्वाद *n* taste
स्वाद नभएको *adj* tasteless
स्वाद लिनु *v* taste
स्वादिष्ट पार्ने काम *n* seasoning
स्वादिलो *adj* tasty, delicious
स्वाधीन *adj* independent
स्वाधीनता *n* independence
स्वार्थीपन *n* selfishness
स्वास्थ्य *n* health
स्वाभाविक *adj* habitual
स्वाभाविक क्षमता *n* aptitude
स्वाँ–स्वाँ गर्नु *v* wheeze
स्वामित्व *n* ownership
स्वामित्वमा लिने कार्य *n* possession
स्वायत्त *n* autonomy
स्वायत्त शासन सम्बन्धी *adj* autonomous
स्वास्थ्य परिक्षण *n* check up
स्वास्थ्य लाभ *adj* convalescent
स्वास्थ्यकर *adj* wholesome

स

स्वीकृति *n* approval
स्वीकार *n* acceptance
स्वीकार योग्य *adj* admissible
स्वीकार्नु *v* endorse, accept, take in
स्वीकार्य *adj* acceptable, undeniable
स्वीकृति जनाउनु *v* assent
स्वीडेन देश *n* Sweden
स्वीडेनको नागरिक *adj* Swedish, Swiss
स्वीजरल्याड देश *n* Switzerland
स्त्री *n* female
स्त्रीरोग *n* gynecology
सक्नु *v* can
सक्कल जस्तै देखिने नक्कल गर्नु *v* clone
संकट *n* crisis
संकटमा पर्नु *v* endanger
संकटपूर्ण *adj* perilous
संकलन गर्नु *v* muster, compile
संकल्प गर्नु *v* resolve
सकरात्मक *adj* positive
संकय–प्रमुख *n* dean
सर्कनु *v* choke
सकारात्मक *adj* affirmative
सकिनु *v* finish, run out
संकीर्ण *n* strait
संकेत गर्नु *v* signify, signal, beckon, sign
संकेतिक अक्षर वा चिन्ह *n* code
संकेतिक वा छोटो लेख वा बोलाई *n* shorthand
संकेत *n* indication, hint, inkling; signal, icon, symbol, portent
संकेत *adj* symbolic
संकेत वा प्रतिक *n* token
संकेत दिनु *v* hint
संकेत शब्द *n* password
संकोच *n* scruples
संकोच *adj* modest
संक्रमण *n* infection
संक्रमण अवस्था *n* transition
संक्रमणसँग लड्न सक्ने सामाथ्र्य *n* immunity
संक्रमणबाट बचाउनु *v* disinfect
संक्रमणबाट मुक्त पार्नु *adj* immune
संक्रमणलाई रोक्नु *v* immunize
संक्रामक *adj* contagious
संक्रमित *adj* infectious
सक्रिय *adj* active
सक्रिय पार्नु *v* galvanize, activate
सक्रियता *n* activation
संकुचित *adj* parochial
संख्या *n* number
संगत *adj* pertinent
सँग *pre* with
सँगसँगै *adv* together
सँगसँगै *n* simultaneous
संगठन *n* organization, congress
संगमरमर *n* marble
संग्रह *n* stock
संग्रह खोल्नु (लग इन) *v* log in
संग्रहलय *n* museum
संग्रहलयको हेरचाह गर्ने व्यक्ति *n* curator
संगमस्थल *n* junction
संगीत *n* music; compatibility
संगीतिक समारोह *n* concert

संगीत बजाउनु सुरु गर्नु *v* strike up
संगीतकार *n* composer, musician
संगीतको ताल *n* beat
सँगै पढ्ने साथी *n* classmate
सँगैको घर *adj* next door
सुघ्नु *iv* smell
संघ *n* union
संघसंगठन *n* league
संघर्ष *n* hassle, combat, struggle
संघर्ष गर्नु *v* hassle, contend, combat, struggle
संघीय *adj* federal
सङ्क्षिप्त पार्नु *v* abbreviate
सङ्क्षिप्तरुप *n* abbreviation
सङ्गीन *n* bayonet
सच्याउनु *v* redress; rectify
सच्च्याउनु *v* correct
संचय *n* collection
संचय कर्ता *n* collector
संचित गर्नु *v* aggregate
संचित धन *n* savings
सचिव *n* secretary
सञ्चित गर्नु *v* hoard
सचेत *adj* aware, conscious, wary, mindful
सचेत नहुनु *adj* senseless
सर्जक *n* creator
सजग *n* alert
सजावट *n* arrangement, décor, outfit
सजावटी *adj* decorative
सजाय *n* chastisement, punishment
सजाय दिनु *v* sentence, punish
सजाय दिन लायक *adj* punishable
सजाउनु *v* decorate, set off
सजिनु *v* deck
सज्जित गर्नु *v* equip
सजिलै स्थान्तर गर्न सकिने *adj* portable
सजिलै घृणा पैदा गर्ने *adj* squeamish
सजिलै छकाउने खालको *adj* gullible
सजिलै ठगिने व्यक्ति *adj* sucker
सजिलै बाङ्गिने *adj* supple
सजिलै बिरामी हुने *adj* squeamish
सजिलैसँग बुझ्न वा देख्न सकिने *adj* patent
सजिलैसँग जहाँसुकै पनि लैजान सकिने *adj* compact
सजिलैसँग प्राप्त गर्न सकिने *adj* accessible
सजिलैसँग प्राप्त गर्न नसकिने *adj* inaccessible
सजिलो *adj* easy
सजिलो बनाउनु वा हुनु *v* ease
सजिलोसँग *adv* easily
सजीव *adj* vivacious
सजीव बनाउनु *v* animate
सजीवता *n* animation, vitality
सञ्जाल *n* network
सञ्चार *n* communication
सञ्चार माध्यम *n* press
सञ्चार गर्नु *v* convey, communicate
सञ्चालन *n* operation
सञ्चालन यन्त्र *n* motor
सञ्चालन गर्नु *v* operate, conduct, drive
सञ्चय *n* stock, storage
सञ्चय गर्नु *v* amass, accumulate, store

स

सञ्चय गर्ने कोठा *n* stockroom
सट्टा *adv* behalf (on); instead
सट्टामा *n* substitute
सडक *n* road, street
सडक वा रेल मार्ग *n* viaduct
सडक पेटी *n* pavement, sidewalk
सडकमा बाटो काट्ने ठाउँ *n* crosswalk
सडकको बत्ती *n* streetlight
सडिनु *v* decompose
सडेको *n* decay
सत्य *adj* authentic
सत्य *n* truth
सत्य स्थापित गर्नु *v* authenticate
सत्यानाश गर्नु *v* exterminate
सत्यपूर्ण *adj* truthful
सत्यता *n* authenticity
सतह *n* surface
सतह स्पर्श रेखा *n* tangent
सतह मुनि रहनु *v* underlie
सतहमा कुनै वस्तु तान्ने कार्य *n* traction
सर्त *n* terms
सर्तक हुनु *v* watch out
सर्तकता *n* awareness
सताउनु *v* persecute, afflict
सताउनु *n* gripe
सत्तरी *adj* seventy
सत्ता *n* authority, power
सदर *adj* valid
सदर हुनु *v* validate
सदर हुने *n* validity
सदरमुकाम *n* headquarters
सदस्य *n* member
सदस्यता *n* membership
सदस्य बन्नु *v* enroll
सद्भाव *n* favor
सद्भावना *n* goodwill
सद्गुण *n* virtue
सदबहार *n* eternity
सदवहार *adj* everlasting
संदेहस्पद *adj* dubious
सधैं *adv* always, ever, forever, often
सधै दुई वा दुई भन्दा बढी ठाउँमा यात्रा गरिरहनु *v* shuttle
सन्तुलन *n* equilibrium, balance
सन्ध्याकाल *n* nightfall
सन्धि *n* pact, treaty
सन्धि गर्नु *v* capitulate
सन्देह *n* misgiving
सन्देश *n* message
सन्देश वाहक *n* messenger, bearer
सन्देश प्राप्त गरी पठाउनु *v* relay
सन्दर्भ *n* context, reference
सन्दर्भ प्रस्तुत गर्नु *v* refer to
सन्यासी *n* recluse
सन्त घोषित गर्नु *v* canonize
सन्त्रास *n* terror, horror, panic
सन्त्रासकर *adj* horrendous
सन्चो *n* cure
सनक *n* frenzy
सन्काहा *adj* eccentric
सन्की वा रिसाह *adj* cranky
सन्की वा रिसाह व्यक्ति *n* crank
सन्त *n* saint
सन्तोषजनक *adj* satisfactory

स

सन्तोषकारी *adj* gratifying
सन्तान *n* descendant
सन्ताप *n* agony, chagrin
सन्तुष्ट *adj* content
सन्तुष्ट पार्नु *v* gratify
सन्तुष्ट पार्न नसकिने *adj* insatiable
सन्तुष्ट हुनु *v* satisfy, atone
सन्तुष्टि *n* satisfaction
सन्तुलित पार्नु *v* balance
सनकी *adj* frenzied, frenetic, moody
सनातन धर्मको विपरित मत *n* heresy
सर्नु *v* budge, shift
सनका कपडा *n* linen
सप्ताहान्त *n* weekend
सपथ *n* oath
सर्प *n* serpent, snake
सर्पले आवाज निकाल्नु *v* hiss
सर्पको विष *n* venom
सर्पको विषालु दाँत *n* fang
सपाटी वा उधारो लिनु *v* borrow
सपना *n* dream
सपना देख्नु *iv* dream
सफा *adj* clean, neat, tidy, fair
सफा र फुर्तिलो बनाउनु *up* spruce up
सफा गरेर क्रम मिलाउनु *v* straighten out
सफा गर्नु *v* clean
सफा गर्ने मानिस *n* cleaner
सफा गर्ने पदार्थ *n* detergent
सफासँग *adv* neatly
सफासुग्घर गर्नु *v* brush up
सफाई *n* clearance, cleanliness
सफाई गर्ने वस्तु *n* cleanser
सफल हुनु *v* prosper, succeed
सफलपूर्वक *adj* successful
सफलता *n* achievement, success
सफलता हासिल गर्नु *v* achieve
सर्बत *n* syrup
सबभन्दा असल *n* pick
सबभन्दा प्रष्ट देखिने ठाउँ *n* foreground
सबभन्दा थोरै *adj* least
सब भन्दा राम्रो *adj* best
सब भन्दा अघिल्लो भाग *n* forefront
सबै *adj* whole, all
सबै चीज *pro* everything
सबैभन्दा पछि *adv* last
सभ्य *adj* ladylike, modest
सभ्य हुनु वा गर्नु *v* civilize
सभ्यता *n* civilization; discourtesy
सभा *n* convention, assembly, conference
सभा मण्डल *n* auditorium
सभा भवन *n* hall
सभा तथा समारोह *n* function
सभा गृह *n* city hall
सभास्थल *n* platform, chamber
सभापति *n* chairman, speaker
सभाविसर्जन *n* dissolution
सभाकक्ष *n* saloon
सभागृह *n* town hall
संप्रभुत्व *n* sovereignty
सम्पन्न *adj* well-to-do
सम्पन्न *n* accomplishment
सम्पन्न बनाउनु *v* enrich
सम्पन्न गर्नु *v* execute, accomplish

सम्पत्ति *n* opulence, wealth, property
सम्पर्क *n* contact, approach
सम्पर्क वा सम्बन्ध *n* liaison
सम्पर्क गर्नु *v* contact
सम्बद्ध *adj* allied, coherent
सम्बद्ध गर्नु *v* affiliate
सम्बोधन गर्नु *v* address; hail
सम्बन्ध *n* link, relationship
सम्बन्ध राख्नु *v* connect
सम्बन्ध स्थापना गर्नु *v* tap into
सम्बन्ध टुट्नु *v* break down
सम्बन्ध जोडिने *n* cohesion
सम्बन्ध विच्छेद *n* severance
सम्बन्ध कारक चिन्ह *n* apostrophe
सम्बन्ध गाँस्नु *v* ally
सम्बन्ध हुनु *v* pertain, link
सम्बन्धस्थापना *n* affiliation
सम्बन्धमा *pre* concerning, regarding; towards, to
सम्बन्धन दिनु *v* affiliate
सम्बन्धवाचक *n* conjunction
सम्बन्धविच्छेद *n* divorce
सम्बन्धविच्छेद गर्नु *v* divorce
सम्बन्धविच्छेदक *n* divorcee
सम्बन्धित *adj* related
सम्भाव *adj* possible
सम्भावना *n* likelihood
सम्भावना बोक्नु *v* anticipate
सम्भावना हुनु *iv* may
सम्भाव्य *adv* likely
सम्भाव्य *adj* potential, probable, feasible

सम्भाव्यता *n* possibility, probability
सम्भोग इच्छा *n* lust
सम्म *adv* till, until, to
सम्मेलन *n* convention, association
सम्मोहित पार्नु *v* hypnotize
सम्मान *n* tribute, honor, regards; dignitary
सम्मान *v* esteem
सम्मान दिनु *v* dignify
सम्माननीय *adj* respective
सम्मानजनक *adj* respectful
सम्मुख *adv* opposite
सम्मुख भाग *n* frontage
सम्मुख हुनु *v* face
सम्भव्य *adj* feasible
सम्वाद *n* dialect
सम–व्यवहार *n* fairness
सम्पूर्ण *adj* intact, entire, thorough
सम्पूर्ण रुपमा *adv* entirely
सम्पूर्ण अन्धकार *n* blackout
सम्पूर्णतया *adj* altogether
सम्प्रदाय *n* sect
सम्पादन *n* edition
सम्पादन गर्नु *v* edit
सम्झौता *n* agreement, compromise, accord, contract, negotiation
सम्झौता *adj* conciliatory
सम्झौता गर्नु *v* compromise, contract, negotiate
सम्झाउने व्यक्ति *n* reminder
सम्झना *n* recollection, memory, remembrance

सम्झना गराउनु *v* remind
सम्झनालायक *adj* memorable
सम्मान गर्नु *v* venerate, esteem
सम्झिनु *v* recollect, memorize, recall, remember
सम्झिन नसकिने *adj* oblivious
सम्मिलित *n* assimilation
सम्मिलित पार्नु *v* embody
सम्मिलित गर्नु *v* embody
समर्थक *n* supporter
समर्पित गर्नु *v* devote
समर्पित हुनु *v* dedicate
समसामयिक *adj* timely
समीपता *n* proximity
समीकरण *n* equation
समय *n* time
समय अवधि *n* ultimatum
समय अवधि भित्र *pre* during
समझदारी *n* rapport
समय तालिका *n* schedule, timetable
समय तालिकामा समावेश गर्नु *v* schedule
समयअवधि भित्र *pre* within
समयभर *pre* during
समयभन्दा अगावै *adv* already
समयको घन्टी बज्नु *v* toll
समकालीन *adj* contemporary
समकालीन *n* simultaneous
समकालीन गराउनु *v* synchronize
समतल *adj* flat, plain, even
समतल सतह *n* plane
समतल सतहलाई जोड्ने भिरालो *n* ramp
समतल बनाउनु *v* level
समतल भूभाग *n* plain
समतल भाग *n* level
समतल वा चेप्टो भाग *n* flat
समतल पारेको *adj* inlaid
समतुल्य *adj* equivalent
समर्थ *adj* competent, capable
समर्थ वा सक्रिया बनाउनु *v* enable
समर्थ हुनु *iv* can
समर्थन *n* endorsement, favor
समर्थन दिनु *v* back up, back
समर्थन गर्नु *v* support, endorse
सर्मपण *n* dedication, devotion
समस्या *n* problem
समस्या भएको *adj* problematic
समारोह *n* ceremony, celebration
समोवश गराउनु *v* include
समान *adj* like, equal, even
समान विचार हुनु *v* concur
समानुपातिक *n* proportion
समान्तर *n* parallel
समानता *n* likeness, equality, uniformity
समाज *n* society
समाजमूलक *adj* sociable
समाजमा घुलमिल गर्नु *v* socialize
समाजवाद *n* socialism
समाजवादी *adj* socialist
समाजप्रिय *adj* sociable
समेट्नु *v* converge
समृद्ध *adj* noble, well-to-do
समृद्ध बनाउनु *v* enrich
समृद्ध हुनु *v* flourish

समृद्धि *n* prosperity
समृद्धिशाली *adj* prosperous
समालोचना सम्बन्धी *adj* critical
समाधान गर्नु *v* conciliate, solve, resolve
समाधान गर्न खोज्नु *iv* deal
सम्पन्नता *n* affluence
समलैंगिक *adj* queer
समावेश *n* mention
समावेश गर्नु *v* comprise, desegregate; mention
समावेशीकरण *adv* inclusive
समाप्त गर्नु *v* wind up
समाप्ति *n* conclusion, expiration
समाप्ति हुनु *v* get over, expire
समाहित हुनु *v* consist
समालोचनात्मक विश्लेषण *n* critique
समायोजन *n* integration
समायोजन गर्नु *v* integrate
समायोजक *n* coordinator
समायोजित हुनु *v* get along
समाचार *n* news
समाचार वाचन *n* newscast
समाचार पत्रको ग्राहक बन्ने काम *n* subscription
समाचार वितरण तयारी पारिएको अवस्था *n* newsstand
समाचारदाता *n* correspondent
समात्नु *v* cease, hold, catch
समात्त गर्नु *v* terminate
समातेर राख्नु *v* detain
सम्राट *n* emperor
सम्राटज्ञी *n* empress
समवेदना *n* sympathy
समवेदना प्रकट गर्नु *v* sympathize
समीक्षा *n* comment, review, overview
समीक्षा गर्नु *v* review, comment
समुद्रको छाल रोक्ने बाँध *n* bulwark
समुद्र *n* ocean, sea
समुद्र नजिक बनेको तलाउ *n* lagoon
समुद्र किनारामा जहाज चलाउनु *v* coast
समुद्रमा बरफको पहाड *n* iceberg
समुद्रमा जाँदा हुने बिमारी *adj* seasick
समुद्रपार *adv* overseas
समुद्रफेनी *n* squid
समुन्द्री घोडा *n* walrus
समुद्री छालमा बग्नु *v* surf
समुद्री डाँकू *n* pirate
समुद्री डकैती *n* piracy
समुद्री झिंगे माछा *n* lobster
समुद्री किनार *n* bay, beach, seashore
समुद्री किनार *adj* seaside
समुद्री तट *n* coast
समुद्री खाना *n* seafood
समुद्रयात्रा *v* voyage
समुद्रको साँघुरो भाग *n* strait
समुद्रको किनार *n* shore
समुद्रशैल *n* reef
समूह *n* batch, group, team, band
समूहमा सामेल हुनु *v* party
समूहमा बस्ने जलपक्षी *n* pelican
समूहको कलात्मक चाल *n* maneuver
समूहमा हिड्ने काम *n* march

स

समेत *adv* also
सय *adj* hundred
सय किलो बारबारको तौल *n* ton
संयम *n* abstinence
संयोजन गर्नु *v* coordinate
संयोग *n* luck, occurrence, coincidence
संयोगवश *adj* coincidental
संयोगवश पाउनु *v* come across
संयान पथच्युति *n* derailment
संयान पथच्युति गर्नु *v* derail
संयुक्त *n* joint
संयुक्त *adj* concurrent
संयुक्त स्वर *n* diphthong
संयुक्त रुपमा *adv* jointly
संयुक्त बनाउनु *v* combine
संयुक्त प्रभुत्व *n* condo
संयुक्त गराउनु *v* saturate
संयुक्त हुनु *v* club
संयोजना *n* annexation
सयौं *adj* hundredth
सरकार *n* government
सरकार चलाउनु *v* govern
सरकारी विभाग *n* bureau
सरकारी विभाग कार्यरत अधिकारी *n* bureaucrat
सरकारी उद्घोषणा *n* herald
सरकारी तन्त्रमा आउने बाधा *n* red tape
संरचना *n* structure, format
सरसामान *n* belongings, goods
सर–सामान *n* stuff
सरसामान हाल्नु *v* equip
सरसफाई *n* hygiene
संरक्षण *n* conservation, reservation, patronage
संरक्षण नगरिएको *adj* unprotected
संरक्षण दिनु *v* patronize, guard, conserve, preserve, reserve
संरक्षक *n* escort; warden
संरक्षित *n* conserve
सरल बनाउनु *v* simplify
सरल वा कम गर्नु *v* attenuate
सरल वा गर्ने *adj* attenuating
सरलता *n* candor; docility
सराप्नु *v* curse
सल्काउनु *v* kindle
सल्लाह *n* advice
सल्लाह वा चेतावनी *n* admonition
सल्लाह वा चेतावनी दिनु *v* admonish
सल्लाह तथा परामर्श गर्न योग्य *adj* advisable
सल्लाहकार *n* adviser
सल्लो *n* pine
सलगम *n* beet, parsnip
संलग्न गरेको *adj* attached
संलग्न गराउनु *v* implicate
संलग्न गर्नु *v* attach
संलग्न गर्ने काम *n* attachment
संलग्न हुनु *v* associate
संलग्न हुनु *adj* involved
संलग्नता *n* implication, involvement
संवाददाता *n* reporter
संवादवाहक *n* courier
सर्वसत्तासम्पन्न *adj* sovereign

सर्वसत्तावादी *adj* totalitarian
सर्वश्रेष्ठ *n* arch
सर्वमान्य *n* standard
सर्वमान्य बनाउनु *v* standardize
सर्वमान्य सिद्धान्त *n* axiom
सर्वनाम *n* pronoun
सर्वनाश *n* doom
सर्वशक्तिमान *adj* almighty
संवाद *n* conversation, communication
सवार *adv* aboard
सवार हुनु *v* board
संविधान *n* constitution
सर्वेक्षण *n* survey
सर्वोच्च *n* crowning
संवेदन *adj* sensual
संवेदनशील *adj* sensitive
संवेदशीलता *n* consciousness
सर्वोत्कृष्ट *n* crowning
संश्लेषण *n* synthesis
सशक्त *adj* drastic
सशर्त *adj* conditional
संशोधन *n* revision, correction, amendment, reparation
संशोधन गर्नु *v* amend
संशोधन गर्ने कारखाना *n* refinery
संस्कृति *n* culture
संस्कार *n* rite
संस्कार या विधिविधान *n* sacrament
सस्तो *adj* cheap, inexpensive
संस्था *n* institution, organization, agency, association
संस्थान *n* corporation
संस्थापक *n* founder
संस्थाको प्रमुख व्यक्ति *n* rector
संसद्लाई ध्यान आकर्षण गर्नु *v* lobby
संसद्लाई ध्यान आकर्षण गर्ने काम *n* lobby
संसदीय *n* parliament
संसार *n* universe, world
संसारभरि *adj* worldwide
संसारिक *adj* worldly
संसारिक अन्त्य *n* apocalypse
ससुरा *n* father-in-law
सहज *n* ease
सहनु *v* endure, put up with, tolerate, bear
सहन सकिने *adj* bearable, tolerable
सहन सक्ने बनाउनु *v* mitigate
सहन नसकिने *adj* unbearable
सहनशील *n* tolerance, fortitude
सहमति *n* consensus, agreement
सहमत *n* consent
सहमत गर्न योग्य *adj* agreeable
सहमत हुनु *v* agree, consent
सहनाई *n* trumpet
सहभागिता *n* participation
सहभागी हुनु *v* participate
सहरमा भवनहरु बीचको बाटो *n* alley
सहवर्ती *adj* collateral
सहसम्बन्ध हुनु *v* correlate
सहस्राब्दी *n* millennium
सहारा *n* recourse
सहारा वा आश्रय लिनु *v* resort
सहारा दिनु *iv* lean

स

सहास *n* gut
सहासले सही कुरा बोल्ने *adj* outspoken
सहानुभूति *n* pity, compassion
सहानुभूति देखाउनु *v* condescend
सहानुभूतिपूर्वक *adj* compassionate
सहायक *n* aide
सहायक *adj* auxiliary
सहायता *n* assistance, aid
सहायता दिनु *v* assist, patronize, aid
सहायता गर्नु *v* uphold
सहायताको साधन *n* upkeep
सही उदाहरण गर्नु *v* epitomize
सहयोग *n* grant, help
सहयोग वा अनुदान गर्नु *v* grant, help
सहयोग तथा बलियो बनाउनु *v* bolster
सहयोग गर्नु वा माग्नु *v* help
सहयोगी *n* ally, helper
सहयोगी *adj* helpful
सहयोगको लागि आग्रह गर्नु *v* cry out
सहयात्री *n* companion
सहकर्मी *n* comrade, colleague
सहकारी *adj* cooperative
सहकार्य *n* coalition, collaboration, cooperation
सहकार्य गर्नु *v* coordinate, collaborate, cooperate
सहकार्य गर्ने संस्था वा व्यक्ति *n* collaborator
सहकार्यताले *n* coordination
सहिष्णुता *n* tolerance
सही *adj* correct
सही *adv* alright
सही निशाना लगाउनु *v* pinpoint
सत्र *n* session
सत्र *adj* seventeen
सत्रौं *adj* seventh
सक्षम *adj* able
सक्षमता *n* capacity
संक्षिप्त गर्नु *v* compact
संक्षिप्त *adj* terse, concise, brief
संक्षिप्त रुपमा *adv* briefly
संक्षिप्त जानकारी दिनु *v* brief
संक्षिप्त विवरण *n* note
संक्षिप्त विवरण लेख्नु *v* note
संक्षिप्तता *n* brevity
संक्षेप *n* compendium; compression, contraction
साइकल चलाउने व्यक्ति *n* cyclist
साइकलमा चढ्नु *v* cycle
साइकलको पाङ्ग्राको बाहिरी भाग *n* fender
साइकलको पाउदानी *n* pedal
सार्क माछा *n* shark
सांकेतिक *n* allusion
सांकेतिक भाषा प्रयोग गर्नु *v* gesticulate
सागसब्जी *v* vegetable
सांघातिक *adj* fatal
साँघुरो *n* bottleneck
साँघुरो *adj* narrow
साँघुरो प्वाल *n* slot
साँघुरो गल्ली *n* lane
साँघुरो खोबिल्टो *n* groove
साँघुरोसँग *adv* narrowly
साङ्लो *n* cockroach
साँचो *n* key

स

साँचो झुन्ड्याउने गोलो धातु *n* key ring
साझेदार *n* firm
साझेदारी *n* partnership
साट्नु *v* swap
साटासाट गर्नु *v* barter, interchange, substitution
साटफेर गर्नु *v* exchange
साठी *adj* sixty
सार्डिन माछा *n* sardine
साँढे *n* bull
साँढे जुधाई खेल *n* bull fight
साँढे जुधाइको खेलाडी *n* bull fighter
सात *adj* seven

स

साथ साथ *adv* abreast
साथ दिनु *v* accompany
साथसाथै *pre* along
सार्थक *adj* significant
साथी *n* buddy, friend, partner, fellow, mate, comrade, pal, ally
साथी बन्नु *v* befriend
साधारण *adj* folksy, normal, simple, common, generic, mediocre
साधारण *n* general
साधारण वा सामान्य बनाउनु *v* normalize
साधारणतय *n* simplicity
साधारणतया *adv* normally, slightly
साधन *n* means, device
साधन तथा स्रोत *n* resource
साधुले लगाउने कपडा *n* cassock
साधु *n* friar, saint; hermit
सापटी दिनु *iv* lend
साप्ताहिक *adv* weekly
साबित गर्नु *v* testify
साबेल *n* shovel
साम्य *n* equilibrium
साम्यवाद *n* communism
साम्यवादी *adj* communist
सामञ्जस्य *n* symmetry, harmony
सामञ्जस्य स्थापित गर्नु *v* harmonize
सामान राखेर तान्ने यन्त्र *n* trolley
सामान खसाल्नु वा निकाल्नु *v* unload
सामान खरिद गर्ने रसिद *n* coupon
सामान्य *adj* common, generic, ordinary
सामान्य गर्नु *v* generalize
सामान्य गल्ती *n* lapse
सामान्यता *adv* ordinarily
सामान्यतया काम गर्न असक्षम यन्त्र *n* malfunction
सामान्यतयः *adv* simply
सामानहरु यत्रतत्र फाल्नु *v* mess around
सामानहरुको सँगालो *n* package
सामाजिक प्राणी *adj* gregarious
सामाजिक कार्यमा समावेश हुनु *v* go out
सामाग्री *n* material
सामाथ्र्य *n* power
सामना *n* confrontation, encounter
सामना गर्नु *v* confront, face up to, encounter
सामग्री *n* equipment
सामथ्र्य *n* competence, faculty
सामुदाय *n* community
सामुद्रिक *adj* marine
सामूहिक रकम *n* pool

सामूहिक कोषमा जम्मा गर्नु *v* pool
सामूहिक हत्या *n* massacre
सामेल हुनु *v* involve, join
साम्राज्य *n* empire
साम्राज्य सम्बन्धी *adj* imperial
साम्राज्यवाद *n* imperialism
सामेल भएको *adj* involved
सामुद्रिक यात्रा गर्नु *v* cruise
सान्त्वना *n* consolation
सान्त्वना दिनु *v* console, placate, soothe
सान्त्वना दिने व्यक्ति *n* comforter
सानदार *n* splendor
सानदार *adj* splendid, magnificent
साना साना टुक्रामा परिणत हुनु *v* pulverize
साना होटेल *n* motel
सार्नु *v* transmit; budge
सानो *adj* little, small
सानो सुगा *n* parakeet
सानो घर *n* cottage
सानो छोटो बाटो *n* bypass
सानो टापु वा भूभाग *n* isle
सानो टुक्रा *n* bit, crumb
सानो टुक्रा पार्नु *v* crumble
सानो बाकस *n* casket
सानो बाक्लो रोटी *n* cake
सानो दोकान *n* stall
सानो आकारमा भएको प्रिन्ट *n* small print
सानो अक्षरमा लेखिएको सर्त *n* fine print
सानो नाला *n* burn
सानो जातको घोडा *n* cob
सानो वा कम गर्नु *v* minimize
सानो पार्नु *v* belittle
सानो सियो *n* pin
सानो मिठो बिस्कुट *n* cookie
सानो झिंगे माछा *n* shrimp
सानो तित्रा जस्तो चरा *n* quail
सानो गिर्जाघर *n* chapel
सानो यन्त्रिक उपकरणहरु *n* gadget
सानो गाउँ *n* hamlet
सानो खाडी *n* cove
सानो होटेल *n* inn
सानोतिनो काम लगाउनु *n* errand
सानीआमा *n* aunt
सायद *adv* may-be, perhaps
सार *n* essence
सारङ्गी *n* fiddle
सारांश *n* summary
सारांश गर्नु *v* summarize
साल्मन माछा *n* salmon
सालिक *n* sculpture, statue
सालो *n* brother-in-law
साली *n* sister-in-law
सार्वजानिक *adj* public
सार्वजानिक रुपमा *adv* publicly
सार्वजानिक मञ्च *n* platform
सार्वजानिक भवनको पाले *n* custodian
सार्वजानिक प्रदर्शन *n* spectacle
सावधान *adj* careful, mindful
सावधान गराउनु *v* sound out
सावधान हुनु *v* beware
सावधानी *n* precaution, caution
सावधानी *adj* conciliatory
सावधानीपूर्ण *adj* cautious

सावधानीपूर्वक *adv* gingerly
सांस्कृतिक *adj* cultural
सांसारिक *adj* cosmic
सासू *n* mother-in-law
साहस *n* audacity, courage, dare
साहस पूर्ण *adj* courageous
साहस गर्नु *v* dare
साहसी *adj* valiant, audacious, dashing, bold
साहसी *n* boldness
साहसको काम *n* adventure
साहासिक *adj* daring
साहसिक यात्रा *n* expedition
साहसिक कार्य *n* venture; act
साहसिक कार्य गर्नु *v* venture
साहित्यिक रुपमा *adv* literally
साहित्य *n* literature
साह्रै भद्दा *adj* gross
साह्रै भद्दापूर्ण *adv* grossly
साक्षर *adj* literate
साक्षी *n* witness
साक्षी बन्न अतालतले आदेश दिनु *v* subpoena
साक्ष्यार्थ उपस्थिति आदेश *n* subpoena
सिउर *n* crest
सिउनु *v* sew
सिउने काम *n* sewing
सिएको ठाउँ *n* seam
सिक्नु *iv* learn
सिक्ने व्यक्ति *n* learner
सिक्का *n* coin
सिकेको *adj* learned
सिकर्मी *n* carpenter
सिकारु *n* novice, beginner
सिकाई *n* learning
सिकाउने व्यक्ति *n* tutor
सिक्री *n* chain, pendant
सिक्रीले बाँधेर राख्नु *v* chain
सिक्रीको धारले काट्नु *n* chainsaw
सिँगार्नु *v* decorate
सिङ् *n* horn
सिँचाई *n* irrigation
सिँचाई नहर *n* canal
सिँचाई गर्नु *v* irrigate
सिर्जना गरेको *adj* composed
सिर्जना गर्नु *v* compose
सिठ्ठी *n* whistle
सिठ्ठी बजाउनु *v* whistle
सिँढीदार *n* terrace
सिद्धान्त *n* doctrine, ideology, principle, theory, notion
सिद्धान्तको बारेमा प्रशिक्षण दिनु *v* indoctrinate
सीधा *adj* forthright, upright, straight; docile
सिधै खस्नु *v* plummet
सीप *n* skill, tenacity
सीपमूलक *adj* skillful
सीपका साथ सञ्चालन गर्नु (यन्त्र) *v* manipulate
सिपालु *adj* deft
सिपालु बन्नु *v* master
सिपाही जम्मा हुनु *v* muster
सिपाहीको थुप्रो *n* legion

स

सिपी माछा *n* oyster
सिफारिस गर्नु *v* recommend, commend
सिमसार जग्गा *n* swamp
सिमेन्ट *n* cement
सिमेन्ट बालुवाको मिसावट *n* mortar
सिमेन्ट–बालुवाको लेप *n* plaster
सिमेन्ट–बालुवाको लेप लगाउनु *v* plaster
सिमी *n* pulse
सियो *n* needle
सियोमा धागो छिराउनु *v* thread
सिरानी *n* pillow
सिरानीको खोल *n* pillowcase
सिल माछा *n* seal
सिलाइ *n* stitch
सिलाई गर्ने महिला *n* seamstress
सिलाउनु *v* stitch
सिरक *n* quilt
सिसा बिनाको *adj* unleaded
सिसाले छोपेको बत्ती *n* lantern
सिसाकलम *n* pencil
सिंह *n* lion
सिंहासन *n* throne
सिंहनी *n* lioness
बिहानको खाना *n* breakfast
सीमा *n* frontier, margin, limitation
सीमा रेखा *adj* borderline
सीमा बाँध्नु *v* terminate
सीमा बाहिर जानु *v* transcend
सीमाना *n* border, boundary, outskirts
सीमान्त वर्ग *adj* marginal
सीमान्त प्रदेश *n* frontier
समिति *n* committee, club
सीमित *n* term, limit
सीमित गर्नु *v* confine, restrict
सीमित हुनु *v* limit
सीमित व्यक्तिमा भएको खुबी *n* charisma
सीमित व्यक्तिमा भएको खुबी *adj* charismatic
सुकुल *n* mat
सुकाउनु *v* wither
सुकाएको अंगुर *n* raisin
सुकसुक गरेर रुनु *v* sob
सुकसुक गर्दै रोएको आवाज *n* sob
सुकेको घाँस वा पराल उधिन्ने औजार *n* pitchfork
सुकेको बयर *n* prune
सुख सुविधा *n* amenities
सुखभास *n* euphoria
सुखकर *adj* balmy
सुख्खा *adj* dry, arid
सुख्ख भएको *adj* dried
सुख्ख पार्ने वस्तु *n* dryer
सुख्ख हुनु *v* dry
सुख्ख पार्नु *v* parch
सुख्ख हुनु वा पार्नु *v* drain
सुगा *n* parrot
सुगन्ध *n* flavor, fragrance, perfume, scent, essence
सुगन्धित *adj* fragrant
सुगन्धित बास्ना *adj* aromatic
सुँगुर *n* boar, pig
सुँगुरको सपेटा *n* ham

स

सुँगुरको बोसो *n* lard
सुँगुरको मासु *n* bacon, pork
सुँगुरको मासुको परिकार *n* sausage
सुझाव *n* suggestion
सुझाव दिनु *v* suggest
सुझाव दिने *adj* suggestive
सुटुक्क पस्नु *v* sneak
सुडेनी *n* midwife
सुडौला *adj* plump
सुत्नु *iv* sleep
सुत्नेबेला लगाउने कपडा *n* nightgown
सुत्ने बेला घुर्नु *v* snore
सुत्ने बेला निस्कने आवाज *n* snore
सुत्ने कोठा *n* bedroom
सुर्ती *n* tobacco
सुर्तीमा पाइने मन्द विष *n* nicotine
सुदृढ *adj* ingrained
सुदृढ बनाउनु *v* fortify
सुधार गर्नु *v* modify
सधार्नु *v* improve
सुधार्नु *v* reform
सुधार *n* reparation, reform, improvement, upturn
सुन्तला *n* orange, tangerine
सुन्दर *adj* elegant, cute, appealing, pretty, beautiful, good-looking
सुन्दर *n* spanking
सुन्दर पार्नु *v* beautify
सुन्दरता *n* beauty
सुन्नु *iv* hear, listen
सुन्ने दर्शक *n* listener
सुन्नेको वा फुलेको *adj* bloated
सुन *n* gold
सुनिनु *iv* swell, bloat
सुनिएको *adj* swollen
सुनिएको अवस्था *n* swelling
सुनुवाई *n* hearing
सुनेको कुरा *n* hearsay
सुनौलो वा कैलो रंग *adj* blond
सुनौलो *adj* golden
सुपरिचित *adj* familiar
सुपारीको स्वाद भएको *adj* nutty
सुपुर्दगी *n* extradition
सुपुर्दगी गर्नु *n* extradite
सुम्पनु *n* extradite
सुम्पनु *v* give away
सुमसुम्याउनु *v* caress, fondle
सुमसुम्याउने काम *n* caress
सुरक्षा *n* safe, security, protection, safeguard
सुरक्षा घेरा *n* cordon
सुरक्षा घेरा लगाउनु *v* cordon off
सुरक्षा दिनु *v* look out
सुरक्षा दिने व्यक्ति *n* patron
सुरक्षा गर्नु *v* protect
सुरक्षालाई अझ बलियो बनाउनु *v* beef up
सरक्षाको लागि टाउकोमा लगाउने टोपी *n* helmet
सुरक्षाको लागि वरिपरि बार लगाउनु *v* seal off
सुरक्षित *adj* safe
सुरक्षित साथ राख्नु वा बाँध्नु *v* seal
सुरक्षित अवस्था *n* safety
सुरक्षित कोठा *n* locker room

स

सुरु गर्नु *iv* begin, open, spark off
सुरु हुनु *v* start
सुरुङ *n* tunnel
सुरुङ् द्वारा सेना वा स्थानको रक्षा गर्ने *adj* entrenched
सुरुङमार्ग *n* subway
सुरुवाल *n* trousers
सुरुवात *n* opening, start, beginning
सुरुवात गर्नु *v* get down to, initiate, turn on, embark
सुलभ *adj* available, convenient
सुलभता *n* availability, convenience
सुविधा *n* convenience
सुविधा दिलाउनु *v* facilitate
सुविधाजनक *adj* convenient
सुशील *adj* bland, genteel
सुशीलता *n* modesty
सुस्पष्ट *adv* undoubtedly
सुस्त गतिको *adj* retarded
सुस्केरा *n* sigh
सुस्केरा काड्नु *v* gasp
सुसेली *n* whistle
सुसज्जित पार्नु *v* embellish
सुहाउँदो *adj* appropriate, compatible, proper
सुक्ष्म *adj* minor, tiny
सुक्ष्म परीक्षण *n* scrutiny
सूईबाट औषधि हाल्नु *v* inject
सूईबाट औषधि हाल्ने काम *n* injection
सूचना *n* notification, notice
सूचना पाटीमा हातले ठोक्ने किला *n* thumbtack
सूचना दिनु *v* notify
सूचना दिने यन्त्र *n* siren
सूचना एकाई *n* bit
सूचि *n* list
सूची *n* index, chart, inventory
सूचि बनाउनु *v* list
सूचिकार *n* tailor
सूचित गर्नु *v* insinuate, signify, denote
सूचीपत्र *n* catalog
सूचीमा नाम लेख्नु *v* enroll
सूचीपत्रमा क्रम मिलाउनु *v* catalog
सूर्य *n* sun
सूर्य उदाय *n* sunrise
सूर्यास्त *n* set
सूक्ष्म *adj* extenuating, subtle
सूक्ष्म जीवाणुलाई नाश गर्ने वस्तु *n* antibiotic
सूक्ष्म तरंग *n* microwave
सूक्ष्म तरिकाले *adv* fine
सूक्ष्मदर्शक यन्त्र *n* microscope
सूक्ष्मजीवाणु *n* microbe
सूक्ष्मकणपूर्ण *adj* fuzzy
सूत्र *n* catchword, formula
सूत्रपात *n* clue
सूचकपत्र *n* label
सेक्नु *v* bake
सेक्ने उपकरण *n* toaster
सेकुवा *n* barbecue
सेचन *n* infusion
सेतो *adj* white
सेतो बनाउनु *v* whiten
सेरोफेरो *n* surroundings
सेना अधिकारी *n* lieutenant

स

सेना विभागको दल *n* platoon
सेनामा नायको दर्जा *n* corporal
सेनानी *n* major
सेनाले घेरा हाल्नु *iv* besiege
सेप्टेम्बर महिना *n* September
सेवा *n* service
सेवा पुर्याउनु *v* deliver
सेवा प्रदान गर्नु *v* service
सेवा दिनु *v* serve
सेवा गर्नु *v* minister
सैद्धान्तिक *adj* dogmatic
सैन्य युद्ध *n* warfare
सैन्यदल *n* regiment
सैनिक *n* knight, army, soldier
सैनिक घेराबन्दी *n* siege
सैनिक अड्डा *n* barracks
सैनिक व्यायाम *n* parade
सैनिक प्रमुख *n* marshal
सैनिक फौज *n* troop
सैनिक विद्रोह *n* mutiny
सैनिक तालिम *n* drill
सोच्नु *iv* think, consider
सोच *n* thought, consideration, conception, speculation
सोच परिवर्तन गराउनु *v* brainwash
सोचपूर्ण *adj* thoughtful
सोझो *adj* straight
स्रोत *n* source
सोध्नु *v* ask
सोधपुछ *n* inquiry
सोधपुछ गर्नु *v* inquire
सोधभर्ना *n* reimbursement
सोफा *n* couch
सोफाको खोल *n* upholstery
सोभियत रुसको नागरिक *adj* soviet
सोमवार *n* Monday
सोली *n* cone
सोली आकार *n* cone
सोस्नु *v* absorb, soak up
सोस्ने *adj* absorbent
सोह्र *adj* sixteen
सोह्रौं *adj* sixth
सौखिन *adj* fond
सौगात *n* tribute
सौतेनी छोरो *n* stepson
सौतेनी छोरी *n* stepdaughter
सौतेनी बुबा *n* stepfather
सौतेनी दाई–भाई *n* stepbrother
सौतेनी आमा *n* stepmother
सौतेनी दिदी–बहिनी *n* stepsister
सौन्दर्यप्रेमी *adj* aesthetic
सौभाग्य *n* fortune
सौभाग्यशाली *adj* auspicious
सौम्य *adj* lenient, placid
सौम्य हुनु *v* sedate
सौर्य *adj* solar
सृजना *n* creation
सृजना गर्नु *v* create
सृजनात्मक *adj* creative
सृजनशील *n* creativity
श्रृंगार *n* makeup
श्रृंगार गर्नु *v* adorn, make up
श्रेणी *n* rank, sequence, series, hierarchy, class

श्रेणी तह *n* scale
श्रणीविभाजन *n* assortment
श्रद्धा *n* reverence, faith
श्रद्धाञ्जली *n* condolences, homage
श्रद्धालु *adj* devout
श्रीपेच लगाउनु *v* crown
श्रम *n* labor
श्रम लगाउनु *v* exert
श्रमिक *n* laborer
श्रीमती *n* wife
श्रीमतीहरु *n* wives
श्रीमान् *n* husband
श्रेष्ठ कृति *n* masterpiece

ह

हकद्वारा प्राप्त गर्नु *v* preempt
हकदार *n* beneficiary
हजार *adj* thousand
हर्जाना *n* indemnity
हर्जाना दिनु *v* indemnify
हजाम *n* barber, hairdresser
हजुरबुबा *n* granddad, grandfather
हजुरबुबा–हजुरआमा *n* grandparents
हजुरआमा *n* grandmother, granny
हटाई *n* avoidance
हटाउनु *v* dissipate, avoid, take away, avert, repel, demolish, eliminate, illuminate, omit, remove, stamp out
हटाउन सकिने *adj* avoidable
हटाउन मिल्ने *n* removal
हड्डी भाँचिएको अवस्था *n* fracture
हड्डीको कोष *n* bone marrow
हडप्नु *v* usurp
हडबडाउने *adj* bustling
हडताल *n* walkout
हत्केलाले उठाउनु *v* palm
हत्या *n* killing, murder, assassination
हत्या गर्नु *iv* slay
हत्यारा *n* killer, murderer, felon
हत्केला *n* palm
हतकडी *n* shackle
हतपतसित काम गर्ने *adj* hasty
हत्तार *n* haste
हत्तपत्त समात्नु *v* grab
हतार गर्नु *v* rush
हत्तारका साथ *adv* hastily, hurriedly
हतारिनु *n* hustle
हताश *adj* desperate
हतास तुल्याउनु *v* dishearten
हद *n* range
हथकडी *n* handcuffs
हथकडी लगाउनु *v* handcuff
हथौडा *n* hammer
हप्काउनु *v* scold
हप्ता *n* week
हमला *n* onset
हमला कर्ता *n* raider
हमला गर्र्न *v* raid
हर (गणितको भिन्नमा) *n* denominator
हरामी *n* bastard

हराउनु *v* defeat, vanquish
हरिण *n* deer
हरिण वा मृगको एक जात *n* antelope
हरिणको मासु *n* venison
हरियो *adj* green
हरियो रंगको पत्थर *n* emerald
हरियो केराउ *n* green bean
हरितगृह *n* greenhouse
हरुवा *n* loser
हरेक *adj* every
हल गर्नु *v* tackle
हल्का वर्ष *n* drizzle
हल्का निद्रामा पर्नु *v* doze
हल्का किसिमले टल्किनु *v* gleam
हल्का तौल *n* lightweight
हल्कासँग *adv* lightly, softly
हल्लनु *v* wag
हल्लने गरी चलाउनु *v* wobble
हल्ला *n* hearsay, rumor; noise, commotion
हल्ला *v* clamor
हल्ला युक्त *adj* noisy
हल्लासँग *adv* noisily
हल्लाउनु *v* rock
हल्लाउने काम *n* swing
हल्लेको *adj* shaken
हल्यान्ड देश *n* Holland
हल्यान्डको नागरिक *adj* Dutch
हल्लिनु *iv* shake, quake
हल्लिन मिल्ने कुर्सी *n* armchair
हल्लिने *adj* shaky
हलचल गर्न नदिनु *v* jam
हलका *adj* lowly, bland
हलुका *adj* light
हवाई उडान क्षेत्र *n* airspace
हवाईजहाज *n* plane, airplane
हवाईजहाज धावन मार्ग *n* airstrip
हवाईजहाजको भाडा *n* airfare
हवाईचिठ्ठी *n* airmail
हवाइजहाज *n* plane
हर्षपूर्ण *adj* jubilant
हर्षित हुनु *v* exult
हर्षित *adj* glad
हस्तछेप गर्नु *v* encroach, interfere, intervene
हस्तछेप हुनु *v* meddle
हस्तान्तरण *n* commendation
हस्तान्तरण पत्र *n* consignment
हस्ताक्षर *n* signature
हस्तन्तरण गर्नु *v* hand over
हस्तनिर्मित *adj* handmade
हस्तलेखन *n* handwriting
हस्तकला *n* craft
हँसाई *n* laugh
हसाउँने गर्ने व्यक्ति *n* joker
हँसाउने व्यक्ति *n* clown
हस्तछेप *n* interference, intervention
हाइ तथा मुख बाउने काम *n* yawn
हाइ गर्नु *v* yawn
हाइड्रोसाइनिकको लवण *n* cyanide
हाकिम *n* boss
हाँगा *n* bough
हाच्छ्युँ *n* sneeze
हाच्छ्युँ गर्नु *v* sneeze

हाड *n* bone
हात्ती *n* elephant
हात्ती चक *n* artichoke
हात्तीको सुँड *n* trunk
हात्तीको दाँत *n* ivory, tusk
हात *n* limb, hand
हात पुछ्ने कागज *n* napkin
हात मिलाउने काम *n* handshake
हाते बन्दुक *n* handgun
हाते पुस्तक *n* booklet
हातेरुमाल *n* handkerchief
हातेबम *n* grenade
हातेझोला *n* handbag
हातेकिताब *n* handbook
हातमा लगाउने सिक्री *n* bracelet
हाताको पञ्जाले उठाउनु *v* palm
हातले समाउने ठाउँ *n* handle
हातको नारी *n* wrist
हातहतियार *n* weapon
हातहतियार आपूर्ति गर्नु *v* arm
हातहतियार खोस्नु *v* disarm
हातहतियारकले सुसज्जित *adj* armed
हाथी चक *n* artichoke
हानी गर्नु *v* violate
हानि *n* harm
हानि रहित *adj* harmless
हानि गर्ने *adj* damaging
हामी *pro* we
हामीआफैं *pro* ourselves
हाम्रो *adj* our
हाम्रो *pro* ours
हाम्रो *pre* us

हार *n* defeat
हार मान्नु *v* give in
हाराहारी *pre* alongside
हाल सम्मको *adj* up-to-date
हालसालै *adv* lately
हावा *n* air
हावा बाहिर फाल्नु वा खाली गर्नु *v* exhaust
हावा बहनु *iv* blow
हावा भर्नु *v* inflate
हावा उडेर चक्कर लगाउनु *v* hover
हावा चल्ने *adj* windy
हावा खुस्किनु *v* deflate
हावाको झोक्का *n* puff
हावा भर्नु *v* wind up
हाँस्नु *v* laugh
हाँस्ने व्यक्ति *n* laughter
हाँस्यास्पद *adj* absurd
हास्यजनक *n* humor
हाँस्य नाटक *n* revue
हांस्य–व्यंग *n* comedy
हांस्य–कलाकार *n* comedian
हास्यास्पद *adj* humorous, ludicrous
हास्यास्पद *n* farce
हास्यास्पद वस्तु *n* laughing stock
हाँस *n* duck, swan
हाँस उठ्दो *adj* laughable
हाँसउठ्दो *adj* funny, ridiculous
हाँसिया *n* sickle
हासिल गर्नु *v* attain
हासिल गर्न लायक *adj* attainable
हँसिलो *adj* jovial
हिउँ *n* ice, snowfall

हिउँ आँधी *n* blizzard
हिउँ पर्नु *v* ice
हिउँ पहिरो *n* avalanche
हिउँ गाडी *n* sleigh
हिउँ खसेको कण *n* snowflake
हिउँमा चिप्लेटी खेल्नु *v* skate, ski
हिउँमा खेलिने खेल *n* skate
हिउँमा खेलिने खेल्नु *v* ice skate
हिउँले खाने अवस्था *n* frostbite
हिउँले खाएको *adj* frostbitten
हिर्काई *n* hilt, hit
हिर्काउनु *iv* hit, strike
हिक्क–हिक्क आवाज *n* hiccup
हिच्किच्याउनु *v* chicken out
हिचकिच पूर्ण *adv* reluctantly
हिचकिचाउनु *v* hesitate
हिचकिचाउने *adj* hesitant
हिचकिचाएको *adj* reluctant
हिचकिचाहट *n* hesitation
हिजो *adv* yesterday
हिज्जे *n* spelling
हिड्ने बाटोबाट कसैसँग छोटो भेटघाट जानु *v* stop over
हितकार *adj* benign, expedient
हिनामिना गर्नु *v* embezzle
हिफाजत *n* safeguard
हिम्मत बढाउनु *v* hearten
हिमाल *n* mountain
हिमालय *adj* mountainous
हिमनदी *n* glacier
हिमपात *n* snow
हिमपात हुनु *v* snow
हिलम्मे *adj* muddy
हिलो *n* mud
हिस्सेदार *n* shareholder
हिसाब *n* calculation
हिसाब गर्नु *v* reckon, calculate
हिसाब गर्न नसकिने *n* incalculable
हिसाब–किताब गर्नु *v* compute
हिंस्रक *adj* ferocious
हिंसा *n* violence
हिंसात्मक *adj* fierce, violent
हिंसात्मक दूरव्यवहार गर्नु *v* rampage
हिंस्रक जनावर *n* beast
हीरा *n* diamond
हुकुम *n* mandate
हुकुम दिनु *v* dictate
हुत्याएर फ्याक्नु *v* precipitate
हुत्तिनु *iv* spring
हुत्तिएर ठोकिनु *v* dash
हुँदै गर्नु *v* undergo
हुनु *iv* be, become, happen, have, come about
हुनु वा पर्न आउनु *v* occur
हुन लागेको *adj* impending
हुन खोजेको *adj* would-be
हुरी *n* gale
हुल *n* swarm, crowd
हुलाक टाँचा *n* postmark
हुलाक टिकट *n* postcard
हुलाक कार्यालय *n* post office
हुलाकी *n* mailman, postman
हुस्सु *n* haze
हेर्नु *iv* behold, view, watch, look

हेराई *n* look
हेरफेर *n* alteration
हेरचाह *n* care
हेरचाह गर्नु *v* care, care for, look after
हेरचाह गर्ने व्यक्ति *n* caretaker
हेला गर्नु *v* despise
हेलचेक्रयाई *n* negligence
हैजा *n* cholera
हो *adv* yes, okay
होइन *adv* not
होइन भने *adv* otherwise
होच्याई *adj* demeaning
होच्याउनु *v* demean, look down
होच्यउनु *v* undermine
होचो *adj* low
होचो कदको मान्छे *n* dwarf
होसियार *n* alert
होहल्ला *n* chaos
ह्रास *n* decline, degradation
ह्रास हुनु *v* decline
हृदयघात *n* cardiac arrest
हृष्टपुष्ट *adj* burly

क्ष

क्ष–किरण *n* X-ray
क्षण *n* moment
क्षणचित्र *n* snapshot
क्षणिक *n* shortcoming
क्षणिक *adj* fleeting
क्षणिक उज्यालो *n* gleam
क्षणिकताले *adv* momentarily
क्षितिज *n* horizon
क्षति *n* harm, detriment
क्षति पुर्याउनु *v* inflict
क्षति हुन बाट जोगिन प्रयोग गरिने डन्डी *n* bumper
क्षतिपूर्ति *n* restitution, compensation, recompense, atonement
क्षतिपूर्ति दिनु *v* compensate, make up for, recompense
क्षतिपूर्ति दिनु वा बराबर गर्नु *v* offset
क्षतिपूर्ति गर्नु *v* expiate, redeem, recoup
क्षमा दिन लायक *adj* forgivable
क्षमा *n* forgiveness, apology; exemption
क्षमा *adj* sorry
क्षमा माग्नु *v* apologize, excuse
क्षमा दिनु *v* forgive
क्षमा गर्नु *v* remit, desist, condone
क्षमादान *n* absolution, remission
क्षमायाचना *n* excuse, plea
क्षमता *n* capability, caliber
क्षय *n* declension; decadence
क्षय हुनु *v* dwindle
क्षयरोग *n* tuberculosis
क्षीण हुनु *v* dwindle, die out
क्षुद्र *adj* futile, petty
क्षुद्रता *n* futility, pettiness
क्षेप्यास्त्र *n* missile, projectile

क्षेत्रिय adj regional
क्षेत्र n sector
क्षेत्रफल n coverage, cover-up; area

त्र

त्रास n threat
त्रासद adj gruesome
त्रिकोणकार छिद्र n prism
त्रिभुज n triangle
त्रिपाल n awning
त्रुटि n delinquency, fault, impediment
त्रुटिपूर्ण adj inaccurate
त्रुटिरहित adj flawless, impeccable, alright
त्रैमासिक adj quarterly
त्रैमासिक n trimester

ज्ञ

ज्ञान n knowledge
ज्ञान आर्जन गर्नु v perceive
ज्ञानेन्द्रिय n sense
ज्ञान दिनु वा प्राप्त गर्नु v enlighten
ज्ञानबोध n perception
ज्ञापन पत्र n memo
८४० वर्ग गज भूमि n acre

Order & Contact Information

Word to Word® Dictionaries

Item	Language	ISBN13
Word to Word®		
500X	Albanian	9780933146495
820X	Amharic	9780933146594
650X	Arabic	9780933146419
700X	Bengali	9780933146303
705X	Burmese	9780933146501
710X	Cambodian	9780933146402
715X	Chinese	9780933146228
520X	Czech	9780933146624
857X	Dari	9781946986603
660X	Farsi	9780933146334
530X	French	9780933146365
535X	German	9780933146938
664X	Georgian	9781946986627
540X	Greek	9780933146600
720X	Gujarati	9780933146983
545X	Haitian Creole	9780933146235
665X	Hebrew	9780933146587
725X	Hindi	9780933146310
728X	Hmong	9780933146532
551X	Hungarian	9780933146679
555X	Italian	9780933146518

Item	Language	ISBN13
730X	Japanese	9780933146426
735X	Korean	9780933146976
740X	Laotian	9780933146549
753X	Malayalam	9781946986610
755X	Nepali	9780933146617
760X	Pashto	9780933146341
575X	Polish	9780933146648
580X	Portuguese	9780933146945
765X	Punjabi	9780933146327
585X	Romanian	9780933146914
590X	Russian	9780933146921
830X	Somali	9780933146525
600X	Spanish	9780933146990
835X	Swahili	9780933146556
770X	Tagalog	9780933146372
780X	Thai	9780933146358
615X	Turkish	9780933146952
620X	Ukrainian	9780933146259
790X	Urdu	9780933146396
848X	Uzbek	9781946986696
795X	Vietnamese	9780933146969
5-895X	Word to Word® Class Set	

WORD to WORD
State Approved • Testing Dictionaries

All editions are two-way: English>Language / Language>English.
More languages in planning and production.

Word to Word® Dictionaries

Item	Language	ISBN13
Word to Word® with Subject Vocab		
653X	Arabic	9780933146563
703X	Bengali	9781946986061
718X	Chinese	9780933146570
533X	French	9780933146693
548X	Haitian Creole	9780933146709
583X	Portuguese	9781946986092
593X	Russian	9781946986078
603X	Spanish	9780933146723
793X	Urdu	9781946986085
798X	Vietnamese	9780933146686
5-105X	Word to Word® Subject Class Set	

Subject Vocabulary dictionaries include additional math, science and social studies vocabulary. Approximately 2400 math terms, 4400 science terms, and 1700 social studies terms.

Subject vocabulary terms are translated one-way, English>Language.

WordtoWord.com - Discounts + eBooks

Special Online Pricing: Special tiered discount pricing based on quantity for online orders. Simple and fast.

eBooks: eBook versions of the Word to Word® series are available via web app or mobile app on Android and IOS. eBooks can be downloaded for offline use within the App.

Bulk eBook orders for school districts are available. Simple, private student access to eBooks, no student information necessary. Email us to learn more and request sample ebook.

support@wordtoword.com

wordtoword.com

(951) 296-2445

*For **eBook** versions add "e" to Item number:*
*(Print Spanish) 600X → **600Xe** (eBook Spanish)*

Order & Contact Us

Bilingual Dictionaries, Inc. is committed to providing quality bilingual materials and great service. Contact us by phone or email for a quote today:

Phone: 951-296-2445

Fax: 951-296-9911

Mail: PO Box 1154, Murrieta, CA 92562

Email: support@bilingualdictionaries.com

Visit our website to download our current catalog-order form, view our products and shop online.

BilingualDictionaries.com

WordtoWord.com

Amazon.com/WordtoWord

Special Dedication & Thanks

Bilingual Dictionaries, Inc. would like to thank all the teachers from various districts across the country for their useful input and great suggestions in creating a Word to Word® standard. We encourage all students and teachers using our bilingual learning materials to give us feedback. Please send your questions or comments via email.
support@bilingualdictionaries.com